KB126211

한국 중세의 정치사상과 周禮

The Political Thoughts and *Zhouli*(周禮) in Premodern Korea

연세국학총서 68

한국 중세의 정치사상과 周禮

연세대학교 국학연구원 편

혜안

머리말

한국 중세사회가 가진 특질은 여러 측면에서 논의할 수 있을 것이나, 무엇보다 중심에 놓이는 것은 집권적 국가로서의 성격을 지니고 전개되었다는 점일 것이다. 사회구조상 지방적·분권적 요소를 내포하면서도 중앙의 국왕을 중심으로 하는 일원적 체제로 권력의 집중이 긴 시간에 걸쳐 이루어지고 있었음을 이 시기 역사에서 살펴볼 수 있는 것이다. 이러한 중앙집권적 요소는 중세사회 형성기에서부터 해체기·말기에 이르기까지 완만하게 발전·변화하였다.

이와 같이 한국의 중세사회가 집권체제로서 성숙 발전하는 과정에서 중세의 정치인·지식인들은 다양한 성격의 사상·종교로부터 집권체제를 유지하는 데 유용한 정치이념을 제공받았거니와, 특히 儒敎는 그 근간이 되는 사상이었다. 유교를 의지·활용하는 태도는 시기별·단계별로 상이하고 중세사회의 전기보다는 후기로 접어들며 그 의존도가 커지는 등 일률적이지는 않았다. 그렇다 할지라도 중세사회의 治者들은 중세사회를 다스리는 데 필요한 제반 이념과 제도의 근거를 유교를 근저로 모색하였다. 한국 중세의 지식인들은 그들이 필요로 하는 만큼, 先秦儒學, 漢唐 儒學, 宋·明·淸代의 유학을 소화하고 활용하였으며, 이를 기반으로 중세사회를 운영하였다. 그러므로 중세사회의 정치이념·정치사상 연구에서 유교의 정치사상에 대한 이해는 핵심이 된다고 할 수 있다.

중세사회에서 유학의 정치적 역할, 그리고 그것이 정치이념의 근원으로서 기능하는 면모를 살피기 위해서는 다양한 이해와 접근이 필요할 것이다. 그 중에서도 우리가 주목하고자 하는 것은 이 시대 정치인·지식인들의『周禮』에 대한 연구와 이를 근거로 政治思想을 풍부하게 살찌워 나가고자 한 양상이다.

『周禮』는 중국 周나라의 制度·禮法, 정치운영론을 담고 있는 경전으로, 그 眞僞의 여부가 문제되기도 했지만 중국에서는 漢代 이후 집권국가의 정치·경제제도의 원형으로서 기능했다.『주례』를 둘러싸고 벌어진 진위 여부와 상관없이『주례』는 중국에서 官制를 수립할 때 주요한 참고자료였을 뿐 아니라, 역사상 여러 차례 있었던 변법운동의 근거였다.『주례』에서 우리는 유학에서 제시하는 바의 法制·禮制와 理念의 근거를 살필 수 있다. 한국중세의 지식인들은 일찍이 이 책으로부터 국가제도의 구성·운영과 관련한 제반 정보를 획득하고 또 이를 직접 정치·사상 활동에서 구현하고자 하였다.『주례』를 활용하는 양상은 역사적 조건이 달랐기 때문에 시기별로 다양하게 나타나지만, 고려 이래로 조선말기까지 대체로 다음과 같은 특성을 보임을 확인할 수 있다.

고려사회의『주례』이해와 그 정치적 활용은 일단은 고려의 정치체제와 연관하여 살필 수 있다. 유교를 정치이념으로 삼은 고려는 현실에 맞게『周禮』를 활용하였다.『周禮』가운데 五禮의 예제 부분이 강조되고, 그것도 가례에서 전통 의례와 절충하였으며, 종묘와 사직의 위치가 지세에 맞게 설치되었다. 6전적 정치조직이 원용되었지만, 고려의 정치 기반 속에서 수용되었다. 말하자면,『周禮』의 이념은 고려의 현실 기반 속에서 받아들여졌고, 특히 정치 조직과 법제의 측면보다 예제적 측면이 중시되었다.

고려후기 사회변동이 진행되고 성리학이 수용되면서『주례』에 대한 인식이 변한다. 유학을 보강한 성리학을 통해서 原始 儒敎의 이상사회가 강조되고 주나라의 이상적인 정치제도가 남긴『주례』를 현실정치에 활용하게 되었다.

성리학을 수용한 고려후기 사대부는 『周禮』의 6전체제에 입각한 정치운영을 지향하였고, 정치체제 역시 『주례』의 6전체제에 의하여 재조정하려고 하였다. 그것은 『周官六翼』과 『朝鮮經國典』의 찬술로 나타났다. 『주관육익』은 국가의 正統을 밝히는 三韓 이래의 역대사와 世系, 戶典과 관계 있는 각 지방의 산물, 각 지방의 성씨로 구성되어 있다. 곧 고려 문물제도의 학문적 정리 작업을 통하여 정치질서를 회복하고 왕조의 재건을 목표로 했다고 할 수 있다. 『조선경국전』은 『周禮』의 六典을 기초로 한 유교적 이상국가를 목표로 정치이념과 정치체제를 종합적으로 제시하여, 고려의 政治體制·權力構造 전반에 걸친 개혁을 시도한 것이다.

조선의 건국 주체들은 조선을 창건하기 전부터 국가의 공적 질서를 확립하기 위하여 『주례』에 주목하였으며, 새로운 왕조를 개창한 후에는 여러 가지 제도를 만들어 가는 과정에서 『주례』를 활용하였다. 그러나 15세기의 유학자들에 의한 전문적인 『주례』 연구는 찾아보기 어렵다. 그것은 아마도 현실적인 필요에 의해 그때 그때 관련된 『주례』의 내용을 끌어와 활용하기에 급급했기 때문일 것이다. 그럼에도 불구하고 몇 가지 단편적인 언급들에서 15세기에 『주례』가 어떻게 이해되었는지 살필 수 있다.

첫째, 『주례』라는 텍스트의 신빙성에 관한 것으로 『주례』가 周公의 저술인가에 대하여 15세기 학자들은 대부분 주자의 견해를 따라 『주례』를 주공의 저작으로 이해하였다. 그러나 세조와 같은 왕은 『주례』가 주공의 저작이라는 것에 의심을 나타내기도 하였다. 둘째, 앞의 첫째와 관련된 것으로서 『書經』「周官」편과 『주례』의 관계에 대해 어떠한 모순점도 느끼지 않고 그 둘을 표리관계로 파악하고 있는 점이다. 이와 같은 관점은 『經濟續六典』의 箋과 『경국대전』의 序 등에 「주관」과 『주례』를 나란히 언급하는 것에서도 일관되게 드러난다.

8

15세기에 비록『주례』에 관한 전문적인 연구는 찾아보기 어려움에도 불구하고, 다양한 방면에서『주례』를 국가경영에 직접 활용하는 모습을 볼 수 있다. 특히 세종대에는 많은 문물제도를 만들면서『주례』의 활용이 급증하고 있으며, 世祖代와 成宗代에도『주례』활용의 빈도가 높은 것을 알 수 있다. 그러나 이 시기에『주례』만 활용된 것이 아니라 다양한 類書들이 아울러 활용되었다.

16세기에는『가례』에 대한 관심이 늘어나고, 반면『주례』에 대한 관심은 15세기에 비해 줄어든다고 할 수 있다. 16세기의 경우 전문적인『주례』연구는 물론이고『주례』를 어떻게 이해하고 있는지 확인할 수 있는 자료도 매우 제한적인데, 그 만큼『주례』가 관심에서 멀어진 것이다. 그 이유는 첫째, 전 세기에 이미『經國大典』이 반포되어 제도 수립이 일단락되었기 때문이다. 둘째, 16세기에는 사림들이 활발하게 중앙 정계에 진출하는데, 이들은 제도보다는 성리학의 내면적 수양에 보다 많은 관심을 가졌던 것이다. 셋째, 사림들은 재지적 기반을 구축하기 위하여 노력하였던 것이다.

17세기에 들면서『주례』연구와 활용은, 이 시기의 새로운 과제와 연관하여 또 다른 면모를 보인다. 조선사회의 전면적 개혁과 변화를 생각하는 사람들은『周禮』로부터 새로운 이념과 제도의 원형을 찾고자 하였다. 앞선 시기에는 그다지 주목받지 못했던 경전,『周禮』를 주목했던 것이다. 거기에는 조선사회를 변화시키는 데 필요한 힘과 방법이 숨겨져 있었다. 이 책을 중시한 학자 政論家들은 이를 독자적으로 소화, 독자적인 이념과 개혁책을 마련해 내었다.

이와 연관하여 우리는 두 인물에 유의하게 된다. 尹鑴와 柳馨遠이다. 윤휴는 이 시기 인물들 가운데 누구보다도 먼저『周禮』의 가치를 주목하고, 여기로부터 자신의 정치이념, 자신의 개혁구상의 근거를 구하였다. 주자학과는 다른 방식으로, 인간사회의 운영원리를 찾아내려고 노력했던 활력 넘치는 학자의 한 면모였다.

윤휴가 모색했던 富國强兵의 國家體制 구상은 그의 『周禮』 파악과 밀접한 관계를 가지고 있었다. 그러나 윤휴의 『周禮』 연구와 관심은 여기서 더 나아가지 않았다. 윤휴는 『周禮』의 정치이념을 중시하고 정치개혁론의 근거로 활용하고는 있었지만 『周禮』의 가치를 전면화하지는 않았다. 『周禮』가 가진 의미를, 새로운 국가론의 근거로까지 끌어올린 이는 유형원이었다.

유형원의 국가개혁론은 公田制를 축으로 구상되었다. 모든 토지를 國有化하고 이를 身分 職役에 따라 재분배함으로써 사회적 생산성을 높이고 全 사회구성원의 안정적인 재생산이 가능해지도록 한다는 것이었다. 이러한 구상은 지주전호제를 혁파하여 소농경제를 안정시키는, 말하자면 생산관계의 변화, 사회구성의 변화를 상정하는 것이었는데, 그것은 土地·人民·自然에 대한 국가적 관리를 중앙집권적인 제도 속에서 실현해 가는 특성을 가진 『周禮』적 國家體制·國家經營方式을 적절히 활용한 귀결이었다.

요컨대, 17세기 조선사회는 국가재건의 시대적 과제를 해결하는 과정에서 주자학과는 성격을 달리하는 정치론을 개발하고 새로운 국가론을 구체화하였다. 朱子學者들이 그 이념이 가진 정치력을 최대한 확장하고자 벌였던 노력과 대등한 차원에서의 작업이었다. 이들은 그러한 국가론을 만들어내는 과정에서 『周禮』의 이념을 최대한 활용하였다.

18세기 조선사회에서의 『주례』에 대한 관심은 크게 확장되었으며, 정치사상의 지평 또한 확대되었다. 국왕을 비롯 남인, 소론, 노론 등 각 정치세력들은 이 경전으로부터 봉건국가의 모순을 극복하는 데 필요한 법제와 개혁이념을 제공받으려 하였다.

영조대 소론계 탕평론자들은 『주례』의 진강을 통해 신권의 제약에서 벗어나 大同·均平을 실현해 나갈 주체였던 군주의 권한을 강화시키려는 의지를 피력하였다. 이는 造命論을 통해 君師로서의 지위를 제

10

고하려 했던 영조의 정치입장과 일치하였다. 양측의 교감은 비록 노론에 의해 좌절되었지만 유수원의 관제개편안에서 보이듯 그 실효성이 인정받는 단계에까지 이르렀다. 즉 박세채 이래로 정제두에 이르기까지 견지되었던 『주례』에 근거한 規模의 確立과 法制를 통한 蕩平 實現의 노력은 정파간 대립과 갈등으로 초래되었던 정치적 난맥상을 타개할 수 있는 대안으로 인식되었다.

『주례』에 근거한 탕평의 노력은 정파와 학연을 달리하는 진보적인 지식인들에 의해서도 견지되었다. 李瀷은 정치분야의 조제뿐만 아니라 사회·경제적 불균등을 해소하기 위한 방안을 모색하는 과정에서 『주례』를 적극 활용하였다. 이러한 학풍은 정조대 성호학파의 일원으로 중앙정계에서 활동했던 청남출신 문인들에게 계승되었다. 丁範朝와 李家煥은 자신들의 정치적 역할을 분명히 인식하면서 시대적 과제를 해결하기 위해 『주례』에 근거한 탕평책을 제출하였다.

한편 서인·노론계 북학론자들 역시 『주례』에 담겨진 大一統의 이념을 실현하기 위해 단편적이지만 일관된 체제개혁 방안을 제시하였다. 홍대용의 지방제도 개혁안에서 볼 수 있듯이 『주례』는 군주를 정점으로 하는 一民的 支配體制를 확립하여 민인에 대한 사적인 침탈을 억제하고, 이전과 다른 국가운영 방안을 모색하기 위한 목적으로 적극 활용되었다. 이것은 노론 내 진보적 인사들의 학문과 사상의 일면을 보여주는 사례이자, 성호학파와 함께 북학파를 실학을 대표하는 학파로 규정할 수 있는 구체적인 근거이다.

이처럼 18세기에 들어서 『주례』는 국왕과 탕평관료, 그리고 실학자들의 학문적 관심을 끄는 경전이었다. 비록 각자 처한 정치상황과 위상은 달랐지만 『주례』를 이해하고 인식하는 방식과 내용은 시대변화에 조응하여 새로운 체제를 모색하기 위한 목표로 귀결되고 있었다.

18세기 말 19세기 전반의 丁若鏞의 『周禮』 연구와 새로운 國家 構想은 조선사회에서의 주례 연구의 성과와 수준을 총괄적으로 보여준

다. 정약용은 기본적으로 『주례』에 의거하여 『經世遺表』에서의 개혁
론을 구상하였다. 물론 『경세유표』에서의 개혁론이 『주례』의 그것을
기계적으로 따르는 것은 아니며 당시 조선의 현실에 맞게 하였다. 이
렇게 유연하게 개혁론을 구상할 수 있었던 것은 정약용의 경학 체계에
서 『주례』는 상서의 큰 틀 속에 있으며 『주례』가 요순·삼대의 제도
가운데 하나로서 『주례』(주나라)의 제도 역시 이전의 제도를 현실에
맞게 가감한 것이라고 보았기 때문에 가능하였다. 또 정약용 자신이
『주례』를 새롭게 해석하였기 때문이기도 하였다.

정약용의 개혁론은 『주례』에 입각한 『경세유표』 단계에 그치는 것
이 아니며 더욱 높은 단계를 지향하고 있었다. 이것은 신분제가 완전
히 해체되고 토지의 사회적 소유가 이루어지며 높은 기술이 보장되는
단계였다. 정치적으로는 主權의 궁극적 소재가 人民에게 있는 사회였
다.

이와 같이 『주례』의 의미를 독자적인 경학 체계 속에서 위치 지우고
『경세유표』의 개혁론을 도출해낸 정약용의 업적은 만만치 않았다. 정
약용의 『주례』 연구는 단지 연구 자체에 그치는 것이 아니라 그의 개
혁사상 전개를 위한 근거, 이론적 토대를 제시하기 위한 것이었다.

經學史的 관점에서 볼 때 정약용의 생각은 일단 古文經學에 속하는
것으로 판단된다. 古文經學 가운데에도 『주례』를 신봉하는 부류와 그
렇지 않은 부류가 있는데, 정약용은 『주례』를 강력하게 신봉하는 쪽에
속하였다. 이런 『주례』 존중의 태도는 『朱子家禮』에 집착하여 사회를
규율하여 가려는 당시 지배층에 대하여 매우 비판적 자세를 갖게 하였
다.

『주례』 혹은 『주례』로 대표되는 삼대의 이상사회는 실은 유교의 이
상정치·이상사회의 이념과 제도의 또 다른 양태였다. 이러한 유교적
이상사회에 대한 관념은 19세기 말 조선사회가 서구적 근대문명과 조
우하며 자기 변신을 도모할 때, 역시 여러 형태로 변용되며 새로운 정

치이념 형성의 자양분이 되었다.

　이 시기 사회 변화에 직면한 유자들은 유교적 이상사회, 특히 三代
社會를 어떻게 현실 속에서 실현할 것인가를 두고 고민하였다. 그런
논의의 핵심은 이상적인 井田制를 어떻게 이해하고, 이를 현실에 적용
할 것인가에 있었다. 중세체제의 파탄과 반봉건 농민항쟁에 직면해서
도, 또 개항 전후 서구문명의 전래 속에서도 그러하였다. 하지만 논자
에 따라 정전제와 均田, 均産의 의미를 달리 파악하였고, 따라서 현실
인식과 개혁론의 구조도 달랐다.

　이런 연관 속에서 反封建 농민항쟁을 수습하기 위한 대응책은 봉건
적 토지제도가 가진 모순을 토지개혁으로 해결하고 균전, 균산의 이념
을 달성하여 농민경제를 안정시키려는 방안, 구래의 봉건적 지주제를
그대로 두면서 三政을 중심한 조세제도를 개혁하여 농민항쟁을 수습
하자는 서로 다른 성격의 두 방안으로 나타났다.

　이런 논의는 개항을 전후한 시기에 제기된 서구문명 수용과 결합되
면서 더욱 복잡하게 재편되었다. 조세제도의 개혁을 통해 농민층을 안
정시키려던 지배층・지주층은 北學論의 전통에서 근대개혁을 추진하
였다.

　집권세력들의 개혁론이 '井田制 難行'에서 출발하였다면, 정전제 시
행과 유교적 이상사회 실현을 통하여 당시의 농업문제, 체제문제를 해
결하려던 논자들도 있었다. 이들 가운데는 전통적인 유학자도 있었고,
또한 실학의 후예들도 있었다. 그런데 이 논의는 서구문명의 수용이라
는 점과 결합되어 있었고, 서양에 대한 인식 차이는 기존 중세체제의
개혁의 방향과도 관련이 있었다. 실학적인 전통에서 서구문명을 수용
하였던 變法論도 이런 차원에서 제기되었다.

　삼대사회와 정전제, 토지개혁을 주장한다고 모두 변법론적인 인식을
했던 것은 아니었다. 삼대사회는 유자들 누구나 지적하는 이상사회였
다. 조선후기 실학의 변법적인 개혁론을 계승했던 儒者들은 물론 그러

하였지만, 보수적 斥邪論者들도 그러하였다. 서양문명의 인식 정도, 곧 중국 중심의 華夷論的 세계질서, 유교적 신분제를 어떻게 이해하고 처리할 것인가에 따라 차이가 있었던 것이다. 삼대사회에 대한 인식과 서양에 대한 인식을 어떻게 결합하여 당시의 농업문제와 근대화를 처리하려고 했던 것이 중요한 관건이었던 것이다.

이런 편차는 실학사상을 계승하고 있는 논자들 사이에서도 그러하였다. 대체로 실학의 토지개혁론을 계승하고 농민적 입장에 있더라도 이를 서구문명을 수용하는 가운데 달성할 것인지, 아니면 보수적, 유교적 입장에서 이를 추구할 것인지에 따라 달랐다.

한국 중세사회의 정치사상·정치이념이 발전하는 과정에서 『周禮』가 행한 역할, 그것이 가지는 비중이 이와 같이 적지 않았음을 알 수 있다. 고려와 조선의 예제와 법제를 마련할 때 참고하였던 것이 『주례』였고, 사회 격변기 새로운 국가 건설과 사회개혁이 운위될 때 정론가들이 주목했던 경전이 『주례』였다. 그럼에도 불구하고 그간 한국 중세사회에서 중세인들의 『주례』를 둘러싼 관심과 활용에 대한 학계의 연구는 미약했던 것으로 보인다. 몇몇 선행 연구에서 『周禮』가 갖는 의미가 주목되고 언급되기도 했지만, 『周禮』에 대한 중세인의 이해 방식과 수준, 『周禮』를 활용한 정치인·지식인의 구체적인 정치구상에 대해서는 본격적으로 검토하고 있지 못하는 실정이다. 『주례』의 정치 사상적 성격에 대한 본격적인 이해를 전제로 하여, 고려와 조선 사회에서 이 책을 이해하고 활용하는 방식을 보다 실증적, 계통적으로 정리할 필요가 있는 것이다. 한국 중세사회의 특성과 연관하여, 그리고 중세사회의 현실모순을 타개하는 이상론의 근거로서의 역할과 관련하여 이 책이 미친 영향을 살핀다면, 우리는 보다 새로운 연구영역을 확보할 수 있을 것이다.

본 연구를 통하여 우리는, 한국 중세 정치사상사가 전개되는 과정에서 유교적 국가경영의 원형 혹은 이상으로 기능했던 『周禮』의 정치사

14

상을 살피고, 그것이 매 역사 시기에 어떤 형식, 내용으로 소화되어 새로운 정치론 혹은 국가론의 틀로 구체화되는가를 확인할 수 있을 것이다. 그러한 작업은 결국 한국 중세 정치사상사의 큰 흐름을 풍부하고도 다양하게 정리하고 해석하는 일이 될 것이며, 나아가 근대 정치사상사의 방향과 특성을 보다 뚜렷하게 이해할 수 있는 정보를 마련하는 일이 될 것이다.

이 연구는 국학연구의 획기적인 진전을 지향하며 진력하고 있는 연세대학교 국학연구원의 연구비 지원을 받아 이루어졌다. 연세대학교 사학과의 김도형·도현철 교수는 연구의 전체 진행을 총괄하였으며, 조병한·조성을 교수를 비롯, 이원택·원재린·장동우·정호훈 박사가 연구에 참가하였다. 전인초 원장은 이 연구가 가진 의의를 높게 평가하며 물심 양면으로 지원을 아끼지 않으셨다. 혜안출판사는 늘 그러하듯이, 깔끔하고 무게 있게 책을 만들어 주었다. 두루 고마움을 표한다.

2005년 12월 30일
연구자를 대표하여 김 도 형 씀

차 례

18

CONTENTS

『周禮』의 經學史的 位相과 改革論
－王權과 禮治에 대한 문제의식을 중심으로

張東宇*

1. 머리말

『周禮』는 戰國·秦漢之際에 걸쳐 성립되었고, 유가의 학설이 중심이기는 하지만 법가와 음양가 등 다양한 학파의 관점이 융합되어 있는, 주나라를 연구하는 학자가 주나라의 전성시대를 참고하고 자신의 이상도 덧붙여 저술한 것으로 평가된다.

『周禮』를 둘러싸고 벌어진 진위 여부와 상관없이『周禮』는 전통 사회에서 官制를 수립할 때 주요한 참고자료였을 뿐 아니라, 역사상 수차례 있었던 변법운동의 근거였다.『周禮』의 개혁성은『周禮』자체가 가진 '이상향 지향적 성격'에서 기인하는가? 아니면『周禮』에 내재하는 또 다른 '논리적 장치'에서 기인하는가?

侯家駒는『周禮』의 관제는『荀子』「王制」편에서 온 것이 제일 많으며, 이는『주례』가 순자의 풍부한 '법가적 색채'에 주목한 것일 수 있다[1]고 평가한다. 彭林도 순자의 영향일 것이라는 점에서는 동의하지만, 중점은 순자의 '禮本刑用의 정신'일 것이라고 본다[2]는 점에서 차

---

* 연세대학교 국학연구원 연구교수, 한국철학
1) 侯家駒,『周禮研究』, 聯經出版事業公社, 1987, 107쪽.
2) 彭林,『周禮主體思想與成書年代研究』, 중국사회과학출판사, 1991, 65쪽.

이를 보인다. 즉『周禮』는 법가보다는 유가인 순자와 보다 친연성을 보인다는 것이다.

『순자』의 국가론에 대해서는 일반적으로, 분업적 위계체계를 정당화하는 전제국가의 이론으로 파악하고 있다. 즉 관료제에 의거하여 백성을 지배하는 것은 분업론적 편성을 내용으로 하는 禮制的 국가질서로서 이론화되고 있다고 보는 것이다.3) 그러나 이러한 평가는 "吏로 체계화된 法 중심의 정치방식으로부터 유교지식인이 정치의 주체가 되어야 한다"는, "秦에서 한층 강화된 군주전제체제에 대한 순자의 비판적 대응"의 측면과 "『논어』로부터 『맹자』로 연속되는 유가적 고심을 간과한 일면적 독법"이라고 지적된다.4)

본 논문에서는『周禮』의 국가론이 한편으로는 '분업적 위계체계를 법치적 시스템에 의해 운용하는 보다 적극적인 전제국가론'의 성격을 가지면서도, 다른 한편으로는 '禮를 높이고 賢者를 존중한다'5)는 왕도정치의 이상을 그 기획의도로 하고 있음을 왕권과 예치에 대한 문제를 중심으로 살펴보고자 한다.

본 논문은 먼저『周禮』의 성립과 관련된 논의의 과정과 금·고문경학의 측면에서『周禮』의 역사적 좌표를 확인하고, 이어서 왕권의 권위와 위상을 확보하되 法治를 禮治의 범주 속에 통합함으로써 왕권의 절대화를 방지하고자 하는『周禮』의 문제의식을 분석하고자 한다.

---

3) 渡辺信一郎,「荀子の國家論」,『中國古代國家の思想構造』, 校倉書房, 1994 참조.
4) 이봉규,「王權에 대한 禮治의 문제의식」,『철학』, 2002, 52쪽.
5) 『荀子』,「彊國」, "人君者 隆禮尊賢而王 重法愛民而覇 好利多詐而危 權謀 傾覆幽險而亡".

2. 『周禮』의 成立과 經學史的 位相

1) 『周禮』의 成立

『周禮』의 본래 명칭은 『周官』이다.6) 『周禮』의 출현과 관련해서는 다섯 가지 설명이 있다. 첫 번째는 한나라 武帝 때 출현했다는 설,7) 두 번째는 河間獻王이 얻은 것이라는 설,8) 세 번째는 하간헌왕 때 李氏가 얻은 것이라는 설,9) 네 번째는 『古文尙書』 등과 함께 孔壁에서 나왔다는 설,10) 다섯 번째는 『逸禮』 등과 함께 공안국이 바친 것이라는 설11)이 그것이다.

『주례』는 처음 세상에 출현했을 때부터 유자들로부터 진짜가 아니라고 배척을 받았다. 漢 武帝도 "말세에 (성인의 가르침을) 더럽히고 어지럽히는 검증되지 않은 책"12)이라고 규정하였다. 그러나 王莽 때 고문학파의 수창자인 유흠이 그 이름을 『주례』로 고치고 "주공이 태평성대를 이룬 자취"13)를 기록한 책이라고 평가하면서, 박사관을 세울 것을 건의하고 이를 관철시키자 상황은 급변하였다.

『周禮』는 유흠으로부터 杜子春, 鄭興, 鄭衆으로 전수되고, 동시에 賈徽, 賈逵로 전수되었다. 그 뒤 衛宏, 馬融, 盧植, 張恭祖 등은 모두 『주례』를 연구하여 저술을 하였다. 정현은 장공조·마융으로부터 전수를 받아 『周禮注』를 지었고 『儀禮注』·『禮記注』와 함께 삼례주라고

---

6) 『史記』 卷28, 「封禪書」, "周官曰 冬日至 祀天於南郊 迎長日之至 夏日至 祭地祇 皆用樂舞 而神乃可得而禮也".
7) 賈公彦, 『周禮義疏』, 「序周禮廢興」.
8) 『漢書』 卷53, 「河間獻王傳」.
9) 『經典釋文·序錄』, 『隋書·經籍志』, 『通典·禮』.
10) 孔穎達, 『禮記正義』, 「曲禮」에서 鄭玄의 「六藝論」을 인용하여 설명하고 있다.
11) 『後漢書』 卷109, 「儒林傳」.
12) 賈公彦, 『周禮注疏』, 「序周禮廢興」.
13) 賈公彦, 『周禮注疏』, 「序周禮廢興」.

불렀다. 이로부터 『周禮』학이 성행하였다.[14] 東漢 말 林孝存이 『十論』, 『七難』을 지어 전면적으로 『주례』를 힐난하자 정현도 글을 써서 그의 비난에 대응하였는데, 『주례』와 관련하여 천년동안 지속된 論戰이 이때부터 시작되었다.

『주례』와 관련된 논쟁은 크게 두 가지이다. 첫 번째 『周禮』의 作者는 누구인가? 두 번째 『周禮』의 成立 年代는 언제인가? 이 두 가지 논쟁은 근원적인 한 가지에 문제에서 파생하는 것이다. 즉 『周禮』는 周公이 制禮作樂한 결과를 기록한 眞書인가 아니면 후대의 유자들이 날조한 僞書인가 하는 것이다. 만일 『周禮』가 진서라고 인정하면 西周시대 周公이 지은 것이라는 전통적 입장을 받아들이게 된다. 『周禮』가 위서라고 인정해야 그것의 저작 시기와 저자에 대한 해명이 문제가 된다.[15]

『周禮』를 진서로 보는 대표적인 인물은 劉歆이다. 그는 『周禮』가 "周公이 太平盛大를 이룩한 자취"를 기록한 것이라고 보고 학관에 세우고 박사를 둘 것을 주장하였다. 鄭玄,[16] 馬融, 鄭興 등 『周禮』를 주석한 사람들은 모두 『주례』의 작자가 주공이라는 것을 긍정한다. 아울러 당의 賈公彦, 송의 朱熹,[17] 청의 孫詒讓, 민국의 章太炎 등도 동일한 입장을 취하였다. 그들의 논거는 다음과 같이 정리할 수 있다. ① 『左傳』에서 『周禮』에 관하여 언급하고 있다.[18] ② 六國시대에 이미

---

14) 朱維錚 편, 『周予同經學史論著選集』, 上海人民出版社, 1996, 250쪽.
15) 대립되는 두 입장을 절충하는 태도도 발견된다. 즉 『周禮』가 주공에 의해 창시되기는 했지만 주공이 완성한 책은 아니라는 것이다. 이는 『周禮』가 주대의 전적이기는 하지만 후대의 손익을 거쳐 완성된 책이라는 사실을 지적하는 것이다.
16) 『周禮』, 「天官·冢宰」, "惟王建國"에 대한 鄭玄注에 "周公居攝 而作六典之職 謂之周禮"라고 되어 있다.
17) 『朱子語類』 卷86, "周禮是周公遺典也", "周禮一書好看 廣大精密 周家法度在里".
18) 『左傳』, 「文公」 十八年, 季文子의 말에 "先君周公作周禮"; 『左傳』, 「昭公」

『周禮』가 있었다. ③『周禮』는 성인이 아니면 지을 수 없는 것이다.[19] ④『周禮』에는 다른 경전에는 없는 옛 글자들이 매우 많다는 것이다.

『周禮』가 위서임을 주장했던 대표적 인물은 漢武帝와 東漢의 何林이었다. 한무제는『周禮』가 '말세에 성인의 가르침을 모독하고 혼란케 하는 책'이라고 매도하였고, 하휴는 "『周禮』는 六國이 陰謀하여 만든 책"[20]이라고 평가절하하였다. 唐 趙匡, 宋 洪邁, 淸 毛奇齡, 民國初의 康有爲 등도 그러한 입장을 지지하였다. 그들의 논거는 ① 공맹이전에는 專書가 없었다. ② 춘추전국시대에『周禮』라는 서명이 보이지 않는다. ③『周禮』의 官制와 古籍의 記載가 다르다. ④『周禮』는 내용상으로도 성인이 지은 것이 아니라는 것이다.

『周禮』의 성립 연대와 관련하여, 東漢의 何林은 春秋戰國시대에 이루어진 것으로 본다. 청의 毛奇齡도 동일하다.[21] 이와는 달리 서한 유흠의 위작이라는 주장이 있다. 洪邁는 "『周禮』는 그 실제를 상고해 보면 유흠의 손에서 나온 것"이라고 본다.[22] 康有爲의 경우도 동일한 입장이다. 范俊은 유흠이 아니라 한대의 "桑弘羊의 무리들이 권세와 이익을 진흥시키기 위하여 자신들의 주장을 견강부회한 것"이라고 본다.[23]

현재 학자들의 저작시기와 진위 여부에 대한 잠정적 결론은 다음과 같다.

二年의 기사에, "晉侯韓宣子來聘……觀書於太史氏 見易象與魯春秋曰 '周禮盡在魯矣'."라는 언급이 있다.
19) 李覯,『直講李先生文集』(『經義考』卷120에서 재인용), "覯竊觀六典之文 其用心至實 如天焉有象者在 如地焉有形者在 非古聰明叡智 誰能及此 其曰周公致太平者 信矣".
20) 賈公彦,『周禮注疏』,「序周禮興廢」.
21) 毛奇齡,『經問』, "周禮自非聖經 不特非周公所作 且非孔孟以前之書 此與儀禮 禮記皆同雜出於周秦之間".
22) 洪邁,『容齋隨筆』, "周禮一書 考其實 蓋出於劉歆之手".
23)『經義考』卷120, "此必漢世聚斂之臣 如桑弘羊輩 欲興權利 故附益是說於周禮".

『주례』에 기재된 제도를 보면 周初와 맞지 않는다. 建國의 제도는 『尙書』의「洛誥」,「召誥」편과 일치하지 않으며, 封國의 제도는 『맹자』와 다르다.『예기』에서 언급한 육전오관 역시『주례』와 다르다. 생각건대『주례』는 周初에 쓰여진 것이 결코 아니며, 또한 주나라의 제도도 아니다. 아마도 전국시대 각국의 제도를 종합하여 짜임새 있게 편찬하여 이루어진 책일 것이다. 다분히 식견 있는 학자가 각국의 제도를 참고하여 이상적 정치제도를 갖춘 책을 저술하여 기회가 오면 응용하려고 준비하였을 것이다. 이 점은 여불위가『여씨춘추』를 만들어낸 동기와 무척 흡사하다. 그러나『주례』는『여씨춘추』보다 일찍 쓰여졌고, 東周와 西周의 제도도 상당부분을 채택한 후 종합하여 만든 것이다.24)

『周禮』는 주공과 공자의 작품도 아니고 유흠이 위조한 것도 아니며, 주나라를 연구하는 학자가 주나라의 전성시대 제도를 참고하고 자신의 이상도 덧붙여 一家의 저술로 지은 것25)이라는 것이다. 그 시대는 戰國秦漢之際에 걸쳐 있으며, 그 가운데는 법가와 음양가의 사상이 있지만 유가 학설을 중심으로 하고 있다고 본다.

2)『周禮』의 經學史的 位相

漢武帝가 "백가를 몰아내고 유술만을 높이면서 동중서의 음양오행설과『공양춘추』가 결합된 금문학설을 채용하여 황권을 보호하려고 한 뒤"26) 西漢 때 학관에 세워진 경학박사로는 모두 14박사가 있었다. 『시』의 경우는 齊(轅固生), 魯(申培), 韓(韓嬰) 3가가,『서』에는 歐陽

---

24) 王靜芝,『經學通論(上冊)』, 350쪽.
25) 狩野直喜 著, 吳二煥 譯,『中國哲學史』, 乙酉文化社, 1986.
26)『漢書』卷109,「儒林傳」, "自武帝立五經博士 開弟子員 設科射策 勸以官祿 訖于元始百有餘年 傳業者浸盛 枝葉藩滋 一經說至百餘萬言 大師衆至千餘人 蓋祿利之路然也".

(和伯), 大夏候(勝), 小夏候(建) 3가, 『예』에는 大戴(德), 小戴(聖) 2가, 『역』은 施(讎), 孟(喜), 梁丘(賀), 京(房) 4가, 『춘추공양』에는 嚴(彭祖), 顔(安樂) 2가 등이었다. 주지하듯이 이들은 모두 금문경학에 속한다.

금문경학이란 고문경학에 대해서 하는 말이다. 금문과 고문의 차이는 무엇인가?

　한나라가 흥성하자 오경박사관을 설립하였는데 박사들이 사용하던 경서는 본래 한 당시에 유행하던 隷書로 쓰여진 것이었다. 예서는 한 당시에 마치 우리들이 오늘날 사용하는 楷書와 마찬가지였으므로 今文이라고 불렀는데 이는 현대문으로 쓰여졌다는 의미이다. 뒤에 민간에 산재하여 장벽 가운데 보관했던 고서들이 점차 나타나게 되었다. 이 책들은 한 이전의 문자 즉 이른바 古籍文字로 쓰여져 있었기 때문에 古文이라고 불렀는데, 고문이란 고대문자로 쓰여졌다는 의미이다.[27]

금문은 오늘날 隷書라고 전해오는 熹平 石經과 孔廟 등에 있는 漢代의 碑文을 가리키고, 고문은 오늘날 籒書라고 전해오는 岐陽 石鼓 및 『說文』에 실려 있는 고문을 가리킨다.[28] 예서는 한대에 통행되었으므로 당시에는 금문이라 하였는데, 이는 마치 오늘날 사람들이 해서를 모두 알아보는 것과 같았다. 주서는 한대에 이미 통행되지 않았으므로 당시에는 고문이라 하였는데, 오늘날 사람들이 篆書와 隷書를 모두 알아볼 수 없는 것과 같았던 것이다.

王國維는 殷周古文과 壁中古文을 구분한다. 그러나 그는 古文이 주 왕조 이전의 원시적 고문을 지칭하는 고유명사로 사용되기도 하지만 한 제국 이전의 모든 문자를 지칭하는 것으로도 사용할 수 있다고

27) 『周予同 經學史論著選集』, 上海人民出版社, 1996, 1쪽.
28) 皮錫瑞, 『經學歷史』, 河圖洛書出版社, 1974, 87쪽.

본다. 벽중고문에 대하여 왕국유는 秦 통일 이전에 '秦은 籒文을 사용했고 六國은 古文을 사용했다'고 전제하고, 이 둘이 모두 은주고문에 기원하지만 진의 주문이 육국의 고문보다 은주고문에 가까우며, 육국의 고문은 진의 문자통일정책과 楚漢 戰爭을 거치면서 완전히 死語化되고, 진의 주문은 전서를 거쳐 예서로 발전되었다고 본다.[29]

금문과 고문의 차이는 사용된 문자가 달랐다는 것에만 한정되지 않았다. 오히려 "字句에 차이가 있었고, 篇章이 달랐고, 書籍이 달랐고, 서적 중의 의미가 크게 달랐으며, 그 때문에 학통이 달랐고, 종파가 달랐고, 고대 제도 및 인물 비평이 각각 달랐으며, 경서의 중심인물인 공자에 대하여 각기 완전히 다른 관념을 가지고 있었다."고 평가된다.[30]

금문가와 고문가들은 六經의 순서를 배열하는 것에 대해서도 서로 다른 입장을 가지고 있었다. 금문가들은 육경의 순서를 1)『詩』2)『書』3)『禮』4)『樂』5)『易』6)『春秋』로 규정한다. 그들은 육경이 대부분 공자가 지은 것이며 앞 시대의 사료가 있기는 하지만 이는 托古改制의 수단이라는 관점에 선다. 이와 함께 공자는 정치가이고 철학가이며 교육가라는 인식에 따라 교육과정의 순서로 육경을 배열한다. 즉『시』,『서』,『예』,『악』은 초보 교육과정이고『역』,『춘추』는 전문 교육과정이라는 것이다.

이와는 달리 고문가들은 1)『易』2)『書』3)『詩』4)『禮』5)『樂』6)『春秋』라는 六經 성립의 시대 순서에 따라 배열한다.[31] 이는 육경이

---

29)『觀堂集林』卷7,「說文所謂古文說」, "所謂籒文與古文或異者 非謂史籒大篆與史籒以前之古文或異 而實許君所見史籒九篇 與其所見壁中書或不同 以其所見史籒篇爲周宣王時書 所見壁中古文爲殷周古文".

30) 周予同, 앞의 책, 1996, 2쪽.

31)『漢書』卷30,「藝文志·六藝略」에서 육경의 차례를 역, 서, 시, 례, 악, 춘추로 하였고, 개별 경의 경우도 古文經에서 今文經의 순서로 배열하였다. 예를 들어 書의 경우 尙書古文經을 앞에, 今文인 歐陽章句, 大小夏侯章句를 뒤에 배열하고, 禮의 경우 禮古經을 앞에, 금문인 后氏, 戴氏經 17편을 뒤에 배열하고, 春秋의 경우 春秋古經 12편을 앞에, 금문경 11권을 뒤에 배열하고, 左

모두 앞선 시대의 역사라는 관점을 반영하는 것이다. 다시 말하면 고
문가들은 공자는 '조술하되 창작하지 않고 신실하게 옛 것을 좋아한'
성인, 즉 역사가라는 관점을 취한다.

금문학과 고문학의 특성을 그들의 정치적 조건과 결부시켜 구별하
는 논점도 있다. 금문학은 국가 공인의 학으로서 정권에 직접 공헌하
는 것을 사명으로 하여 출발했기 때문에 권위주의 혹은 형식주의와 결
합하기 쉬운 성격을 갖는 반면, 고문학은 정권으로부터 이탈된 재야의
학으로 출발하여 그 학풍에는 자유로운 입장에서 객관적으로 진리를
추구하는 경향이 강하기 때문에 대체로 인간주의 혹은 실질주의적인
태도와 결합하기 쉬운 경향성을 가지고 있는 것으로 평가되기도 한
다.32)

예를 들어, 금문학은 대일통과 군주의 절대권위를 주장한 반면, 고문
학은 분봉할거를 주장했다고 지적된다. 대일통을 주장했기 때문에 금
문학의 경우 상급기관이 하급기관을 순시하는 차수가 빈번하고 시간
간격도 짧아 최소한 5년에 1번 순시하는 것으로 되어 있다. 이와는 달
리 고문학의 경우는 분열할거를 주장했기 때문에 천자가 각 지역을 순
시하는 차수가 적어야 했으며 12년에 1차례 순시하는 것으로 규정되어
있다는 것이다.

아울러 금문학은 選擧를 주장하여 세습을 반대했고, 고문학은 세가
호족의 이익에서 출발하여 관리의 세습을 주장하고 선거를 반대한 것
으로 정리된다.33) 결론적으로 고문학파는 지방분권적 호족세력과 결부

氏傳, 公羊傳, 谷梁傳의 순서로 배열하였다.
『漢書』, 「儒林傳」, "漢興 言易 自淄川田生 言書 自濟南伏生 言詩 於魯則申
培公 於齊則轅固生 於燕則韓太傅 言禮 則魯高堂生 言春秋 於齊 則胡母生
於趙 則自董仲舒".
32) 藤川正數, 『魏晉時代における喪服禮の研究』, 敬文社, 1960, 185쪽.
33) 周予同은 앞의 책, 9쪽, 26쪽에서 封建, 官制, 宗敎, 稅法, 其他로 구분하여
이러한 차이를 분석하고 있다.

된 복고적 개혁파이자 儒術的 禮敎主義로 규정되고, 금문학파는 중앙
집권적 통치자 계급과 결부된 편법적 현실주의이자 법술적 중앙집권
주의를 특징으로 한다는 것이다.34)

위에서 살펴본 금문학과 고문학의 일반적 경향성이라는 측면에서
보면, 고문에 속하는 『周禮』는 일반적으로는 '인간주의 혹은 실질주의
적인 태도와 결합하기 쉬운 경향성'을 가지고 있으며, 정치적으로는
'지방분권적 호족세력과 결부된 복고적 개혁파이자 儒術的 禮敎主義'
를 강하게 띤 작품이라고 추정해 볼 수 있다.

3. 王權과 禮治에 대한 『周禮』의 문제의식

1) 王權의 位相

『주례』는 국가체제와 관리의 직무를 규정한 것으로 「天官冢宰」,
「地官司徒」,「春官宗伯」,「夏官宗伯」,「秋官司寇」,「冬官司空」 등 6
편으로 구성되어 있다.「동관」은 일찍 사라져 漢儒들은 「考工記」로 보
충하였다고 한다.

국가체제와 관련하여 『周禮』는 중앙행정 조직을 六官으로 구분하고
있다. 천관은 大宰를 중심으로 이를 보좌하는 小宰 및 60개의 관서가
배속되어 있고, 지관은 大司徒, 小司徒, 鄕老와 60개의 관서가, 춘관은
大宗伯과 小宗伯 그리고 60개의 속관으로, 하관은 大司馬와 小司馬
및 60개의 관서로, 추관은 大司寇, 小司寇 및 속관 60으로, 동관은 大
司空, 小司空 그리고 60개의 관서가 배속되어 있다.

지방행정 조직은 鄕遂制를 골간으로 하고 있다. 鄕은 國과 郊의 편
제로 野와는 차이가 있다.「大司徒」에 따르면, "다섯 家를 比로 삼고,
다섯 비를 閭로 삼고, 네 여를 族으로 삼고, 다섯 족을 黨으로 삼고, 다

---

34) 藤川正數, 『漢代における禮學の硏究』, 風間書房, 1985 참조.

섯 당을 州로 삼고 다섯 주를 鄕으로 삼는다."고 되어 있고, 각각은 比長, 閭胥, 族師, 黨正, 州長, 鄕大夫를 우두머리로 한다. 遂는 野의 편제이다. 「遂人」에는 "다섯 가를 鄰으로 삼고, 다섯 린을 里로 삼고, 네 리를 酇으로 삼고, 다섯 찬을 鄙로 삼고, 다섯 비를 縣으로 삼고, 다섯 현을 遂로 삼는다."고 되어 있다. 鄰長, 里宰, 酇長, 鄙師, 縣正, 遂師가 그 우두머리이다. 향과 수를 막론하고 지방관의 주요임무는 백성들에 대한 호적, 토지, 부세, 요역, 금지령, 소송, 예의 풍속 등을 관리하는 것이다.

『周禮』는 公・侯・伯・子・男의 다섯 등급의 제후에게 분봉하는 봉건제도를 상정하고 있다. 「지관・대사도」는 이를 "나라를 세움에……여러 공들의 땅은 강역 사방 5백리를 봉하고,……여러 후들의 땅은 강역 사방 4백리에 봉하고,……여러 백들의 땅은 강역 사방 3백리에 봉하고,……여러 子들의 땅은 강역 사방 2백리에 봉하고,……여러 男들의 땅은 강역 사방 백리에 봉한다."35)고 설명한다. 『周禮』의 분봉은 『禮記』「王制」36) 및 『孟子』37)와는 그 규모면에서 비교할 수도 없이 차이가 난다. 후자는 "공과 후는 사방 백리, 백은 70리, 자와 남은 50리"로 규정하고 있기 때문이다. 이러한 차이에 대하여 정현은 "『맹자』와 「왕제」는 처음 분봉을 하던 제도이고, 「대사도」는 주공이 뒤에 더하여 봉한 제도"라고 설명한다.

『周禮』의 국가 기획의 주요한 토대 가운데 하나는 왕권의 위상을

---

35) 『周禮』, 「地官・大司徒」, "凡建邦國 以土圭土其地而制其域 諸公之地 封疆 方五百里 其食者半 諸侯之地 封疆方四百里 其食者參之一 諸伯之地 封疆 方三百里 其食者參之一 諸子之地 封疆方二百里 其食者四之一 諸男之地 封疆方百里 其食者四之一".

36) 『禮記』, 「王制」, "王者之制祿爵 公侯伯子男凡五等 諸侯之上大夫卿 下大夫 上士 中士 下士凡五等 天子之田方千里 公侯田方百里 伯七十里 子男五十 里 不能五十里者 不合於天子 附於諸侯 曰附庸".

37) 『孟子』, 「萬章下」, "天子之制 地方千里 公侯皆方百里 伯七十里 子男五十里 凡四等 不能五十里 不達於天子 附於諸侯曰附庸".

32

어떻게 설정하고 있는가 하는 것이다. 『周禮』에 따르면 왕은 일국의
주인이다. 육관을 설명하면서 하나같이 "왕이 나라를 세우고, 방위를
분별하여 바로잡고, 國과 野의 경계와 강역을 구분하고, 관직을 설치
하여 직무를 규정하며, 그로써 백성들을 위한 준칙으로 삼는다."[38]는
말을 빼놓지 않는다.

　이 부분은 봉건 제후의 권력과 관련한 중요한 문제를 함축하고 있
다. 즉 이 구절은 "왕만이 땅을 나누고 제후를 세워 國을 수립케 할 수
있으며, 국가의 수도와 궁궐의 방위를 선택하고 확정할 수 있으며, 군
신의 지위에 서열을 매길 수 있으며, 국과 야의 강역을 구별지을 수 있
으며, 백관을 임명하여 직무를 규정할 수 있으며, 인민을 위해 준칙을
수립할 수 있다는 것"[39]이 된다. 아울러 왕은 ① 官吏 任命權, ② 立法
權, ③ 治朝權, ④ 終裁權(사면권), ⑤ 主祭權, ⑥ 統軍權 등의 권리를
가지는 것으로 기술되어 있다. 이는 왕이 입법 사법 행정의 모든 권한
을 행사하는 주체임을 의미한다.

　王莽이 『주례』를 위조했다고 주장하는 학자들은 왕의 지위가 '架空'
이고 '虛位'라고 주장한다. 관직 분배의 측면에서 천관 총재는 '六典을
관장하여 왕의 통치를 보좌하고', '八法으로 官府를 다스리고', '八則으
로 都와 鄙를 다스리고', '八柄으로 왕에게 고하고 群臣들을 통어하고',
'八統으로 왕에게 고하고 만민을 통어하고', '九職으로 만민을 통어'하
는 등 실제적인 모든 권한을 행사하는 것으로 규정되어 있기 때문이
다.[40]

　『周禮』에 규정된 왕권의 위상을 해명할 수 있는 주요한 실마리를
제공해 주는 것은 동한 장제 건초 4년(79) 未央宮의 백호관[41]에서 열

38) 『周禮』, 「天官·冢宰」, "惟王建國 辨方正位 體國經野 設官分職 以爲民極".
39) 劉澤華 주편, 장현근 옮김, 『中國政治思想史』(선진편), 동과서, 2002, 458쪽.
40) 徐復觀, 『周官成立之時代及其思想性格』, 臺灣 學生書局, 民國 69年, 64쪽.
41) 이에 관련된 기록으로는 『後漢書』의 「章帝紀」, 「賈逵傳」, 「丁鴻傳」, 「班固
傳」, 「楊終傳」, 「陳敬王羨傳」, 「蔡邕傳」 등이 있다.

렀던 白虎觀 會議이다. 이 회의는 절대주의 통치이론을 수립하기 위한
제도의 정비를 목적으로 五經의 同異를 검토하고 논의하고자 열렸다.
논의된 의제 가운데 하나는 天子를 작위로 볼 것인가 아닌가 하는 문
제였다. 孟喜와 京房의 금문역에서는 천자를 작위로 취급하고『주례』
와『춘추좌전』에서는 천자를 작위가 아닌 것으로 간주한다.[42] 이 점은
금문인 춘추공양의 경우에도 동일하게 개진되어 있고,[43] 회의의 결과
를 정리한『백호통』도 금문학파의 주장에 따라 천자를 작위로 규정한
다.[44]

> 천자라 칭하기도 하고 제왕이라 칭하기도 하는 것은 왜인가? 상천
> 에 대하여 천자라고 칭하는 것은 작위를 통해 하늘을 섬김을 분명히
> 하려는 것이다. 하민에 대하여 제왕이라 칭하는 것은 지위가 천하 지
> 존이라고 불림을 분명히 함으로써 신하를 호령하려는 것이다.[45]

천자가 작위인지의 여부는 천자의 행위가 천에 의해 평가될 수 있는
지의 여부와 관련된다. 맹자는 天子를 포함하여 公, 侯, 伯, 子・男 등
다섯 등급의 작위를 설정한다.[46] 천자를 작위로 보는 맹자의 입장은
천자가 자기의 역할과 지위를 다하지 못했을 때 역성혁명이 정당화된

---

42) 鄭玄,『駁五經異義』,「天子有爵不」, "『異義』春秋左氏云 施於夷狄 稱天子
施於諸夏 稱天王 施於京師 稱王 知天子非爵稱也";顧炎武,『日知錄』,"爲
民而立之君 故班爵之義 天子與公侯伯子男一也 而非絶世之貴 代耕而賦之
祿 故班祿之意 君卿大夫士與庶人在官一也 而非無事之食 是故知天子一位
之義 則不敢肆於民上以自尊 知祿以代耕之義 則不敢厚取于民以自奉".
43)『春秋公羊傳』卷17,「成公・8년」"天子者爵稱也 聖人受命 皆天所生 故謂
之天子 此錫命稱天子者 爲王者長愛幼少之義".
44)『白虎通疏證』卷1,「爵」1쪽, "天子者 爵稱也 爵所以稱天子何 王者父天母
地 爲天之子也".
45)『白虎通疏證』卷2,「號」47쪽, "或稱天子 或稱帝王何 以爲接上稱天子者 明
以爵事天也 接下稱帝王者 明位號天下至尊之稱 以號令臣下也".
46)『孟子』,「萬章下」, "天子一位 公一位 侯一位 伯一位 子男同一位 凡五等也".

34

다는 논리로 발전한다. 즉 천자의 지위는 공, 후, 백, 자, 남 등과 동일한 차원으로 상대화되고, 상천의 의지가 체현된 민의에 따라 평가를 받는 대상이 된다는 것이다.

천자의 親迎에 대한 논란은 왕권의 위상을 보다 구체적으로 보여준다. 금문학인 『춘추공양전』은 천자로부터 서인에 이르기까지 모두 친영을 한다고 본다. 이에 반하여 『춘추좌전』은 천자는 지존하여 짝할 자가 없으므로 친영의 예가 없고, 제후는 일이 있거나 질병이 있을 때만 상대부가 신부를 맞이하고 상경이 임한다고 본다.47) 『백호통』은 친영을 한다고 보는 금문학파의 주장을 받아들인다.48) 정현도 이에 동의한다.49)

제후와 천자의 관계를 어떻게 설정할 것인가를 두고도 금문학과 고문학은 대립한다. 금문학은 '제후를 완전히 신하로 간주할 수 없다'고 보는 반면, 고문학은 제후는 천자를 보호하는 울타리이므로 '완전히 신하로 간주한다'고 본다.50) 『백호통』과 정현51)은 이 문제에 관해서도 금문학파의 주장을 받아들인다.52)

『周禮』에서 천자에 대한 직위와 직무에 대한 명문 규정을 두지 않

47) 鄭玄, 『駁五經異義』, 「天子有親迎無親迎」, "異義春秋公羊說 自天子至庶人 皆親迎 左氏說 天子至尊無敵 故無親迎之禮 諸侯有故若疾病 則使上大夫迎 上卿臨之".
48) 『白虎通疏證』 卷10, 「嫁娶」 459쪽, "天子下至士 必親迎授綏者何 以陽下陰 也 欲得其歡心 示親之心也".
49) 『白虎通疏證』 卷10, 「嫁娶」 459쪽에 대한 소, "太姒之家 在洽之陽 在渭之涘 文王親迎於渭 卽天子親迎之明矣 天子雖至尊 其于后則猶夫婦也 夫婦判合 禮同一體 所謂無敵 豈施于此哉".
50) 鄭玄, 『駁五經異義』, 「諸侯純臣不純臣」, "異義公羊說 諸侯不純臣 左氏說 諸侯者天子蕃衛 純臣 謹案 禮 王者不純臣者 謂彼人爲臣 皆非己德所及 易 曰利建侯 侯者 王所親建 純臣也".
51) 『白虎通疏證』 卷7, 「王者不臣」 320쪽에 대한 소, "鄭駁之云 玄之聞也 賓者 敵主人之稱 而禮 諸侯見天子 稱之曰賓 不純臣諸侯之明文矣".
52) 『白虎通疏證』 卷7, 「王者不臣」 320쪽, "王者不純臣諸侯何 尊重之 以其列土 傳子孫 世世稱君 南面而治 凡不臣者 異于衆臣也".

은 것은 천자를 작위로 인정하지 않음으로써 천자의 권위와 위상을 초
월적으로 설정하려는 의도와 연관되어 있다. 즉 직무에 대한 명문 규
정은 필연적으로 수반되는 評價·考績이라는 관념과 연관되기 때문이
다.『周禮』에는 "달리 왕권을 제약하는 제도는 존재하지 않으며, 행정
과정 밖에서 제약을 가할 수 있는 그 어떤 민주기구도 존재하지 않는
다"는 것을 근거로 군주전제가 핵심을 이루고 있다고 보는 입장53)이
설득력을 얻는 것으로 보인다. 이 점은 고문경학의 '분권적 성격'이라
는 일반적 규정과는 차이가 있다.

2) 禮治의 位相

『管子』는 政權[文], 軍權[武], 懲罰權[威], 賞賜權[德] 등 '四位'를
장악한 절대적 군권을 상정한다.54) 이를 기반으로 '군주가 지고무상의
권력을 보유한다. 군주가 일체의 관리를 직접 임명한다. 군주는 법률
위에 있고, 법률은 군주가 인민을 통치하는 도구이며, 군주의 말은 법
률과 동일하여 인민들이 절대적으로 복종해야 하는' 법치적 군주 전제
를 국가 기획의 표준적 모델로 설정한다. 왕권의 절대적 권위와 위상
을 전제로 한『周禮』적 모델이 법치적 메커니즘과 결합하는 양상을 보
인다면『관자』에 의해 설계된 기획을『周禮』가 현실화하고 있다고 평
가할 수 있을 것이다.

　『周禮』에는 다양한 법가적 대응들이 반영되어 있다. 그 대표적인 것
으로는 상벌을 통해 군신들을 統馭한다는 관념이다. 「天官·大宰」의
직무 가운데 '八柄'과 '八統'만은 '詔王馭群臣'이라는 제한 규정이 달려
있다.55) '詔'에 대하여 鄭玄은 '고한다'는 뜻으로 본다. 즉 이것으로 왕

---

53) 劉澤華, 앞의 책, 2002, 460쪽.
54)『管子』, 「任法」, "主之所處者四 一曰文 二曰武 三曰威 四曰德 此四位者主
　　之所處也".
55)『周禮』, 「天官·大宰」, "以八柄詔王馭羣臣 一曰爵 以馭其貴 二曰祿 以馭其

이 군신들을 통어한다는 뜻이다. 팔병의 내용은 작위[爵], 봉록[祿], 포상을 내림[予], 감옥에 가둠[置], 살려줌[生], 몰수함[奪], 죄를 줌[廢], 견책함[誅] 등이다. 「춘관·내사」에는 爵, 祿, 廢, 置, 殺, 生, 予, 奪의 여덟 가지를 팔병으로 규정하고 있다. 이 가운데 爵, 祿, 予, 生은 상에 해당하고 置, 奪, 廢, 誅[殺]는 벌에 해당한다. 결국 이 조항은 韓非子의 '二柄'과 동일한 것이다. 『관자』는 이를 "명철한 군주는 여섯 가지를 잡는다. 살리고, 죽이고, 부유하게 하고, 가난하게 하고, 귀하게 하고, 천하게 하는 이 여섯 가지 자루는 군주가 잡는 것"이라고 설명한다. 즉 군주가 잡고서 신하를 統馭하는 것으로 법가에서 말하는 '勢'라는 평가가 가능하다.[56]

「추관·사형」에는 "五刑의 법을 관장하여 만백성들의 죄를 처리한다. 墨刑에 해당하는 죄가 500가지이고, 劓刑에 해당하는 죄가 500가지이고, 宮刑에 해당하는 죄가 500가지이고, 刖刑에 해당하는 죄가 500가지이고, 사형에 해당하는 죄가 500가지이다."[57]라고 기록되어 있다. 이를 『상서』의 「呂刑」[58]과 비교하면 두 가지 특징이 나타난다. 첫 번째는 오형에 해당하는 범죄의 수가 감소하였다는 점이다. 「여형」에는 모두 3,000가지의 범죄 행위를 처벌하도록 규정되어 있으나, 『周禮』에는 2,500가지라고 기록하고 있기 때문이다. 두 번째는 처벌하는 범죄 행위는 줄었으나, 宮刑과 사형 등 무겁게 처벌하는 범죄행위는 오히려 두 배 이상 증가했다는 점이다. 아울러 사형의 경우도 斬, 殺, 焚, 辜(「掌戮」), 車轘(「條狼氏」), 屋誅(「司烜氏」) 등 잔혹성을 더하고 있음도

富 三曰予 以馭其幸 四曰置 以馭其行 五曰生 以馭其福 六曰奪 以馭其貧 七曰廢 以馭其罪 八曰誅 以馭其過 以八統詔王馭萬民 一曰親親 二曰敬故 三曰進賢 四曰使能 五曰保庸 六曰尊貴 七曰達吏 八曰禮賓".

56) 侯家駒, 앞의 책, 1987, 66쪽.
57) 『周禮』, 「秋官·司刑」, "掌五刑之法 以麗萬民之罪 墨罪五百 劓罪五百 官罪五百 刖罪五百 殺罪五百".
58) 『尙書』, 「呂刑」, "墨罰之屬千 劓罰之屬千 剕罰之屬五百 宮罰之屬三百 大辟之罰 其屬二百 五刑之屬三千".

확인된다. 그 때문에 『周禮』의 형벌 규정을 '잔혹한 노예제 법전'이라고 평가한다.

『周禮』에서 시행하고 연좌제는 법가의 영향을 받은 대표적 조항이다. 「대사도·族師」에서, "다섯 가를 비로 삼고 열 가를 연으로 삼으며, 다섯 사람을 伍로 삼고 열 사람을 연으로 삼으며, 네 여를 족으로 삼고 여덟 여를 연으로 삼는다. 서로 돌보고 서로를 받아들이도록 하며, 형벌과 경사는 나누고 같이 하게 한다. 그렇게 나라의 직무를 받아들이게 하고, 나라 일을 힘써 처리하도록 하고, 서로 장례를 도와 매장하도록 한다."라거나, "비장은 각기 자기의 비의 통치를 관장하며 다섯 가가 서로 의탁하고 서로 화친하도록 한다. 범죄가 있거나 풍설로 시비가 일어나면 상호 연계하여 벌을 받도록 한다."고 규정하고 있다.

『周禮』에 반영된 법가적 요소에도 불구하고『周禮』의 근간이 '禮治의 정신'이라는 사실은 『周禮』 전체를 관통하고 있다. 「春官·宗伯」에는 "대사는 건립된 六典을 관장하여 邦國의 직무를 관장하는 문서를 수납하고, 法을 관장하여 官府의 직무를 기록한 문서를 수납하며, 則을 관장하여 都鄙의 직무를 기록한 문서를 수납한다."고 기록하고 있다.

'六典'은 「천관·총재」에 의하면 治典, 敎典, 禮典, 政典, 刑典, 事典이다. '典'의 의미에 대하여 鄭玄은 "典은 항상되다는 뜻이고, 줄기라는 뜻이며, 법이다. 왕은 그것을 禮經이라고 하는데 항상 그것을 잡아 천하를 다스린다. 邦國이나 官府에서는 禮法이라고 부르는데 항상 그것을 지켜 법식으로 삼는다".59) 이는 달리 말하면, 육전은 통틀어 말하면 禮經이 되고 나누어 말하면 治典, 敎典, 禮典, 政典, 刑典, 事典이 된다는 것이다.

'法'은 「大宰」에 따르면 八法인 官屬, 官職, 官聯, 官常, 官成, 官法,

---

59) 『周禮』, 「天官·冢宰」 해당 조목에 대한 정현 주, "典 常也 經也 法也 王謂之禮經 常所秉以治天下也 邦國官府謂之禮法 常所守以爲法式也".

官刑, 官計이다. 孔穎達은 소에서 "법은 본래 형법인데 확장하여 모든 典禮文制를 통틀어 법이라 한다. 이 팔법은 백관을 다스리는 공통적인 법이다."라고 하였다. '則'은 「大宰」에 따르면 八則인 祭祀, 法則, 廢置, 祿位, 賦貢, 禮俗, 刑賞, 田役이다. 공영달의 소에 따르면 "팔칙으로 都鄙를 다스린다는 것은 畿內의 채읍을 다스리는 공통적인 법이라는 뜻이다."라고 하였다.

'典', '法', '則'의 관계에 대하여 정현은 "'典', '法', '則'은 쓰이는 곳이 다르기 때문에 이름을 달리하였다", "칙은 또한 법이다"라고 본다. 이는 '典', '法', '則' 세 가지가 명칭은 다르지만 실질은 동일한 것으로 모두 '예경' 혹은 '예'로 부를 수 있고 또한 '법' 혹은 '칙'으로 부를 수 있음을 의미한다. 이를 "각 조직과 각종 관리들은 모두 자신의 특수한 직책을 가지고 있는 동시에 '가장 기본적이고 공통적인 직책도 가지고 있었는데, 그것은 바로 예의 수호와 형벌의 시행이었다.'"[60]라고 평가한다.

예의 정치적 작용과 관련하여 「大宰」는 "나라를 화복케 하고, 백관을 통솔하며, 만 백성을 잘 어울리도록 한다."고 규정하기도 하고, "예속으로 뭇 백성들을 제어한다."고 하기도 하였다. 「大司徒」는 "五禮로 만 백성의 거짓을 막고 모두 교화의 범주 가운데로 끌어들인다."고 규정한다. 이때 오례는 吉禮(天神, 地祇, 祖上에 대한 제사), 凶禮(弔喪, 救荒, 救恤), 賓禮(朝, 令, 覲, 迎), 軍禮(군대사열, 징집복역, 사냥), 嘉禮(결혼과 성년, 접대활쏘기, 향연, 음식, 축하의식)로서, 결국 예가 치국의 기본임을 의미하는 것이다. 이러한 사실은 도성, 궁실, 수레깃발, 의복, 기물사용, 좌석위치, 사용음악, 만남인사 등 방면의 각종 등급은 모두 구체적 규정을 갖고 있다는 것에서도 찾을 수 있다. 모든 예는 등급 규정이 있기 때문이다.[61]

60) 劉澤華, 앞의 책, 2002, 467쪽.
61) 『周禮』, 「天官・大宗伯」, "以嘉禮親萬民 以飮食之禮親宗族兄弟 以婚冠之

『周禮』에서 보여주고 있는 것은 등급이 엄격한 사회이다. 예에 따른 엄격한 등급의 구분은 命數, 封地, 爵位의 높고 낮음, 크고 작음, 귀하고 천함 등에 의해 체현된다.62) 즉 뭇 관리들의 조회, 치직, 집사, 녹식, 회계, 정실 등은 모두 작질의 존비를 기준으로 순서를 정한다는 것이다. 아울러 등급의 구별은 각종의 예의를 시행하는 과정에서 服飾, 車旗, 器用 등의 禮數를 통해서 체현된다. 등급이 다른 사람은 射禮에 참여하는 인원이 다를 뿐 아니라 사용하는 侯와 獲, 容의 수량, 연주하는 음악, 節數에도 각각 차이가 있다.63)

법가와 구별되는『周禮』의 법치는 등급법을 특징으로 하고 있다는 사실이다. 「대사구」에는 卿과 大夫의 쟁송에는 '邦法'을 이용하여 단안을 내리고, 서민에 대해서는 '邦成'을 사용하는 것으로 규정되어 있다. 또한 재판을 받는 데도 "무릇 작위가 있는 남자나 봉호를 받은 부녀자는 직접 땅바닥에 앉아 재판을 받지 않는" 등의 특별대우를 받는 것으로 규정되어 있다.

등급에 따라 법 적용이 달라지는 사례의 대표적인 것이 「추관·소사구」에 규정된 八議64)이다. 팔의는 '친족에게는 형벌을 감하여 주는

禮親成男女 以賓射之禮親故舊朋友 以饗燕之禮親四方之賓客 以脤膰之禮親兄弟之國 以賀慶之禮親異姓之國".

62) 「大宗伯」'九議之命', 「大司徒」'五等爵', 「大行人」'九服', 「小宰」, "以官府之六叙正羣吏 一曰以叙正其位 二曰以叙進其治 三曰以叙作其事 四曰以叙制其食 五曰以叙受其會 六曰以叙聽其情".

63) 『周禮』, 「夏官·射人」, "王以六耦 射三侯 三獲 三容 樂以騶虞 九節五正 諸侯以四耦 射二侯 二獲 二容 樂以貍首 七節三正 孤卿大夫以三耦 射一侯 一獲 一容 樂以采蘋 五節二正 士以三耦 射豻侯 一獲 一容 樂以采蘩 五節二正".

64) 八議는 唐律과 明律에도 반영되었다. 그런데 議親과 議貴를 제외하고는 사실상 명목에 불과한 것으로 보인다. 唐律疏議에 따르면 의친은 "안으로는 九族을 화목하게 하고 밖으로는 만방을 화합하게 하며, 雨露와 같은 은혜를 펴고 친한 이를 친히 하는 이치[親親]를 돈독히 한다는 뜻을 취한 것"으로 설명한다. 그리고 의귀는 예기[곡례]의 "刑不上大夫"와 관계 있는 것으로 보인다.

것[議親]', '오랜 친구에게는 형벌을 감하여 주는 것[議故]', '현자에게
는 형벌을 감하여 주는 것[議賢]', '능력 있는 자에게는 형벌을 감하여
주는 것[議能]', '귀족에게는 형벌을 감하여 주는 것[議貴]', '근면한 자
에게는 형벌을 감하여 주는 것[議勤]', '손님에게는 형벌을 감하여 주는
것[議賓]'65) 즉 형벌을 감형하거나 면제하는 예외 조항이다. 법가는 관
계의 차별성을 인정하지만, 그 차별은 '무엇을 위한' 차별이며,66) '무엇'
에 종속되어 있다. 그 '무엇'을 위해 차별은 무시될 수도 있으며, 법의
집행에서는 누구도 예외일 수 없다는 주장도 이러한 논리에서 나온다.
따라서 팔의와 같은 차별적 법 적용은 결코 용납되지 않는다.67)

직무를 규제하는 법을 제외하고, 형벌의 대상이 되는 것은 하나같이
사회 성원의 도덕적 일탈 행위이다. 「大司徒」에서 규정하고 있는 鄕八
刑은 "첫째 부모에게 불효한 것에 대한 형벌, 둘째 가족끼리 화목하지
못한 것에 대한 형벌, 셋째 친척 간에 친목하지 않은 것에 대한 형벌,

당의 가공언의 疏에 따르면 "親은 五屬 범위 이내 및 外親으로서 服이 있는
자를 말하며, 漢法에 墨綬를 貴라 하였으나 주나라의 禮에 의거하면 大夫 이
상을 모두 貴라고 한다"고 풀이하였다. 明律에는 의친에 대해 "皇家의 袒免
이상 친족 및 태황태후·황태후의 緦麻 이상 친족, 황후의 小功 이상 친족,
황태자비의 大功 이상 친족을 일컫는다"고 규정하고, 의귀를 "작위가 1품이
거나 문·무 職事官 3품 이상, 散官 2품 이상인 자를 일컫는다"고 규정하였다.
65) 『周禮』, 「秋官·小司寇」, "以八辟 麗邦法附刑罰 一曰議親之辟 二曰議故之
辟 三曰議賢之辟 四曰議能之辟 五曰議功之辟 六曰議貴之辟 七曰議勤之辟
八曰議賓之辟." ; 『左傳』, 「昭公·6年」, "昔先王議事以制 不爲刑辟 懼民之
有爭心也". 여기서 '議事以制'는 사안에 따라 일을 처리해 나가고 일방적으
로 법을 적용하지 않는다는 것이다.
66) 『韓非子』, 「有度」, "貴賤不相踰 愚智提衡而立 治之至也" ; 『管子』, 「權修」,
"朝廷不肅 貴賤不明 長幼不分 度量不審 衣服無等 上下陵節 而求百姓之尊
主政令 不可得也" ; 『管子』, 「五輔」, "上下無義則亂 貴賤無分則爭 長幼無等
則倍 貧富無度則失 上下亂 貴賤爭 長幼倍 貧富失 而國不亂者 未之嘗聞
也".
67) 『韓非子』, 「本度」, "法不阿貴 繩不饒曲 法之所加 智者不能辭 勇者不敢爭
刑過不避大臣 賞善不遺匹夫".

넷째 스승과 윗사람을 공경하지 않은 것에 대한 형벌, 다섯째 친구에
게 신의를 못 지킨 것에 대한 형벌, 여섯째 어려운 사람을 구휼하지 않
은 것에 대한 형벌, 일곱째 유언비어를 날조한 것에 대한 형벌, 여덟째
백성을 혼란시킨 것에 대한 형벌" 등이다. 그 대상이 비록 도읍내 사람
이라는 제한을 가지고 있기는 하지만, 처벌의 대상이 도덕적 일탈 행
위라는 사실은 분명하게 보여준다. 이는 법은 예의 보조수단이어서 예
교를 유지하기 위해 존재하는 것, 예의를 통해 인민을 교화하고 형벌
을 통해 예를 위배하는 행위를 금지한다는 유가의 예치적 관념을 충실
하게 반영하는 것이다. 유가는 교화와 형벌을 결합하여 개과의 기회를
제공한다는 전통 위에 서 있기 때문이다.[68] 아울러 형 또한 十二敎[69]
가운데 하나라는 사실은 형이 예에 종속되는 것임을 의미한다.

   교화는 國學과 鄕學을 통해 진행된다. 공경대부의 자제를 대상으로
大司樂이 관장하고 樂師, 師氏, 保氏, 大胥, 小胥 등이 참여하는 國學
과 만민을 대상으로 하는 鄕學이 교화의 중심 기구이다. 태사악이 국
자들을 가르친 내용은 '中과 조화와 공경과 항상됨과 효도 및 우애' 등
이다. 樂師는 '小舞'를 가르쳤는데, 정현에 따르면 "「內則」에서는 13세
에 勺을 춤추게 하였고, 15세 이상이 되면[成童] 象을 춤추게 했으며,
20이 되면 大夏를 춤추게 했다."[70]고 한다. 師氏는 세 가지 덕으로 나
라의 자제들을 가르쳤는데, 첫째는 '지극한 덕'이고(도의 근본이 된다),

---

68) 『尙書』, 「康誥」, "明德愼罰" ; 『論語』, 「堯曰」, "不敎而殺謂之虐" ; 『孟子』,
   「盡心 上」, "敎之不改而後誅之" ; 『荀子』, 「富國」, "不敎而誅 故奸繁而邪不
   勝".
69) 『周禮』, 「地官・大司徒」, 十二敎, "一曰以祀禮敎敬 則民不苟 二曰以陽禮敎
   讓 則民不爭 三曰以陰禮敎親 則民不怨 四曰以樂禮敎和 則民不乖 五曰以
   儀辨等 則民不越 六曰以俗敎安 則民不偸 七曰以刑敎中 則民不暴 八曰以
   誓敎恤 則民不怠 九曰以度敎節 則民知足 十曰以世事敎能 則民不失職 十
   有一曰以賢制爵 則民愼德 十有二曰以庸制祿 則民興功".
70) 『禮記』, 「內則」, "十有三年 學樂 誦詩 舞勺 成童 舞象 學射御 二十而冠 始
   學禮 可以衣裘帛 舞大夏 惇行孝弟 博學不敎 內而不出".

둘째는 '민첩한 덕'이며(실천의 근본이 된다), 셋째는 '효성스러운 덕'이다(도리를 거스르는 것이 악임을 아는 것이다). 그리고 세 가지 행실을 가르쳤으니, 첫째는 '효행'(부모를 친애하는 것)이고, 둘째는 '우행'(어질고 착한 이를 존중하는 것)이고, 셋째는 '순행'(스승과 어른을 섬기는 것)이다. 保氏는 여섯 가지 기예인 '예와 악과 활쏘는 법과 말을 모는 법과 글씨 쓰는 법과 셈을 하는 방법'과 여섯 가지 예절을 가르쳤는데, 첫째는 '제사지낼 때의 몸가짐', 둘째는 '손님을 맞이할 때의 몸가짐', 셋째는 '조정에서의 몸가짐', 넷째는 '상례에서의 몸가짐', 다섯째는 '군사를 부릴 때의 몸가짐', 여섯째는 '수레와 말을 몰 때의 몸가짐'이다.

교화를 통한 개과천선이 형벌의 목표라는 관념은 信賞必罰이 아니라 愼刑罰의 정신을 함축한다. 범죄행위를 판단함에 있어 『周禮』는 조사와 탐문을 강조하고 물증을 중시, 광범하게 의견을 듣도록 규정하고 있다.[71] 아울러 '사람을 잘못 알고 살인한 경우, 살인할 의사가 없었으나 죽게 된 경우, 사람이 있는 줄 모르고 잘못하여 죽이게 된 경우 등은 고의적 살인과 구분지어 형량을 감면해야 한다'는 것은 형벌의 시행이 '준법정신의 고양'이라는 법가적 목표와는 다른 차원에서 시행되었음을 반증하는 것이다. 이러한 태도는 "과실여부와 범죄자의 정신상태까지도 세밀하게 참작하는 태도를 지닐 것을 요구하는 것"으로 진전된다.[72]

법치의 앙양이 아닌 예치의 정신을 고양하고, 이를 중앙과 지방, 만민과 國子를 교육하는 중심내용으로 설정하고자 한 『周禮』의 문제의

---

71) 『周禮』, 「秋官·小司寇」, "다섯 소리를 들어 송사를 다룸으로써 백성들의 뜻을 구한다. 하나는 말로 듣고, 둘은 낯빛으로 듣고, 셋은 분위기로 듣고, 넷은 귀로 듣고, 다섯은 눈으로 듣는다.(以五聲 聽獄訟 求民情 一曰辭聽 二曰色聽 三曰氣聽 四曰耳聽 五曰目聽)" ; 「秋官·小司寇」, "사형을 판결할 때는 '뭇 신하들에게 신문하고', '뭇 관리들에게 신문하고', '만백성에게 신문해야 한다'(以三刺 斷庶民獄訟之中 一曰訊羣臣 二曰訊羣吏 三曰訊萬民)".
72) 『周禮』, 「秋官·司刺」, "壹赦曰幼弱 再赦曰老耄 三赦曰蠢愚".

식은, 왕을 육관 가운데 포함시키지 않고 육관을 초월한 자리에 위치
시킴으로써 왕의 권위와 우월성을 확보함으로써 절대적 군권을 확보
하고자 하는 의도가 아님을 보여준다. 통치자의 덕성에 대한 요구와
지향이 표면적으로 드러난 법치적 시스템의 상위에서 근원적으로 작
동하고 있음이 분명하기 때문이다. 바로 그 점에서『周禮』의 국가기획
은 법가의 절대 군권론적 기획과는 차이가 있는 것으로 판단된다.[73]

4. 맺음말

王莽의 고모는 한 元帝의 皇后이자 成帝의 생모였다. 그의 백부와
숙부는 원제와 성제 시기에 大司馬, 大將軍 등을 지냈다. 元壽 2년
(B.C. 1) 애제가 죽자 왕망은 대사마에 임명되고, 平帝 원년(A.D. 1) 太
傅가 되어 '安漢公'이라고 불렸다. 평제 5년 평제를 시해하고 섭정을
하다가, 천자의 자리에 올라 국호를 '新'으로 고쳤다.

왕망은『周禮』를 이용하여 復古改制를 단행한다. 그의 변법은 두
가지를 축으로 하고 있었다. 첫째는 민간의 토지를 국유화하여 개인들
이 매매할 수 없도록 한 '王田'이고, 후자는 민간의 노예를 '私屬'으로
개칭하여 매매할 수 없도록 한 조치였다. A.D. 10년 '오균'과 '육완'법
을 시행하여 상인들의 겸병을 제한하고 상인들의 이익을 환수하는 조
치를 단행하였다가 A.D. 23년 봉기한 군대의 공격을 받아 멸망한다.

왕망이『周禮』를 원용하여 개혁을 단행한 것에 대하여, '그는『周
禮』에 근거해서가 아니라『周禮』를 이용하여 개혁을 하고자 하였기
때문에 심지어 다른 유가 경전에 실려 있으면서『周禮』의 제도와 다른
것조차도 거리낌 없이 채용하였다.'고 평가된다. 그 대표적인 것이 봉
지를 네 등급으로 분봉하고자 한 것인데, 이는『周禮』가 아니라『예

---

73) 彭林, 앞의 책, 1991, 175쪽.

기』의 「왕제」와 동일한 것이다.

　『周禮』의 개혁성은 '이상향 지향적 성격'에 있는 것이라기보다는, 왕권의 권위와 위상을 확보하면서도 법치적 시스템에 의해 왕권을 절대화하는 전제국가로 나아간 것이 아니라, 예치적 시스템에 의해 그것을 내재적으로 제어하고자 하는 『周禮』의 이중적 기획의도에서 기인하는 것이라고 판단된다. 즉 『周禮』는 천자에 대한 직위와 직무에 대한 명문 규정을 두지 않음으로써 천자의 지위를 작위로 상대화하지 않고, 이를 통해 천자의 권위와 위상을 초월적으로 설정하려는 표면적 기획의도를 가지고 있으면서도, 법치의 앙양이 아닌 예치의 정신을 고양함으로써 통치자의 덕성에 대한 요구와 지향이 표면적으로 드러난 법치적 시스템의 상위에서 근원적으로 작동하도록 이중적인 구조를 가지고 있다는 것이다.

중국 近世 『周禮』의 政治的 작용과 변화

曺秉漢[*]

1. 머리말

고대 官制를 중심으로 禮制와 刑律이 미분리된 채 기록된 『주례』라는 책은 고대 이래 前漢 말 僞書라거나 戰國시대의 정치적 음모서라는 혐의를 받기도 했지만 周公의 이상적 정치제도를 전한 경전으로 신봉되어 정치개혁의 이념서로 중대한 역사적 기능을 했다. 이 책은 근세 초인 北宋 王安石의 新法 개혁에서도 정치이념으로 이용되었다. 그러나 시대 변화에 따른 현실적 역사인식이 심화됨으로써 송대 이후에는 『주례』가 갖는 정치적 의미가 고대 제도의 복고적 적용보다는 현실적 제도 變通의 이념으로서 개혁의 정당성 확보에만 국한되게 되었다.

한편 송대 이후는 程朱學의 형성과 그 국교적 지위 확립에 따라 士大夫 중심의 禮文化가 민간 士庶 사회에 확장되는 시기였으며, 敎學 중심의 道學이 지배하는 시대사조 속에서 政과 敎의 분화가 확대되는 시기이기도 했다. 그에 따른 經世的 實學이 明末 淸初의 역사적 변동을 계기로 발전함에 따라 도학과 경세학 간의 상호 작용이 더욱 긴밀해지고, 때로는 상호 대립의 가능성도 배태될 여지가 있었다. 이러한 역사적 배경 속에서 國家禮로 인식되던 『주례』가 송대 이후, 특히 淸

* 서강대학교 교수, 동양사학

代에 어떠한 정치적 기능을 갖고 그 지위와 내용이 어떠한 변천 과정을 거치게 되는지 연구하는 것이 이 글의 과제이다. 정주학과 考證學, 禮學과 春秋學 등의 학파적 관계가 중요한 요인으로 검토될 것이다.

2. 宋代 이래 近世 『周禮』의 역사적 지위

1) 고대 · 근세의 政書 · 禮書와 『周禮』

중국 전통시대의 政書類에는 세 가지 부류가 있다. 그 중 官制의 조직, 6部 체계에 따라 편찬된 會典은 『唐六典』(또는 『大唐六典』) 이래 律令체계의 행정법에 『周禮』, 즉 『周官』의 體裁를 적용한 것으로서 그 국가 관제로서의 성격이 『주례』를 가장 많이 답습한 관찬서라 할 것이다. 그것은 중국 국가의 관료주의적 체제와 이데올로기를 반영한 것이다. 또 하나는 禮書에 속하는 것으로 『大唐開元禮』 이래 황제 중심 국가체제의 운영 원리와 절차로서 禮制를 국가와 결합시킨 관찬서이다. 기본적으로 三禮[『주례』 · 『儀禮』 · 『禮記』] 중 『의례』의 계보에 속하나 『주례』의 國家禮 이념이 침투되어 있다는 점에서 『주례』와 무관하지는 않다. 政書 중 나머지 하나는 역사서 중 典志類에 속하는 것으로 唐 杜佑의 『通典』, 元初 馬端臨의 『文獻通考』 등 이래의 후속 저술들이다. 이는 국가의 文物制度, 즉 정치 · 문화면의 制度史的 연구서로서 『주례』와의 유사성은 있으나 그보다는 紀傳體 正史의 書志와 훨씬 깊은 관련을 갖고 있다.

『주례』는 天子 중심의 集權 관료제 하에서 통일적 관제, 즉 일종의 行政法 체계가 그 기본적 성격이었지만 그 행정체계는 禮와 刑[律]과 밀접한 보완관계를 갖고 세 요소가 함께 『주례』 안에 내포되어 있다.[1]

---

1) 이를테면 『周禮』의 「地官 大司徒」의 내용만 해도 6德 · 6行 · 6藝[鄕三物]과 아울러 5禮 · 6樂과 8刑 · 5刑이 함께 거론되고 있다. 郝鐵川, 『經國治世之典

바꿔 말해『주례』는 행정법인 관제를 중심으로 구성되어 원래 法家的
색채가 짙으나 禮樂과 政刑이 공존함으로써 패권국가 秦의 법가가 刑
律 중심의 전제적 法治를 국가이념으로 내세워 유가의 예악을 완전 배
제한 것과는 달랐다. 전한 말 국가체제 이념으로 유교가 채택된 이후
에도 儒法 折衷의 皇權전제 관료제 하에서『주례』는 그러한 국가체제
이념에 매우 적합한 정치적 기능을 갖고 있었다. 이 같은『주례』의 특
성으로 인해,『주례』의 원래 書名이 전국시대 저작인『周官』이었고,
전한 말 劉歆이 周公의 저작인『주례』로 처음 개명했으며 후한 말 鄭
玄이 三禮 중『주례』를 수위에 두고 經禮로,『의례』를 曲禮라 했다는
연구가 나와 주목된다. 즉 광의의 禮制에는 官制도 그 일부분으로 포
함되며 협의의 예제는『주례』에도 적지 않은 관련 서술이 들어있다는
것이다.2)

　　唐 玄宗 開元 26년(738) 張說·徐堅 등 集賢院 學士들에 의해 완성
된『唐六典』은 帝國의 太平을 粉飾하려는 현종의 명에 따라 唐代 국
가의 현실 제도를, 이상화된 周의 제도로 후대에 附會되어 온『주례』
의 6官 또는 6典 형식에 무리하게 편입하고자 했으나 결국 당대 令·
式 등을 자료로 해 편찬된 것이다.3) 당대 행정법의 요지가 관직에 따
라 배열된 이 體裁는『大元聖政國朝典章』(『元典章』)이나『大明會典』
·『大淸會典』에 계승되었다. 후대 중앙정부의 6部 중심으로 편찬되고
있지만 관제 변동의 현실을 반영해,『주례』의 6典 체재에 대한 부분적
변통이 있으며, 이 점에서 완전한 6典 체제인 朝鮮의『經國大典』등과
는 차이가 있다.4) 한편『大唐開元禮』는 관직에 따른 행정 관련의 서
적은 아니므로 일견『주례』와 거리가 있으나『주례』의 5禮 이념에 따

　　-『周禮』與中國文化』, 開封:河南大學出版社, 1995, 109~110쪽 참조.
　2) 楊志剛,『中國禮儀制度研究』, 上海:華東師範大學出版社, 2001, 111~113
　　쪽.
　3) 金鐸敏 주편,『譯註唐六典』上, 신서원, 2003,「解題」, 16~20쪽.
　4) 위의 책, 21~23쪽.

48

라 禮制를 국가 중심으로 편성한 것이다. 따라서 황제와 관료, 특히 황제 중심의 예제라는 점에서『주례』의 관료주의 제국 이념이 잘 반영되어 있다. 이 책은 唐 太宗의 貞觀禮, 高宗의 顯慶禮의 상이한 내용을 통합해 玄宗 때 集賢院의 장열·서견 등이 편찬한 것으로, 序例를 제하면 吉禮·賓禮·嘉禮·軍禮·凶禮란 분류가『주례』와 같고 배열 순서에서만『주례』가 길·흉·군·빈·가의 순서인 것과 차이가 있을 뿐이다. 유의할 점은『개원례』의 5례의 儀가『당육전』의 禮典에 편입된 사실이다. 5례의 순서는 그 후 두우의『통전』내의『開元禮纂類』이래『명집례』·청『오례통고』에서 길·가·빈·군·흉례의 순으로 바뀌었다.5)『대당개원례』의 이념은 그 原序에서, "국가 통치는 禮가 필수이며 예는 시대 변화가 중대하다. 商이 夏와 간격이 오래지 않은데도 그 '損益'(加減)은 이미 알 수 있다"는 데 잘 드러난다. 이 관념에 따라 漢代 二戴(小戴·大戴)의 禮를 비판하고 이들 고전과 병립할 현대의 禮制를 추구하고 있다.6)

『대당개원례』의 뒤를 이어『주례』體裁를 계승한 후대의 禮書로서 특히 주목되는 것은『明集禮』·『淸通禮』를 이어 淸 乾隆代에 나온 秦蕙田의『五禮通考』이다. 刑部尙書를 지낸 진혜전은 淸初 徐乾學의『讀禮通考』가 喪葬 부문에만 상세한 것을 시정·보완하고자『周官』大宗伯의 5禮에 따라 편찬한 것이다. 紀昀 등『四庫全書』편찬자들의 평가를 보면, 周代 6官을 통틀어 禮란 명칭으로 총괄하고자 했던『주례』의 이념에 따라 저자가 5례의 내용을 크게 확장한 사실을 인정하고 있다.7) 길례의 宗廟제도에 樂律을 첨가하고, 가례의 觀象授時에다 천문·수학을, 士禮 부문에 학교·取士 제도를, 體國經野란 부문에 地理

---

5) 楊志剛, 앞의 책, 2001, 171~176쪽.
6)『大唐開元禮』,「大唐開元禮原序」,『文淵閣四庫全書』제646책, 史部 13, 臺北：臺灣商務印書館 영인, 19~20쪽.
7)『四庫全書總目』卷22, 經部, 禮類4, 北京：中華書局, 1965(1995 제6쇄), 179~180쪽.

를, 設官分職이란 부문에 역대 官制를 정리해 가례에 포함시키고 있
다. 군례에는 出師 부문에 역대 軍制와 車戰舟師·馬政 등을, 흉례에
荒禮(荒政)를 설정한 사실이 주목된다.8) 세밀한 儀節을 중심으로 한
『의례』식의 도덕주의적 예서를 국가 관료의 제도적 經世書로 확장·
개편한 데서『주례』적 사고의 작용을 확인할 수 있는 것이다.

이러한『주례』식 禮書에는 원래 국가의 종교(祀典)나 朝廷 儀禮·
外交 의례 등이 취급되기 마련이지만 민간을 포함한 冠婚喪祭나 宗法
제도를 내포해『儀禮』의 내용과 토대를 공유한 사실도 경시되어서는
안될 것이다. 원래 중국 고대사에서『주례』가 변혁기의 대규모 정치개
혁, 즉 變法운동의 이상화된 이데올로기로서 큰 역할을 했음은 널리
알려져 있다. 그 대표적 사례가 前漢末 王莽 정권[新王朝]의 실패한
개혁과 南北朝시대 북조 西魏·北周의 정치개혁이다. 전한 말 王朝禮
가 方士 神仙術의 영향을 벗어나 儒家化하고 古制에 의탁하는 사조
속에서 왕망 때『주례』가 國典으로 존중되고, 서위·북주의 蘇綽 등은
『주례』의 6官 제도를 적용하기까지 했다.9) 三禮 중『주례』와『의례』
의 관계와 관련해『주례』는 國禮,『의례』는 公卿·大夫·士의 家禮라
규정하는 학설이 있을 만큼 양자는 서로 무관한 것이었으나 後漢 鄭玄
은『주례』를 중심축으로 삼례를 통합하는 예학 체계를 형성했다. 이후
『주례』는 唐 玄宗에 의해 國制의 규범으로 이용되었을 뿐 아니라 북
송까지도 정치개혁의 표준이 되는 고전으로서 范仲淹·李覯·石介·
張載·王安石 등 경세론자의 존숭을 받았다.10) 사대부 사회의 형성기
인 북송대 王安石의 新法 개혁은 역사상『주례』를 이용한 가장 저명
한 개혁운동의 사례로 손꼽힌다. 그러나 왕안석의 변법은 송대 사대부
사회의 시대적 변동을 배경으로 삼은 정치개혁이어서『주례』의 역사

8) 「五禮通考目錄」,『文淵閣四庫全書』제135책, 經部 4, 禮類 5(通禮之屬), 1~
57쪽 참조.
9) 楊志剛, 앞의 책, 2001, 152~163쪽.
10) 小島毅,『宋學の形成と展開』, 東京 : 東京大學校出版部, 1999, 207~209쪽.

적 기능에 대한 해석이 한대나 남북조와는 다른 것이었다.

그런데 南宋의 朱熹 이래 정주학 시대에는 『주례』보다 『의례』가 더욱 중시되었다. 그 배경은 고대 이래 중국 전제국가의 皇帝集權構造가 송대에 더욱 강화된 만큼 이 시대 科擧 출신 사대부의 도덕적, 문화적 主體性이 그만큼 더 강조된 것과 관련이 있다. 사대부 계층의 형성에 따라 송대 이후로는 민간 宗族의 의례로서 家禮가 크게 발달해 국가례와 별개의 규범으로 광범한 사회적 기반을 획득하게 된 것이다. 특히 明末 이래 紳士層의 사회적 형성과 관련해, 家産 均分과 과거관료제 하에서 가문의 富와 관료 지위의 지속을 위한 전략으로서 宗族制가 발달했다.[11] 이 시기 정주학 지배 하에서 민간 사대부의 家禮는 大宗의 부활과 始祖 제사를 확대하는 방향으로 禮制상의 변화가 추진되고 있는 사회적 현상이 주목된다.[12] 이 같은 사회적 의례는 『주례』의 계보를 잇는 국가례에서도 수용되지 않을 수 없었다. 한대 이래 정치적 실용이 상대적으로 강조되던 經學으로부터 도덕적 명분이 압도하는 송대 道學의 시대로의 역사적 移行은 이 같은 사대부 禮學의 발전과 밀접한 관련을 갖는 것이었다. 그러나 주희의 『朱子家禮』 보급으로 상징되듯 사대부의 도덕적 의례가 중시된 정주학 지배 시대에도 『주례』의 정치적 이념은 유교 經世學의 정치개혁론에서 청대까지 일정한 작용을 지속해 갔다.

정주학 중심의 도덕주의 이념이 확립된 근세 중국에서는 『주례』의 경세적 기능에 대한 이해도 변화할 수밖에 없었는데, 이에 대한 이해는 북송 왕안석과 남송 주희의 周禮觀을 비교하는 가운데 그 원형을 파악할 수 있다.

---

11) 井上徹, 『中國の宗族と國家の禮制 - 宗法主義の視点からの分析 - 』, 東京 : 硏文出版, 2000, 71~75, 95~98쪽.
12) 위의 책, 151~172쪽.

중국 近世 『周禮』의 政治的 작용과 변화 51

2) 王安石과 朱熹의 『周禮』이해

왕안석(1021~1086)의 新法 개혁운동을 불러온 계기는 북송 초부터 진행된 군사적, 재정적 위기였으며 이에 대한 연구는 너무나 많다. 그의 개혁운동은 范仲淹·歐陽修 등 북송 仁宗代 慶曆 연간의 개혁적 사대부들과 비교해 禮敎와 같은 유교 이념의 본질적 측면에서는 그다지 차이가 없다고 생각된다. 神宗代 사대부 간에 新·舊法의 당파적 분열이 생긴 것은 개혁안의 사상적 내용보다는 오히려 정책의 효과, 추진 방법, 권력 기반과 같은 다른 요인에 더 주목해야 할 것이다. 그런데 왕안석의 개혁 이념이 『주례』와 밀접한 관련을 갖는 것은 널리 알려진 사실이며, 이른바 三經(『詩』·『書』·『주례』)의 새 해석[新義]으로 알려진 왕안석과 그 門徒들의 새로운 경전 해석이 개혁의 이념 기반과 관련해 논급되어 왔다. 특히 『周官新義』는 왕안석 자신의 저술로서 제자의 손을 빌린 『시』·『서』 해석의 경우와는 달리 亡佚되지 않고 전해오고 있다.[13]

왕안석의 개혁 이념은 현실의 위기를 극복하기 위해 『주례』로 대표되는 上古 理想시대의 周公의 정치로 복귀해야 한다는 復古 이념을 표방하고 있으나 그 내용은 지극히 현세적, 합리적 사고에 입각한 것이었다. 이 같은 사실은 근대 이전 청대의 『四庫全書』 편찬자들도 잘 이해하고 있었다. 그들에 견해에 의하면 "『주례』를 후세에 실행할 수 없음은 사람들이 알 뿐 아니라 왕안석도 모른 적은 없었다. 안석의 뜻은 본래 송의 오랜 쇠약 끝에 이를 富强으로 건지려 하면서도 부강의 설이 유자들의 배격을 받을 것이 틀림없음을 두려워 해 이에 經義로서 유자들의 입을 틀어막으려 한 것"이라 했다. 그런데 그의 실패는 『주례』 탓이 아니라 적합한 인재를 채용하지 못하고 그 실행의 방도를 얻지 못했기 때문이라는 것이다.[14] 군사·재정상의 위기와 아울러 風俗

---

13) 『四庫全書總目』, 149~150쪽.
14) 위의 책, 150쪽.

52

의 쇠퇴 현상을 강조한 것은 사대부적 도덕주의를 반영한 점에서 그도 유교의 기본 명제에 따르고 있으나 그 까닭을 法度의 無知에 찾고 있어 도덕 편향의 도학파와는 긴장을 야기할 수 있다. 그의 복고는 時勢의 변화를 너무나 잘 파악하고 강조한 점에서 현실적이며, 『주례』등 복고를 내세운 것은 고대의 제도가 아니라 그 제도의 배후에 있는 聖人(周公)의 뜻, 즉 이념을 채택한다는 것이었다. 그가 국가 중심의 제도 개혁에 편향된 점에서 功利的 법가주의로 정주학측의 비난을 받게 되었지만 聖人의 도덕적 이상을 견지한 점에서 유교적 王道主義를 일탈한 것은 아니었다. 다만 그의 개혁 추진의 구심력으로서 황제권 중심의 國家集權體制를 강화하려 한 측면에서15) 『주례』의 집권적 관료제 이념과 공통성을 갖고 있다.

왕안석의 개혁의 기초에는 그 많은 공리적 제도개혁안에도 불구하고 인재의 배양과 채용 방식의 개혁이 매우 중요한 요소로 자리잡고 있었다. 실용적 지식의 중시와 비실용적 과거고시 개혁, 학교 교육에 의한 인재 배양 같은 개혁 내용은16) 고대[三代] 聖君의 뜻으로 이해되었다. 복고적 개혁정치의 이념으로서 『주례』의 새 해석본을 학교에 교재로 보급하려던 왕안석의 해석에 따르면, 『주관』(『주례』)은 政事에서 "제어해 사용함은 법에 있고 추진해 행함은 사람에게 있으며, 그 사람이 관직을 맡을 만하고 그 官이 법을 행할 만함은 成周 때만큼 성대한 적은 없었다". 후세에 실시할 만한 법과 서적에 실린 문장으로서 『주관』만큼 구비된 책은 없다고 주장했다.17) 왕안석의 제도개혁이 삼대의 복고를 표방하면서도 시대의 변화를 몹시 강조한 사실은 그의 禮 사상에 잘 드러난다. 그는 "천하의 일은 변해서 한결같지 않다" 하고, 오늘

---

15) 李範鶴, 「王安石 改革論의 形成과 性格 - 新法의 思想的 背景에 대한 一試論」, 『東洋史學研究』18, 1983 참조.
16) 漆俠, 『王安石變法』, 石家莊 : 河北人民出版社, 2001, 101~107쪽.
17) 王安石, 「周官義序」, 『臨川先生文集』卷84, 四部叢刊 集部, 上海 涵芬樓藏, 明 嘉靖 39년, 撫州 刊本, 序, 1뒤~2앞.

날 사람이 "시대 변화에 따라 변통함[權時變]을 모른다"는 것은 일[事]
이 옛사람의 자취[迹]와 같고 그 실제[實]와는 달라서 천하에 대한 해
가 막대하다"는 것이다.[18] 그는 王道와 覇道의 구분이 마음의 同異에
달렸을 뿐 다같이 仁義禮信이라는 천하의 達道를 수단으로 삼는다는
획기적 견해를 펴기도 했다.[19]

　이 같은 그의 개혁론은 후대 유교 經世사상의 진보적 측면을 대표
하는 결정적 중요성이 있으며 청대 경세학과도 많은 공통성을 갖고 있
다. 그럼에도 그의 개혁운동의 공리적 방식은 그 급진성으로 인해 정
주학측보다는 훨씬 寬容的인 考證學者 위주의 『四庫全書』 편찬자들
의 비판을 받을 정도로 그에 대한 비난의 공통된 근거가 되었다. 어쨌
든 왕안석의 변법은 특히 개혁의 중심이었다 할 재정·경제면에서 그
급진성이 더욱 현저했으며, 이 재정·경제면을 포함해 학교·선거 및
군사면의 개혁안의 발상에서 『주례』 이념과의 이론적 연관성은 학계
의 연구에서 뒷받침되고 있다.[20]

　남송 초 朱熹(1130~1200)의 禮學에 관해서는 무엇보다 그의 『朱子
家禮』[『文公家禮』]가 심원한 역사적 영향을 미친 저술임은 말할 나위
없다. 이 『주자가례』는 북송 司馬光의 『書儀』를 참고하고 『의례』와 비
교해 저술한 冠婚喪祭 중심의 예서였다.[21] 『주자가례』는 민간사회에
널리 보급되었을 뿐 아니라 明初 太祖 때 편찬된 국가례인 『명집례』
에 『주자가례』의 내용이 다수 채록되었다.[22] 『주자가례』가 송대 종족
제의 확립을 배경으로 士庶, 즉 士人과 庶民의 禮를 중시한 것이 주목
되며, 이 같은 민간사회의 변화에 따라 국가의 禮書에도 士庶의 禮가

---

18) 王安石, 「非禮之禮」, 위의 책, 卷67, 論議, 5앞~뒤.
19) 王安石, 「王覇」, 위의 책, 6앞~뒤.
20) 李祥俊, 『王安石學術思想研究』, 北京 : 北京師範大學出版社, 2000, 153~159
　　쪽 등.
21) 蔡方鹿, 『朱熹經學與中國經學』, 北京 : 人民出版社, 2004, 431쪽.
22) 楊志剛, 앞의 책, 2001, 238~239쪽.

포함된 셈이다. 그리고 만년의 미완성 저작인『儀禮經傳通解』도 근세
『의례』중심 禮書의 발전에 중요한 위치를 차지하고 있다. 이 책에서
주희는『의례』를 禮經으로 삼고,『禮記』는 그 傳이며『주례』는 禮의
綱領이라 했다.『의례』와『예기』를 經과 傳, 本과 末, 事와 理의 관계
로 결합함으로써 의례의 事宜를 통해 天理를 표현하게 되었음이 지적
되고 있다. 그 저술 형식은 修身・齊家의 家禮를 기초로 해서 治國・
平天下의 邦國禮・王朝[천하]禮로 순차적으로 확대되는 것이었다.23)
그의 관념으로는『주례』와『예기』「王制」는 제도를,『의례』는 事,『예
기』의 「大學」・「中庸」은 理를 설명한 책이었다.24) 이처럼 정주학의
예학에서는『주례』는 명목상으로 周代 제도로서 그 권위가 인정되었
으나 그 비중은 고대에 비해 크게 격하되었음을 알 수 있다. 결국 예의
문제에서도 왕안석과 정주학파 사이에는 국가와 민간의 비중이라는
측면에서 분명한 대립이 있었음이 확인된다.

3. 淸初 經世學과『周禮』

1) 黃宗羲・陸世儀・李光地의『周禮』이해

　明末 淸初의 經世學은 當代의 官學으로 주류 학문인 程朱學을 넘
어 고대의 학문, 즉 古學으로서의 經學 연구로 복귀하려는 경향과 그
경학 연구법으로서 考證學의 발달과 병행되는 학문 사조였다. 그러한
방법론적 전환의 전형은 顧炎武의 고증 경세학이었다. 17세기 명말 청
초의 대동란을 거치며 급진적 제도개혁을 구상한 黃宗羲(1610~1695)
는 陽明學 우파 학자로서 이 시기 紳士層의 경세 사조를 대표하는 사
상가중 한 사람이다. 그의 명저,『明夷待訪錄』의 개혁안은 秦始皇 이

---

23) 蔡方鹿, 앞의 책, 2004, 414, 432, 456쪽.
24) 위의 책, 436쪽.

래 악화된 황제전제 시대의 정치 현실을 비판하고 그 개혁의 이념으로
三代(夏·商·周)의 이상적 제도로의 복고를 표방하고 있다. 가장 대
표적인 표현은 삼대의 法과 삼대 이후의 법을 구분하고, 古今 시대 변
동의 양대 계기로서 秦과 元[蒙古]을 통해 삼대의 법이 탕진되었다고
주장한 견해이다.25) 따라서 삼대, 특히 周代의 제도들에 역사적 근원
을 갖는 封建·井田·學校·選擧 및 官制 등 제도들이 明代의 국가
제도를 철저히 비판하는 王道의 표본으로 기능하고 있었다. 이러한 논
리가 진·한 이래 封建·郡縣 논의의 오랜 전통 속에 형성된 것임은
널리 알려진 사실로서 특히 청대의 경세론은 대개 이 범주에 속하는
것이었다. 그런데 이러한 개혁관의 근거로서 등장하는 『주례』는 이념
화된 '주례'일 뿐 시대의 변화에 따른 재해석이 불가피했으며, 주대 제
도를 전한 經傳으로 알려진 『주례』와 내용이 일치하거나 그 책을 직접
인용하는 것은 드물었다. 그럼에도 고대의 관념에 따라 禮를 제도나
법과 未分化된 포괄적 개념으로 규정한다면 황의 저술에 나타난 '제도
[법]'들은 넓은 뜻의 '주례'의 연장선에서 이해될 수 있다. 현실의 군현
제에다 그 과도한 專制를 시정하는 방안으로 이상화된 봉건제 이념을
절충하려 했던 황종희는 황실의 사적 법치가 아닌 공적 법치로써 군주
의 불법적 人治를 대체하려 했다.26) 이러한 도덕적인 법은 한대 이래
유교와 유착된 진(시황)의 법가적 법과는 차원이 다른 것으로 '周禮'에
집대성된 三代 이념의 법을 지향한 것이었다.

   다만 唐末·송대 이래의 역사 변동, 특히 16세기 명 중기 이래 紳士
層의 형성과 小商品經濟의 출현이라는 시대적 격변의 결과 이 복고적
개혁사조는 전혀 새로운 의미를 띠고 있었다. 그들의 古는 시간적 고

---

25) 黃宗羲, 「原法」, 『明夷待訪錄』, 『黃宗羲全集』 제1책, 杭州 : 浙江古籍出版
　　社, 1985, 6~7쪽.
26) De Bary, W. T., "Chinese Despotism and the Confucian Ideal : a
　　Seventeenth-century View", in Fairbank, John K. ed, *Chinese Thought &*
　　Institutions, Univ. of Chicago Press, 1957, pp. 172~173.

56

대임과 아울러 시간과 구별되는 이념적 고대로서 분명히 인식되고,[27] 이상화된 고대의 제도가 후대의 현실에 그대로 적용될 수 없으며 時宜에 따른 變通이 경세의 요체임을 너무나 잘 이해하고 있었다. 더욱이 황종희의 경우 이러한 이념화된 제도의 변통은 과도한 전제주의적 皇帝集權體制에 分權的 제도를 절충하는 개혁이었으며, 그리고 황제의 '私天下'(혹은 '家天下') 관념에 따른 왕조 수명(祚命) 연장이 아니라 신사층 중심의 民利를 강조하는 '公天下' 관념의 입장에서 추구된 것이었다.[28] 이 점에서 『주례』의 집권적, 관료주의적 정치관과는 대립되는 측면도 있었다. 이처럼 황제의 국가권력보다 사대부의 公論이나 지방적 利害를 인정하는 점에서 황종희·고염무 이래 청대 경세론이 북송 왕안석의 경세와는 차이가 있을 것이다. 청대 경세학은 功利性을 강화해 공리와 도덕 두 측면의 분화가 전개되는 가운데서도 그 양립 가능성을 견지하려는 공통된 특색이 있었다는[29] 지적도 이 같은 사대부적 입장과 관련이 있을 것이다.

동시대 정주학파의 陸世儀(1611~1672)는 『주례』의 직접적 영향이 확인되는 경세학자였다. 그는 "천하의 일에 사려하지 않고 알 수 있는 것으로 心性道德이 있고 반드시 학문에 의지해서만 아는 것으로 名物度數가 있다" 하여 학문을 두 범주로 구분하고, 따라서 窮理는 致良知[陽明學의 直觀]를 포함할 수 있으나 '치량지'는 궁리를 포함할 수 없다고 했다.[30] 이는 정주학의 도덕적 궁리가 경세학적 사물의 연구로

27) 閔斗基, 「中國에서의 歷史意識의 展開」, 『現代中國과 中國近代史』, 지식산업사, 1981, 136쪽.
28) 公·私天下와 民利 및 祚命이란 개념은 중국의 전통적 봉건·군현 논쟁에 대한 故 閔斗基 교수의 논문, 「中國의 傳統的 政治像-封建郡縣論議를 중심으로」, 『中國近代史 硏究-紳士層의 思想과 行動』, 一潮閣, 1973(1980 重版), 211~219쪽에서 차용한 것이다.
29) Chang, Hao, "On the Ch'ing-shih Ideal in Neo-Confucianism", *Ch'ing-shih Wen-ti*, Vol.3, No.1, 1974. 11, pp. 40~42, 47~51.
30) 陸世儀, 『思辨錄輯要』 卷3, 格致類(楊向奎, 「桴亭學案」, 『淸儒學案新編』[이

확대된 방법론적 특징을 보여주고 있다. 그의 경세론은 周代 제도로의
복고를 제창해, "封建·井田·學校 3자가 통치의 大綱이며 후세에 治
平을 원하면 이 밖에는 도리가 없다"고 했다. 그러면서도 變通을 모르
는 우활한 儒者와 師古(고대 학습)를 모르는 俗儒를 비판했다.[31] 육은
직접 『주례』에 언급해 그 내용이 成周 때(周公 시기) 천하의 봉건과
畿內의 都鄙에 대한 법[제도]을 기록한 것이라 규정하고, 특히 봉건제
하에서 王畿 이내 一國의 사실만 상세히 기록해, 그것을 다른 諸侯國
이 자국 통치에 본뜰 표준으로 삼았다고 했다.[32]

또한 육은 "『孟子』의 봉건·정전·학교 세 가지 뜻 가운데 학교가
더욱 통치의 근본"이라 했다. 그의 견지로는 삼대 先王의 학교제가 秦
에 의해 소멸된 이래 (官)吏를 스승으로 삼아 배우는 일이 이어지게
되었다 하고, 敎化에 기초한 유학자의 통치[儒治]와 刑政에 기초한 관
리의 통치[吏治]를 대조해 우열을 논하고 있다. 한대 이후의 유교 왕조
는 "시대마다 제도의 변경이 있었으나 모두 진의 吏治의 범위를 벗어
나지 못했으며", 秦·漢·晉·唐이 모두 敎를 이용하지 못했다는 비판
을 받았다.[33] 육세의가 지향하는 삼대 또는 주대의 제도는 吏治 즉 진
법가의 법치가 아니라 賢人의 人治라는 유교적 기본 이념이 관철되는
제도였음을 확인할 수 있다. 따라서 그는 군사·형률의 근본으로서 학
교제를 매우 중시해, "고대에는 兵·刑이 모두 학교에서 나왔으며 5刑
에 밝음으로써 5敎를 돕는다"고 주장하기도 했다. 鄕學에서는 독서·
글자 공부와 詩를 노래하고 禮를 익히는 데 그치며, 國學은 북송 胡原
의 교육법을 가감해 5경 각 과목을 공부하는 '經義'와 실용 과목(천
문·지리·水利·兵法)의 專門 공부를 하는 '治事'로 구분되었다.[34]

하 新編으로 줄임] 제1권, 濟南 : 齊魯書社, 1985, 602쪽 所收).
31) 위의 책, 권18, 「治平類·封建」(『新編』 제1권, 603쪽 소수).
32) 陸世儀, 「治平三約書」, 『陸桴亭先生遺書』 및 『思辨錄輯要』 卷12, 「治平類」
(『新編』 제1권, 604쪽 소수).
33) 陸世儀, 『論學酬答』 卷1, 「答郁儀臣論學校書」(『新編』 제1권, 605쪽 소수).

이러한 경세론을 『주례』와 비교하면 상호 유사성을 확인할 수 있으니, 원래 『주례』의 제도가 禮敎·刑政을 포괄해 형벌로써 도덕·교화를 돕는 것이었다. 「地官」大司徒에 각종 禮·樂·儀·刑·誓·度 등에 의한 인민 교화, 또 鄕學[학교]의 6德·6行·6藝와 교화 실패 후의 8刑, 그리고 예악의 구체 제도로서 5禮·6樂, 「秋官」大司寇 하의 구체적 형벌제도로서 5刑이 설정되어 있다.[35]

삼대의 봉건제와 井田制가 불가분의 관계에 있다는 관점에서 육세의는 진 이후 군현제 시대에는 정전의 부활이 불가능하니 북송에서 논의된 經界法의 시행을 주장했다.[36] 그의 역사관에 의하면, "삼대 이전 천하는 天子가 사유할 수 없었는데 秦이 봉건을 폐지하면서 비로소 천하를 一人에게 바치게 되었으며, 삼대 이전 田産은 庶人이 사유할 수 없었는데 진이 정전을 폐지하면서 비로소 전산을 백성에게 부여하게 되었다"는 것이다.[37] 삼대의 公天下가 진 이후 2천년간 私天下로 변천했다는 복고적 이상주의 관념은 황종희와 공통됨을 알 수 있다.

康熙代의 內閣大學士 李光地(1642~1718)도 『주례』를 천하의 통치에 불가결한 책으로 중시했다. "漢 武帝가 (『주례』를) 戰國시대에 나온 더럽고 어지러운 正道에 어긋난 책이라 하고 그 후 『주례』를 존중한 몇 사람이 실패함으로써 더욱 불신을 받게 되었으나 北魏 孝文帝·北周 武帝·唐 太宗이 이 책을 대략 모방, 시행해 均田·府兵 같은 것은 『주례』의 의미가 있었다"는 것이다.[38] 또한 後漢 古文經學의 창도자 劉歆에 의한 『주례』 僞作의 학설도 부정해 그 위작의 근거로 거론된 太宰의 職掌 중 "남녀·음식이야말로 밖으로 治國·平天下, 안으로 格物·致知, 誠意·正心, 修身·齊家(『大學』 8條目)의 요체이

---

34) 陸世儀, 『思辨錄輯要』卷17, 20, 「治平類」(『新編』, 609쪽 소수).
35) 郝鐵川, 『周禮與中國文化』, 開封 : 河南大學出版社, 1995, 109~112쪽.
36) 위의 책, 卷19, 「治平類」(『新編』제1권, 607~608쪽 소수) 참조.
37) 위의 책, 607쪽 소수.
38) 李光地, 『榕村語錄』卷14, 北京 : 中華書局, 1995, 244쪽.

며 日用間[일상생활 중]에 그밖에 더 무슨 일이 있을까!"라고 했다. 함께 실린 그 아우 李光坡의 설명에 따르면 冢宰[太宰]가 맡은 일은 군주의 일이어서 天官이라 하고, 군주가 올바름을 추구해 四海를 고르게 함은 水·火·金·木을 이용하고 음식의 때를 맞추며 남녀를 화합시키고 爵位를 나눠줌에 지나지 않는다고 했다.39) 명말 이후의 實學 관념이 그의 정주학 내부에도 관철되고 있음을 알 수 있다. 『주례』官制에서 宗伯(春官)의 예악·교화는 司空(冬官)의 富國·民生에서 출발하며 春·夏·秋·冬 4官의 직능은 민생의 生·長·收·藏으로서 王道의 시작이라 했다.40)

이광지의 학문에 관한 연구에 의하면, 초기에 四書 연구로 출발해 陽明學의 『大學』학설에 동조했던 그의 학문이 정주학으로 전환한 데는 入仕 後 康熙帝의 통치이념의 강력한 압력이 있었다고 한다.41) 명말 이래 약화된 정주학적 禮敎질서의 안정화 과정에서 淸朝 권력이 수행한 막중한 이데올로기적 역할을 간취할 수 있다. 북송 왕안석의 신법 개혁과 『주례』의 관계에 대한 이광지의 평가를 보면, "사람을 얻지 못하면 피폐하지 않을 법[제도]이 없다"는 儒家的 人治論이 전제가 되어 있다. 원래 『주례』의 법은 周公·召公 등 성현이 다스렸던 王畿 천리의 1州에만 모범으로 적용된 것으로 외부의 제후들에게는 강행할 수 없고 왕안석처럼 "천하 9州를 모두 『주관』같이 하려면 聖人도 불가능하다"고 비평하고 있다.42) 육세의와 이광지의 사상에서 『주례』가 중시된 것은 경세 지향의 修正派 정주학에 공통된 경향이었다.

2) 顔李學派의 개혁사상과 『周禮』

39) 위의 책, 244~245쪽.
40) 위의 책, 252쪽.
41) 陳祖武, 「點校說明」, 위의 책, 9~11쪽.
42) 위의 책, 248쪽.

17세기 말 18세기 초 顔元(1635~1704)과 그 제자 李塨(1659~1733)을 중심으로 한 顔李學派는 정주학과 양명학 같은 도학의 비현실적 관념성을 비판해 도덕적 실천과 공리적 실용을 강조한 경세학파로 명성을 얻어왔다. 그러나 문헌이나 지식을 경시한 이 학파의 한계로 인해 끝내는 江南의 考證學界와 활발히 교류한 제자 이공의 단계에서 고증학의 知識主義 사조와 합류하기 시작, 궁극적으로는 흡수되어 갔다. 강남 고증학계에 대한 顔李사상의 영향에 대해서는 戴震의 氣 이론의 성립 배경을 두고 논란이 있지만,[43] 적어도 강남 학계와의 교류를 통해 『儒林外史』의 저자로 유명한 江南 문단의 隱逸문인 吳敬梓에 대한 영향은 분명한 것으로 보인다.[44] 정치개혁보다는 사회·문화면의 실용·실천 운동에 치중했던 안원 사상의 핵심은 특히 토지문제와 교육개혁 부문에서 현저한 영향력을 나타냈다. 井田制의 兵農일치와 학교제의 文武일치에서 명말과 같은 亡國의 외환을 방어할 수 있다는 禮的 공동체에 대한 안원의 구상이 확인된다는 견해도 있다.[45]

안이학파의 사상에는 三代의 왕도로서 봉건제·정전제·학교제가 이상화되었으며 이 제도들이 현실에 부흥하기를 기대했다. "삼대를 본받으려면 어찌해야 할까? 정전·봉건·학교를 모두 斟酌해 회복하면 一民 一物이 제 자리를 얻을 것이니 이를 왕도라 한다"는 것이었다.[46] 이것이 안원의 경세학의 총론에 해당되는 논제였다. 그는 봉건제가 왕조의 장기 지속에 유리하고 王畿가 교체되어도 군현제처럼 천하의 총붕괴와 백성의 대량 도살에 이르지는 않는다는 장점을 지적하고 있다. 秦이 여러 성인의 大法을 바꿔 萬邦을 거두어 私有함으로써 "자기 수명을 단축하고 生民의 기운에 대대로 무궁한 큰 화를 끼쳤다"는 것이다. 그런데 "도리어 공천하가 진에서 시작되었다"는 唐代 문인 柳宗元

---

43) 山井湧, 『明淸思想史の硏究』, 東京 : 東京大學出版會, 1980, 362쪽.
44) 陳美林, 『吳敬梓硏究』, 上海 : 上海古籍出版社, 1984, 2~10쪽.
45) 鄭台燮, 「顔元の禮論」, 『東洋史硏究』 45卷 4號, 1987, 130~132쪽.
46) 顔元, 「王道」, 『存治編』, 1앞(『畿輔叢書』 第3集 수록).

같은 자의 이론은 不仁함이 심한 것이라 개탄했다.[47] 이러한 관점은 『주례』를 명시한 것은 아니지만 『주례』의 集權 관료제적 측면보다 分權 봉건제적 측면에 중점을 둔 이해와 연결되고 있다고 생각된다. 봉건의 복고적 이념화는 선배 황종희·고염무와도 공통성이 있으나 그들은 봉건제의 현실적 시행이 불가능하다는 전제 위에 군현제에 봉건제의 의미를 깃들임으로써 군현제의 약점을 보완하려 한 점에서[48] 보다 철저한 안원의 복고 이념과 차이가 있었다. 제자 이공조차도 후일 사방 出遊 후 봉건에 대해서만은 스승의 설을 비평해 그 비현실성과 결점을 7가지나 열거했다.[49] 정전의 경우 안원은 때와 사람·토지에 따라 변통하고 정전이 아니면 均田도 가능하다고 했다. 학교는 문·무의 교육이 병행되고 정전에서는 농·병의 실시가 병행되는 것이었다.[50]

  유교 학문의 도덕적 실천과 정치적 실용을 회복하려는 안원의 경세학은 聖人의 學·敎·治[政] 일치의 實學 이념을 강조했다. 性과 命만 강론해 불교 禪學에 가까운 정주학, 특히 二程(程顥·程頤)의 학문과 과거의 부귀 利祿 추구를 비판했다.[51] 한·당 경학 이래 송·명 도학의 공허함과 그로 인해 禮樂이 일어나지 못하고 이단이 성행하는 현상에 대한 비판으로부터 안원은 학업의 방법론의 전환을 시도했다. 그것은 '講學'보다 '習行'을 중시하는 것이었다.[52] 삼대의 학교[小學·大學] 교육을 부흥해 이른바 『주례』大司徒(地官)를 근거로 '鄕三物' 교육을 실시하고, 인재의 德行·道藝에 대한 鄕論에 따라 鄕大夫가 천거하는

47) 顔元, 「封建」, 위의 책, 10앞~13앞.
48) 閔斗基, 「淸代 封建論의 近代的 變貌 - 淸末 地方自治論으로의 傾斜와 紳士層」, 『中國近代史研究』, 일조각, 1973, 230~233쪽.
49) 李塨, 「書習齋存治編後」, 『存治編』, 17뒤~19앞.
50) 顔元, 「井田」, 위의 책, 2앞; 「治賦」, 같은 책, 5뒤.
51) 顔元, 「由道」, 『存學編』卷1, 1앞~3앞.
52) 顔元, 「總論諸儒講學」, 위의 책, 3뒤~4앞.

鄕擧里選制, 즉 '選擧'를 제창했다.[53] 진·한 이래의 저술·강론이 많은 가운데 實學·實敎에 근접한 유학자로는 經義·治事齋를 학교에 운영한 胡原과 禮와 정전을 가르친 張載 정도라고 주장했다.[54] 또 오늘날 학자의 세 가지 폐단은 "文辭에 빠지고 訓詁에 이끌리며 이단에 미혹되는"것이라 했다.[55]

안원의 '향삼물' 교육에는 도덕과 예악의 실천과 아울러 공리적 과목들의 專門的 학습이 포함되어 있다. 그는 朱熹의 학문·교육에 대해 三事·三物은 실습하지 않고 無用한 경서 강독뿐이었다고 비판했다. 안원의 실학 내용은 堯·舜의 3事·6府 및 周公의 향삼물인 6德·6行·6藝이며, 孔子의 4敎, 즉 文行忠信에서 文은 6예, 行은 6행, 忠·信은 6덕을 총괄하는 것이었다.[56] 이러한 내용은 모두 上古 유가 경전에서 근거를 구해 표면상 복고적 이상주의 색채가 짙다. 3사는 正德·利用·厚生으로 안원 교학의 실천·실용적 특성을 총괄하고 있으며, 6부는 金·木·水·火·土·穀, 6덕은 知·仁·聖·義·忠·和, 6행은 孝·友·穆·姻·任·恤, 6예는 禮·樂·射·御·書·數이다. 그 중 6덕·6행·6예, 3물은『주례』의 大司徒의 인민 교화에 관한 기재에 근거한 것으로 鄕八刑의 형벌로 보충되고 있다.[57] 그런데 총괄적 의미를 갖는 3事란 것도 결국 안원은 3物과 같은 것으로 이해하고 있다. 이를테면 唐虞(요순시대)의 儒者에게는 3사·6부, 成周(周公시대)의 儒者는 3물이었는데 주공의 3물이 바로 요·순의 3사이니, 6덕이 正德, 6행이 厚生, 6예가 利用이라는 것이다. 그리고 공자의 학문도 3물이니 이미 언급된 공자의 '문행충신'도 3물에 다름없는 것이다.[58] 따라서 안이

---

53) 顔元,「學校」,『存治編』, 8앞~9뒤.
54) 顔元,「明親」, 위의 책, 6뒤.
55) 顔元,「性理解」, 위의 책, 8뒤.
56) 顔元,『朱子語類評』(楊向奎,『新編』제1권, 330쪽 소수).
57) 郝鐵川, 앞의 책, 1995, 13쪽.
58) 顔元,「寄桐鄕錢生曉城」,『習齋記餘』(『新編』제1권, 343쪽 소수).

학파의 총강령은 서주의 '향삼물'인 셈이다. 한편 안원의 철학도 송·
명대 거대 학파인 정주·양명학과 마찬가지로 『大學』의 3綱領·8條目
에서 출발했는데, '향삼물'은 『대학』 해석의 기본 개념으로 적용되기도
했다. 그 철학은 양명학과 다르면서도 정주보다는 양명에 가까웠는데,
3강령에서 주희의 '新民'보다 양명의 '親民' 개념을 택하고,[59] 8조목의
출발점인 格物의 해석에서 物을 삼물로, 格을 "맹수를 치다" "손으로
쳐 죽이다"는 뜻으로 풀이했다.[60] 그러나 한대 이래 『주례』에 대한 僞
書 혐의가 청대에도 지속, 더욱 심화된 사정으로 인해 李塨은 三物 개
념에 대해 『주례』와의 발생적 관련에 얽매일 필요없이 時宜에 따른 학
설의 변통이 가능하다는 생각을 했다. 그는 3물을 仁·義·禮·智의
德, 子·臣·弟·友 5倫의 行, 예·악·병·농의 藝라 규정하기도 했
다.[61]

안원의 교육관은 만년 漳南書院의 운영에 잘 반영되었는데, ① 文
事齋는 禮·樂·書·水·天文·地理 등 과목, ② 武備齋는 皇帝·太
公 및 孫吳兵法, 攻守·營陣·陸水 諸戰法·射御·技擊 등 과목, ③
經史齋는 13經·歷代史·誥制·章奏·詩文 등 과목, ④ 藝能齋는 水
學·火學·工學·象數 등 과목을 부과했다. 그밖에 理學齋와 帖括齋
(八股 科擧공부)가 있으나 이는 周公·孔子의 본 학문이 아닌데 현실
의 제도에 대응한 것으로 궁극적으로 士人 채용의 복고가 이뤄질 때
폐기될 것이었다.[62] 앞서 언급된 3물 가운데서도 공리적 직능인 6藝가
특히 중시되고, 일상의 물질적 내용인 6府와 함께 학교의 실용적 교육
개혁의 내용으로 채택된 점이 주목된다. 16세기 명 후기 이래 소상품
경제의 발전이라는 시대 변천을 반영한 측면에서 흥미를 끈다. 공자
下學의 기존 방법으로서 禮·樂·兵·農·錢·穀·水·火·工·虞

59) 앞의 「明親」, 『存學編』 卷1, 4뒤.
60) 顔元, 「大學」, 『四書正誤』 卷1(『新編』 제1권, 331쪽 소수).
61) 李塨, 『與方靈皐書』, 李塨, 『恕谷後集』 卷4(『新編』 제1권, 348쪽 소수).
62) 顔元, 「漳南書院記」, 『習齋記餘』 卷2(『新編』 제1권, 340~341쪽 소수).

[山澤] 따위를 "몸소 학습해" 이를 정밀화하고, 제자들에게 전문 직능 [藝]을 나눠 학습하거나 몇 가지 직능을 겸해 학습함으로써 通儒의 下學上達 경지에 이르도록 권유하고 있다.63)

공리적 개혁의 실천론자로서 顔元은 "세상을 교정하고 풍속을 변화시키려던" 북송 왕안석의 개혁을 지지해, 이에 반대한 도학자나 書生들이 "당시는 公의 정치를 어지럽히고 후세에는 공의 이름을 깎아내렸다"고 비난했다. 다만 개혁이 실패한 원인으로 왕안석이『詩』·『書』의 독서와 帖括(科擧)의 인재 채용을 유지한 탓이라 지적하고 있다.64) 안원의 경세학이 왕안석 개혁의 공리적 성격을 용인하면서도 정치개혁의 기초로서 학문과 교육의 개혁에 우선적 중요성을 부여한 점에 차이가 있다.

3) 桐城古文派의『周禮』이해

古文辭의 義法을 통해 정주학 이념을 강화하고자 했던 桐城文派는 18세기 雍正·乾隆代에 安徽 동성 출신의 方苞(1668~1749)·姚鼐(1732~1815) 등으로부터 19세기 湖南 湘鄉의 曾國藩을 거쳐 淸末까지 문장학의 주류를 차지한 학파였다. 정주학 이념을 옹호하는 데 문장이 이처럼 중요한 위치를 갖게 된 데는 그 역사적 배경이 있다. 원래 八股文은 정주학의 正統 이념을 보급하고자 明太祖 때부터 科擧에서 적용된 것인데, 이것이 사대부 사회·문화에 미친 학문적, 도덕적 역기능은 청대 경세론의 주요한 비판 대상으로 떠올랐다. 18세기의 유명한 풍자소설『儒林外史』의 중심 주제의 하나도 팔고 과거제의 모순이었다.65) 팔고, 즉 時文[현대 문장]의 부패적 기능에 대한 이념적 저항으

---

63) 顔元,「總論諸儒講學」,『存學編』卷1(『新編』제1권, 7뒤~8앞 소수).
64) 顔元,「總評王荊公上仁宗萬言書」,『習齋記餘』卷6(『新編』제1권, 343~344 쪽 소수).
65) Ropp, Paul S., *Dissent in Early Modern China : Ju-lin wai-shjh and*

로서 그 대립물로 등장한 문체가 바로 古文이었다.[66] 문학 부문의 이 고문 경향과 병행하는 학문에서의 운동으로 考證學, 즉 漢學의 기원을 과거제나 정주학에 대한 저항으로서 古學 사조에서 찾는 견해도 있다.[67]

고문파의 시조 방포는 『주례』의 劉歆 위작설을 부정해, 後漢 何休와 송대 歐陽修·胡宏의 위작론은 각기 王莽의 찬탈, 왕안석 신법의 폐해 때문에 자극받은 것이라 비평했다. 그러나 왕안석의 개혁에서 『주례』에 附會한 신법은 富强術을 위한 것으로 "周公이 天理에 의거해 人·物의 性을 다한" 것과는 그 근원이 다른 것이라 했다. 이를테면 井田의 수여 없이 保甲制의 相保 책임을 부과한 것은 人情에 어긋난다는 것이다. 『주례』에 대한 그의 평가는 매우 높아 "三王(三代) 治世를 이룬 자취로서 그 규모를 볼 수 있는 것은 오직 이 책 뿐인데, 시대의 변화가 비록 다를지라도 그 천하를 經綸한 大體는 끝내 바뀔 수 없다"고 했다.[68] 『주례』의 위작 여부에 대한 논증을 시도한 그는 유흠이 왕망의 찬탈에 협력해 그 조세 수탈, 怪變 등 정치적 목적을 위해 고친 부분이 몇 구절 있으나 그것만 빼고는 5官이 모두 완전히 구비된 것이라 주장했다.[69] 또 『주례』에 포함된 남녀 私奔·服制 등 婚喪禮儀에 관한 유흠의 부분적 위작도 왕망 정권의 과오를 감추기 위한 것이지만 班固의 『漢書』의 상세한 왕망 기록을 통해 개작의 증거를 찾을 수 있는 것도 天運이라 했다.[70] 유흠의 위작은 늦게 출현한 『주례』와 『大戴禮記』가 심한 편이고 고립된 학문이었던 『의례』「상복」편에

Ch'ing Social Criticism, Ann Arbor, The Univ. of Michigan Press, 1981, pp. 93~118.

66) 魏際昌, 『桐城古文學派小史』, 石家莊, 1988, 11~15쪽.
67) 徐復觀, 『中國思想史論集』續編, 臺北, 1985판, 512, 518, 525~528, 540~541쪽.
68) 方苞, 「讀周官」, 『方苞集』, 上海 : 上海古籍出版社, 1983, 16~17쪽.
69) 方苞, 「周官辨僞一」, 위의 책, 17~18쪽.
70) 「周官辨僞二」, 위의 책, 20~21쪽.

도 약간 있었다고 주장했다.71)

방포의 再傳 제자인 姚鼐는 동성문파의 확립자로서『주례』를 위작이라 하지도 않았지만 성인의 禮書로 존중하지도 않아, 그의『주례』평가는 부분적 위작을 인정한 방포의 경우보다 낮았다고 할 것이다. 그의 견해는『주례』가 戰國시대 6국의 음모서라는 후한 今文經學者 何休의 설을 부정하는 동시에 후한 古文經學派 鄭玄과 宋儒[정주학자]가 6典의 (官)職을 周公이 제작했다고 주장한 설도 부정했다. 그에 의하면 유흠이『주례』를 "주공이 太平을 이룬 자취"라 한 것은 자취를 말한 것이지 그 책이 주공의 저작임을 말한 것이 아니라는 것이다.『주례』는 한 시대의 책이 아니고 西周 시기『周官』의 글을 후세에 첨가한 것이니, 書名을 前漢의 옛 명칭에 따라『周官』이라 해야지『주례』라 해서는 안된다고 주장했다. 그리고 왕안석의 개혁에 대해서도 그 폐해는 왕안석이 고대를 잘못 이용한 탓도 있지만『주례』란 책 내용 자체에 과다한 징세와 같은 폐단이 있어 둘 다 허물을 나눠 져야 할 것이라 했다.72) 방포의 고문 義法을 계승한 요내가 고증학 전성기에 정주학을 위해 투쟁했지만 그 시조만큼 이상주의적이지 않고 考證學의 영향도 받았다.73) 그는 고증학 대가 戴震의 절충설을 수용했던 것이다.

4) 乾嘉 考證學派의『周禮』해석

명말 청초 經學의 방법론으로 고증학을 확립한 顧炎武는 경학으로 정주학 등의 理學을 대체할 것을 제창함으로써 音韻學에서 착수해 經에 통하고 고대의 이념과 제도를 고증하는74) 유학의 새 패러다임을 제

71)「書考定文王世子後」, 위의 책, 29쪽.
72) 姚鼐,「經部二」周禮,『惜抱軒筆記二』, 5앞~6앞(『惜抱軒全集』책2, 臺北 : 中華書局, 1969 소수).
73) 曺秉漢,「18세기 江淮文壇의 文化觀과 政治的 立場 - 桐城古文派와 袁枚의 思想을 중심으로 -」,『釜山史學』19, 1990, 11~14쪽.

시했다. 이 초기의 고증경학은 정주·양명의 도학으로부터 경학으로의
복고를 통해 관념이 아닌 현실적 경세를 모색하려는 이념을 내포하고
있었다. 그러나 18세기 중·후반 乾隆代에 『四庫全書』 사업을 전후해
대규모 학파를 형성하고 정주학 중심의 宋學에 대비해 漢學으로 불린
고증학은 江南과 北京 중심의 선진 지구에서는 정주학을 능가하는 주
류 사조의 지위를 차지해 후세 乾嘉學派라는 통칭을 얻게 되었다. 위
에 논급된 동성문파의 요내는 북경의 사고전서 편찬에 참여, 정주학의
입장에서 우세한 고증학계와 대립하다 고립된 학자였다.[75] 대개 古學
과 實學이란 이중의 과제를 표방한 전성기의 고증학파는 실은 經·
史·小學[音韻·文字]을 중심으로 고대 문헌학의 '實事求是'에 매몰
되어 학문의 목적인 義理·경세를 약화시켰다는 후세의 비난을 받았
다. 그럼에도 그 경학 발생기의 경세적 實學의 내재 논리마저 아주 소
멸된 것은 아니었다.[76]

　　皖派(安徽) 고증학파의 중심 인물인 戴震(1724~1777)은 고증학의
방법론이나 氣一元論의 義理學으로 청대 고증학의 정점에 있는 학자
로서, 『주례』보다 『의례』를 禮經으로 판단한 점에서는 주희와 일치했
다. 『주례』의 기원과 성격에 대해서는 고증학 방법을 운용해, 『漢書』 「
藝文志」 이래 후한 訓詁學者 馬融·鄭玄, 『隋書』 「經籍志」, 賈公
彦·王應麟·朱升 등의 기록을 자세히 열거하고 있다. 前漢 河間獻王
에게 처음 민간에서 『周官』이 기증되고 전한 말 劉向·유흠 父子가
校書를 맡고 유흠이 官學에 『주례』의 박사를 두었으며, 출현 당시 이
미 「冬官」편이 없어져 『考工記』로 보충했다는 『수서』의 내용을 비롯
해, 漢 武帝나 금문경학자 何休가 불신했으나 漢末 마융이나 정현 등

74) 侯外廬, 『中國思想通史』 제5권, 北京 : 人民出版社, 1958, 205~206쪽.
75) Guy, Kent R., The Emperor's Four Treasuries : Scholars and State in the
　　Late Chien-lung Era, Harvard Univ. Press, 1987, pp. 139~143.
76) 曹秉漢, 「淸 乾嘉朝 이래의 經世사조 부흥 - 考證學 융성기의 桐城 古文派
　　와 常州 公羊學 -」, 『明淸史硏究』 6, 1997, 132~140쪽.

훈고학자[고문경학자]들에 의해 '주공이 이룬 太平의 자취'로서『주례』
가 연구, 註解되었다는 기록들이 열거되었다. 특히 고증학의 기원이라
할 南宋 왕응린의 설을 인용한 것이 주목된다. 즉『한서』「예문지」의
臣瓚 注에 "『주례』3백은 官名"이라 했으니『禮經』은 冠·婚·吉·凶
을 말하며『儀禮』가 經禮라 규정하고, 朱熹도 신찬 설을 따라 "『주례』
는 관직을 나눠 설치한 책으로 그 속에 禮典이 들어 있으나 전적으로
예를 위해서만 설정된 것은 아니라" 했다는 것이다.[77]

대진은 주희의 학설을 禮經과 威儀, 즉 한대 劉向의 經禮와 曲禮에
관한 해석으로 특별히 인용하고 있다.『주례』는 制治·立法·設官·
分職에 대한 책으로 천하의 일로 포괄되지 않은 것이 없으니 禮典이
포함되는 것은 당연해도 禮만을 위해 설정된 것은 아니라고 했다.『의
례』는 그 중의 冠婚·喪祭·燕射·朝聘이 經禮의 큰 조목이며 전적
으로 曲禮라 할 수는 없다는 것이다. 곡례란 禮의 微文 小節로서 事
親·事長·起居·음식·용모·말투·制器·備物·宗廟·宮室·衣
冠·車旗 등, 경례 속에서 행해지는 수단이라 규정했다.[78] 예 개념의
분류는 대진이 주희의 견해를 계승했음을 알 수 있다. 다만『주례』가
비록 官制·法制가 큰 특징이고 이들과 순수 禮制 간의 개념적 分化
가 특히 송대 이래의 추세였음을 인정한다 해도 국가제도의 綱領을 다
룬 경전으로 인식된『주례』에서는 법과 예가 혼합된 채로 청대까지 공
존했다는 사실에 유의할 필요가 있다.

명말 청초 경세학의 방법론으로 출현한 고증학에는 경세 이념이 구
조적으로 잠재할 수밖에 없었음은 앞서 언급했지만 이 같은 잠재적 경
세 관념이 고증학에서 표출된 대표적 사례가 揚州의 吳派(江蘇) 고증
학자로 대진의 영향도 받았던 汪中(1744~1794)의 사상이었다. 미완으

---

77) 戴震,「周官經」,『經考』卷4(戴震研究會 等編,『戴震全集』제3책, 北京 : 淸
華大學出版部, 1994, 1323~1325쪽 소수).
78) 戴震,「經禮三百曲禮三千」,『經考』卷4(위의 책, 1355쪽).

로 그친 그의 저서, 『述學』은 "先秦의 고서적과 三代 學制의 흥폐를 연구해 옛사람의 학문 방법을 알고자" 한 것이었다.79) 그의 설명에 따르면 上古 官府의 서적은 西周시대 王朝의 政典[정치문헌]으로서 太史[史官]의 기록으로 列國의 관부에서 세습·보존해 오던 것이었는데, 관부가 그 직책을 상실함으로써 師儒가 그 정전을 전하고 (민간의) 孔子 제자·후학들이 6경에 싣게 되었다고 한다. 또 주의 정전인 『周官』 (『주례』)은 각 官이 관장한 일이 나뉘어 기재되고 太宰에 의해 六典으로서 한 책이 되었다는 것이다.80) 관직이 쇠퇴한 뒤 민간 지식인이 기록과 敎學을 맡으면서 원래 官文書였던 주대의 정치문헌에 대해 그 전해들은 것을 기재하게 되었으며, 그 뒤 諸子百家의 경쟁 속에 先王의 道는 더욱 황폐해지고 秦의 焚書를 만나 관부 서적이 더욱 파괴되는 가운데 남은 典章制度의 제작 의미는 공자를 통해서만 알 수 있었다고 한다.81) 『주례』와 관련한 그의 연구 관심은 주대 관부의 정치, 祭禮, 婚姻, 통치자의 喪禮, 大學의 기능이 있었던 明堂제도, 周의 禮制 집대성자로서 성인 周公의 攝政期 정치사 같은 것에 대한 고증이었다.82)

그리고 같은 경세서로서 『주례』와 『春秋』를 동시에 중시하고 양자의 관계를 논해 "『춘추』란 『주례』를 근거로 해서 그 변화에 신중히 (대응)하는" 것이라 규정했다.83) 원래 공자 『춘추』의 바탕이 된 魯國 『춘추』의 策書의 법[제도]은 원래 '주례', 즉 周의 禮制에 근거한 것이며, 주공이 제작한 '주례'를 받은 魯에서는 세습 史官이 이를 보존했고

79) 汪中, 『述學』 附鈔, 11앞, 「年譜」(『述學·容甫遺詩』, 臺北 : 世界書局, 1972 재판 소수).
80) 汪中, 「周官徵文」, 『述學』 卷2, 內篇, 14앞.
81) 위의 책, 附鈔, 11앞~12앞, 「年譜」.
82) 汪中, 「明堂通釋」·「釋妹氏文」, 위의 책, 卷1, 內篇 ; 「居喪釋服解義」·「周公居東證」, 卷2, 내편 등 주대 古制에 관한 글들 참조.
83) 「賈誼新書序」, 위의 책, 卷3, 내편, 6뒤.

『춘추』는 감히 '주례'를 '損益'[가감]할 수 없었다고 한다. 그런데 공자가 『춘추』를 纂修한 것은 주의 쇠퇴에 따른 史官職의 상실로 인해 '주례'가 폐기될 위험에서 先王의 典章을 보존한 것이었다. 이 주례에 근거해 魯 一國의 史가 된 『춘추』의 筆法은 재판관이 刑書에서 검증하듯 후세 여러 시대의 史를 논정할 기준이 된다는 것이다.[84] 『주례』는 주공의 직접 저술은 아니라도 그가 제작한 제도를 기록해 보존한 주대 관부의 정치 典籍이었으며, 그 제작의 의미를 안 공자가 亂世에 그것을 보존하고 변화에 대응하기 위해 저술한 책이 『춘추』라는 이 이론은 조금 뒤의 春秋公羊學[今文經學]의 학설과도 공통성이 있다.

4. 淸末의 개혁사상과 『周禮』

1) 淸末 今文經學派의 『周禮』 이해

청대 금문경학(公羊學)의 시조인 莊存與(1719~1788)의 학문은 漢學을 표방한 고증학 전성기에 복고적 한학 사조의 한 유파로 파생되었으나 고증학의 反정주학 경향에 저항하는 이념지향의 측면도 있었다. 금문경학을 표방했음에도 불구하고 그의 공양학은 『春秋正辭』에서 정주 理學으로 『춘추』를 설명해 한학[고증학]과 宋學[정주학]이 혼합되었으며, 또한 한대 이래 대립해 상호 배제해 왔던 금문·고문 절충의 입장을 취했다. 공양학은 역사철학에 그치고 그 大一統 이념의 구체적 정치 내용인 典章制度에 관해서는 고문경인 『주례』에 의존해 공양학의 부족함을 보충했던 것이다. 특히 공양학은 유가·법가 결합의 매개 기능을 했으니, 그의 『周官記』는 重農抑商과 법의 존중을 통해 유가의 법가적 접근을 표현하고 있다.[85] 그 조카 莊述祖(1750~1816)도

---

84) 「春秋述義」, 위의 책, 附錄, 2앞.
85) 楊向奎, 『淸儒學案新編』 제4권, 1994, 4~5쪽.

『주례』를 『의례』와 더불어 『毛詩』 다음으로 秦始皇의 焚書에서 살아
남은 6경 중 가장 오랜 경전으로 간주했다.[86] 後漢 何休에 소급하는
공양학 이론의 본격적 재발견은 장존여의 외손 劉逢祿(1776~1829)의
업적인데 그에 의해, 후한 하휴에 의해 완결된 微言大義가 재발견되고
變法 改制, 즉 제도개혁론으로 성립되었는데, 공양춘추 이념의 핵심은
대일통과 '張三世'[시대의 3단계 변화]였다. 또한 『春秋』에서 禮와 刑
이 상보적 관계로 결합하는 유・법 절충의 춘추 이론이 확립되었다.[87]
유봉록에 의하면 "禮는 刑의 精華이며, 예를 잃으면 형으로 들어가 中
立의 道가 없어진다. 그러므로 형은 예의 科條이다". "『춘추』는 經[도
리]을 드러내고 權[방편]을 감추며 德을 앞세우고 刑을 뒤로 미룬다
……형은 덕에 어긋나면서 덕에 따르니 또한 權의 일종이라"는 것이
다.[88] 또한 하휴 이론에 충실한 그는 고문경을 배격해 『(춘추)左傳』의
劉歆 위작설을 제창할 뿐 아니라 『주례』도 戰國시대의 믿지 못할 음
모서라 규정했다.[89] 위의 내용에 따르면 유봉록의 공양학은 한대와 같
은 禮治주의 이념하의 예・법 혼용의 경세적 義理學이었으며, 황제 중
심의 통일적 集權體制와 이를 위한 제도개혁을 표방하는 정치철학이
었다. 그럼에도 복고적 제도개혁의 구체적 표본을 위작 『주례』 이외의
典籍에 구하지 않을 수 없었다.

　공양학에 내재한 改制, 즉 제도개혁 이론은 유봉록의 영향을 받은
龔自珍(1792~1841)과 魏源(1794~1856)을 통해 鴉片전쟁을 앞둔 嘉
慶・道光朝 시기에 본격적 경세론으로 발전해갔다. 명말 청초의 제도
개혁론을 소생시킨 공자진의 급진적 경세론의 특징은 우선 오랜 과거
의 제도보다 本朝 先王에 유래한 本朝의 제도와 典章을 중시한 데 있
다. 이를테면 "立法의 의미를 아는 民을 士라 하고 士로서 本朝의 法

---

86) 위의 책, 11쪽.
87) 위의 책, 39~40, 44쪽.
88) 劉逢祿, 「律意輕重例第十」, 『公羊何氏釋例』, 위의 책, 44쪽 재인용.
89) 楊向奎, 위의 책, 45쪽.

72

意[법의 뜻]를 미루어 밝혀 서로 훈계의 말을 하는 자를 師儒라 한다".
"師儒가 前代의 법의 뜻도 함께 통해 서로 훈계의 말을 할 수 있다면
이는 여럿을 종합하는 능력이며 '博聞'의 자료임"에 그치는 것이다.
"군주에 건의되고 官에 채택되며 民의 신봉을 받으려면 본조의 법, 본
조의 書를 읽는 것을 표준으로 해야 한다"는 것이다.[90] 원래 一代[한
왕조]의 정치에는 일대의 학문이 있고 그 학문은 일대의 왕이 개창하
는데, 그 문자로 기재된 것을 법[제도]이나 書·禮라 하며 그 기록 사
실을 史[官문서 기록]라고 불렀다고 한다. 先王의 자손 大宗인 後王의
시대에 士나 師儒가 선왕과 그 재상[家宰]의 書를 본떠 강구한 學과
書는 道와 學과 治가 분화되지 않은 하나였다. 그런데 공자진은 본조
선왕에 유래해 근원이 하나였던 법과 書가 師儒가 쇠퇴함에 따라 여러
갈래로 나뉘어 儒家·老子·墨家·縱橫家·名家·法家 등 諸子學으
로 분파되었다고 주장했다.[91] 이 같은 제자학에 대한 설명은 한대 劉
歆·班固의 '諸子의 王官 기원설'을 계승한 것이었다. 그렇다면 유교
의 5경은 모두 고대 왕조의 관문서 기록에 근거해 春秋戰國 이후 유가
가 전한 諸子書의 일종인 셈이다. 5경이 유교적 이념의 원형이란 점을
중시하더라도 국가의 법·서·예란 측면에서 근대 본조의 전장제도도
5경 못지 않는 그 현실적 중요성을 획득하게 되는 것이다.

공자진은 고서를 등급별로 분류하면서 經과 傳·記·子·群書로
구분하고 유교 경전들의 고유한 지위를 변별하고자 했다. 고서의 진위
와 학문적 분류를 시도하는 것은 청대 고증학 시대의 일반적 학풍이었
다. 그는 『주례』를 『禮經』이 아니라 예에 관련 있는 群書로 규정하고,
그 근거로서 晚周[戰國]시기 고문헌을 편집한 서적임을 지적했다. 그
리고 경으로부터 독립된 지위를 갖는 諸子가, 스승의 말을 기록해 경

---

90) 龔自珍, 「乙丙之際著議第六」, 『定盦文集』 卷上, 9~10쪽(『龔定盦全集』, 臺
    北：新文豊出版社, 1975 所收).
91) 위와 같음.

에 종속된 전·기보다 지위가 높다고 주장하고 '諸子'인 『맹자』를 전·기로 높이려는 것은 오히려 낮추는 것이라 반대했다. 또한 그가 『주관』 5편, 즉 『주례』는 주대는 물론 진·한에서도 시행된 적이 없는 志士의 空言이라고 한 것은 주목할 만한 견해이다. 따라서 『주관』은 禮로 배정해서는 안 되지만 그 소속의 서적으로 이해할 수는 있다는 것이다.[92] 비록 실제 禮의 경전은 아니지만 그 이념적 이론이 무가치한 것으로 인식된 것은 아니었다.

왕안석의 신법인 保甲法에 대한 평가에서, 공자진은 그것이 『주례』의 5家 相保의 법과 다른 것이었다고 지적했다. 즉 兵·民이 분리되지 않은 삼대에 保와 戰은 각기 따로 官에서 관리했던 것이며, 또 병·민이 분리된 삼대 이후에는 조정이 養民·衛民을 맡고 민이 무력 자위를 해서는 안 되는 것이었는데, 왕안석은 민간에 전쟁을 가르치려는 오류를 범했다는 것이다. 왕안석은 삼대의 마음과 학문으로 천하 인재를 가르쳐 삼대의 인재로 양성하려 했으나 그 思慮와 안목이 소략해서 천하의 시비를 집중시켰다고 비판했다.[93]

동시대의 魏源은 아편전쟁 중 저술한 세계 역사지리서 『海國圖志』로 잘 알려진 금문경학자로서, 그의 학문은 유교 경학의 고증학적 연구를 비판해 경세학으로의 전환을 촉구했다. 정치와 敎學의 일치를 주장한 그는 三代와 그 이후를 대비해, "삼대에는 君·師의 道가 하나로서 禮樂이 治法이 되었는데 삼대 이후에는 君·師의 道가 둘로 나뉘어 예악이 虛文이 되었다"고 했다. 따라서 儒者가 治經과 明道와 政事의 3途로 나뉨을 비판하는 것이다. 나아가 禮樂·兵刑·食貨를 각기 道의 '器'·'斷'·'資'라 규정한 것은 經術을 治術로 삼고자 하는 것이었다. 그의 견해로는 유교 경전 중 『周易』은 의혹을 해결하는 것이며,

---

92) 龔自珍, 「六經正名」, 『定盦文集補編』 卷3, 5~7쪽 ; 「六經正名答問五」, 같은 책, 9~10쪽.

93) 龔自珍, 「保甲正名」, 『定盦續集』 卷2, 35~36쪽.

『춘추』는 사건을 재판하고『예』·『악』·服制는 교화를 일으키고『주관』은 太平을 이루는 것이었다.[94]

　　그러나 위원의 역사관에서도 삼대와 춘추전국 이후를 비교해 서로 장단점이 있으나 대체로 후세의 발전적 변화가 많음을 인정하고 있음도 유의할 필요가 있다. 특히 후세의 사실이 삼대보다 우월한 세 가지로 肉刑 폐지, 봉건세습 폐지, 世族에서 貢擧로의 用人제도 변화를 들기도 했다.[95] 그러므로 위원에게 삼대, 또는『주례』의 의미도 시대에 따라 변할 수밖에 없는 구체적 개혁 내용에 있는 것이 아니라 제도를 운용하는 정신, 즉 이념에 있는 것이었다. 그의 삼대 관념을 보면, 삼대 天子의 王道시대[王世]와 춘추 이후 諸侯의 覇道시대[伯世]를 구분하는 기준은 예악·정벌을 병행하되 예악으로 정벌을 통어하는가, 정벌로 예악을 통어하는가에 있다고 한다. 또한 "천하를 다스리는 도구는 勢와 利와 名이 아닌가! 井田이 利이고 封建은 勢이며 學校가 名이다". 聖人은 그 세·리·명으로 천하의 公을 이뤘는데 후세는 그 세·리·명으로 一身의 私를 도모한다는 것이다.[96]

2) 曾國藩의 禮學과 太平天國의 『周禮』이념

　　19세기 중엽 太平天國 진압과 초기 洋務운동의 지도자로 저명한 曾國藩(1811~1872)은 18세기 고증학 시대의 漢學(고증)·宋學(정주) 會通의 사조를 계승, 확대해 당대의 거대한 변혁과 동란에 대처하려 한 경세사상가로 주목된다. 그의 절충적 학문체계는 孔門 4科, 즉 義理(정주학)·考據(고증학)·詞章(古文)·經世라는 4부문의 유교적 학문을 통합한 데서 출발해 禮學을 핵심으로 하여 유교의 陽明學·事功

---

94) 魏源,「學編 九」,『默觚上』(『魏源集』, 北京 : 中華書局, 1976, 23~24쪽 所收).
95) 魏源,「治篇 三」,『默觚下』(위의 책, 42~43쪽) ;「治篇 九」, 59~61쪽.
96) 위의 책, 43~44쪽.

學, 나아가 諸子百家 및 西學 일부인 과학기술까지 수용하는 방향으로 확장되었다.[97] 그런데 증국번의 학문관에서 볼 때, 이 같은 광범한 범위의 학문 영역을 포괄하는 절충·회통의 연구 과정에서 핵심적 의미를 갖는 개념이 바로 예학이었고, 예학의 기본 요소는 도덕과 政事[행정], 즉 정주학의 '義理'와 경세학의 功利를 결합하는 개념이었다.[98] 이 같은 증국번의 경세적 예학에서 정주학 계통의 예학뿐 아니라 杜佑·馬端臨 등의 典志類 制度史 및 고대제도 연구로서 고증학이 존중되고, 특히 건륭대 江永·戴震 등 고증학자들의 영향하에 편찬된 『五禮通考』가 중시된 사실이 주목된다. 그는 先王의 道가 禮로 귀결된다고 규정하고 杜佑의 『通典』, 秦蕙田의 『오례통고』를 예학의 대표적 저술로 거론하면서 『오례통고』에 대해 그 책에 빠진 食貨, 즉 소금전매·漕運·賦稅 등 재정·경제 부분을 증보할 계획도 세웠다.[99] 청 중기 『오례통고』가 기본적으로 『의례』 및 『대당개원례』의 계보에 속하는 데도 불구하고 증국번의 예학 관념에서는 國家禮로서 행정제도, 즉 官制를 중시하는 『주례』의 포괄적 禮 이념과 밀접한 연관성을 갖는 것으로 해석되고 있음을 알 수 있다. 원래 『주례』의 내용이 법제 중심으로 『의례』와 혼합된 것이었고 증국번이 이처럼 국가 행정제도를 중시한 것은 『주례』의 이념에 크게 접근하는 방향이었다. 국가례로서 예의 범주가 매우 광범했던 고대의 『주례』 이념에 접근하는 방향성은 증국번에 이르러 더욱 확대되어 사실상 『의례』와 『주례』, 또는 禮書와 『會典』 및 典志體 史書 사이의 경계도 철폐될 지경이었다.

나아가 증국번은 천하의 大事로 官制·財用·鹽政·漕務·錢法·

97) 曹秉漢, 「曾國藩의 經世 禮學과 그 歷史的 機能 - 太平天國과 洋務運動에 관련하여 - 」, 『東亞文化』 15, 1978, 96~114쪽.
98) 曾國藩, 「筆記二十七則·禮」, 『雜著』 卷2, 1앞(『曾文正公全集』, 光緒14년, 鴻文書局 所收).
99) 曾國藩, 「聖哲畵像記」, 『文集』 卷3, 8앞 ; 「孫芝房侍講芻論序」, 같은 책, 10뒤(위의 『全集』 소수).

冠禮·婚禮·喪禮·祭禮·兵制·兵法·刑律·地輿·河渠(수리) 등 14항을 들고, 本朝 것을 위주로 해 前代의 沿革을 살피고 仁義와 簡易를 본위로 이를 變通할 것이라 했다.[100] 위에 열거된 14개 범주는 두우의 『통전』이나 마단림의 『文獻通考』 같은 典志體 제도사의 내용으로 포괄될 만한 사항인데, 이는 모두 중국번의 예 관념에 내포될 수 있는 것이기도 했다. 따라서 그 예학 개념에는 주희의 『주자가례』로 대표되는 『의례』의 계보뿐 아니라 국가의 모든 주요 행정제도와 형률이 포함되었음을 확인하게 된다. 敎學(이념, 즉 도덕·학문)과 정치(제도)의 집합체로서 고대의 『주례』적 예 이념은 송대 이후 사대부의 도학이 발달한 이래 政과 敎의 부분적 분화를 지향하고 있었다. 이를테면 정주학은 孔子의 敎를 선양해 周公의 政을 압도한 교학 중심의 사조를 대표했다 할 것이다. 그런데 청대 고증학 이래 어느 정도 자기 영역을 강화한 제도와 이념이 후기에 다시 합일을 지향하는 방향으로 회귀하기 시작했고 중국번에 이르러 극대화된 것임을 알 수 있다. 사실 이러한 정교합일의 이념은 유교에서 너무나 강렬한 기조였으며, 이러한 조숙한 재결합의 압력은 또한 정교 분리라는 近代性의 충분한 전개를 억제한다는 미숙한 측면도 있다. 한편으로는 제도개혁의 정치적 공리성이 강화됨으로써 정주학적 교학 이념이 의도와는 달리 약화되는 모순적 결과도 초래될 수 있다.

어쨌든 이처럼 공리적인 정교합일의 심화는 태평천국 등 전국적 민란과 제국주의 西歐의 도전이라는 근세 유교적 中華帝國의 체제 위기에 직면해 家禮 등 사회적 의례보다 국가례의 제도적 확장이 더 요청될 정도로 사대부의 국가 의존성이 심화되고, 도덕 지향의 禮制의 理想이 쇠퇴하는 경향을 엿볼 수 있다. 禮治 이상의 소리높은 표방에도 불구하고 그 이면에서 국가의 행정과 刑律로서의 法制의 필요성이 더욱 강화되는 역사적 변동이 중국번의 정치적 행적에 잘 투영하고 있었

---

100) 曾國藩, 『求闕齋日記類鈔』上, 19앞~뒤, 辛亥 7월, 治道(위의 『全集』 소수).

다. 태평천국 진압 과정에서 행정에서의 名實綜核을 강조하고 형률의
강화를 제창하며,『管子』등 법가 사상을 지지했던 증국번의 엄격한
법가적 경향은101) 동란기의 방편적 權術에 그치지 않고 법제의 강화
라는 불가피한 시대적 국면 전환과 연결될 수밖에 없는 것이었다. 그
러나 전통적 법가의 전제적 결함이 엄중하고 유교의 도덕적 禮治 이념
이 아직 몰락하지 않은 시대 상황에서 증국번의 법 관념은 아직 예의
범주 속에 머물 수밖에 없었으며, 유교적 예치에 대한 근본적 돌파는
서구적 법치주의가 도입되는 康有爲의 단계를 기다리지 않으면 안되
었다.

한편 증국번의 적수로 洪秀全이 대표하는 太平天國의 국가제도에
서『주례』의 큰 영향이 확인되는 것은 일찍이 학계에 공인된 사실이
다.『禮記』「禮運」篇의 大同 理想에 고취된 태평천국의『天朝田畝制
度』는 전란 등 여러 사정으로 인해 그대로 실시되지는 못했지만 종교
국가의 공동체적 건국 강령이었음에는 틀림없다.102) 兵農一致의 鄕村
조직, 井田制 이념에 유래하는 토지 班給, 관직의 保擧 및 黜陟 제도,
불우 인민의 사회보장 등『주례』와의 연관성을 주장할 수 있는 제도적
특징은 매우 많다.103) 우선 태평천국의 전제적 정교 합일의 국가체
제, 문무 일체의 官制도『주례』체제와의 유사성이 있다. 그리고 태평
천국에 엄격한 刑律이 적용되고104) 매우 복잡한 신분·관료제적 禮制
가 제정된 사실도105)『주례』의 법가적 성격을 연상시키는 부분이다.
종교적 政敎一體의 국가로서 태평천국에는 종교 계율과 예제·법률이

101) 曾國藩,「覆賀耦庚中丞」,『書札』卷1, 1앞 ;「與魁陰亭太守」,『書札』卷2, 4
    앞~뒤 ;「勸誡淺語16條」(勸誡州縣4條),『雜著』卷3, 2뒤(위의『全集』소수).
102)「天朝田畝制度」(癸好[丑]3년, 1853), 太平天國歷史博物館編,『太平天國印
    書』, 淮陰 : 江蘇人民出版社, 1879, 409~413쪽.
103) 酈純,『太平天國制度初探』, 北京, 1989, 21, 386쪽.
104)「天命詔旨書」,『太平天國印書』, 淮陰 : 江蘇人民出版社, 1979, 247~250쪽.
105) 張德堅,『賊情彙纂』卷6, 楊家駱 주편,『太平天國文獻彙編』제3책, 臺北 :
    鼎文書局, 1973.

미분화된 채 통합되어 있었던 것이다. 근대국가에서 정교는 분리되는 것이 당연하지만 종교국가 태평천국에서 예제와 법제가 相補的 관계를 넘어 일체화되었다는 것은 법률의 비중이 유교적 국가체제에서보다 강화되었다는 특징이 있다. 이 점에서 동시대의 유교 경세론자 중 국번과 공통성이 있으며, 이는 근대화 초기 단계인 19세기의 과도기적 조류를 반영하는 것이라 생각된다.

3) 康有爲의 公羊學과 『周禮』의 종말

周公과 『주례』로 대표되는 관료주의적 경세론이 신사층의 민간 학계에서 孔子와 春秋學 중심의 경세론으로 대체된 것은 청말 康有爲의 公羊學이 출현한 다음이었다. 원래 도덕적 명분을 강조하는 『춘추』의 義理學에서, 정치적, 법가적 성격이 현저했던 학파가 한대의 공양학이었다.[106] 그런데 이 공양학의 이념은 19세기 말 근대 개혁운동의 주도자인 강유위가 今文經 텍스트의 改制[제도 개혁]나 三世 개념에 대해 근대 進步史觀에 따른 근대적 재해석을 시도함으로써[107] 송대 정주학의 正統論 이래 도덕 편중의 춘추학으로부터 정치적 춘추학으로 전환하는 과정을 완성했다고 할 수 있다. 이 방법적 전환에는 더욱이 西學, 즉 西藝[서구 과학]와 西政[서구 政制]을 포괄함으로써 『주례』식 국가체제 이론에 도전해 周禮學을 대체할 수 있었다. 강유위 이전에는 정주학파의 도덕적 춘추학은 정치적 주례학과 병행했으며, 정치적 의리를 표방한 공양학도 정치의 구체 내용에서는 주례학을 이용할 수밖에 없었던 것이다.

---

106) Elman, Benjamin A., *Classicism. Politics, and Kinship : The Ch'ang-chou School of New Text Confucianism in Late Imperial China*, Berkeley, Univ. of California Press, pp. 259~266.
107) 曹秉漢, 「康有爲의 초기 유토피아 관념과 中西文化 인식 - 근대 개혁 이데올로기의 탐색 - 」, 『東洋史學硏究』 65, 1999, 128~132쪽.

강유위도 청말의 일반적 사조와 같은 여러 학파·사상의 절충·會通의 길을 걸었지만 초기에는 古文經學의 범위를 벗어나지 않았다. 그가 고문경학에서 금문경학으로 전환한 계기는 1890~1891년 사이 廣東 省都인 廣州에서 금문경학자 廖平을 만난 것인데, 고문경의 劉歆 위작이나 孔子의 受命 改制에 관한 학설은 요평의 영향을 받은 것이었다. 1890년 광주로 옮겨 萬木草堂이란 과도기적 신식 학당을 세워 금문경학에 의한 師生간의 이념집단을 구성한 이래 『新學僞經考』·『孔子改制考』를 저술, 전면적 變法, 즉 근대적 정치개혁 운동의 이데올로기를 준비해 갔다. 그러나 홍콩이나 上海를 통한 서학의 영향을 받으면서도 아직 고문경학의 틀 안에 있던 1880년대 강유위의 사상은 그의 「敎學通義」란 글에 나타나듯 周公의 정치적 官學 체계와 공자의 민간 義理學의 敎學체계를 병행하자는 것이었다.

그의 「교학통의」의 견해에 의하면, 진·한 이후 사실상의 정교 분리가 진행됨에 따라 儒家의 이념은 이 형세를 받아들여 孔子 중심의 도덕적 敎學을 전문화해 갔다고 한다. 그리고 진·한 이래 봉건제 등 周公의 제도가 붕괴함에 따라 君權의 강화와 영토 확대를 통한 중앙집권적 제국을 형성했으나 정치는 쇠퇴했으므로 이에 대한 대처 방안으로 주공 시대 정치적 교학의 부흥을 통해 관직과 민생에 대한 정치적 경세학을 일으킬 필요가 있음을 지적하고 있다.108) 그의 주장에 따르면 周代의 교학제도는 천하 士民의 일용적 6德·6行·6藝, 즉 『주례』의 鄕三物을 가르치는 公學, 그리고 세습적 관직·직업인을 가르치는 私學, 귀족 교육인 國學으로 구분되며 각기 교학 내용은 달랐으나 모두 국가에 의해 관리되는 제도화된 교학 체계에 속해 있었다는 것이다.109) 1890년대 근대적 변법운동의 과정에서 금문경학으로 전환한 다

---

108) 康有爲, 「敎學通義」, 姜義華·吳根樑 編校, 『康有爲全集』 제1집, 上海古籍
　　　出版社, 1987, 118~122, 125~126쪽.
109) 위의 책, 85~98쪽.

80

음의 강유위는 유교를 종교화해 孔敎라는 國敎로 만드는 과제와 서구
적 근대 법치와 자본주의적 국민경제, 국민교육·전문교육을 도입하는
근대화의 과제를 탐색해 갔다. 공교의 국교화라는 이념에서 아직 전통
적 정교 미분리의 요소를 발견할 수 있으나 행정과 형률, 그리고 예교
의 집합체로서 전제주의적 통치 강령이었던 『주례』의 영향력은 이후
결정적 쇠퇴의 길을 걷게 되었다.

5. 맺음말

북송 왕안석과 남송 주희의 禮論은 각기 『주례』와 『의례』를 중심으
로 이념적 차이를 나타냈으며, 이것이 국가와 민간이라는 요인을 배경
으로 송에서 청대까지 禮學의 두 주축을 이루고 있었음을 알 수 있다.
그러나 청대 예학의 전개에서 보듯이 사대부 사회의 발달과 함께 예의
민간 영역이 확장되는 가운데서도 국가의 권력도 날로 강화되어 청대
에는 그 절정에 이르렀다. 따라서 국가의 禮書에서 『주자가례』와 같은
민간 士庶의 禮를 채택하는 폭이 넓어지는 변화가 있었으나 국가의 예
서도 줄기차게 그 기능을 확대해 특히 명말 청초 경세학의 발달을 배
경으로 개혁이념으로서 『주례』의 정치적 의미는 지속되어 갔다. 즉 예
는 민간 중심의 의례뿐 아니라 국가 행정제도와 형률을 포괄하는 광의
의 개념으로 수용되었다. 그럼에도 예, 즉 제도에 대한 복고적 개혁 이
념이 송대 왕안석 이래 시대의 변천에 따른 현실적 변통을 강화하는
경세사조가 일반화되었다. 사대부 문화에서 도덕 중심의 도학[정주학]
이 敎學 부문을 장악한 가운데 현실 정치가 정주 교학에서 분화하려는
경세적 實學 경향도 정교 분화가 미숙했던 隋唐代 이전과는 달리 더
욱 강화되었다.

이 같은 예의 정치적 개념은 18세기 乾隆代 考證學界에도 받아들여

졌으니, 이를테면 『주례』의 범주가 그 적계인 『唐六典』에서 『大淸會
典』에 이르는 政書類에만 적용될 뿐 아니라 『唐開元禮』 이래의 『의
례』 계통의 禮書도 『주례』 속의 5禮와의 관련이 강조되었다. 문헌적
實事求是 학풍으로서 고증학 방법론이 名物度數, 즉 고대제도 연구에
적용되고, 그 경향은 18세기 말 이래 今文經學의 부흥을 통해 현실적
정치개혁의 이념으로 연결되어 갔다. 청말 태평천국 시기에는 행정제
도 전반과 刑律을 예학에 포괄하는 경세론이 더욱 강화되었는데, 『주
례』의 관제와 토지균분제 등을 적용한 태평천국과 그 적수로서 예의
명목으로 국가적 개혁론을 펼친 曾國藩의 사례가 대표적이다. 그러나
청말 康有爲의 근대적 變法운동에 이르러 금문경학과 西學을 매개로
한 經學의 근본적 개조를 통해 『주례』의 정치적 역할은 결정적 쇠퇴를
맞게 되었다.

麗末鮮初 改革思想의 展開와 『周禮』

도 현 철[*]

1. 머리말

고려에서 조선으로의 왕조교체기에는 유교 경전에서 제시하는 이상 국가가 제시되고, 『주례』의 정치체제가 개혁정치의 모델로 강조되었다. 『주례』는 眞僞 문제에서부터 현실활용의 내용에 이르기까지 많은 논란을 불러일으킨 경전이지만,[1] 한국사에서 『주례』의 이상국가론을 모델로 하는 정치 사회 개혁론이 본격적으로 제기되기 시작한 것이다. 특히 정도전의 『朝鮮經國典』에 집약된 6전적 정치체제는 후에 경국대전체제의 기초가 되어 조선왕조의 국가체제를 유지하는 기본 골격이 되었다.[2]

---

[*] 연세대학교 부교수, 국사학

[1] 津田左右吉,「周官の研究」,『津田左右吉著作集』17, 岩波書店, 1965 ; 庄司莊一,「王安石 周官新義の大宰について」,『集刊東洋學』23, 1970 ; 田中利明,「周禮の成立についての一考察」,『東方學』42, 1971 ; 重澤俊郎,「周禮の思想史的考察」,『東洋の文化と思想』; 閒嶋潤一,「鄭玄の周禮解釋について」,『東洋文化』復刊 40, 1976 ; 越智重明,「周禮の財政制度・田制・役制をめぐつて」,『九州大學東洋史論集』9, 1981 ; 曾我部靜雄,「周禮の井田法」,『社會經濟史學』50-4, 1985 ; 侯家駒,『周禮研究』, 聯經出版社, 1987 ; 堀池信夫,「周禮の一考察」,『漢魏思想史研究』, 明治書院, 1988 ; 姚瀛艇,「宋儒關於≪周禮≫的爭議」,『中國經學論文選集』下冊, 文史哲出版社, 1993 ; 吾妻重二,「王安石『周官新義』の考察」, 小南一郎 編,『中國古代禮制研究』, 1995.

[2] 朴秉濠,「經國大典의 編纂과 頒行」,『한국사』9, 1973 ; 도현철,「高麗末期의

기왕의 연구를 통해서 정도전을 비롯한 개혁파 사대부가 지향한 국가는 『周禮』를 활용한 이상적 유교국가라는 사실은 널리 인정되는데,3) 『주례』의 국가상에 대해서는 고려의 정치체제 개편과 조선의 정치체제의 확립이라는 차원에서 볼 때 여전히 궁구해야 할 과제가 많다. 『주례』의 어떤 부분을 어떻게 활용하였으며, 그렇게 해서 만들어진 조선의 정치체제의 성격은 무엇인지 천착해야 할 필요가 있기 때문이다. 이를 위해서 『주례』의 특징, 漢·唐·宋·元·明의 왕조교체를 통한 『周禮』 이해의 변천과, 삼국과 고려시기의 『주례』 이해, 성리학 수용과 달라진 경학관, 주례관 등이 파악되어야 할 것이다.

말하자면, 조선을 건국한 개혁파 사대부의 사상적 성격을 이해하기 위해서는 고려시기 『주례』 이해의 성격과 성리학을 통해서 달라진 『주례』 이해가 충분히 고려되어야 할 것이다. 이를 통해서 여말 사대부의 개혁사상의 특징을 파악할 수 있고 그들의 지향으로 성립된 조선왕조의 성격을 보다 분명히 이해할 수 있을 것이다.4)

禮認識과 政治體制論」, 『東方學志』 97, 1997 ; 林容漢, 「朝鮮初期 法典 편찬과 편찬원리」, 『韓國思想과 文化』 6, 1999 ; 김인호, 「여말선초 육전체제의 성립과 전개」, 『東方學志』 118, 2002 ; 林容漢, 「經濟六典의 편찬기구」, 『朝鮮時代史學報』 23, 2002 ; 林容漢, 「조선초기 儀禮詳定所의 운영과 기능」, 『實學思想研究』 24, 2002 ; 尹薰杓, 「經濟六典의 主導層의 변화」, 『東方學志』 121, 2003 ; 정호훈, 「조선전기 法典의 정비와 『經國大典』의 성립」, 『조선건국과 경국대전체제의 형성』, 혜안, 2004.
3) 韓永愚, 『鄭道傳思想의 研究』, 서울대출판부, 1973/1983 ; 都賢喆, 『高麗末 士大夫의 政治思想研究』, 일조각, 1999.
4) 末松保和, 「朝鮮經國典再考」, 『靑丘史草』 제2, 1966 ; 韓永愚, 위의 책 ; 許興植, 「金祉의 選粹集·周官六翼과 그 價値」, 『奎章閣』 4, 1981 ; 都賢喆, 「『經濟文鑑』의 전거를 통해 본 鄭道傳의 政治思想」, 『歷史學報』 165, 2000 ; 김인호, 「金祉의 周官六翼 편찬과 그 성격」, 『역사와 현실』 40, 2001.

2. 고려시기 『周禮』 인식

고려는 유교의 정치이념을 통하여 지배질서를 유지하려고 하였다. 유교에서 왕조 성립의 정당성과 덕치, 예치의 정치이념, 건국으로 형성된 지배층의 정치적 권위와 명분을 제공받았다.[5] 또한 유교 정치이념을 기초로 삼성육부제를 비롯한 정치제도와 五禮를 중심으로 한 국가례가 정비되어 정치체제의 제도적 기반이 마련될 수 있게 되었다.

성종 연간에 유교 정치이념에 의한 국가체제의 정비와 정치 사회 운영이 두드러지게 나타난다.[6] 성종 원년 최승로의 시무 28조[7]의 수용과 이에 따른 원구제와 적전제의 시행,[8] 李陽의 상소 등을 통하여 정치체제의 유교적 기반이 마련되었다.[9] 성종 9년 교서에는 '六經을 본받고 三禮에 의거해서' 라고 해서 유교이념에 의한 국가 질서 확립의 뜻이 반영되어 있다.[10]

---

5) 李熙德,「高麗時代 儒教의 役割」,『韓國史論』18, 1988 ; 도현철,「고려시대 유교의 전개와 성격」,『한국사』6, 한길사, 1994.

6) 물론 성종 9년 陰陽과 鬼神을 믿어 吉日을 택하여 송 황제의 조서를 받는 것과『서경』과『예기』의 유교경전을 근거로 이를 시정하려는 것에서 드러나듯이 외래사상인 유교이념의 수용에는 많은 진통이 따랐다. 이는 華風이라는 유교문화와 土風으로 표현된 고유문화의 조화, 수용과정에서 나타나는 현상이라고 하겠다. 이에 대해서는 다음이 참고된다(具山祐,「高麗 成宗代 對外關係의 展開와 그 政治的 성격」,『韓國史研究』78, 1992 ; 具山祐,「高麗 成宗代의 鄕村支配體制 강화와 그 정치·사회적 갈등」,『韓國文化研究』6, 1993).

7)『高麗史』卷93, 列傳 卷6, 崔承老, "成宗元年爲正匡行選官御事上柱國 時王求言承老上書曰".

8)『高麗史』卷3, 世家 卷3, 成宗, "二年春正月辛未 王祈穀于圓丘配以太祖 乙亥躬耕籍田 祀神農配以后稷 祈穀籍田之禮始此".

9)『高麗史』卷3, 世家 卷3, 成宗, "七年春二月壬子 左補闕兼知起居注李陽上封事……其二曰 躬耕帝籍 寔明王重農之意 虔行女功 乃賢后佐君之德 所以致誠於天地 積慶于邦家 按周禮內宰職曰 上春 詔王后 率六宮之人 生種稑之種 而獻之于王 以此言之王者 所舉后必贊之 方今上春 祈穀於上帝 吉日耕籍於東郊 君雖有事於籍田后 乃虧儀於獻種 願依周禮 光啓國風".

86

고려의 유교 정치이념에는 『주례』가 활용되고 있다. 고려는 『주례』의 五禮[11]를 통하여 군주를 정점으로 하는 상하, 위계질서를 강화하였다. 신라가 吉, 凶禮에 한정된 것과 달리 왕실의 典禮에서 五禮를 이용하였다.[12] 吉凶軍賓嘉禮인 五禮는 귀신에 대한 祭禮와 죽음, 군사, 외교 및 接客, 慶事의 항목으로 질서의 규범 내용을 채택하였다.[13]

吉禮는 왕권과 天神·地示·人鬼로 상징되는 신과의 관계를 설정하였고, 왕은 신에게 국가의 안정과 질서를 염원하고 그 의식을 통하여 천명에 의해서 왕실이 세워졌음을 증명하는 것이다. 凶禮는 喪禮, 荒禮, 弔禮, 禬禮, 恤禮 등으로 구성되어 유가의 喪制의 원리에 기초한 왕권의 정상적인 계승과 안정을 담고 있다. 嘉禮는 上元燃燈會儀와 仲冬八關會儀와 같은 토착적인 禮와 迎北朝使儀 등 당나라 禮가 있는데, 왕실 중심 예제와 그 운영을 말하고 있다. 賓禮는 주나라의 빈례가 주 왕실과 봉건제후와의 관계를 설명하다가 당대에 와서 중국황제와 주변국과의 국제적인 외교관계로 바뀐 것을 반영해서 宋·遼·金 등을 하나로 묶은 北朝와 大明으로 구분하여 고려와 중국과의 사

---

10) 『高麗史』 卷3, 世家 卷3, 成宗, "(9年)秋九月丙子敎曰 凡理國家 必先務本 務本莫過於孝 三皇五帝之本務 而萬事之紀 百善之主也 由是 漢皇嘉楊引之 尊親 旌門表里 晉帝獎王祥之至孝 命史書名 寡人幼而菇孤 長亦庸昧 叨承 顧托 嗣守宗祧 追思祖考之平生 幾傷駒隙 每念兄弟之在昔 益感鴒原 是以 取則六經依規三禮 庶使一邦之俗 咸歸五孝之門".
11) 『周禮』, 「春官·宗伯」 大宗伯.
12) 李範稷, 「『高麗史』 禮志 五禮의 分析」, 『韓國中世禮思想硏究』, 일조각, 1991 ; 李裕鎭, 「『高麗史』 禮志에 보이는 『周禮』 受用 樣態」, 『哲學思想』 4, 1993 ; 崔順權, 「高麗前期 五廟制의 運營」, 『歷史敎育』 66, 1998.
13) 史書와 經典의 오례 순서

史 書	五禮 順序
周禮	吉凶賓軍嘉
舊唐書	吉賓軍嘉凶
宋史	吉賓軍嘉凶
高麗史	吉凶賓軍嘉
國朝五禮儀	吉嘉賓軍凶

대관계를 설정했다. 軍禮는 장수를 보내어 출정할 때나 개선할 때의
의식을 통하여 군사 지휘권자로서의 국왕의 권위를 내세우고, 특히 국
왕이 황제의 군복인 絳紗袍을 입어 중국에 황제에 비견되는 고려 국왕
의 위상을 나타내고 있다.14) 고려는『주례』의 오례를 통하여 국왕과
왕실의 권위를 확립하고 지배질서를 유지하는 이념기반으로 활용하였
던 것이다.

　또한 고려는 五禮에 의한 유교 이념과 함께『주례』의 정치이념이
담긴 정치제도를 마련하였다. 중앙정치제도에서 唐나라의『대당육전』
을 활용하여 삼성육부제를 수용하였던 것이다. 성종 2년에 삼성육부제
가, 성종 14년에는 중앙기구와 지방제도 등이 당제를 따르면서 설치되
었다.15) 원래『대당육전』은 법전 그 자체는 아니고 官, 制度를 육전으
로 분류 나열한 것이다. 당나라가『주례』의 이상국가를 염두에 두고
우선 정부조직을 육전으로 나눈 것이라고 할 수 있다. 고려의 육부는
명칭과 순서 혹은 三省과의 관계에서『주례』·『대당육전』과 차이가
있고,16) 특히 삼성의 고관이 6부의 판사를 겸하여 귀족적 성격을 드러
내고 있다. 고려는『주례』와『대당육전』을 참고하여 정치체제를 정비
하였는데,17) 주로 6전의 이념을 활용하였고 고려말과 같은 6전체제를

---

14) 이범직, 앞의 책, 1991, 68~107쪽.
15) 河炫綱,『韓國中世史研究』, 일조각, 1988.
16) 고려시기 六部의 명칭, 순서의 변화 일람

周禮	治典	教典	禮典	政典	刑典	
唐六典	吏部	兵部	戶部	刑部	禮部	工部
成宗 원년	選官	兵官	民官	刑官	禮官	工官
成宗 14년	吏部	兵部	戶部	刑部	禮部	工部
忠烈王 원년	典理	軍簿	版圖	典法		
恭愍王 5년	吏部	兵部	戶部	刑部	禮部	工部
恭愍王 11년	典理	軍簿	版圖	典法	禮儀	工典
恭愍王 18년	選部	摠部	民部	理部	禮部	工部
恭愍王 21년	典理	軍簿	版圖	典法	禮儀	工典
恭讓王 원년	吏曹	兵曹	戶曹	刑曹	禮曹	工曹

받아들이지 않았다.

한편, 고려는 皇都 開京과 京畿制의 시행에서『주례』를 활용하였다. 유교적 이념에 충실한 성종은 "중국의 역대 제도가 제후들의 명분을 바로 하여 천자를 중시하고 천자가 거주하는 경사를 받들었던 예에 따라 우리의 관직과 지방통치조직에서도 왕경을 받드는 체제를 만들려고 한"18) 것처럼 왕기와 경기제를 실시하여 왕(천자)을 정점으로 하는 지배질서를 확립하려고 하였다.

皇都인 開京은『주례』의 도성구획19)과 송악의 자연적 특징을 종합하여 만들어졌다. 종묘와 사직 그리고 행정체계인 五部는『주례』에서 유래한 전통적인 도성구획을 참고하여 마련되었다.20) 宗廟와 社稷制는『周禮』의 '左祖右社'의 원칙 속에서 설치되었는데, 조선 태조의 즉위교서에 "전조(고려)에서는 昭穆의 순서와 堂寢의 제도가 법도와 합하지 아니하고, 또 (종묘가) 성밖에 있으며, 사직은 비록 오른쪽에 있으나 그 제도는 옛날의 것에 어긋남이 있다"21)고 하여『주례』에 어긋난다고 하였다. 이는 개경의 지세를 고려하면서 고려국가의 독자성을 추구한 것과 연관된다고 할 수 있다.22)

京畿制 역시『주례』의 이념이 반영되었다. 성종 14년에 중앙집권화

---

17) 邊太燮,「高麗時代中央政治機構의 行政體系」,『高麗政治制度史硏究』, 1971 ; 이정훈,『高麗前期 三省六部制와 各司의 運營』, 연세대 사학과 박사학위 논문, 2004. 8.

18)『高麗史』卷3, 世家 卷3, 成宗, "(14年)五月戊午敎曰 唐虞之制 周漢之儀 皆釐百辟之名 求奉一人之慶 今以諸官司事體 雖遵於禮典 額名頗有所權稱考 厥典常分其可否 悉除假號 克示通規".

19)『周禮』,「冬官·考工記」, 匠人, "左祖右社 面朝後市".

20) 홍영의·정학수,「5부방리·사교·경기」,『고려의 황도 개경』, 창작과 비평사, 2002, 114~140쪽.

21)『太祖實錄』卷1, 元年 7월 정미, "敎中外大小臣僚閑良耆老軍民……前朝昭穆之序 堂寢之制 不合於經 又在城外 社稷雖在於右 其制有戾於古……".

22) 장지연,「국가의 상징, 태묘와 사직」,『고려의 황도 개경』, 창작과 비평사, 2002, 64~82쪽.

를 꾀하는 지방관제가 정해지고 개성부가 설치되며 왕도와 그 주변지
역이 赤縣과 畿縣으로 편제되었다. 그리하여 이를 개성부의 통할을 받
게 함으로써 개경의 입지가 크게 강화된다. 원래『주례』에는 왕조의
직할지를 王畿, 邦畿 또는 國畿라 하여 이를 중심으로 9畿와의 관계를
설명하고, 주 왕실에 조공하는 횟수와 공물의 종류를 각기 다르게 규
정하였다.[23] 이는 국왕(천자)을 정점으로 하는 신분질서체제를 영역면
에서 등급화하고, 중국의 국왕이 주변의 諸國까지 포괄하는 동심원적
세계관의 중심에 있었음을 보여준다. 말하자면, 성종대『주례』에 입각
한 경기제 곧 赤畿縣制 시행의 근저에는 국왕 중심의 중앙집권적 질
서체제를 통치영역 면에서 드러내고자 하는 의도가 있었다.[24]

이 밖에도 고려는 國子監과 七齋에서 학문 연구와 인재양성을 위하
여『주례』를 교재로 사용하였다. 국자감의 교육과정에『주례』는『상
서』·『주역』·『예기』·『모시』·『춘추좌씨전』·『춘추공양전』·『춘추곡
양전』과 더불어 각각 1경으로 간주되었고, 수업 연한은『주역』·『모
시』·『의례』와 더불어 2년 이내에 마쳐야 했다.[25] 관학진흥책의 일환
으로 설치된 七齋에는『주례』를 공부하는 求仁齋가 있다.[26] 또한 문
종 연간의 田品 규정 곧 不易之地, 一易之地, 再易之地의 규정[27]이나,

23)『周禮』,「秋官·司寇」, 大行人.
24) 鄭學洙,「高麗 京畿의 成立過程」, 건국대 석사학위논문, 1996.
25)『高麗史』卷73, 志 卷27, 選擧1 科目, "仁宗朝式目都監詳定學式……凡經周
    易尙書周禮禮記毛詩春秋左氏傳公羊傳穀梁傳各爲一經 孝經論語 必令兼通
    諸學生課業孝經論語共限一年 尙書公羊穀梁傳各限二年半 周易毛詩周禮儀
    禮各二年 禮記左傳各三年 皆先讀孝經論語 次讀諸經幷筭習時務策".
26)『高麗史』卷74, 志 卷28, 選擧2 學校, "(睿宗)四年七月國學置七齋 周易曰麗
    擇 尙書曰待聘 毛詩曰經德 周禮曰求人 戴禮曰服膺 春秋曰養正 武學曰講
    藝".
27)『高麗史』卷78, 志 卷32, 食貨1 田制 經理, "文宗八年三月判 凡田品不易之
    地爲上 一易之地爲中 再易之地爲下 其不易山田一結准平田一結 一易田二
    結准平田一結 再易田三結准平田一結";『周禮』,「地官·司徒」, 大司徒, "凡
    造都鄙制其地域 而封溝之 以其室數制之 不易之地 家百畝一易之地 家二百

정종 5년 6월 교서는 前朝부터 文治를 해 왔다고 하고 四方이 無事하더라도 전쟁을 잊어서는 안된다고 한 것,[28] 의종 때에는 천자 6군, 대국 3군, 차국은 2군, 소국은 1군인 古制에 따라 5군을 고쳐 3군으로 바꾸라고 상소 등은[29] 『주례』의 규정에 의한 것이다. 권경중은 『주례』[30]를 인용하여 천문현상을 풀이하였고,[31] 최자는 『주례』의 주석서인 『周官司議』를 인용하고 있다.[32]

　유교 정치이념에 따른 정치사회 운영을 모색한 고려는 현실에 맞게 『주례』를 활용하였다.[33] 『주례』 가운데 五禮의 예제 부분이 강조되고 그것도 가례에서 전통의례와 절충되었으며, 종묘와 사직의 위치가 지세에 맞게 설치되었다. 6전적 정치조직이 원용되었지만, 고려의 정치기반 속에서 수용되었다. 말하자면, 『주례』 이념은 고려의 현실기반 속에서 받아들여졌고, 특히 정치조직과 법제의 측면보다 예제적 측면이 중시되었다.

獻 再易之地 家三百獻".

28) 『高麗史』 卷81, 志 卷35, 兵1 兵制, "(靖宗)五年六月制曰 自前朝 偃武修文 盖有年矣 雖四方無事 不可忘戰 周禮以軍禁糾邦國 以蒐狩習戎旅";『周禮』 夏官司馬 大司馬, "制軍詰禁 以糾邦國".

29) 『高麗史』 卷81, 志 卷35, 兵1 兵制 ;『高麗史節要』 卷11, 毅宗 3년 8월, "中軍兵馬使奏 古制 天子六軍 大國三軍 次國二軍 小國一軍 請改五軍爲三軍 從之";『周禮』 夏官司馬, "凡制軍萬有二千五百人爲軍 王六軍 大國三軍 次國二軍 小國一軍".

30) 『周禮』, 「春官·宗伯」, "眂祲掌十煇之法 以觀妖祥 辨吉凶".

31) 『高麗史』 卷101, 列傳 卷14, 權敬中, "按周禮有眂祲氏之官 掌十煇之法 以觀其妖祥 辨其吉凶 而赤祲乃憂氣之所應 則當時必有憂恚 而謀亂者乎".

32) 『補閑集』 卷中, 「每歲春秋」.

33) 삼국시기 이래 『論語』를 비롯한 유교 경전에서 국가운영에 필요한 문물제도에 관한 지식을 구하였고, 자연스럽게 『주례』를 이해할 수 있었다. 『주례』가 정치체제, 국가운영과 관련하여 주목되는 것은 백제의 6좌평제도였고(李基東, 「百濟國의 政治理念에 대한 一考察 : 特히 '周禮'主義的 정치이념과 관련하여」, 『震檀學報』 69, 1990), 당의 문물제도를 수입한 신라 통일기 역시 『주례』에 대한 이해가 있었을 것으로 추측된다(李裕鎭, 「『三國史記』 禮志에 보이는 『周禮』 受用 樣態」, 『東院論集』 6, 1994).

3. 여말선초의 개혁사상과 『周禮』의 활용

1) 성리학 수용을 통한 『周禮』 인식의 변화

고려후기 사회변동이 진행되고 성리학이 수용되면서 『주례』에 대한
인식이 변하고, 『주례』의 6전체제가 활용되었다. 유학을 보강한 성리
학을 통해서 원시 유교의 이상사회가 강조되고 주나라의 이상적인 정
치제도가 담긴 『주례』를 현실정치에 활용하게 되었다. 성리학을 통하
여 『주례』는 정치개혁의 텍스트로 이해되고 春官과 함께 天官에 대한
이해가 깊어지게 되었던 것이다. 崔瀣(1287~1340)[34]와 李詹(1345~
1405),[35] 그리고 趙浚(1346~1405)의 天官[36]에 대한 검토, 『周官六

---

34) 『拙稿千百』 卷1, 「軍簿司重新廳事記」(민족문화추진회, 『韓國文集叢刊』③),
"本國越自古 昔知尊中國 然於官府署額 多倣中國而爲之 未嘗有嫌也 今夫
軍簿司者 寔尙書兵部 而周官大司馬之職也 其亦倣而置焉 逮于皇元受命 首
出臣之 至元十二年 始避朝制 易之以今名 至大二年 改爲摠部 泰定三年 復
之 所謂判書摠郎正郎佐郎等官 又因尙書侍郎郎中員外郎而易之者也 昔者
國相 分判六曹 而大宰主東曹 亞相主西曹 西曹實掌武選 在後尊用武人 必
以其長爲貳而領之 式至今不替 蓋重其權也".
35) 『雙梅堂篋藏集』 卷22, 「議六卿」(민족문화추진회, 『韓國文集叢刊』⑥), "周官
六卿分職 各率其屬以佐王治邦國 一曰 冢宰 內統百官 外均四海 天子之相
也 二曰 司徒 敷五典 以馴兆民 三曰 宗伯 治天地人鬼之事 以和上下 四曰 司
馬 主戎馬之事 統御六軍 平治邦國 五曰 司寇 掌邦之三典 以詰四方 六曰
司空 掌(邦)之以居四民 以興地利 若夫小宰之職 掌邦之宮刑 以治王國之政
令 屬放天官 內史御史 則執國法 掌萬民之令 屬於春官 夫人之一心 具衆理
應萬事 故天地之大 以至一物之細 皆在吾性分之內也 周公之心 豈外是哉
斯乃天敍天秩天命天討 亦非周公所得而私也 治由此出 政由此成 教由此興
禮自順此行 刑由反此作 故曰 有關雎麟趾之美意 然後可以行周官之法度也
昔在唐虞 伯禹以司空兼百揆之職 契敷五教 伯夷典三禮 皐陶爲治官 則六卿
之制 成周之亡 已固然矣 周公所以因循損益者審矣 鞏固維持者 至矣 故能
開周家八百年之基 而天下後世皆取法於虞周也 且教化禮樂政刑 有天下者
不可一日廢也 教化以成其俗 禮以道其志 樂以和其聲 政以一其行 刑以防其
姦 所以同民心而出治道者也 人主之職 在論相而止耳 漢之蕭曹 唐之房杜
悉能光輔初政 綽有成效 叔孫通陳平周勃張釋之之徒 主禮樂軍旅之事 治諫

翼』,『朝鮮經國典』과『經濟文鑑』이 그것이다.

특히『조선경국전』은 여말 육전적 개혁론이 집약되었다고 할 수 있다. 鄭摠이 쓴 서문에 의하면 "예로부터 천하 국가의 치란 흥망은 뚜렷하게 상고할 수 있다. 다스려지고 흥하게 된 것은 六典에 밝았기 때문이고, 어지럽고 망하게 된 것은 六典에 어두웠기 때문이다. 고려말기에는 政敎가 해이해지고 기강이 무너져 이른바 육전이란 것은 이름만 있고 실속은 없었다. 뜻있는 선비들은 주먹을 불끈 쥐고 탄식한 지 오래되었다. 난세가 극도에 달하면 치세가 돌아오는 것은 필연적인 이치이다"[37]고 하여, 국가의 흥망성쇠에 6전에 대한 바른 이해가 필수적이라고 보고, 고려말의 변동과 조선 건국의 필연성을『주례』의 육전을 통하여 설명하고 있다. 물론『조선경국전』은 政典에서 드러나듯이 舊弊를 혁파하고 새로운 체제의 면모를 마무리하면서 완성된 것은 아니다.[38] 그러나『조선경국전』은 六典에 입각한 체제개혁이야말로 舊弊를 제거하고 새로운 통치체제의 토대를 확고히 하는 길로 인식하고 또한 그 성과들이 가시화되는 시점에 집약물인 法典의 형태로 나타난 것

諍廷尉之任 在唐則周彦博 馬周主文學 李靖主兵衛 王魏主諫諍 戴胄主刑獄 而英雄陳力 群策畢擧 克成漢唐之業 以至于今 本朝旣置都評議使司 規度庶政 而養成人材則成均主之 進退坐作則三軍府主之 制作刪定則禮曹主之 流宥鞭朴則刑曹主之 繩愆糾謬則省憲主之 其設官分職之義 皆取法於虞周矣".

36)『高麗史』卷118, 列傳 卷31, 趙浚(창왕 즉위년 8월).

37)『三峯集』卷7,「朝鮮經國典序」(鄭摠), "自古以來 天下國家之治亂興亡 所然可考 其所以治且興者 以明夫六典也 其所以亂且亡者 以昧於六典也 高麗氏之季 政敎陵夷 紀綱頹敗 所謂六典者 名存實亡 有志之士 扼腕歎息者 久矣 亂極復治 理之必然"

38)『經濟六典』은『朝鮮經國典』을 보다 구체화한 법안으로 마련되었다.『經濟六典』은 조준의 주도로 우왕 14년(1388) 이후 태조 6년(1397)까지 10여 년 동안 受判 및 政令 條例를 모아놓은 것이다.『經濟六典』과『朝鮮經國典』의 관계에 대해서는 다음의 글이 참고된다(末松保和,「朝鮮經國典再考」,『靑丘史草』제 2, 1966 ; 김인호,「여말선초 육전체제의 성립과 전개」,『東方學志』118, 2002 ; 尹薰杓,「經濟六典의 主導層의 변화」,『東方學志』121, 2003).

이다.39) 그리하여『조선경국전』은『周禮』의 六典을 기초로 통치이념과 통치조직을 종합적으로 제시한 것이고,『경제문감』은『조선경국전』의 治典의 내용을 보완하여 宰相과 臺諫・衛兵・監司・州牧・郡太守・縣令의 역할과 임무를 구체화시킨 것인데, 여기에는 南宋 事功學 계열로 알려진『周禮訂義』의 天官에 해당하는 大宰・宮正・宮伯을 활용하였다.40)

『주례』의 6전적 정치체제에는 성리학의 세계관과 인간관이 반영된다. 주자학은 理를 통하여 우주 자연의 질서와 그 운행원리를 설명하고, 현실세계에 대한 보편적 원리를 제시하여 현실에 대한 긍정적인 견해를 갖추고 있다. 이러한 理法은 우주 자연의 운행 법칙과 윤리 도덕의 원칙이면서 현실정치가 운영원리가 된다. 당연히 정치제도・정치운영에 이러한 이법이 담겨지기를 바란다.

이때 유교의 이상사회인 주나라가 변동하는 현실에 개혁정치의 모델로 제시된다. 유교경전으로서의 이상적인 정치체제가 담긴『주례』가 활용되고『주례』에 의한 정치운영이 모색된다. 원으로부터 성리학을 받아들인 고려는 국가가 주도적으로『사서』를 과거제도와 성균관 교육의 기본 과목으로 정하였고, 이를 통해서 修己治人이라는 유교 본래의 문제의식에 충실하여 경전을 익혀 사물의 이치를 탐구하고 윤리도덕을 현실에 구현하고자 하였다.41) 고려의 경학은, 經筵 강목에서 군주의 정치적 권위와 덕치를 기본이념으로 때로는 군주권을 강조하고, 혹은 신료의 정치적 역할을 주목하였으며, 과거시험에서 사장학 중심이고 경학이 후순위로 돌려졌다. 성리학이 수용되면서 五經 중심의 경학연구가 四書 중심의 경학체계로 변하고, 사대부 중심의 정치사상, 경세론이 대두하게 된다.42)

---

39) 尹薰杓,「經濟六典의 主導層의 변화」,『東方學志』121, 2003, 6~8쪽.
40) 都賢喆, 앞의 글, 2000.
41) 鄭玉子,「麗末 朱子性理學의 導入에 관한 試考」,『震檀學報』51, 1981 ; 都賢喆, 앞의 책, 1999.

원래 하은주 삼대 가운데 주의 정치제도를 표현한『주례』가 경전으로 인식된 것은 鄭玄때부터이다. 鄭玄(127~200)은『주례』를 三禮의 근간으로 파악하고 儀禮와 禮記를 이것에 종속시켰다. 禮學을 이때까지의 儀禮 중심에서『주례』중심으로 전환시키는 동시에 三禮를 관통하는 綿密한 注에 의하여 周禮國家의 구상을 보여주었다.『주례』의 6官組織은 隋를 거쳐 당 현종대의『大唐六典』으로 이어지고, 유교의 道와 典章制度를 관통하는 禮學으로서의『주례』의 성격을 드러내었다고 하겠다.

理氣·人性說을 근간으로 하여 우주와 인간을 통일적으로 설명한 성리학[43]은 당나라의 유학계를 일신하고 유교경전에 대한 근원적 탐구와 객관적인 현실에 대한 학문적, 경세적 대응으로『주례』를 주나라의 이상사회가 담긴 경전으로 재인식하게 하였다. 말하자면,『주례』는 성리학이라는 보강된 유학체계 속에서 유교의 이상을 실현할 수 있는 현실의 정치 사상으로 공인받는다.

송대 사대부의 객관적 현실세계에 대한 실재적인 설명과 경세론의 강화는『주례』의 중심을 春官이 아닌 天官으로 파악하고 天官의 역할을 강조하게 된다. 종래 황제 1인에 의한 정치가 우세했는데, 송대에 들어서 사대부 정치가 제시되고 사대부의 대표자로서 天官冢宰가 부각되었다. 이에 따라 천관총재가 천자를 대신해서 혹은 천자와 더불어 백관을 통솔하는 것이 되었다.[44] 李覯은『周禮致太平論』51편을 통하

42) 權延雄,「高麗時代의 經筵制」,『慶北史學』6, 1983 ; 李範稷,「高麗時期의 經學」,『韓國中世禮思想硏究』, 일조각, 1991 ; 朴連鎬,『朝鮮前期 士大夫 敎養에 관한 硏究』, 정신문화연구원 박사학위논문, 1994.
43) 島田虔次 著, 김석근·이근우 옮김,『朱子學의 陽明學』, 까치, 1986 ; 錢穆 著, 李完栽·白道根 옮김,『주자학의 세계』, 以文出版社, 1989 ; 佐野公治,『四書學史의 硏究』, 創文社, 1989 ; 范壽康 著, 洪瑀欽 옮김,『朱子와 그 哲學』, 嶺南大學校出版部, 1988 ; 市川安司,『朱子-學問とその展開』, 評論社, 1975 ; 진영첩 저, 표정훈 엮음,『주자강의』, 푸른역사, 2000.
44) 吾妻重二, 앞의 글, 1995, 517~521쪽.

여 부국강병을 제창하였고,[45] 왕안석은 『周官新義』에서 재정개혁을
비롯한 개혁정치를 추구하는 이론적 기초를 다졌다.[46]

주자는 『주례』가 갖는 경학상의 의의를 인정하여 『주례』는 한 시대
의 政令이라고 하여 존중하였다.[47] 단 그는 儀禮를 3禮의 중심으로 파
악했고[48] 經으로의 儀禮에, 傳으로서의 禮記와 그 외의 禮 관계 고전
을 부기하는 형태로 『儀禮經傳通解』를 구상했다.[49]

성리학을 관학화한 원은 유학의 정치이념을 국가통치에 활용하였고,
『주례』에서 제시하는 국가체제론을 염두에 두었다. 원에서 편찬된 법
전 가운데 『주례』의 육전적 정치체제와 관련 깊은 것이 『經世大典』이
다.[50] 『경세대전』은 君事와 臣事편으로 구분되는데, 원 황제를 정점으
로 하는 통일된 법전체제의 완성이라 할 수 있다.

송과 원을 거치면서 理氣論에 기초로 객관적인 현실세계를 설명하
는 논리가 갖추어지고, 유교의 도를 현실 속에 반영할 수 있는 경세론
이 강조되면서 정치개혁의 텍스트로서 『주례』의 위상이 강화된다.

고려후기 사대부는 이러한 성리학을 수용하여, 『주례』를 현실개혁의

---

45) 寺地遵, 「李覯の禮思想とその歷史的意義(上・下)－北宋時代中期の自營地
主層の思想－」, 『史學硏究』 118, 119, 廣島史學硏究會, 1973.

46) 庄司莊一, 「王安石 周官新義の大宰について」, 『集刊東洋學』 23, 1970.

47) 『朱子大全』 卷14, 「乞修三禮箚子」 ; 『朱子語類』 卷86, 禮3 周禮 總論 ; 范壽
康 著, 洪瑀欽 譯, 「朱子와 다섯가지 經書」, 『朱子와 그 哲學』, 영남대출판
부, 1988, 239~242쪽.

48) 『朱子大全』 卷14, 「乞修三禮箚子」, "周官一書 固爲禮之綱領 至其儀法度數
則儀禮乃本經 而禮記郊特牲冠義等篇 乃其義說耳……以儀禮爲經 而取禮記
及諸經史雜書所載 有及於禮者 皆以附於本經之下".

49) 上山春平, 「朱子の家禮と儀禮經傳通解」, 『東方學報』 54, 1983.

50) 원의 법전은 『至元新格』(충렬왕 17, 1291), 『大德典章』(충렬왕 29, 1303), 『大
元通制』(충숙왕 10, 1323), 『元典章』(충숙왕 8, 1321), 『經世大典』(충숙왕 16,
1329) 등이 있는데, 이것들은 원 황제를 정점으로 하는 중국지배를 효과적으
로 수행하기 위한 몽고의 관습법과 중국법, 그리고 황제의 조칙을 모아 정리
한 것이다(植松正, 「元典章・通制條格」, 『中國法制史』, 東京大學校出版會,
1993).

이념 근거로 활용하였다. 말하자면, 『주례』를 통한 체제개혁은 성리학의 理에 의한 세계관과 인간관이 수용된 고려후기에 본격적으로 제기된다.

2) 『周官六翼』과 『朝鮮經國典』

(1) 『周官六翼』과 고려왕정의 정상화[51]

고려후기 사대부는 성리학을 통하여 『사서』를 중시하는 경학관을 견지하고, 『주례』를 정치체제나 정치운영의 이념으로 활용하고자 하였다. 理의 세계관을 통하여 현실을 긍정하고 하은주 삼대의 유교적 이상국가를 성리학적 『주례』 인식을 통하여 현실화되기를 기대하였던 것이다. 이들은 『주례』의 6전체제에 입각하여 무인집권기 이래 달라진 정치제도를 시정하고자 하였다.

원 간섭기 『주례』의 六典에 의한 재조정은 육부제 복구와 연결되었다. 이제현[52]과 이색[53]은 정방은 古制가 아니므로 마땅히 폐지하여 인사권(銓注權)을 吏部(典理)와 兵部(軍簿)에 맡기자고 하였다. 이들은 문종대의 관제를 염두에 둔 육부의 복구를 내세우며,[54] 무인집권기 이

---

51) 이하의 서술은 都賢喆, 앞의 책, 1999, 119~130쪽을 정리한 것이다.
52) 『高麗史』卷110, 列傳 卷23, 李齊賢, "上書都堂曰……政房之名 起于權臣之世 非古制也 當革政房 歸之典理軍簿 置考功司 標其功過 論其才……則可以絶請謁之徒 杜僥倖之門".
53) 『高麗史』卷115, 列傳 卷28, 李穡, "(恭愍王)五年以母老棄官 東歸上書言時政八事 其一罷政房 復吏兵部選也 王嘉納 遂以穡爲吏部侍郎兼兵部郎中 以掌文武之選".
54) 『高麗史』卷76, 志 卷30, 百官1 尙書省, "恭愍王五年革三司 復置尙書省 並復文宗舊制 唯不置知省事 陞都事正七品";『高麗史』卷76, 志 卷30, 百官 1 吏曹, "恭愍王五年復立六部 吏部置尙書侍郎郎中員外郎 品秩並復文宗舊制";『高麗史』卷76, 志 卷30, 百官 1 書雲觀, "恭愍王五年復改司天監判事以下 並復文宗舊制 但加置卜助敎 從九品 又別立太史局令以下 品秩並復文宗舊制".

래 설치된 정방의 혁파55)와 이부·병부의 정상적인 운영을 통한 인사
권의 회복을 주장하였다. 이러한 주장은 받아들여져 정방은 혁파되었
지만, 곧 복설되어 관리 임용의 중요한 수단으로 이용되었다. 趙日新
의 경우에서처럼 정방을 기반으로 한 私門·權臣의 반발과 저항이 강
했기 때문이다.56) 하지만, 무인집권기때 왜곡된 官制를 정상화함으로
써 집권체제, 지배질서를 정상화하기 위한 방법으로 육부제를 합리적
으로 운영하고, 특히 정방을 혁파해야 한다는 공감대가 형성되고 있었
다.

한편, 고려후기 사회변동의 타개책으로『주례』의 육전체제를 직접
현실에 대입하자는 의견이 제시된다. 정방의 혁파와 이부, 병부의 회복
과 같은 6부의 정상화 보다 철저한 정치체제 개혁론이 제기된 것이다.
『주례』에 의한 정치체제의 재편과 관련하여 찬술된 것이『주관육익』
이다.57)『주관육익』은 고려의 문물제도를『주례』의 6전으로 정리한 것
이다. 찬자는 金祉(敬叔)이고 서문은 이색이 썼다.58)

이색은 고려 관제의 문제점을 다음과 같이 말했다.

---

55) 고려후기 정방에 대한 세밀한 분석적 연구로 다음의 글이 있다(金昌賢,『高
麗後期政房研究』, 고려대출판부, 1998).
56)『高麗史節要』卷25, 恭愍王 원년 3월.
57) 花村美樹,「周官六翼とその著者」,『京城帝大法學論集』12 - 3·4, 1934 ; 許
興植, 앞의 글, 1981 ; 都賢喆, 앞의 책, 1999 ; 김인호, 앞의 글, 2001.
58) 찬자인 金祉(敬叔)는 壬寅年(공민왕 11, 1366)에 과거에 합격하고 서문을 쓴
이색과는 관계가 돈독하였다. 이색은 그를 典故에 밝은 노학자로서 평가하고
3개의 서문(『牧隱集』文藁 卷9,「選粹集序」,「周官六翼序」, 金敬叔秘書詩
序)을 써주고 시를 남겼다(『牧隱集』詩藁 卷10,「寄贈金敬叔少監」[우왕 4년
겨울]) ;『牧隱集』詩藁 卷22,「憶金秘書祉」(우왕 6년 4월). 김지의 행적은 건
국초에 보인다. 김지가 천거한 白天祐가 글자도 모르고 직무에 칭송이 없다
고 하여 開國 1등공신인 趙璞에 의해 탄핵되었는데, 김지는 白天祐를 천거했
다는 이유로 파직되었다(『太祖實錄』卷2, 태조 즉위년 11월 무자).『周官六
翼』의 찬자인 金祉는 개국공신 계열의 인사에게 파직되는 인물로서 이색처
럼 고려왕조를 수호하는 가운데 개혁을 모색하는 인사로 추측할 수 있다(許
興植, 앞의 글, 1981, 34~38쪽).

관제의 개혁이 여러 번 있었으나 職林의 書에서는 일찍이 붓을 든 때가 없었다. 이로써 관에 있는 자가 임기만 채우면 바로 떠나고 혹시 그 官守를 물으면 "나는 모른다" 하고 그 녹봉을 물으면 "나는 약간의 녹봉을 받았는데 지금 벌써 몇 해가 되었다" 할 뿐이니, 아 虛說이 아니라고 한다면 나는 믿지 않겠다. 근년에 전란이 많아서 軍糧과 軍事는 따로 특별한 관청을 설치하고 능한 자를 뽑아서 주장하게 하였다. 典理는 黜陟百司, 軍簿는 約束諸衛, 版圖는 出納財賦, 典法은 平決刑獄, 禮儀는 朝會祭祀, 典工은 工匠造作 등 6部에서 맡았던 任務는 故事가 되었을 뿐이고 百司庶府의 設官의 원리를 밝게 알아서 실천하는 자가 적었다. 김경숙은 그것을 깨닫고 六房을 근본으로 삼고 각각 그들의 맡은 임무를 조목으로 삼아 官職에 있는 자가 준수해야 할 바를 밝혔다. 그는 百官의 임무를 밝히는 데 온 힘을 기울였고 그래도 힘이 부족하면 힘써 진실에 미쳤으니 다만 前日의 폐단을 제거할 뿐이겠는가.[59]

당시에는 관제의 연혁을 모르고 담당자도 임기만 채우고 이동할 뿐이며 직임의 내력이나 녹봉에 대해서는 아는 자가 없었다. 찬자 金祉(敬叔)는 6典을 바탕으로 백관의 원리와 내력을 밝힘으로써, 백관이 맡은 바를 충실히 수행하기를 바랬다고 한다. 즉 『주관육익』은 무너진 정치체제를 6典을 통해 재정리함으로써 관직체계를 정상화시키려는 목적으로 쓰여진 것이라고 할 수 있다.

『新增東國輿地勝覽』·『世宗實錄地理志』를 근거로 해서 살펴보면,

---

59) 『牧隱集』 文藁 卷9, 「周官六翼序」, "官制因革 亦且屢矣 職林之書 未有秉其筆者 是以居官者因仍歲月 得代卽去 至有問其官守 則曰吾未之知也 問其祿 則曰吾受祿若干 今已若千年矣 嗚呼 不曰虛說 吾不信也 比年多苦以來 糧斛甲兵 則別置局 選能者以主之 典理之黜陟百司 軍簿之約束諸衛 版圖之出納財賦 典法之平決刑獄 禮儀之朝會祭祀 典工之工匠造作 考工之都曆 都官之私人 視爲故事而已 至於百司庶府 能探設官之故 而力行者盖寡 金君敬叔 深慨其然 以六房爲綱 各以其事 疏之爲目 俾居官者 咸有所遵守 思盡其所當爲 力不足則勉而及之 不但如前日之苟去而已焉".

『주관육익』은 고려의 正統을 밝히는 三韓 이래의 역대사와 世系, 戶
典과 관계 있는 각 지방의 산물, 각 지방의 성씨로 구성되어 있다.[60]
인용문에서는 『주례』의 6典 원리를 바탕으로 고려의 6전 조직을 체계
화하였다고 했는데, 그 내용은 고려왕실의 正統과 王室의 世系 그리고
각 지방의 産物·姓氏와 天文·地理까지 포함하고 있다.[61]

이렇게 볼 때, 『주관육익』은 이중구조로 되어 있다. 고려의 世系를
포함한 왕실에 대한 군주 부분과 『주례』 6전의 신료 부분이 그것이다.
이는 후술하는 바와 같이 『주관육익』이 원의 『경세대전』과 『조선경국
전』처럼 『주례』의 6전체제를 준거로 하지만, 『주례』가 신료 부분만 제
시한 것을 보완하여 군주의 위상을 설정한 군주 부분을 첨가한 것이
다.

『주관육익』의 앞부분은 고려왕조와 관련된 군주의 영역 부분인 世
系와 국호 등으로 구성되었다. 여기에는 彌秩夫城과 그 성주 萱達의
來降을 통하여 태조 왕건의 건국과정이 언급되고,[62] 왕건의 世系와 관
련 있다는 당 선종의 錢浦說話가 있다. 『고려사』 世系에 의하면 고려
의 조상은 당 숙종이었는데, 숙종은 선종의 잘못이라고 하였다. 『고려
사』의 저본이 된 金寬毅의 『編年通錄』은 의종 때 왕권의 회복, 왕실의
중흥을 목표로 저술된 것으로 왕실을 신성화하려고 했던 것이다. 즉
『편년통록』은 산악신앙과 水(龍)信仰에 기대어 왕권을 신성화·미화
하고 귀족세력의 발호를 막아보려는 의도로 저술되었다.[63] 『주관육익』
에서 왕씨의 世系를 상기시킴으로써 왕조의 내력과 의의를 밝히고자

---

60) 許興植, 앞의 글, 1981, 41~46쪽.
61) 『新增東國輿地勝覽』 卷4, 開城府上, 山川 錢浦, "在府西三十六里 周官六翼
    唐宣宗隨商船渡海 初到開州西浦 時方潮退 泥濘滿渚 從官取船中 錢布泥上
    然後下陸 因名之 按金寬毅通錄 以布錢爲肅宗事 辨在形勝下".
62) 『新增東國輿地勝覽』 卷22, 興海 古跡, "彌秩夫城 周官六翼高麗太祖十三年
    北彌秩夫城主萱達與南彌秩夫城主 來降 二彌秩夫合爲興海郡".
63) 河炫綱, 「編年通錄과 高麗王室世系」; 河炫綱, 「毅宗代의 性格」, 『東方學
    志』 26, 1981(『韓國中世史研究』, 일조각, 1988, 408~415쪽 재수록).

하였던 것이다.

『주관육익』에 世系를 비롯한 고려 왕실 관련 자료가 있는 것은 왕실, 군주의 위상을 바르게 정하려는 것이다. 무인집권기와 원 간섭기를 거치면서 왕실의 위상이 여지없이 추락하였다. 이에 왕실의 권위회복을 위하여 원을 천자국으로 하고 고려를 제후국으로 하는 위계질서를 확고히 할 필요가 있었고, 명분에 철저한 유교 경전을 활용하였는데, 『주례』도 이용되고 있었던 것이다.

그 다음에 신료에 해당하는 6전 부분이 있다. 『주관육익』은 『주례』의 6전의 형식을 따라 典理 軍簿 版圖 典法 禮儀 典工의 各論으로 구성되었다.[64] 서문에 제시된 6부의 기능과 원리는 『고려사』의 그것과 유사하다. 『주관육익』은 고려의 문물제도를 재현하되 그 방법은 『주례』의 6전체제를 원용한 것이다. 吏曹(典理)에 해당하는 부분에 대하여 吏曹에서 지방관의 품질을 논의할 때 『주관육익』에 근거하고 있고,[65] 戶曹에 관한 것으로 給田制[66] 損實法[67] 鹽盆의 자리수와 魚梁

---

64) 麗末鮮初 법전상의 六部 명칭 변화

周禮	治典	敎典	禮典	政典	刑典	
高麗史百官志	吏曹	兵曹	戶曹	刑曹	禮曹	工曹
經世大典	治典	賦典	禮典	政典	憲典	工典
周官六翼	典理	軍簿	版圖	典法	禮儀	典工
朝鮮經國典	治典	賦典	禮典	政典	憲典	工典
經國大典	吏典	戶典	禮典	兵典	刑典	工典

65) 『世宗實錄』卷51, 세종 13년 정월 정축, "吏曹啓 外官品質 請依周官六翼 然二品留守官 正三品大都護府牧官 從三品大都護府 從四品知郡事 從五品判官縣令 從六品縣監從之".

66) 『世宗實錄』卷51, 세종 13년 정월 갑신, "上謂左右曰 欲更定給田之制 但於守令 有難斷處 外官或有秩卑而陞授者 若從職事 則過於科數 莫若從散官也 卿等謂何 吏曹判書權軫 宜從古制 以職事給之禮曹判書申商贊成許稠曰 今頒祿已從職事 給田亦從職事 則無後弊矣 上猶欲從散官 稠曰 更考周官六翼 參酌以定 上曰然".

67) 『世宗實錄』卷102, 세종 25년 11월 계축, "下敎戶曹我國損實之法 見於金祗所撰周官六翼 盖自高麗已行矣 此雖美法 然收稅輕重出於官吏一時所見 輕

網所 薑田의 결복 모두『주관육익』을 상고하여 정하고 있다.68) 또 禮
曹의 일로 과거 합격자가 행하는 부모에 대한 禮를『주관육익』에서 참
조하고 있다.69) 이렇게 볼 때『주관육익』은 고려의 정치체제를 6조의
체계로 편성하여 고려의 정치조직과 그 운영원리를 수록하고 있었다
고 하겠다.

　『주관육익』에 군주 부분이 신료 부분과 함께 설정된 것은 군주권의
위상변화, 그 이면에는 군주성학론과『經世大典』의 영향을 말할 수 있
다.『주관육익』에 군주 부분이 실리게 된 것은 사상사의 맥락에서 성
리학의 수양론, 성학론을 반영한 것이다. 성리학은 군주를 자연인인 세
습의 군주로 파악하고 군주수신론을 강조하였다. 이제현은 충목왕 즉
위년(1344) 書筵에 올린 상서에서『효경』·『논어』·『맹자』·『대학』·
『중용』을 학습해 格物·致知·誠意·正心의 道를 배우고 德性을 닦
으라고 하여,70) 국왕이 정치를 행하는 전제조건으로서 修己·修養을
내세우고 修己治人이라는 유교 인간형을 제시하였다. 이곡은 마음은
일신의 주재이고 만화의 근본이므로, 군주의 마음은 정치를 하는 근원
이고 천하를 다스리는 기틀이 된다고 하였고,71) 안축은 성인이 되는

　　重大失 民弊亦多".
68)『世宗實錄』卷117, 세종 29년 9월 임자, "前朝之時 鹽盆坐數 魚梁網所 薑田
　　結小 皆載于周官六翼".
69)『世宗實錄』卷43, 세종 11년 3월 병인, "視事左代言許誠啓 中文科者 請今請
　　榮親 上曰 考諸周官六翼 以聞".
70)『高麗史』卷110, 列傳 卷23, 李齊賢, "上書都堂曰 今我國王殿下 以古者元子
　　入學之年 承天子明命 紹祖宗重業 而當前王顚覆之後 可不小心翼翼以敬以
　　愼. 敬愼之實 莫如修德 修德之要 莫如嚮學. 今祭酒田淑蒙 已名爲師 更擇
　　賢儒二人 與淑蒙講孝經 語孟大學中庸 以習格物致知誠意正心之道 而選衣
　　冠子弟 正直謹厚好學愛禮者十輩 爲侍學 左右輔導 四書旣熟 六經以次講
　　明".
71)『稼亭集』卷13,「廷試策」, "臣聞 心者一身之主 萬化之本 而人君之心 出治
　　之原 天下治亂之機也 故人君正心以正朝廷 正朝廷以正百官 而遠近莫敢不
　　一於正 德於心得 政以德行 未有不得於心而能措諸政者也 古之人主知其然

학문인 聖學의 중흥으로 인재양성과 교화를 주장하였다.72) 이색은 天理를 보존하고 人欲을 제거하는 것이 聖學의 마침이라고 하였고,73) 우왕에 대한 경연 강의에서 帝王學으로서 聖學을 제시하였다.74) 이숭인,75) 백문보76) 등도 성리학자로서 聖學을 제시하였다. 君主聖學을 통하여 성인군주를 지향하고 이를 토대로 군주의 위상을 확고히 하려는 것이다.

주지하듯이 군주성학은 성리학의 군주관을 잘 보여준다. 聖學은 성인이 되기 위한 학문, 堯·舜·周公의 要法을 체득해서 王道와 仁政을 실현하기 위한 학문이다. 治者＝治人者는 마땅히 修己 과정을 거쳐 聖人 즉 도덕적 완성자가 됨으로써 夏殷周 三代와 같은 이상정치를 실행하는 것이 聖學의 취지였다. 聖學은 格物誠正之學으로 요약되는 바, 道學의 다른 표현이기도 하였다. 格物·致知로서 善을 밝히고 誠意·正心으로서 몸을 닦아서 안에 蘊蓄하면 天德이 되고 밖으로 政事에 베풀면 王道가 되는 것이 道學이기 때문이다.77) 聖學은 자연인으

欲平天下 先治其國 欲治其國 先齊其家 欲齊其家 先修其身 欲修其身 先正
其心 未嘗須臾 不從事於心".
72) 『謹齋集』,「襄陽新學記」, "今者區宇混一 而民不知兵 聖學重興 子弟日盛 宜
置學校養育人才".
73) 『牧隱集』文藁 卷10,「伯中說贈李狀元別」, "願受一言以行 孝於家忠於國 將
何以爲之本乎 予曰 大哉問乎 中焉而已矣……是則事君事親 行己應物 中和
而已 欲致中和 自戒愼始 戒愼之何 存天理也 愼獨焉何 遏人欲也 存天理遏
人欲 皆至其極 聖學斯畢矣".
74) 『牧隱集』詩藁 卷16,「進講三年學不志於穀不易得也一章」, "……聖學由來
一執中 潛龍忽躍飛龍 誰知從道先明道 牧穆他年 德可宗帝王學";『牧隱集』
詩藁 卷16,「進講篤信好學」, 守死善道八字 "聖學規模具 人倫終始全……".
75) 『高麗史』卷115, 列傳 卷28, 李崇仁, "與同僚上疏曰 從諫人君之美德 故書曰
惟木從繩則正 后則從諫則聖 殿下春秋鼎盛 國家多故 正當勵精求理之時也
近日憲司請開書筵卽賜兪允 群臣喜慶 以爲聖學日進 當日與老成大臣 講論
治道 終始唯一不可怠忽".
76) 『高麗史』卷112, 列傳 卷25, 白文寶, "後上疏言事曰……願念睿廟置淸燕寶
文閣 故事講究天人道德之說 以明聖學".

로서 군주를 상정하고 군주수신을 특히 강조하게 한다. 이에 따라 군
주의 절대성을 전제하면서 군주의 자질과 덕망에서 성인군주가 되도
록 요구하는 군주권의 위상 정립이 필요해진다.

그런데 성리학의 군주론을 통하여 성학을 익힌 사대부 중에는 이제
삼왕과 함께 당 태종을 이상군주로 제시한 이들이 있다. 이색은 유교
의 성인군주인 이제삼왕을 제시하면서도,[78] 당 태종의 행적을 殷·周
를 창업한 功과 비교하였고,[79] 당 태종의 百字碑를 주석하였다.[80] 權
仲和는『정관정요』를 강독하다가 魏徵과 당 태종의 대화를 인용하여
우왕에게 감정을 절제할 것을 진언하였다.[81] 李詹은 당 태종이 자신을
바로잡고 교화를 천명한 道와 어진 이를 등용하고 직언을 받아들이는
방법, 간사한 마음을 버리고 자만한 태도를 경계한 교훈을 언급하였고,
다른 글에서 房玄齡·杜如晦·戴胄·魏徵·王珪 등 신하의 간언을
태종이 즐겨 들은 것을 비유하여 공양왕에게 이를 따르도록 진언하였
다.[82] 成石璘은 공양왕에게『정관정요』의 直言을 받아들이는 事例를
진강하였고,[83] 권근은 삼대 이후로 직언을 받아들이고 좋은 정치를 행
한 군주는 漢의 文帝와 唐의 太宗만한 자가 없다고 하고, 경건하고 신
중한 마음으로 덕성을 닦으며 직언을 받아들이고 잘못을 고치는 것이
정치의 근본이라고 하였다.[84] 이들은 고려의 정통적인 이상군주상[85]

---

77) 金駿錫,「17세기 正統朱子學派의 政治社會論」,『東方學志』67, 1990, 106~
110쪽.
78)『牧隱集』文藁 卷10,「直說三篇」, "心之用大矣 經綸天地而有餘力 無絲毫之
或漏於其外也 是天地亦不能包其量矣 善用者 二帝三王是已"; 文藁 卷5,
「石犀亭記」; 詩藁 卷16,「初十日進講仁以爲己任」.
79)『牧隱集』詩藁 卷2,「貞觀吟楡林關作」.
80)『高麗史』卷133, 列傳 卷46, 辛禑1, 3년 11월.
81)『高麗史』卷133, 列傳 卷46, 辛禑1, 3년 10월 경신.
82)『高麗史』卷117, 列傳 卷30, 李詹.
83)『高麗史』卷45, 世家 卷45, 恭讓王1.
84)『高麗史』卷107, 列傳 卷20, 權旺(權近).
85) 광종대 司天臺에서『정관정요』를 읽도록 권하거나(『高麗史』卷2, 世家 卷2,

인 당 태종이 보여준 군주로서의 치적에 주목하여 당시의 위기상황을 타개하려고 하였다. 당 태종이 대내외적 위기를 수습하고 통일 국가의 기반을 다졌고 국가체제를 정비하는 데 기여한 것을 주목한 것이다.

이색과 같은 사대부는 성학론을 수용하고 군주의 위상을 재정립하고자 하였는데, 그것은 고려 왕권의 권위를 확고히 하고 왕조를 강화하려는 목적이 있는 것이다. 고려의 이상군주상을 수용하고 고려의 정치체제를 복고하려는 것이다. 『주관육익』의 앞부분이 고려의 正統을 밝히는 三韓 이래의 역대사와 世系가 들어있는 것은 이러한 의도의 반영이었다. 요컨대, 고려의 문물제도를 6전으로 정리하되, 군주의 부분을 첨가하여 원의 『경세대전』처럼 군주의 영역과 신하의 영역으로 구분하였던 것이다.

한편, 『주관육익』에는 성리학을 관학화한 원의 사상계의 동향과 이를 기초로 만든 『경세대전』이 참고가 되었다. 『경세대전』은 원 문종이 즉위한(1319) 다음해 奎章閣學士院을 성립하고, 그 다음해 만들어진 翰林國史院과 공동으로 唐宋의 會要에 준한 典故의 書를 편찬하도록 명한다. 『경세대전』은 宋會要나 唐會要처럼 원의 문물제도를 『주례』나 唐六典을 기준으로 편찬된 것으로,[86] 蒙古語로 된 公文書를 漢文으로 대치하고 원의 문물제도를 총 망라함으로써 元의 漢化정책을 더욱 가속화하는 의미가 있다. 『경세대전』은 君事 4편(帝號, 帝訓, 帝制, 帝系)과 臣事 6편(治典, 賦典, 禮典, 政典, 憲典, 工典)으로 되어 있다. 君事 4편은 특별히 둔 蒙古局에서 만들었고, 후자는 『주례』와 당육전에 준거하여 135개로 세분되었는데, 그 항목은 『元史』의 志와 거의 일

光宗), 성종대 최승로가 전제왕권을 비판하고 신하를 의견을 귀담아 들어야 한다고 말한 것(『高麗史』 卷93, 列傳 卷6, 崔承老), 예종대 『정관정요』가 읽혀지고 註解까지 만들도록 한 것(『高麗史』 卷14, 世家 卷14, 睿宗 3) 등의 고려의 이상군주상을 보여준다.

86) 『元史』 卷33, 本紀 文宗 天歷 2년(1329), "勑漢林國史院官同奎章閣學士 采輯本朝典故準當宋會要 著爲經世大典".

치한다고 한다.[87]

원의 사상계와 밀접한 고려 사대부는『경세대전』의 찬술을 이미 알고 있었다. 이제현은『경세대전』에서 우리나라 사실을 적은 조항에 잘못된 부분을 지적하였고,[88]『주관육익』의 서문을 쓴 이색은『경세대전』의 서문을 쓴 歐陽玄[89]・蘇天爵(1294~1352)[90]・馬祖常[91]과 직간접으로 교류하였다. 이색을 비롯한 고려 사대부는『경세대전』을 참고하여『주관육익』을 찬술하고 국왕 중심의 국가체제를 정비하려고 하였다.

말하자면, 성리학 수용으로 군주성학론이 들어오고, 신료 중심으로 서술된『주례』에 군주 영역을 첨가한『주관육익』을 통하여 군주권의 위상을 새롭게 재정립하고 고려 왕실과 지배질서를 공고히 하려고 하

87) 高柄翊,「元代 法制-蒙古慣習法과 中國法과의 관련성-」,『東亞交涉史의 研究』, 서울대학교출판부, 1970, ; 安部健夫,「元史刑法志と元律との關係に就いて」,『元代史研究』, 創文社 1972 ; 市村瓚次郎,「元朝의 實錄及經世大典に就いて」, 箭內五,『蒙古史研究』, 1930 ; 植松正,「元典章・通制條格」,『中國法制史』, 동경대학출판회, 1993 ; 金仁昊,「고려의 元律 수용과 高麗律의 변화」,『韓國史論』33, 2002 ; 李玠奭,「元朝中期 法典編纂 研究와『至正條格』의 發見」,『東洋史學研究』83, 2003.
88)『櫟翁稗說』前集一, "本朝經世大典 奎章閣學士虞集等撰 書我國云……此無稽之言也".
89) 당시 과거의 시험관이었던 구양현(1274~1358)은 이색을 급제시키고(『高麗史』卷115, 列傳 28, 李穡, "讀卷官僉知政事杜秉彝翰林承旨歐陽玄 見穡對策 大加稱賞 遂擢第二甲第二名"), 유교의 도가 동국에 있다고 하여 이색의 학문을 높이 평가하였다(『牧隱集』詩藁 卷13,「記事」) 이색은 구양현에게 영향 받은 바 크다(『牧隱集』詩藁 卷23,「書登科錄後」).
90)『牧隱集』文藁 卷9,「金敬叔秘書詩序」, "近世趙郡蘇大參伯修父撰國朝名臣史略 又撰文類 圭齋先生以爲伯修學有餘暇 筆札又富 故能就此 穡曰 蘇公在大平全盛之世 四方文學之交游 累祖典則之諳練 又有精敏之才 非獨筆札之富也……".
91)『牧隱集』文藁 卷7,「近思齋逸藁後序」, "元朝北庭進士以古文顯于世 如馬祖常伯庸余闕廷心 尤其傑然者也 乙酉乙科偰伯遼遜公遠學於南方 年未踰冠 盡通學業 間攻古文 名大振".

였던 것이다.

⑵ 『朝鮮經國典』과 체제변혁[92]

정도전을 비롯한 여말의 사대부는 『주례』의 정치체제론을 현실에
반영하여 보다 혁신적인 개혁정치를 추구하였다. 『주례』의 이상적인
정치체제와 성리학의 재상정치론을 통하여 政治體制·權力構造 전반
에 걸친 개혁을 시도한 것이다. 회군 직후 조준은 그러한 구상을 최초
로 구체화했다. 조준은 『주례』의 天官冢宰를 바탕으로 총재=재상, 6典
그리고 屬官으로 이어지는 관료체제를 지향하였다. 그는 6典이 있고
그 하부에 360의 屬官이 있어서 6卿에 통솔되고 6卿은 총재에 통솔되
도록 하였다. 그는 관직의 增損과 名義의 연혁은 시대에 따라서 같지
않으나 大義는 이 6部에서 벗어나지 않는다고 하였다. 그는 고려초기
의 宰相-6部-監-寺-倉-庫의 정치체계가 유명무실하고 百僚와
庶司도 계통이 없다고 하였다. 그래서 그는 6부에서 기본적인 국가행
정을 분담하고 百司는 6부에 분속케 하여 위로는 6부가 宰樞의 명을
받게 하라고 하였다.[93] 즉 종래 司로 나누어진 행정관서를 6曹에 예속
시켜 6조 중심의 행정체계를 이루고자 하였다.[94]

이와 함께 조준 등은 6조 이하의 중하급 관청의 개혁도 도모하였다.

92) 이하의 서술은 都賢喆, 앞의 책, 1999, 207~238쪽을 정리한 것이다.
93) 『高麗史』卷118, 列傳 卷31, 趙浚, 창왕 즉위년 8월, 下冊, 589~590쪽, "浚又
率同列條陳時務曰 謹按周禮天官冢宰 以卿一人掌邦之六典 以佐王治邦國
其司徒以下 各以其職聽屬焉 而六卿之屬 又有三百六十 是則三百六十之屬
統於六卿 而六卿又統於冢宰也 官職之增損 名義之沿革 代有不同 大義不出
乎此六部也……蓋六部 百官之本 而政事之所出也 本亂而末治者 未之有也
於是 百僚庶司 渙散無統 不務庶績 名存而實亡 雖君相憂勤而政事之修擧
其亦難矣 臣願等以六典之事 歸之六部 以各司分屬乎六部".
94) 『高麗史』卷118, 列傳 卷31, 趙浚 및 『高麗史』卷80, 志 卷34, 食貨3 常平義
倉, "恭讓王元年十二月大司憲趙浚等上疏曰", "又上疏曰……常平義倉之法
救荒之長策 耿壽昌義倉之奏 長孫平社倉之議 其法蓋出於周官委人之職".

이는 관제의 효율성 증대와 행정의 간소화라는 차원에서 이루어졌다.
업무가 중복되는 관청을 병합하거나 업무가 과다한 관청의 기능을 다
른 관청에 분담시키고, 업무가 끝난 都監의 관청을 폐지하였다. 그리
하여 6부의 지위가 높아지고 百僚와 庶司가 모두 6부에 예속되어 6부
중심의 행정체계가 확립되어 갔다.[95]『주례』의 6典조직을 바탕으로 기
존의 6부체계를 개편하여 권력구조의 일원화와 효율화를 지향하였던
것이다.

　『주례』를 기초로 政治體制・權力構造에 대한 구상은『조선경국전』
과『경제문감』으로 발전된다.『조선경국전』은『주례』의 六典을 기초
로 통치이념과 통치조직을 종합적으로 제시한 것이다.『朝鮮經國典』
은 원의『경세대전』의 帝號 帝訓 帝制 帝系의 君事 4편과 治 賦 禮
政 憲 工의 六典의 臣事 6편을 참고하였다.

　『조선경국전』에는『주례』에 없으면서,『경세대전』의 군사 4편과 유
사한 定寶位 國號 定國本 世系 敎書가 들어가 있다.『주례』는 周라는
이상적인 국가의 관료체제 전반을 의미한다. 周官에는 官을 말하지만
王을 말하지 않는다.[96] 관을 운영하는 실질적인 책임은 천관총재가 맡
는다는 것이다.[97] 그렇기 때문에『주례』의 정치체제를 받아들이면서
군주의 위상과 권위를 새로이 설정할 필요가 있었다. 말하자면, 군주권
의 위상을 분명히 제시하기 위해서『주례』에 없는 定寶位 國號 定國
本 世系 敎書 등과 같은 군주 부분을 설정하였던 것이다.

　그런데 군주의 위상을『조선경국전』에서 제시한 것은,『주관육익』에

95) 邊太燮,「高麗時代 中央政治機構의 行政體系」,『高麗政治制度史硏究』,
　　 1971, 28~34쪽 ; 朴宰佑,「高麗 恭讓王代 官制改革과 權力構造」,『震檀學
　　 報』81, 1996, 75~86쪽.
96) 庄司莊一,「王安石 周官新義의 大宰について」,『集刊東洋學』23, 1970.
97) 왕안석은 群臣萬民에 군림하는 절대적 권위와 君道를 같이하여 이를 보좌하
　　 는 것이 大宰의 권력임을 강조했다고 한다(吾妻重二,「王安石『周官新義』의
　　 考察」, 小南一郎 編,『中國古代禮制硏究』, 1995).

서 고려 세계를 비롯한 왕실 관련 부분과 6전의 신료 부분을 따로 설
정하였듯이, 성리학의 군주성학론의 영향이라고 할 수 있다. 『주례』에
서 군주에 대한 언급이 빠진 채, 官만 제시한 것은 군주의 초월성을 전
제하는 것이다. 유학에서 성인은 요·순처럼 타고난 것이라면, 성리학
에서는 후천적인 노력으로 성인이 될 수 있다는 聖人可學論을 제시하
여, 자연인인 세습인의 군주는 수기·수양을 통해 성인이 되어야 한다
는 논의가 제기된다.

정도전과 같은 사대부는 夏殷周 三代의 聖君인 이제삼왕(堯·舜·
禹·湯·武王)을 이상군주로 제시하였다. 尹紹宗은 공양왕에게 唐 太
宗을 모범으로 하지 말고 『大學衍義』[98]의 二帝三王을 본받아야 한다
고 하였고,[99] 윤회종은 요순삼왕의 마음을 왕의 마음으로 삼으라고 하
였다.[100] 二帝三王은 朱子가 지적하듯이 道心의 心術論을 통하여 천
하에 天理를 유행시키고 내면적 덕성과 도덕적 동기에 기초한 王道政
治를 실현하였다.[101] 주자학의 君主聖學, 聖人可學論이 수용되어 聖
人君主(이제삼왕)를 이상군주로 제시하게 되었던 것이다.

98) 『大學衍義』는 二帝三王을 이상군주로 파악하였는데 이 시기 처음으로 등장
　하는 군주수신론, 정치 지침서로서 주목된다. 『大學衍義』는 남송 말기 眞德
　秀(1178~1235)의 저작인데, 그는 충실한 주자학도로서 주자학을 조술하고
　주자학을 실생활에 활용하는 데 공헌하였다. 『大學衍義』는 大學의 8조목을
　本末, 體用으로 구분하는 가운데 治國·平天下의 외향적인 실천보다는 誠意
　·正心 등 개인의 도덕적 수양을 강조하였다. 현실정치에서 국가의 本인 군
　주가 도덕 수양의 완성인 內聖을 달성하면 治國 平天下의 완성인 外王은 자
　연히 달성할 수 있다고 보았다(윤정분, 『中國近世 經世思想 硏究-丘濬의
　經世書를 중심으로』, 혜안, 2002).
99) 『高麗史』卷120, 列傳 卷33, 尹紹宗, 공양왕 원년, 下冊, 625쪽, "王欲覽貞觀
　政要 命鄭夢周講之 紹宗進曰 殿下中興 當以二帝三王爲法 唐太宗不足取也
　請講大學衍義 以闡帝王之治 王然之".
100) 『高麗史』卷120, 列傳 卷33, 尹紹宗(尹會宗), 下冊, 631쪽, "又上疏曰……願
　以堯舜三王之心爲心".
101) 張立文,「朱熹的政治學說」,『朱熹思想硏究』, 谷風出版社, 1986 ; 金駿錫, 앞의
　글, 1990.

이에 『조선경국전』은 군주 부분을 따로 설정할 필요가 있었다. 성리
학을 관학화한 원에서는 군주성학론을 전제로 『경세대전』의 군주 부
분이 제시되었다. 『조선경국전』에서 『주관육익』이나 『경세대전』처럼
군주와 관련된 부분이 설정된 것은 성학론의 영향 속에 군주의 위상을
재확립하려는 뜻이 반영된 것이다.

『조선경국전』에는 軍事편에 이어 治 賦 禮 政 憲 工의 六典의 臣事
6편이 있다. 治典에서는 군주의 절대성을 인정하지만, 실질적인 정치
운영은 재상이 담당해야 한다고 보고 있다. 군주는 왕정을 대표하고
중앙집권적인 정치체제를 유지하는 최고의 통치자임을 인정한다. 군주
는 天工을 대신해서 天民을 다스리며,[102] 천하의 인민과 토지를 소유
하는 최고의 권력자였다.[103] 그러나 국왕은 정치를 운영하는데 있어서
그 권한은 재상을 비롯한 신료에 맡겨야 한다고 하였다. 정도전은 인
주의 직책은 재상을 선택하는 데 있다고 하고, 정치운영을 재상에 일
임해야 한다고 하였다.[104] 그는 세습에 의한 왕위계승을 전제하는 가
운데 왕자 가운데 長子가 아니더라도 賢者 衆人에게 세습되어도 무방
하다고 하였다.[105] 국왕은 혈연세습 속에서는 혼명 강약의 차이가 있
으므로[106] 국왕권이 항구적으로 안정되지 못할 소지가 있다는 것이다.
군주의 절대성을 인정하지만, 실질적인 정치운영은 재상이 담당해야
한다고 보는 것이다.

한편, 『조선경국전』治典을 보완한 『경제문감』은 宰相과 臺官 · 諫

---

102) 『三峯集』 卷7, 「朝鮮經國典」 上, 治典 官制, "人君代天工 治天民".
103) 『三峯集』 卷7, 「朝鮮經國典」 上, 賦典 上供, "人君專土地之廣 人民之衆 其
所出之賦 何莫非己分之所有 凡國之經費 何莫非己分之所用".
104) 『三峯集』 卷7, 「朝鮮經國典」 上, 治典 摠序, "人主之職 在論一相 冢宰之謂
也".
105) 『三峯集』 卷7, 「朝鮮經國典」 上, 定國本, "儲副天下國家之本也 古之先王
立必以長者 所以絶其爭也 立必以賢者 所以尙其德也".
106) 『三峯集』 卷7, 「朝鮮經國典」 上, 治典 摠序, "且人主之材 有昏明强弱之不
同".

110

官·衛兵·監司·州牧·郡太守·縣令의 역할과 임무를 구체화하였
는데, 여기에는 『주례정의』·『산당고색』과 같은 사공학 계열 저서가
참고되었다. 왕조교체기·체제변혁기라는 특수한 사정이 반영되어 사
공학의 경세적이고 제도적인 측면에서 받아들여진 것이다.[107]

賦典에서는 天理人欲說에 입각한 경제관을 견지하였다. 정도전은
『맹자』의 君子와 野人을 인용하여 백성의 생활안정을 위해 통치자가
필요에 의해 10분의 1세를 받는데, 후세 사람들은 백성들이 자신을 공
양하는 것은 직분상 당연한 것이라 하여 가렴주구도 자행한다고 하였
다. 즉 선왕이 법을 만든 것은 天理이지만 후세 사람들이 부세의 폐단
을 일으키는 것은 人欲 때문이라고 하였다.[108]

禮典에서 정도전은 禮를 모든 인간이 지켜야 할 보편적인 규범으로
보았다. 禮는 인간의 본성에 근거해서 행위의 中正性을 추구하고 신분
에 따라 지켜야 할 역할과 위상을 제시한다. 인간사회에는 질서가 있
고 尊卑·親疎는 존재하지 않을 수 없다. 따라서 예는 天에 순응하는
인간이 걸어야 할 人道로서 사회질서를 유지하는 구실을 하게 된
다.[109] 禮는 행위가 中正의 도를 얻도록 인도하는 天理의 節文인 셈이
다. 모든 사람이 본연의 性은 같으면서도 氣質(稟)의 다름에 따라 過
不及의 차이가 있고 이로 인하여 인간의 차별상을 드러낸다고 하였
다.[110] 그 결과 인간은 本然之性과 氣質之性을 동시에 具有하고 태어

---

107) 都賢喆, 앞의 글, 2000.
108) 『三峯集』卷7,「朝鮮經國傳」上, 賦典 賦稅, "孟子曰 無野人莫養君子 無君
　　子莫治野人 古之聖人立賦稅之法 非徒取民以自奉……後之人不知立法之義
　　乃曰 民之供我者 乃其職分之當然也 聚斂掊克……蓋先王所以立其法者天理
　　也 後世所以作其弊者人欲也".
109) 『三峯集』卷7,「朝鮮經國典」上, 禮典 摠序, "臣以爲禮之爲說 雖多 其實不
　　過曰 序而已 朝廷主嚴 君尊而臣卑 君令而臣行".
110) 『三峯集』卷5,「佛氏雜辨」, 佛氏因果之辨, "夫所謂陰陽五行者 交運迭行 參
　　差不齊 故其氣也 有通塞偏正淸濁厚薄高下長短之異焉 而人物之生 適當其
　　時 得其正且通者爲人 得其偏且塞者爲物 人與物之貴賤 於此焉分 又在於人

났으나 氣質에 의해서 差等이 나타나게 되므로 현실의 인간은 그 차
등이 불가피하게 되는 것이다. 여기에 修己·修養을 통해 聖人(=君
子)인 지배층으로, 人民들을 氣質과 人欲에서 벗어나기 어려운 愚人
(=小人)인 피지배층으로 설정하여, 教化 곧 인륜의 확립을 통하여 尊
卑·貴賤의 지배와 복종관계의 신분질서 정당화 논리가 제시된다.[111]

政典은 병전으로, 나라를 바로잡기 위해 성인이 부득이 하게 만든
것이다. 政事는 바로잡는다는 뜻으로,[112] 자기 자신을 바로잡은 후에
남을 바로잡을 수 있다는 유교이념에 기초한 것이다.[113] 군제와 상벌,
교습, 숙위를 통하여 군주를 중심으로 통일된 질서를 지향하였고, 주나
라의 병농일치제, 존휼, 전렵을 통하여 백성을 위한 군사제도가 제시되
고 있다. 이밖에 전술을 가르치지 않고 백성을 이용하는 것은 곧 백성
을 버리는 것이라고 하거나, 일이 없을 때 무를 닦는 것은 사냥을 통해
서이지만, 마음에는 천리와 인욕의 나뉨이 있다고 하여 성리학의 정치
사회 이념을 나타내 주고 있다.

憲典에서는 德·禮와 政·刑을 本·末, 重·輕으로 자리매김하였
다. 덕과 예에 의한 통치를 지향하지만, 制度와 刑罰은 禮治와 德治를
보완하는 수단으로 존재가치가 인정된다.[114] 즉 천지의 도는 마음이
없이도 변화가 이루어지기 때문에 운행하여 어긋남이 없지만, 聖人의
법은 사람에 의존하여 시행되기 때문에 반드시 공경하고 애휼하는 仁
과 밝고 신중한 마음을 다한 후에 시행될 수 있다. 만약 적합한 사람을

得其淸者 智且賢 得其濁者 愚不肖 厚者富 而薄者貧 高者貴 而下者賤 長者
壽 而短者夭 此其大略也".
111) 金駿錫,「朝鮮前期의 社會思想」,『東方學志』29, 1981, 151~159쪽.
112) 『論語』卷12,「顏淵」, "季康子問政於孔子 孔子對曰 政者 正也 子帥以正 孰
敢不正".
113) 『三峯集』卷8,「朝鮮經國典」下, 政典 摠序, "六典皆政也 獨於兵典言政者
所以正人之不正也 而惟正己者 乃可以正人也".
114) 『三峯集』卷8,「朝鮮經國典」下, 憲典 後序, "孔子曰 道之以政 齊之以刑 民
免而無恥 道之以德 齊之以禮 有恥且格 觀此可以知本末輕重之倫矣".

112

얻지 못하면 末流의 폐는 필시 잔인한 포악과 참담한 재화를 가져오게
되므로, 민은 피해를 입을 뿐만 아니라 마침내는 반드시 원한이 하늘
에 미쳐서 음양의 和氣를 손상시키고 수재와 한재를 초래할 것이니,
나라는 위태롭게 된다. 따라서 聖人이 刑을 만든 것은 刑에만 의지하
여 政治를 하려는 것이 아니라 오직 刑으로써 德治를 보조할 뿐이다.
형벌을 씀으로써 형벌을 쓰지 않게 하고 형벌로 다스려도 형벌이 없어
지기를 기하는 것이다. 만약 정치가 이미 이루어지게 된다면 刑은 방
치되어 쓰이지 않게 된다고 하였다.115)

　『주례』의 육전적 정치체제를 지향한『조선경국전』에서 정도전이 목
표한 것은 주례적 이상국가이고 구체적으로는 재상 중심의 정치운영
이라고 할 수 있다. 주자의 정치사상을 원용하여 주자학적 지배질서를
확립하고 왕－관－민으로 이어지는 중앙집권적 정치체제를 구상한116)
그는 정치운영에서 주자의 재상정치론117)을 지향하였던 것이다.118) 특

115)『三峯集』卷8,「朝鮮經國典」下, 憲典 摠序, "聖人之制刑也 非欲恃此以爲
　　治 惟以輔治而已".
116)『三峯集』卷5,「經濟文鑑」上, 宰相 宰相天下之紀綱, "一家則有一家之紀綱
　　一國則有一國之紀綱 若乃鄕總於縣 縣總於州 州總於諸路 諸路總於臺省 臺
　　省總於宰相 宰相兼總衆職 以與天子相可否而出政令 此則天下之紀綱也";
　　『朱子大全』卷11,「庚子應詔封事」(『山堂考索』別集 卷18,「人臣門」, 宰相),
　　"一家則有一家之綱紀 一國則有一國之綱紀 若乃鄕總於縣 縣總於州 州總於
　　諸路 諸路總於臺省 臺省總於宰相 宰相兼統衆職 以與天子相可否而出政令
　　此則天下之綱紀也".
117)『山堂考索』別集 卷18,「人臣門」, 宰相(『朱子語類』卷86, 禮3, 周禮 天官),
　　"天官之職 是總五官者 若其心不大 如何包得許多事 且冢宰內自王之飮食衣
　　服 外至五官庶事 自大至小 自本至末 千頭萬緖 若不是大其心者區處應副
　　事到面前 便且區處不下 況於先事措置 思患預防 是著多少精神 所以記得此
　　復忘彼".
118)『三峯集』卷5,「經濟文鑑」上, 宰相 天官之職非大其心者不能爲, "天官之職
　　是總五官者 若其心不大 如何包得許多事 且冢宰內自王之飮食衣服 外至五
　　官庶事 自大至小 自本至末 千頭萬緖 若不是大其心者區處應副 事到面前
　　便且區處不下 況於先事措置 思患預防 是費多少精神 所以記得此 復忘彼".

히 그는『주례』의 천관총재를 자기 식으로 서술하되, 그 서술방식은
항상 천관인 총재를 내세우고 그 부수적인 존재로서 군주를 말하였다.
"태재의 임무는 나라의 육전을 관장하여 군주를 보좌함으로써 나라를
다스렸다"119)고 하였다.『주례』의 天官冢宰가 6전을 총괄하는 것에 근
거하여 재상인 문하시중으로 하여금 정책, 인사, 재정 및 군사의 모든
권한을 총괄하도록 한다. 군주는 재상과 더불어 국정을 의결하되, 큰
일만 정하고 나머지 작은 일은 재상에 맡긴다. 세습군주가 반드시 현
명하다는 보장이 없다는 판단에서 어진 재상을 뽑아 그에게 정치를 맡
기자는 재상정치론을 주장한 것이다.120) 이는『경제문감』에서 주자의
재상에 대한 견해를 원용해서 재상정치론을 주장한 것과 통한다.121)
주자는『주례』를 僞作으로 보지 않고 周公에 의한 周나라의 이상이
담긴 저술로 보았다. 그 자신이 당대의 재상에게 재상으로서의 책무를
당부하고 재상의 역할을 강조하였듯이,『주례』에서 재상에 해당되는
冢宰의 중요성을 재차 강조하였다. 그는 군주권을 최정상에 두고 재상
을 중심으로 하는 정치체제를 지향했던 것이다.

정도전은 주자의『주례』의 天官 혹은 冢宰에 관한 설명122)을 인용
하여 天官(冢宰)을 논하였다.123)『주례』의 6典과 이를 원론적으로 수
용한 송의 정치체제에 근거해서 중앙정치조직을 개편하여 권력구조의
일원화와 효율화를 지향한 것이다. 그러므로 정도전이『주례』를 정치
체제의 이론기반으로 하였지만 그것은 송의 정치체제와 정치사상으로
정리한 주자의 그것을 받아들인 것이다.

---

119)『三峯集』卷5,「經濟文鑑」上, 宰相, "周官大宰之職 掌建邦之六典 以佐王
　　治邦國".
120) 韓永愚, 앞의 책, 1973/1983.
121) 都賢喆, 앞의 책, 1999 ; 都賢喆,「鄭道傳『經濟文鑑』의 朱子 글 援用과 그
　　意圖」,『實學思想硏究』10 · 11, 1999 ; 都賢喆, 앞의 글, 2000.
122) 주) 117과 같음.
123) 주) 118과 같음.

고려후기 사대부는 정치개혁 텍스트로『주례』를 이해하고 사회변동, 왕조교체에 대응하였다. 이들은 군주성학론이 제시된 성리학을 통하여 군주 부분과 신료 부분의 이분화된『주례』를 받아들였다. 하지만, 똑같이 이분화된 주례관을 전제하면서 그 목표는 상이하였고 내용이 달랐다. 고려왕조를 재건하려는 이색 등은 6전 부분의 신료 부분과 고려왕실을 주된 내용으로 하는 군주 영역을 두고『주관육익』을 완성하였다면, 새로운 왕조를 전망하는 정도전 등은 6전 부분의 신료 부분과 유교적 이상국가와 조선왕조의 왕실을 내용으로 하는 군주 영역으로『조선경국전』을 완성하였던 것이다.

4. 맺음말

고려후기 사대부가『주례』를 이론적 기초로 개혁정치를 추구한 바를 고려의『주례』이해나 중국사에서 활용된『주례』를 통해서 파악하려는 것이 본 논문의 목표였다.

유교를 정치이념으로 삼은 고려는 성종대 최승로의 시무 28조와 함께 유교를 본격적으로 국가체제를 유지하는 정치사상으로 수용하였다. 성종 2년 원구제와 적전제가 시행된 이래 육부제와 황도의 도시계획, 경기제 등을 통해서 이러한 사실을 확인할 수 있다.

고려의 禮制 부분의『周禮』활용은 國家禮의 시행을 통해서 알 수 있다.『高麗史』예지에 반영된 오례는『周禮』의 항목을 그대로 보여주고 있다. 五禮는 吉凶軍賓嘉禮로 귀신에 대한 祭禮와 죽음, 군사 외교 및 接客 慶事의 항목으로 질서의 규범내용을 채택하였다. 五禮가 冠婚喪祭의 四禮보다 더 중시된 것이다.

고려는 중앙정치제도에서 唐制에 따라 삼성육부제를 수용하였다. 당이『주례』의 6전례에 따르고 있으므로 고려는 이러한『주례』의 육전

조직을 받아들이게 되었다. 성종 2년에 설치된 상서성제는 御事都省과 選官 兵官 民官 刑官 禮官 工官의 6관이었다. 단 6부의 명칭과 순서는『주례』나 당의 그것과 차이가 있는데, 이는 고려적인 현실을 반영한 것이라고 할 수 있다.

『주례』의 정치적 측면과 예제적 측면 가운데, 후자에 치우쳤던 고려의『주례』수용 양상은 성리학을 수용하면서 변한다. 성리학에서 제시하는『주례』인식은 정치적 측면을 강화하고『주례』를 정치개혁의 텍스트로 이해하는 것이었다. 최해와『주관육익』,『조선경국전』과『경제문감』, 이첨과 조준의 천관에 대한 검토가 그것이다. 특히 정도전은『경제문감』에서 남송 사공학 계열로 알려진『周禮訂義』의 天官에 해당하는 大宰·宮正·宮伯을 원용하였다.

성리학은 자연의 이법과 윤리도덕 뿐만 아니라 현실정치에도 반영되어 성현의 도가 정치체제, 정치운영에도 실현되기를 바람에 따라, 유교의 이상사회가 담긴『주례』가 크게 활용되게 되었다. 왕안석의『周官新義』는『주례』를 정책 개개의 것을 뒷받침하는 書뿐만 아니라 具體的·實踐的 학문으로서의 經學으로 인식한 것이다. 范仲淹, 程顥, 司馬光, 李覯 등 대다수 사인들이『주례』에 주목한 시대적 환경 속에서, 制度改革에 치중한 학자들이 대거 등장하는 것은 필연이었다.

성리학을 수용한 고려후기 사대부는『주례』의 6전체제에 입각한 정치운영을 지향하였다. 삼성육부제 정치운영을 전제하면서도 달라진 정치사회의 환경과 성리학을 통하여 고려의 정치체제를『주례』의 6전체제에 의하여 재조정하려는 것이다. 원 간섭기『주례』의 6전체제에 의한 재조정은 고려 삼성육부제의 복구에 치중하여, 문종대의 관제를 염두에 둔 육부의 정상적인 운영을 지향한 것이었다.

사회변동이 심화되면서『주례』의 6전조직에 의한 체제정비가 진행되고 이것이『주관육익』의 찬술로 나타났다.『주관육익』은 고려의 正統을 밝히는 三韓이래의 역대사와 世系, 戶典과 관계 있는 각 지방의

산물, 각 지방의 성씨로 구성되어 있다. 문물제도의 학문적 정리 작업
을 통하여 정치질서를 회복하고 왕조를 재건하려고 했던 것이다.

『주관육익』은 고려의 세계를 포함한 왕실에 대한 군주 부분과『주
례』6전의 신료 부분의 이중구조로 되어 있다. 군주와 왕실 부분이 있
는 것은 형태상으로는『경세대전』과 君主聖學論의 영향을 받은 것이
다. 성리학의 군주론을 통하여 이제삼왕과 고려의 이상군주인 당 태종
을 아울러 제시하면서 지배질서를 안정화 공고화하려고 하였던 것이
다. 이때 고려의 체제를『주례』의 6전조직으로 재건하면서,『주례』6전
이 신료 부분에 한정되므로 군주 부분을 따로 설정하였다. 그리고 성
리학의 군주론인 聖學論을 통하여 군신관계의 위상을 새롭게 정립함
으로써 국왕을 정점으로 하는 지배질서를 확고히 하려 했던 것이다.

한편, 정도전을 비롯한 麗末의 사대부는『주례』와 송대에 활용된 주
자의 정치체제론을 통하여 政治體制 · 權力構造 전반에 걸친 개혁을
시도하였다.『조선경국전』은『주례』의 六典을 기초로 한 유교적 이상
국가를 목표로 정치체제와 권력구조를 종합적으로 제시하였다.

『조선경국전』은『주례』에 없는 定寶位 國號 定國本 世系 教書와 6
전 부분으로 구성되었는데, 이는 원의『經世大典』의 帝號 帝訓 帝制
帝系의 君事 4편과 治 賦 禮 政 憲 工의 六典의 臣事 6편을 참고한
것이다. 당시 성리학의 영향 속에서 군주권의 위상을 재정립할 필요가
있었고, 이에『주관육익』에서 고려 세계를 비롯한 왕실 관련 부분이
있듯이,『조선경국전』에 군주와 관련된 항목을 넣은 것이다. 이때 제시
된 이상군주상은 이제삼왕이다. 道心의 心術論을 통하여 천하에 天理
를 유행시키고 내면적 덕성과 도덕적 동기에 기초한 王道政治를 실현
하려는 것이다.

『조선경국전』은 軍事편에 이어 治 賦 禮 政 憲 工의 六典의 臣事 6
편이 있다. 여기에는『주례』의 6전체제를 정치체제의 기본 골격으로
삼으면서 성리학에 입각한 국가통치 이념이 반영되어 있고, 주자의 재

상정치론이 제시된다. 그리고 사공학 계열의 저서가 활용되는데, 이는 성리학과 유사하거나 배치되지 않는 것에 한정된다. 본래 사공학은 성리학과 어울리지 않은 측면이 있지만, 여선교체기의 체제변혁 혹은 국가개혁과 관련해서 사공학의 경세적이고 제도적인 측면에서 받아들일 부분이 있었던 것이다. 따라서 이 시기는 사공학을 포용하는 성리학의 특색을 보여준다고 할 것이다.

　말하자면, 고려후기 사대부는 정치개혁 텍스트로『주례』를 이해하고 사회변동, 왕조교체에 대응하였다. 이들은 군주성학론이 제시된 성리학을 통하여 군주 부분과 신료 부분의 이분화된『주례』구조를 받아들였다. 하지만, 똑같이 이분화된 주례관을 전제하면서 그 목표는 상이하였고 내용이 달랐다. 고려왕조를 재건하려는 이색 등은 6전 부분의 신료 부분과 고려왕실을 주된 내용으로 하는 군주영역을 두고『주관육익』을 완성하였다면, 새로운 왕조를 전망하는 정도전 등은 6전 부분의 신료 부분과 유교적 이상국가와 조선왕조를 내용으로 하는 군주영역으로『조선경국전』을 완성하였다.

15~16세기 『周禮』 이해와 국가경영

이 원 택[*]

1. 머리말

이 글의 목적은 15~16세기 조선에서 『周禮』가 어떻게 이해되고, 국가 경영에 활용되었는지를 살펴보는 것이다. 조선왕조의 통치제도 전반을 수록한 『經國大典』은 『주례』의 六典체제를 모델로 편찬되었다. 그리고 『경국대전』의 한쪽 날개를 이루고 있는 『國朝五禮儀』 또한 『주례』의 五禮체제를 모델로 편찬되었고, 다른 쪽 날개를 이루고 있는 『大明律』은 비록 명나라에서 편찬된 것을 받아들여 사용한 것이지만 역시 六典에 따른 六律[1]로 구성되어 있다. 『경국대전』을 몸체로 하여 『국조오례의』와 『대명률』을 좌우익으로 삼은 이른바 '경국대전체제'[2]는 『주례』를 모델로 하고 있다. 따라서 15~16세기 조선에서 『주례』가 어떻게 이해되고 또 어떻게 국가경영에 활용되었는지를 살펴보는 것은 조선왕조의 성격을 밝히기 위한 기초 작업이라고 할 수 있다.

『주례』는 『儀禮』・『禮記』와 함께 三禮의 하나로서 初名은 『周官』

---

* 연세대학교 국학연구원 연구교수, 정치학
1) 『대명률』은 한때 『당률』의 12편목을 따른 적이 있지만 최종적으로는 총칙에 해당하는 名例律을 제외하면 吏律・戶律・禮律・兵律・刑律・工律의 六律로 편찬되었다.
2) '경국대전체제'에 관해서는 오영교 편, 『조선건국과 경국대전체제의 형성』, 혜안, 2004, 6쪽 참고.

120

이었다. 王莽 때 劉歆이 박사를 설치할 것을 상주하면서『주례』라고
칭하였다. 그러나 東漢 때에도 여전히『주관』이라고 칭해지다가 鄭玄
이 三禮에 주석을 내면서『주례』라는 명칭이 확정되었다.『주례』는
『주관』이라는 초명에서 알 수 있는 것처럼 天·地·春·夏·秋·冬의
여섯 범주로 나누어 360여 관직3)의 직무를 규정한 것이다. 따라서『의
례』나『예기』등에 나타난 주나라의 禮制를 의미하는 '周禮'와 텍스트
로서의『주례』를 구분할 필요가 있다. 이 글에서는 텍스트로서의『주
례』와 관련된 것이 일차적인 연구 대상이다.
　『주례』의 이해와 활용은 당대의 정치적 상황과 학술 연구의 경향에
의해 일정 정도 규정된다고 할 수 있다.『주례』는 제도에 관한 내용이
주를 이루고 있는 경전이어서 국가를 새로 세우거나 다시 재건하여야
할 때 관심의 대상이 되었던 책이었다. 조선왕조를 개창하고 제도를
정비해 가던 15세기에는 조선왕조가 국가질서를 구축하기 위하여 많
은 제도를 만들어가는 과정이었으므로『주례』에 대한 관심이 비교적
높았음을 알 수 있다. 그러나『주례』에 대하여 학술적으로 깊이 있는
연구성과를 보여주지는 못하였다. 따라서 이 글에서는『조선왕조실록』
에 나타난『주례』에 대한 단편적인 언급들을 통하여『주례』이해와 보
급, 그리고『주례』의 정책적 활용 등을 살펴볼 것이다.
　15세기 후반 '경국대전체제'가 완성된 후에는 관심의 이동이 나타난
다. 이는 새로운 정치세력으로서 사림이 중앙정계에 진출하기 시작한
것과 맞물린 현상이었다. 16세기에 접어들어 사림은『小學』과『家禮』
에 관심을 집중하여 새로운 학술 경향을 만들어 내었다. 따라서『주
례』에 대한 그들의 관심은 상대적으로 적은 것으로 드러난다. 이는 성
리학의 이해과정과 관련된 현상이며, 무엇보다『주례』는 국가의 전장
제도 문제여서 일단 체제가 완비되고 난 후에는 관심이 적어졌다고 할
수 있다. 사림파 학자들의 문집에 나타난 단편적 기록과『조선왕조실

3) 현재의『주례』에는 356개의 관직이 있다.

록』의 기사를 토대로 16세기에 『주례』가 어떻게 이해되고, 또 그것이
어떻게 활용되었는지 살펴볼 것이다.

2. 15세기 『周禮』 이해와 활용

1) 『周禮』 이해와 보급

『주례』는 고려말 국가를 再造하려는 시도와 조선초기에 典章制度
를 마련하는 과정에서 매우 중요시된 경전이었다. 고려말에 편찬된
『周官六翼』은 그 실체가 전하여지지 않아 현재로서는 전모를 파악할
수 없으나, 『주례』의 六典체제를 모델로 한 저작으로 알려져 있다.[4]
뿐만 아니라 조선초 鄭道傳(?~1398)이 편찬한 『朝鮮經國典』과 성종
대에 완성된 『경국대전』도 『주례』의 육전체제를 모델로 한 것이다. 이
러한 자료에서 『주례』가 어떻게 이해되고 있는지 파악하기 위해서는
별도의 연구가 요청된다. 따라서 이 글에서는 단편적으로 산견되는 자
료를 중심으로 『주례』 이해의 문제를 개괄적으로 스케치해 본다.

먼저 『주례』의 저자 및 텍스트 성립 문제에 대한 것부터 살펴보자.
『주례』의 저자와 텍스트 성립 문제는 『주례』가 세상에 출현한 이후 현
재까지 계속 토론의 대상이 되고 있다.[5] 조선의 학자들도 그 문제에
대해 줄곧 의문을 품어왔다. 조선 초기의 자료로서는 세종 연간에 주
로 활약했던 南秀文(1408~1443)의 글에서 살필 수 있다.

> 周公의 制作은 모두 『주례』의 글에 실려 있는데, 나라를 세움에 규
> 모의 광대함을 다하였고, 관직을 마련함에 절목의 상세함을 빠뜨리지
> 않았습니다. 그러나 孟子 이후부터는 듣지 못하게 되었으나, 다행히

---

4) 허흥식, 「金祉의 選粹集・周官六翼과 그 가치」, 『규장각』 4, 1981.
5) 彭林, 『周禮主體思想與成書年代研究』, 北京 : 中國社會科學出版社, 1991.

漢나라에 와서 비로소 발견되었습니다. 학자들이 혹은 의심하여 배격하였으나 先正은 실로 또렷이 존숭하여 드디어 晦庵은 '治平의 기틀'이라 이르고, 龜山은 '經世의 事務'라 칭하였으니, 만약 그 제작을 상고하지 아니하면, 어떻게 時宜를 맞추어 나가겠습니까.6)

남수문의 이 글에는 몇 가지 논점이 들어 있는 바, 첫째 『주례』에 주공이 제작한 바가 모두 실려 있다고 하여 『주례』가 주공의 저작이라는 전통적 견해를 지지한다. 둘째, 맹자가 제도를 논하면서 『주례』를 언급하지 않은 것을 염두에 두고, 그로 인해 『주례』를 의심하는 견해가 있음을 말하고 있다. 그러나 朱子와 楊時도 『주례』를 높이 평가하였다고 하면서 『주례』가 주공의 저작임을 주장하였다. 남수문은 『주례』가 중요한 경전이므로 성균관에서 講할 것을 요청하고 있다.

다음으로 세조 10년에 『중용』을 講하면서 세조와 신하들 사이에 『주례』에 관해 토론한 내용이 나온다.

'천자가 아니면 禮를 제정하지 못한다'는 대목에 이르러, 임금이 묻기를 "천자가 아닐지라도 능히 예를 제정할 자가 있겠는가?" 하니, 대답하기를 "성인의 德이 있는 자이면 가히 할 수가 있습니다" 하였다. 또 묻기를 "그러면 천자가 아니고서 예를 제정한 자는 누구인가?" 하니, 대답하기를 "주공과 같은 이로, 『주례』를 지은 것이 이것입니다" 하였다. 또 묻기를 "그러면 『주례』는 과연 주공이 쓴 것인가?" 하니, 좌우에서 능히 대답하는 자가 없었다. 임금이 말하기를 "어찌하여 아무 말도 없는가?" 하니, 여러 선비들이 모두 대답하는 것이 각각 같지 아니하였다. (본고에 인용한 『조선왕조실록』의 기사는 국역본 CD ROM에서 인용하였으며, 세조 10/1/12는 세조 10년 1월 12일의 기사

---

6) 『敬齋遺稿』卷2, 「擬成均館請於考講幷講周禮箋」, "竊惟姬公之制 悉載周禮之書 建國辨邦 旣極規模之大 設官分職 不遺節目之詳 然自孟氏而未聞 幸至漢朝而始得 諸儒或疑而排棄 先正實表而尊崇 肆晦菴謂治平之機 而龜山稱經世之務 若不考其制作 何以措諸時宜".

를 뜻한다. 이하도 모두 같다.)

이 문답에서 세조는 『주례』를 주공의 저작이라고 보는 것에 의심을 품고 있었으며, 신하들도 의심을 품은 자와 그렇지 않은 자가 나뉘고 있음을 알 수 있다. 이때 입시한 신하들은 우의정 具致寬, 좌참찬 崔恒, 이조판서 金淡을 비롯하여 梁誠之, 韓繼禧, 李承召 및 通鑑廳의 郎官 등 문사들이었다.

金宗直(1431~1492)의 「新刊周禮跋」은 15세기 조선의 『주례』 이해를 가늠해 볼 수 있는 대표적인 글이라고 할 수 있다. 김종직에 따르면, 『주례』가 일찍이 인쇄되어 배포되었으나 널리 유포되지 못했는데, 마침 尹孝孫(1431~1503)이 영남관찰사로 부임하여 『주례』의 중요성을 언급하자 김종직 자신이 소장하고 있던 鑄字本 『주례』를 올리면서 간행하기를 청하여 판각하게 되었다고 한다. 그리하여 사방에서 인쇄를 요구하는 자들이 백여 명이나 되었다고 한다. 이처럼 이 글은 『주례』의 간행과 보급 상황을 보여줄 뿐만 아니라, 그가 『주례』를 어떻게 이해하고 있는가를 잘 나타내 준다.

　『주례』는 주공이 지은 것으로, 「周官」 일편과 더불어 서로 表裏가 되어 있으니, 「주관」에는 그 대체적인 것을 기재하였고, 『주례』에는 그 상세한 것을 기록하였다. 다만 한스러운 것은 「冬官」을 미처 작성하지 못하고 주공이 죽어서 「考工記」의 보충은 대체로 한나라 유학자의 천루한 솜씨로 이루어진 점이라는 것이다. 그런데 후세에는 마침내 이것 때문에 『주례』 전체를 주공의 글이 아니라고 의심을 하니, 이는 자못 성인이 아니고서는 지을 수 없다는 것을 모르기 때문이다.[7]

---

7) 『佔畢齋集』 卷2, 「新刊周禮跋」, "周禮周公之作也 與周官一篇 相爲表裏 周官載其槩 周禮錄其詳 第恨冬官未及成而公亡 考工記之補 蓋漢儒之陋耳 後世遂以此疑非周公之書 殊不知非聖人無以作也".

김종직은 『주례』가 미완의 저작이지만 주공이 지은 것으로 확신하고 있다. 여기서 가장 중요한 점은 『서경』「주관」과 『주례』의 관계를 언급한 점이다. 『주례』가 『서경』「주관」과 서로 표리 관계에 있으며, 『서경』「주관」에서는 대체적인 것을 기록하고, 『주례』에서는 상세한 것을 기록하였다는 것이다. 이는 『서경』「주관」과 『주례』가 모두 주공이 지은 것으로서 강령과 세목의 관계라고 파악하는 것이다. 이와 같은 견해는 조선초에 널리 수용된 관점이었다.

여기서 『서경』「주관」과 『주례』의 관계를 잠시 살펴보자. 『서경』「주관」에 대하여 주자의 제자 蔡沈은 다음과 같이 주석을 하고 있다.

> 생각건대 이 편(『서경』「주관」)과 지금의 『주례』가 같지 않으니, 三公三孤와 같은 것이 『주례』에는 모두 실려 있지 않다.……주공이 바야흐로 일을 다스리는 관원을 나누면서 師保의 직임에는 미치지 못한 것으로 생각된다. '미치지 못하였다'고 말한 것은 아마도 정중하여서 미처 언급하지 못했다는 것이다. 글이 완성되지 않았는데 주공이 죽었으니, 그 사이에 법제가 아직 시행되지 못한 것이 있었다. 그러므로 「주관」편과 차이가 나게 되었고 「冬官」도 또한 빠진 것이다.8)

채침의 견해는 『주례』를 주공의 미완성 저작으로 보고, 『서경』「주관」과 『주례』가 서로 다른 점이 있음에도 불구하고 『서경』「주관」과 『주례』가 서로 표리를 이루고 있다고 본 것이다. 이와 같은 채침의 견해가 조선에서도 일반적으로 받아들여진 것으로 보인다.9) 먼저, 黃喜

---

8) 『書經集傳』,「周書·周官」, "按 此篇與今周禮不同 如三公三孤 周禮皆不載 ……意周公方條治事之官 而未及師保之職 所謂未及者 鄭重而未及言之也 書未成而公亡 其間法制有未施用 故與此異 冬官亦闕".
9) 그러나 채침의 견해는 문제를 미봉하는 것에 불과한 견해라고 생각된다. 왜냐하면 『서경』「주관」의 삼공제도와 『주례』의 총재제도가 다른데, 과연 진한 이후 중국 역대의 재상제도가 어디에 근거를 두고 성립했는지에 대하여 대답을 할 수 없기 때문이다.

(1363~1452) 등이 편찬한 『經濟續六典』을 올리는 箋에 『주례』에 관한 언급이 있다.

옛 제왕이 천하의 국가를 다스릴 적에 모두 글을 만들어서 당시의 典章法度를 기록하여 한 시대의 제도로 삼았습니다. 二典·三謨는 唐虞의 법이요, 周官·周禮는 成周의 법이옵니다. (세종 15/1/4)

여기서 언급된 二典은 『서경』의 「堯典」·「舜典」이고, 三謨는 「大禹謨」·「皐陶謨」·「益稷」을 가리킨다. 그런데 여기서 언급된 '周官·周禮'는 세 가지 방식으로 읽힐 수 있다. 첫째, '주관'을 『서경』의 「주관」편으로 보고, '주례'를 『주례』로 읽는 방식이다. 둘째, '주관'을 『주관』으로 읽고, '주례'를 '주나라의 禮'로 읽는 방식이다. 셋째, '주관'과 '주례'를 동일한 책을 지칭하는 것으로 보아 『주관』·『주례』로 읽는 방식이다. 이와 같은 문제가 생긴 까닭은 『주례』가 원래의 명칭인 『주관』으로 칭해지기도 하는데, 여기에다 『서경』「주관」편이 있으며, 또 '주례'가 '주나라의 예'라는 의미의 보통명사로도 쓰이기 때문이다. 여기서는 二典·三謨를 언급한 것에 비추어 '주관'을 『서경』「주관」으로 읽고 '주례'를 『주례』로 읽는 첫 번째 방식이 올바른 독해라고 할 수 있다. 이 문제에서 우리는 『서경』「주관」과 『주례』를 병칭하면서 정합적으로 이해하려는 것을 볼 수 있다.

다음으로 徐居正(1420~1488)은 『경국대전』의 서문에 보다 직접적으로 『경국대전』과 『주례』의 관계를 언급하고 있다.

예로부터 制作의 융성함이 주나라만한 것이 없는데, 「주관」에서는 육경을 나누어 天地四時에 짝하였으니, 육경의 직책은 하나만 없어도 안된다.……이른바 六典이란 곧 주나라의 육경이며, 그 좋은 법과 아름다운 뜻은 곧 주나라의 「關雎」·「麟趾」로서 文과 質을 알맞게 損益하여 찬란하게 빛나니, 누가 우리 『경국대전』의 제작이 주관·주

126

례와 함께 서로 표리가 되지 않는다고 말하겠는가.10)

이 인용문에서도 '주관·주례'가 언급되고 있는데, 역시 '주관'은『서경』「주관」이고, '주례'는 三禮의 하나인『주례』를 가리키고 있음을 알수 있다. 여기에서도『서경』「주관」과『주례』를 연결시켜 주나라의 전장제도를 파악하고 있음을 알 수 있다. 서거정은「工曹郎廳題名記」에서도『서경』「주관」을 인용하여 공조의 직제를 설명하고 있다.

　　생각건대,『서경』「주관」에 "司空은 邦土를 담당하여 四民을 거주시키고 地利를 때에 맞도록 한다"고 하였으니, 곧 육경의 하나이며 冬官의 長이다. 한나라에서는 民曹라 하고, 위나라에서는 佐民이라 했으며, 晉宋에서는 起部라 하고, 수나라에서는 工部라 했는데 당나라·송나라·원나라에서 답습하였다. 국가에서 육조를 설치했는데, 공조가 하나를 점하고 있으니, 곧 옛날의 동관이다. 曹의 長을 판서라고 하니 곧 주나라의 司空이며 역대의 尙書이다.11)

이상의 사례에서 조선의 사대부들이『서경』「주관」과『주례』를 정합적으로 이해하려고 하는 모습을 살펴보았다. 이와 같은 관점에서 그들은 의정부 제도의 기원을『서경』「주관」의 삼공제도에서 찾고 있다. 예를 들면 세종은 "唐虞시대에는 百揆가 九官과 十二牧을 統理하였으며, 成周 때에는 冢宰가 六卿과 六十屬을 통리하였으며, 총재는 실로 三公이 겸직"하였다고 한다. 그리하여 "우리 태조께서 개국하시던 처음에 都評議使司를 설치하여 일국의 정치를 도맡게 했으며, 뒤에 의

10) 한국정신문화연구원,『역주 경국대전』(번역편), 한국정신문화연구원, 1985, 2～3쪽.
11)『四佳集』卷2,「工曹郎廳題名記」, "按 書周官曰 司空掌邦土 居四民 時地利 卽六卿之一 而冬官之長也 漢曰民曹 魏曰佐民 晉宋曰起部 隋曰工部 唐宋元仍之 國家置六曹 工居一 卽古之冬官 曹之長曰判書 卽周之司空 歷代之尙書也".

정부가 되어서도 그 임무는 당초와 같았"다고 하였다(세종 18/4/12). 이와 같은 인식은 성종대에도 이어져 "『서경』에 이르기를 '三公은 道 를 논하고 나라를 다스리며 陰陽의 조화를 순조롭게 하는 것이다'라고 하였는데, 지금의 의정부가 바로 옛날의 도를 논하고 음양의 조화를 순조롭게 하던 장소"라고 하였다(성종 7/8/26). 이들 견해는 삼공제도 와 총재제도를 연속시켜 파악한 것이다.

그러나 세조는 삼공제도와 총재제도를 분리하여 파악한다. 여러 신 하들이 세조의 六曹直啓制에 반대하여 "우리나라가 태조께서 개국하 시면서 일의 대소를 막론하고 모두 의정부로 하여금 의논하여 계달하 도록 하였는데, 갑오년에 이르러 태종께서 혁파하였다가 세종조 때 다 시 세워서 오늘에 이르렀"다고 하면서 議政府署事制를 주장하였다. 이에 세조는 "옛날에 삼공은 이치를 강론하여 나라를 경륜하였고, 육 경은 각기 직임이 나누어져 있었으니, 내가 이 제도를 좇으려고 한다" 고 전교하였다. 河緯地(1387~1456)가 "주나라 제도에 삼공은 항구한 이치를 강론하여 나라를 경륜하고, 三孤는 삼공을 보좌하여 교화를 넓 혔고, 육경은 직임을 나누어 맡았는데, 삼공과 삼고가 비록 직사에는 참여하지 않았으나 冢宰가 사실은 겸임하여 다스렸"다고 하면서 주나 라 제도를 따를 것을 청했다. 그러자 세조는 "冢宰에게 위임한다는 것 은 임금이 薨하였을 때의 제도이다. 너는 내가 죽은 것으로 생각하느 냐? 또 내가 아직 어려서 서무를 재결하지 못할 것으로 생각하고 끝내 대권을 아랫사람에게로 옮겨 보겠다는 말이냐?"고 하면서 "위졸에게 명하여 곤장을 치게 하였다"(세조 1/8/9). 여기서 세조는 삼공제도와 총재제도를 분리하여 파악하고 있으며, 이는 앞에서 언급한 것처럼 세 조가 『주례』를 의심하는 태도와 연결된다고 하겠다.

한편, 조선전기에는 『주례』가 오경에 속하지는 않았지만, 『주례』를 보급하려는 노력이 계속되었다. 고려시대의 경학은 육경을 중심으로 한 것이었다. 고려시대의 육경은 『주역』·『모시』·『서경』·『예기』·

128

『주례』·『춘추』로서『주례』가 포함되어 있다. 그런데 고려말 주자학의
도입에 따라 사서삼경 체계로 경학체계가 재편되자『주례』는 제외되
었다. 그러나 조선초 전장제도를 만들어 가는 시기에『주례』는 매우
중요한 참고서적이었으며, 따라서 그것을 과거시험 과목에 넣자는 주
장이 제기되었고, 또『주례』를 인쇄 보급하려는 노력도 있었다. 세종
때 南秀文(1408~1443)은『주례』를 성균관의 "제생을 시험할 때 아울
러 다른 경서와 함께 발휘하게 할" 것을 요청하는 글을 작성하기도 하
였다.12) 또 세조 때 金壽寧(1437~1473)은『주례』를 인쇄하고 과거시
험에 포함시킬 것을 건의하였다.

　　『주례』한 책은 禮制의 으뜸이니, 선비된 자는 배우지 않을 수 없는
　　데, 책이 드물어서 사람들이 얻어 볼 수 없으니, 청컨대 인쇄하여 널
　　리 배포하고 또 科擧에 아울러 講하여 이용하소서. (세조 4/4/18)

　　김수녕의 건의에 대해 세조는『주례』를 인쇄하는 것은 허락하였으
나, 과거시험의 과목으로는 채택하지 않았다.『주례』의 보급 노력도 찾
아볼 수 있는데, 세조 13년에 간택한 문신 107인에게 여러 책을 나누어
주면서 기한을 정해 읽게 하였는데, 그 속에『주례』가 포함되어 있음
을 볼 수 있다(세조 13/6/22).
　　당시의『주례』주석서로는『周禮東巖訂義』와『周禮集解』가 많이
거론되고 있다. 세종 6년에 儀禮詳定所는『주례동암정의』에서의 풀이
를 활용하여 '대부가 아니면 조정에 자리가 없는 것'을 증명하고 장령
이하가 묘당에 참여할 수 없음을 보고하였다(세종 6/9/17). 세종 11년
에는 민가에서 책을 수집하는데, 수집할 서목에『주례동암정의』가 들
어 있다(세종 11/5/29). 한편 성종 20년 成世明(1447~1510)은 南世聃
이 가지고 있는『주례집해』가 해석이 상세함을 보고, 그것을 인쇄하여

　12)『敬齋遺稿』卷2, 「擬成均館請於考講幷講周禮箋」.

반포할 것을 청하여 허락을 얻었다(성종 20/11/12). 그리고 세종대에는 여러 가지 禮器를 만들면서 『周禮圖』를 많이 활용하고 있는 것을 볼 수 있다.

2) 『周禮』의 활용

15세기에 정치를 논하고 정책을 건의하거나 제도를 만들면서 『주례』를 인용한 사례는 실록에 보이는 것만 해도 태조대[13]에 2건, 태종대에는 6건, 세종대에는 35건과 또 『오례』에 별도로 25건이 있으며, 문종대 3건, 단종대 3건, 세조대 11건, 성종대 18건, 연산군대 8건 등 도합 110여건에 이르고 있다.

태조대에 『주례』를 인용하고 있는 사례는 2건인데, 『주례』 「夏官·司烜」에 근거하여 불씨를 바꾸는 제도인 改火令을 실시한 것(태조 6/3/24), 『주례』의 司徒와 冢宰의 직무를 인용하고, 또 "『주례』의 九式[14]제도를 모방"하여 "각도의 宮庫·衙祿·津驛·院館의 전토와 공신의 밭을 제외한 公私田의 租를 일체 모두 公收"하도록 한 것(태조 6/10/13) 등이다.

태종대에 『주례』를 인용하여 제도를 만들거나 정책을 제안한 것은 모두 6건이다. 『주례』 「地官·載師」에 근거하여 戶布法 대신에 里布法을 실시한 것(태종 10/11/21 ; 태종 10/11/26), 『주례』 「地官·載師」의 "任土의 법"에 의하여 "大小人員에게 宅田을 折受하여 祿科에 따라 납세하게" 한 것(태종 12/7/9), 『주례』 「秋官·條狼氏」에 의거하여 鳴鞭의 제도를 만든 것(태종 13/4/13), 『주례』 「春官·司巫」 및 「春官

---

13) 엄격히 말하면 태조대는 15세기에 포함되지 않으나 이 글에서는 조선왕조의 전장제도의 수립이라는 측면에서 포함시켰다.

14) 『周禮』 「天官·大宰」, "以九式均節財用 一日祭祀之式 二日賓客之式 三日喪荒之式 四日羞服之式 五日工事之式 六日幣帛之式 七日芻秼之式 八日匪頒之式 九日好用之式".

・女巫」 등을 참고하여 雩祀壇을 세운 것(태종 14/5/14),『주례』「地官・稻人」을 인용하여 수령에게 水利에 힘쓰게 하는 법을 반포한 것(태종 14/12/6),『주례』에 근거하여 국가의 경비 절약을 강조한 것(태종 16/7/8) 등이다.

세종대에는 예악을 정비하면서 주례를 인용하는 사례가 급증하고 있다. 태조의 국장 때 陰陽雜書에 따라 阡陌將軍과 幽堂穴神 등에게 제사지낸 것을 비판하고, 인덕전 국장 때는『주례』「春官・塚人」을 근거로 풀을 베고 흙을 팔 때 后土祭를 지낸 것(세종 1/12/7),『주례』「春官・塚人」 등에 근거하여 국장에 임시도감을 혁파하고 국장도감이 주관토록 한 것(세종 2/7/19),『주례』「秋官・大司寇」에 근거하여 형관의 제사 참여를 건의했으나 불허된 것(세종 2/9/12),『주례』「冬官・玉人」에 근거하여 종묘에서 쓰는 銀瓚에 받침대를 쓰지 않도록 한 것(세종 3/1/13), 犧尊・象尊을『주례』「冬官・輪人」에 따라 만든 것(세종 6/1/19),『주례』와 조선의 관품 등위를 비의하여 묘당에서의 좌차를 논의한 것(세종 6/9/17),『주례』에 의거하여 禮葬都監을 상설화한 것(세종 6/10/25),『주례』「天官・宮伯」에 의거하여 경복궁・창덕궁의 主守官을 이조에 예속시켜서 감독하도록 한 것(세종 7/11/29),『주례』「冬官・匠人」에 의거하여 都城의 도로 제도를 제후의 예에 맞도록 만든 것(세종 8/4/5),『주례』「春官・大師」에 의거하여 제향시의 음악을 정할 것을 청한 것(세종 8/4/25), 淫祀를 금하자고 청한 것을『주례』를 근거로 거부한 것(세종 8/11/9),『주례』를 근거로 한재에 대처할 것을 청한 것(세종 9/6/14), 編鍾의 형상을『주례』대로 한 것(세종11/11/28), 박연이『주례』를 근거로 음악 제도를 상세히 논한 것(세종 12/2/19),『주례』「春官・大司樂」의 六樂의 註에 의거하여 종거의 장식 문제를 논한 것(세종 12/7/29),『주례』「春官・大司樂」에 근거하여 식사와 출입할 때의 음악을 논한 것(세종 12/10/4),『주례』「春官・大司樂」의 圖說에 의거하여 주종소에서 管의 제도를 논한 것(세종 12/12/8),『주례』

「地官·小司徒」에 의거하여 社稷神의 位牌에 쓸 칭호를 의논한 것(세종 13/11/5), 『주례』 「春官·司几筵」의 几圖에 근거하여 几杖을 하사하는 제도에 대해 논한 것(세종 14/4/22), 『주례』 「春官·巾車」 經圖 五輅條에 따라 후의 位牌를 厭車를 사용하여 봉안하도록 한 것(세종 14/12/21), 『주례』 「春官·大師」를 인용하여 상정소에서 예악을 옛 제도에 의하여 시행할 것을 청한 것(세종 15/6/28), 『주례』 「春官·外史」에 근거하여 『삼강행실』을 인쇄하여 반포한 것(세종 16/4/27), 『주례』 「地官·司稼」에 근거하여 貢法을 논한 것(세종 18/2/22), 『주례』 「天官·大宰」에 근거하여 박연이 瓚의 제도를 논한 것(세종 19/1/28), 『주례』 「天官·大宰」에 근거하여 瓚과 爵의 제도를 논한 것(세종 19/8/15), 『주례』 「春官·守奄」과 「夏官·隸僕徒」를 본떠서 上所라는 직명을 守僕으로 고친 것(세종 20/3/3), 『주례』 「地官·鄕大夫」의 鄕에서 천거하고 里에서 선출하는 법에 따를 것(세종 21/3/8), 『주례』 「地官·鼓人」에 의거하여 일식과 월식을 중외에 알릴 것(세종 21/8/2), 『주례』 「地官·司稼」를 근거로 공법의 편의성을 논한 것(세종 22/7/13), 『주례』 「地官·鼓人」에 근거하여 祭樂鼓 제도를 논한 것(세종 23/1/6), 『주례』 「天官·內饔」에 의거하여 司饔房의 임무를 古制대로 할 것(세종 25/8/2) 등이다.

문종대에는 "중국 황제의 명을 맞이하는 服色의 옛 제도를 상고"하면서 『주례』를 참조하고(문종 즉위/6/10), 또 『주례』 「春官·司几筵」에 의거하여 종묘 제사에 '几를 신좌의 오른편에 설치'하였다(문종 2/2/7).

단종대에는 세종의 『오례』가 미완성이라 하여 세종실록에 기록할 것인가를 토론하면서 『주례』도 미완성 저작이라고 하면서 실록에 기록할 것을 주장하고(단종 즉위/9/13), 『주례』 「夏官·掌固」를 인용하면서 함길도와 평안도의 각 고을에 가시나무를 심어 방어에 보탬이 되도록 할 것(단종 1/2/3), 『주례』 「天官·大宰」를 인용하여 재상이 궁중의 환관을 감독하게 할 것(단종 3/4/17) 등이 제시되었다.

세조대에는『주례』「冬官・玉人」 등을 인용하여 四圭를 제작한 것 (세조 2/12/12),『주례』「天官・大宰」의 注를 인용하여 內事酒를 청주로 대신하도록 한 것(세조 2/12/23),『주례』「冬官・玉人」에 근거하여 玉幣를 제작한 것(세조 2/12/24),『주례』를 근거로 동지일에 하늘에 제사할 것을 청한 것(세조 3/2/26),『주례』「地官・大司徒」에 의거해 戶籍을 밝히도록 한 것(세조 3/3/15),『주례』「地官・載師」에 근거한『원육전』의 이포법을 강력하게 시행하도록 한 것(세조 3/12/17),『주례』를 科擧에서 講하게 할 것(세조 4/4/18),『주례』「春官・大宗伯」을 인용하여 환구제를 섭행하게 할 것(세조 9/1/7),『주례』의 저자에 대해 논란한 것(세조 10/1/22), 간택한 문신들에게『주례』 등을 기한 내에 읽게 한 것(세조 13/6/22) 등을 들 수 있다.

성종대에는『주례』「地官・大司徒」의 荒政을 인용하여 혼례를 장려한 것(성종 1/4/14),『주례』「春官・外史」를 인용하여『소학』과『삼강행실』을 강론하도록 예조를 독려한 것(성종 7/7/25),『주례』「天官・大宰」의 九賦・九式 제도에 의거하여 "橫看과 貢案에 실려 있는 부처에게 바치고 중에게 먹이는 모든 물건을 일체 없"애도록 한 것(성종 8/1/13),『주례』「冬官・弓人」을 따라 활을 만드는 제도를 연구하게 할 것(성종 9/8/10), 驅儺의 풍속이『주례』「夏官・方相氏」에 있기 때문에 폐지하기 곤란하지만 상을 내리지는 말 것(성종 9/11/18),『주례』「夏官・司馬」를 인용하여 巡察使를 하직한 것(성종 11/9/24),『주례』「天官・醫師」를 근거로 醫員을 청직에 등용하지 못하도록 청한 것(성종 13/4/15),『주례』「地官・大司徒」의 황정을 근거로 흉년에 백성들의 민력을 동원하지 말도록 청한 것(성종 13/6/8),『주례』「天官・大宰」를 근거로 환관을 단속하도록 청한 것(성종 13/7/8),『주례』를 근거로 行宮에 풍악을 동원하지 말도록 청한 것(성종 16/10/20),『주례』「秋官・旬師」에 의거하여 종실의 죄를 논한 것(성종 17/2/27),『주례』

「春官·大司樂」에 근거하여 악보 개정을 청한 것(성종 17/4/14), 『주례』를 근거로 墓域의 크기를 제한할 것을 논한 것(성종 20/2/19), 『주례』「地官·大司徒」의 鄕三物과 鄕八刑을 근거로 불효죄의 처벌을 강화할 것을 청한 것(성종 20/6/29), 『주례』의 工樂과 醫人에 근거하여 醫人을 朝士와 구별하도록 청한 것(성종 20/7/15), 『周禮集解』의 간행을 청한 것(성종 20/11/12), 儺禮가 『주례』「夏官·方相氏」에 있기 때문에 행하여도 무방하다고 한 것(성종 21/12/12) 등이다.

연산군대에는 첫째 『주례』「天官·大宰」에 "內宰의 직이 大宰에 소속"되어 있음을 근거로 "宮禁의 일이라면 모두 대신과 더불어 의논"할 것을 청한 것(연산 2/3/25 ; 연산 2/3/26), 『주례』「秋官·小司寇」 등에 근거하여 종친의 죄를 논한 것(연산 3/1/9), "지금의 육조는 곧 『주관』의 육경"이라는 것을 근거로 내수사가 호조와 형조의 소속임을 주장한 것(연산 5/3/27), 『주례』「天官·大宰」의 九式을 인용하여 절약을 강조한 것(연산 6/10/27), 『주례』를 근거로 대사례를 거행한 것을 치하한 것(연산 8/3/2), 『주례』「夏官·方相氏」에 나례가 있으나 금하도록 한 것(연산 11/12/29), 『주례』「夏官·方相氏」에 의거하여 驅儺를 행할 수 있음을 논한 것(연산 12/1/11) 등이다.

이상의 사례에서 『주례』가 단순한 器物 제작에서부터 중요한 정치제도 수립에 이르기까지 조선전기의 각종 문물제도를 만들어 가는 과정에 중요한 역할을 하였음을 알 수 있다. 뿐만 아니라 『주례』 활용에서 각 왕대별로 일정한 특성을 보여주고 있는 것도 확인할 수 있다. 창업기의 태조대와 왕권을 안정시켜 가는 과정에 재위했던 태종대에는 『주례』의 활용이 비교적 적었던 반면 안정된 왕권을 바탕으로 제도 수립에 주력했던 세종·세조·성종대에는 『주례』의 활용이 눈에 띄게 많은 것을 알 수 있다. 특히 세종대의 경우 『오례』 편찬에서 인용된 것을 제외하더라도 『주례』가 가장 많이 언급되고 있는 것을 볼 수 있다.

그러면 반복적으로 제기되거나 중요하다고 생각되는 것을 몇 가지

134

택하여 좀 더 자세하게 살펴보자. 먼저 태종대에 시행된 里布法을 들수 있다. 태종은『주례』「地官·載師」의 "집 옆에 뽕나무와 삼을 심지 않는 자는 里布가 있다"[15]는 조항을 인용하여 호포법 대신에 이포법을 실시할 것을 명했다. 호포법은 일률적으로 군포를 부과한 것으로 백성에게 원망을 살 수 있으나, 이포법은 "農桑을 勸課하는 방술"로서 "취하는 것이 道가 있"다는 것이다(태종 10/11/21). 며칠 후에 사헌부에서 뽕나무 심는 법을 제안하였다. 사헌부 역시『주례』「地官·載師」의 "집에 桑麻를 심지 않는 자는 布를 내는 例"를 원용하여 "매양 10株에 楮貨 한 장을 물리"는 법을 실시할 것을 청하여 허락을 얻었다. 원래 이 뽕나무 심는 법은『經濟六典』에 실려 있었으나, 벌이 없어 잘 시행되지 않았던 것이다(태종 10/11/26). 세조대에는 "『元六典』에 의하여 大戶는 3백 본, 中戶는 2백 본, 小戶는 1백 본씩 주어 성과가 있는 자에게는 1년간 給復하고, 법과 같이 하지 않는 자는 수령까지 죄를 다스리소서"[16](세조 3/12/27)라고 하여, 이포법을 권장하기 위하여 성과를 낼 경우 부세를 면제해 주고 위반할 경우 수령까지 처벌할 것을 청하고 있다.

세종대에는 몇 가지 특징이 보이는 바,『주례』의 인용빈도가 급격히 증가하고 있다. 이것은 예악제도를 수립하는 데『주례』를 많이 참고하였기 때문이다. 특징적인 것으로는『주례』를 따르지 않은 것이 있다는 것이다. 예조에서『주례』大司寇와 小司寇의 직무에 근거하여 "刑官도 제사에 참예하게" 할 것을 건의하였다. 당시 吉禮인 제사에 형옥 등의 살벌한 일을 담당하는 형관을 꺼렸던 것으로 보인다. 그래서『주례』「秋官·大司寇」의 "대사구는 大祭祀에 大牲을 받들게 되고, 五帝에 제사할 때에는 대사구에게 백관의 誓戒를 감시하라"와 "무릇 조회

15)『周禮』「地官·載師」, "凡宅不毛者 有里布".
16) 복원된『經濟六典』의「工典·栽植」에 참고할 수 있는 조항이 있다. 연세대학교 국학연구원 편,『經濟六典輯錄』, 다은, 1993, 360~361쪽 참고.

받을 때나 諸侯의 會同에도 같은 직책이다", 그리고 「秋官·小司寇」
의 "무릇 五帝를 제사할 때에는 형구로 된 가마솥에 물을 담아서 놓는
다" 등의 조항을 인용하여 형관의 제사 참여를 청한 것이다. 그러나 세
종은 윤허하지 않았다(세종 2/9/12). 이와 반대로 사간원에서 淫祀를
금하자고 청한 것에 대하여, 세종은 『주례』 「春官·男巫」 및 「春官·
女巫」에 무당과 박수의 일이 실려 있음을 근거로 풍속이 오래 되어서
모두 없앨 수는 없다고 하였다(세종 8/11/9). 세종이 언급한 『주례』의
무당과 박수는 16세기에도 논란이 된 듯한데, 다음 장에서 언급할 구
봉령과 유성룡의 「周禮設女巫論」이 그것이다. 이외에도 장기간의 貢
法 논의 과정에서 『주례』 「地官·司稼」가 자주 인용되고 있는 것도
특징이다.

　성종대에 들어 驅儺의 풍속이 자주 문제가 되었다. 驅儺의 풍속은
전래한 지 오래 되었고, 또 그것이 『周禮』 「夏官·方相氏」에 실려 있
어 폐지할 수 없었던 것이다. 그렇지만 "지금 歲時에 있어서 구나함을
볼 때 광대[優人]들이 이에 속된 말로 성상 앞에서 희롱을 하는데, 혹
은 의복과 물품으로 상을 내리"는 것은 옳지 않다는 것이다(성종
9/11/18). 얼마 후 이 문제는 조정에서 찬반으로 나뉘어 다시 논의되었
다. 먼저 사헌부에서 儺禮를 중지할 것을 청하자, 성종은 "그 유래가
이미 오래" 되었으므로 폐지할 수 없다고 하면서 의정부에 의논하게
하였다. 그러나 의정부 대신들의 논의도 찬반으로 엇갈려 결론을 내리
지 못하자 이번에는 승정원에 논의하도록 하였다. 그리하여 결국 폐지
하지 못하였다(성종 21/12/12). 그러나 연산군은 『周禮』 「夏官·方相
氏」가 '나례를 맡아 역질을 쫓았다'는 것은 긍정하면서도 당시 행해지
던 "나례는 배우의 장난으로 한 가지도 볼 만한 것이 없"다고 하여 나
례를 금지시켰다(연산 11/12/29). 그렇지만 역질을 쫓아내는 驅儺는 계
속 행하도록 하였다(연산 12/1/11).

　연산군대에는 『주례』에 근거를 두고 왕의 사적인 부분을 공적인 통

제하에 두려는 시도들이 특징적이다. "『주례』를 보면 內宰의 직이 大宰에 소속되었고, 諸葛亮도 역시 말하기를 '宮中과 府中은 모두 一體가 되는 것이니, 잘하면 올려 주고 잘못하면 벌주기를 다름이 있게 하여서는 안 된다' 하였으니", 사적인 은혜를 끊고 또 "宮禁의 일이라면 모두 대신과 더불어 의논하여 한결같이 공도에 따를" 것을 청하였다 (연산 2/3/25 ; 연산 2/3/26). 이의 연장선에서 "지금의 육조는 즉 『주관』의 육경으로" 각 관서가 "해조의 지휘를 받고 감히 이를 뛰어넘어 처리할 수 없"는 것이며 또 "국가의 모든 전곡은 호조가 주관하고 노비는 형조가 주관"하며 "내수사 또한 형조의 소속"인데, 전곡과 노비를 內需司가 맡아 그 출납을 "해조를 거치지 않고 바로 상주하여 시행함은 자못 체통이 없는 일"이라고 비판하였다(연산 5/3/27). 이 내수사 문제는 이후 조선왕조 전시기에 걸쳐 사림들에 의해 지속적으로 제기되었던 문제이다.

한편 조선초기의 집권 관료들에 의한 전장제도의 창제에 『주례』를 활용하는 방식과는 조금 다른 방식의 『주례』 활용을 보여주는 사례가 있다. 김종직은 『주례』라는 텍스트를 매우 중시하였으며, 또 그것을 현실에서 적극적으로 실천하고자 하였다. 앞에서 살펴본 것처럼 김종직은 선산부사로 근무할 때 『주례』를 간행한 적이 있다. 『주례』와 관련하여, 그는 유향소를 복립하여 鄕射禮와 鄕飮酒禮를 실시할 것을 주장하였다. 향사례는 『주례』 「地官·鄕大夫」에 나오며,17) 향음주례는 「地官·黨正」에 보인다.18) 그러나 유향소는 『주례』에 실려 있는 제도

---

17) 『周禮』 「地官·鄕大夫」, "三年則大比 攷其德行道藝 而興賢者能者 鄕老及鄕大夫帥其吏與其衆寡 以禮禮賓之 厥明 鄕老及鄕大夫羣吏獻賢能之書于王 王再拜受之 登于天府 內史貳之 退而以鄕射之禮五物詢衆庶 一曰和 二曰容 三曰主皮 四曰和容 五曰興舞 此謂使民興賢 出使長之 使民興能 入使治之".

18) 『周禮』 「地官·黨正」, "國索鬼神而祭祀 則以禮屬民 而飮酒于序 以正齒位 壹命齒于鄕里 再命齒于父族 三命而不齒".

는 아니다. 김종직의 제자인 權五福(1467~1498)의 「鄕射堂記」에는 유향소가『주례』「地官·黨正」의 유풍임을 말하고 있다.[19] 유향소 복립운동은 사림의 재지적 기반을 강화하기 위하여 추진한 운동이다. 유향소는 一鄕의 公論을 만들어내는 곳이었던 것이다. 그러나 이때 복설된 유향소는 중앙의 京在所에 종속되어 오히려 훈구관료가 장악하게 되었다. 연산군대에는 유향소가 크게 위축되고, 또 훈구관료의 지배하에 들어가 향촌에서 그 기능을 거의 상실한 것으로 보인다. 그리하여 16세기 들어 사림들은 방식을 바꾸어 향약운동을 추진하였다. 김종직은 15세기를 살았던 학자 관료이지만, 사림파의 거두로서 16세기 사림파의 성장과 밀접한 관련을 가지고 있다. 따라서 그에게는 15세기적인 『주례』에 대한 인식과 16세기적인 인식이 교차하고 있다고 할 수 있다.

끝으로『주례』와 관련하여 類書 활용을 살펴보자. 15세기는 조선왕조의 국가적 전장제도가 수립되는 시기로서『주례』가 중시되었다. 그러나『주례』에 대한 관심은 정책 방면이나 제도 방면의 실천적 목적에 따른 것이었으며, 학술적 관심에서 촉발된『주례』자체에 대한 경학적 연구는 찾아보기가 쉽지 않다. 이는 당시에『주례』의 내용이 포함되어 있는 유서들을 많이 활용한 것에서도 간접적으로 확인할 수 있다. 실제로 15세기의 제도 수립 과정에서『통전』,『산당고색』,『문헌통고』등 다양한 유서들이 활용되고 있는데, 이 유서들에는 역대의 문물제도가 수록되어 있으며 각각의 제도는 대개『주례』에서 출발하기 때문에『주례』의 내용이 많이 수록되어 있다. 시대가 흘러 환경이 바뀐 상황에서『주례』의 제도를 그대로 시행할 수 없었을 것이며, 반드시『주례』의 제도가 역대로 변화하여 온 모습을 검토해야 했을 것이다.

이와 관련하여 이태진의 주장은 매우 흥미롭다. 그는 송대의 신유학은 다양한 내용을 포함하고 있는데, "송대 초반에는 治世에 직접적인

19)『睡軒集』卷3,「鄕射堂記」, "今之留鄕所 卽古黨正之遺意也".

도움이 되는 이른바 類書學이 크게 발달하고, 중반 이후 특히 남송대에 이 학문의 본령처럼 인식되는 성리학이 번창하였다"고 한다. 이 유서학과 성리학은 "신유학의 양대 주류로서 원대에 이르도록 계속적인 자기 전개를 보았"는데, 고려말 도입된 신유학은 "당초에는 새 왕조를 개창하여 새로운 통치질서의 확립이 요청된 가운데 유서학에 경도되"었으며, "세종대에 최성기를 이룬 이 시기의 학문은 비단 사장만이 아니라 모든 문물제도의 유교적 정비를 위해 유서학 쪽의『통지』·『문헌통고』·『옥해』등에 큰 관심을 보이면서 약 1세기간 하나의 학풍을 이루"었다고 한다.[20] 한편 도현철도 정도전의 저술을 실증적으로 분석하여 그가『주례』를 직접 연구하고 활용한 것이 아니라 송대의 유서들을 많이 이용하고 있음을 밝혔다.[21] 따라서 15세기 조선에서『주례』는 실천적 관심에서 주목되었고, 학술적 연구는 심화되지 않았다고 할 수 있다.

3. 16세기『周禮』이해와 활용

1) 사림파의『周禮』이해

김종직의 영향을 받으며 성장한 사림파는 훈구파와의 대결 속에 士禍를 거치면서 성장하여 16세기의 학계와 정계에서 주도권을 잡고 활약하였다. 사림파는 중앙에서 활약하기 위한 발판으로서 재지적 기반을 확보하기 위하여 향촌에 많은 관심을 기울였다. 그들은 향촌에서 성리학 연구에 몰두하였으며, 국가적 예제에 대한 관심보다 사대부의

20) 이태진,『조선유교사회사론』, 지식산업사, 1989, 74쪽 ; 정재훈,『조선전기 유교정치사상 연구』, 서울대학교 박사학위논문, 2001, 3~8쪽 참고.
21) 도현철,「경제문감의 인용전거로 본 정도전의 정치사상」,『역사학보』165, 2000.

생활상의 예제 즉 四禮에 관심을 집중시켰다. 그것은 『소학』과 『가례』에 대한 관심으로 나타났다.[22] 따라서 『주례』에 대한 관심은 상대적으로 감소되었다고 할 수 있다. 그러나 『주례』는 유교의 주요 경전으로서 도외시 할 수 있는 것은 아니었다. 16세기 학자들의 문집에 나타난 『주례』 관련 내용을 중심으로 그들이 『주례』를 어떻게 이해하고 있는지 살펴보자.

16세기에도 『주례』 이해와 관련하여 가장 중요한 문제는 『주례』가 주공의 저작인가에 대한 의심이었다. 이는 金安國(1478~1543)의 책문에서 간접적으로 확인할 수 있다. 책문에서 묻고 있는 것은 진나라의 焚書 이후 『주역』·『시경』·『서경』·『춘추』 등은 후세에 전해졌는데 나머지 두 경전 즉 『禮』와 『樂』이 전하여지지 않은 까닭, 『의례』·『주례』·『예기』가 모두 선진시대의 서적들인데 육경을 셈하는 것에 들어가는지, 그리고 『주례』에 대해 주자는 주공이 天理에 무르익어 저술한 책이라고 하였는데 의심하는 자들은 주공의 저작으로 여기지 않는 것, 선유가 『예기』를 순정하지 않다고 논하였는데 국조에 오경을 세우면서 『주례』와 『의례』를 빼고 『예기』를 세운 연유 등에 관하여 논술하게 하였다.[23]

다음으로 李滉(1501~1570)의 『주례』 이해를 살펴보자. 이황의 『주례』 이해를 단편적으로나마 살필 수 있는 곳은 다음의 세 곳이다. 『대학』을 토론하는 과정에 제도문물을 설명하면서 『주례』를 언급하였다.

무엇을 制度文章이라 하는가? 『주관』에 기록된 허다한 법제 및 옛날의 經禮三百 曲禮三千 가운데서 대체적으로는 별 차이가 없으나

---

22) 고영진, 『조선중기 예학사상사』, 한길사, 1995 참고.
23) 『慕齋集』 卷10, 「聖賢述作」, "秦火之後 易詩書春秋 猶得以復傳于後 而餘二經者 何以獨不傳歟 儀禮周禮禮記 皆先秦之書 抑在六經之數歟 朱子以周禮 爲周公天理爛熟之書 而世之議者 或謂其非周公之書……將何所折衷耶 先儒 論禮記爲未純 而國朝立五經 舍周禮儀禮而立禮記 何所據而然歟".

후세에 약간씩 증가 혹은 감소시킨 것과 모든 政敎號令이 다 이것이
다.24)

    여기서 이황은 『주례』를 '허다한 法制'와 '政敎號令'으로 이해하고
있다.25) 내면적인 수양을 중시하는 성리학자의 눈에 '허다한 법제'와
번잡한 '정교호령'이 과연 어떻게 비쳤을까? 아마도 말단적인 일로 비
쳤을 가능성이 크다. 따라서 『주례』는 독서 순서에서도 뒤로 밀려났다.
다음의 인용문에서 볼 수 있는 것처럼 이황은 자신이 늙어서 『주례』를
읽을 수 없음을 탄식하고 있으나, 사실은 『주례』에 대한 관심이 그리
크지 않았던 것으로 보인다. 그는 주자가 『주례』에 대해 '주공이 天理
를 능숙히 운용한 책'이라고 한 것을 잘 알고 있었지만, 『주례』의 내용
중에 주공의 저작이라고 보기에 의심스런 부분이 있었던 것이다. 무엇
보다 『주례』의 내용이 너무 번잡하여 시행할 수 없을 것이라고 생각했
던 것이다.

    『주례』는 일찍이 읽지 못했고 지금은 정력이 미치지 못하니 읽을
인연이 없는 듯하여 늘 어루만지며 장탄식을 할 뿐입니다. 그러나 이
책에 대해 전현들은 주공이 天理를 능숙히 운용한 책이라 생각했으
나 저는 그 가운데에 의심스러운 것이 없지 않으니 아마도 너무 번밀
하여 시행하기 어려울 듯합니다.26)

---

24) 『退溪集』 卷19, 「重答黃仲擧」, "何謂制度文章 如一部周官所記許多法制 又
    如經禮三百曲禮三千 文質損益與凡政敎號令 皆是也".
25) 金仁厚(1510~1560) 역시 『周禮』를 지리멸렬하다고 보았다. 『河西全集』 附
    錄 卷1, "嘗讀禮記周禮 病其支離 而猶患其未備 欲購得儀禮經於赴京之行
    而未及焉"; 정경희, 『조선전기 예제·예학 연구』, 서울대학교 박사학위논문,
    2000, 181쪽 참고.
26) 『退溪集』 卷26, 「答鄭子中」, "周禮不曾讀 今精力不逮 無緣讀得 每撫卷太息
    而已 但此書前賢以爲周公運用天理爛熟之書 然而滉未嘗不有疑於其間者
    恐其太繁密難施行也".

이처럼 이황은 『주례』를 읽지 않았다고 하면서도 『주례』 「대사도」의 문장에 대한 許篈(1551~1588)의 질문에 다음과 같이 답변하고 있다.

> 문 : 『주례』 「대사도」장에 윗문장에서 六行을 서술하여 孝友睦婣任恤을 말하였는데, 아래 문장의 鄕八刑 조목을 서술하면서는 不悌之刑을 도리어 睦婣 아래에 두었는데 어찌 도치시켰습니까?
> 답 : 賈逵가 말하기를, "六行에서 友는 전적으로 형제에게 베푸는 것인데 팔형중의 不悌는 스승과 연장자에게 겸하여 말한 것이다. 그러므로 뒤로 물러나 睦婣의 아래에 있는 것이다" 하였으니, 이 설이 참으로 옳다.27)

이황은 『주례』의 작자와 진위 여부에 대하여 분명한 언급을 하지 않아 그의 정확한 입장을 알기는 어려우나, 그의 제자인 구봉령과 유성룡 등의 입장을 가지고 추론하여 보면, 그가 『주례』의 작자와 진위여부를 특별히 의심했다고 생각되지는 않는다. 다만 위에서 살핀 것처럼 『주례』에 부분적으로 의심스런 부분이 있으며, 또 그것이 너무 번밀하여 실행하기 곤란할 것으로 생각한 것은 틀림없다.28)

具鳳齡(1526~1586)과 柳成龍(1542~1607)은 이황의 제자인데, 두 사람 모두 문집에 「周禮設女巫論」이라는 같은 제목의 글이 실려 있다. 『주례』 「춘관」에 女巫란 관직이 들어 있는 이유를 논한 글이다. 구봉령은 다음과 같이 논하였다.

> 『주례』 「춘관」은 속관이 70개인데 그 중에 女巫가 하나를 차지하고

---

27) 『退溪集』 卷33, 「答許美叔篈 庚午」, "周禮大司徒章 上文敍六行 則云孝友睦婣任恤 下文敍鄕八刑之目 不弟之刑 反在睦婣之下 何其倒置耶 賈逵曰 六行之友 專施於兄弟 八刑不弟 兼師長言 故退在於睦婣之下 此說良是".
28) 周何, 「李退溪의 群經意識」, 『퇴계학보』 32, 1981, 102~103쪽 참고.

142

있다. 女巫는 그 사람됨이 陰柔하고 그 술법은 怪誕하다. 그런데도 주공이 관속으로 설치하여 경전에 기록하였으니 義로 취할 바가 무엇인가? 이것은 주공이 名을 바로잡은 뜻이다.……이것은 주공이 여무에 대하여 그 명을 바로잡은 까닭이요, 그 명을 바로잡은 것은 그것이 이치에 어긋났음을 밝힌 것이다. 관직으로 설치한 것은 한 시대에 그것을 바로잡기 위함이요, 경전에 기록한 것은 만세토록 바로잡고자 함이다.[29]

구봉령은 이번에는 『주례』가 주공의 저작이 아니라는 의심에 대하여 적극적으로 변파하였다. 진나라의 분서를 겪고 나서 한나라 때 『주례』가 세상에 나왔으나 「동관」이 없어 「고공기」로 보충하였는데, 이 때문에 혹자는 『주례』가 주공의 옛 글이 아니라고 하고, 혹자는 주공이 완성하지 못한 책이라고 하는 등 논의가 분분하였다. 이와 같은 논의에 편승하여 여무의 명칭도 후세에 부회한 것에서 나온 것으로 주공의 뜻이 아니라는 의심이 제기되곤 한 것이다. 이에 대해 구봉령은 다음과 같이 답변하였다.

주공은 천하의 대성인이다. 강령을 세우고 기강을 베풀며 예를 제정하고 악을 만들어 한 시대에 태평을 이루고 만세에 태평을 열어주었으니 그 지극함을 쓰지 않은 곳이 없는데, 그 정신을 운용한 곳은 오로지 이 책에 있다. 육관을 설치하고 360개의 속관을 설치함에 명물을 분석하고 제도를 극진하게 했으니 이름이 드러나지 않은 것이 없고 미세함이 기록되지 않은 것이 없다. 지극히 큰 것을 다하여 더 이상 바깥이 없고 지극히 작은 것을 다하여 더 이상 안쪽이 없다고 할 수 있다.……그렇지 않다면 정자가 어찌 '「관저」와 「인지」의 뜻이

---

29) 『栢潭集』卷9,「周禮設女巫論」, "周禮春官其屬七十 而女巫居一焉 以其人則陰柔也 以其術則怪誕也 然而周公設爲官屬 著爲經訓者 顧何所取義歟 噫此周公正名之意也……此周公之於女巫 所以必正其名 而正其名者 乃所以明其非理也 設之於官者 欲正之於一時也 著之於經者 欲正之於萬世也".

있은 연후에 『주관』의 법도를 행할 수 있다'고 말하였겠는가? 주자가
어찌 '『주례』는 주공이 천리를 익숙하게 운용한 책이다'라고 했겠는
가?30)

유성룡의 「周禮設女巫論」 역시 앞의 구봉령의 글과 같은 성격의 글
로서 논거만 다를 뿐이다. 유성룡은 주공이 『주례』에 여무를 설치한
것은 그것을 용인해서가 아니라 홍수를 막기 위해 제방을 쌓듯이 여무
의 관직을 설치하여 사특함이 범람하는 것을 막기 위함이라는 것이다.
그런데도 후세의 학자들이 그 의미를 모르고 『주례』를 성인의 글이 아
니라고 여겨 성인이 세상을 경륜하고 교화를 세운 뜻이 거의 소멸하게
되었다고 하면서, 주자에 이르러 그 뜻이 발명되었다고 하였다. 유성룡
은 "『주례』한 책은 성인이 세상에 전범을 보이고 다스림을 이룬 盛典
으로 규모와 절목이 하나라도 올바름에서 나오지 않은 것이 없다"고
하였다.31)

끝으로 六卿의 직무를 논술한 글로 金孝元(1532~1590)의 「六卿盡
職」을 들 수 있다. 이 글은 김효원이 명종 20년(1565) 알성문과에 급제
할 때의 과거시험 답안이다. 시험문제는 六卿을 언제부터 설치하였는
지, 왜 여섯으로 통솔하게 하였는지, 여섯 가지에 경중완급의 순서가
있는지, 漢唐 이후 육경이 있었음에도 왜 정치가 보잘 것이 없었는지
등을 물었다. 이에 대해 김효원은 먼저 육경의 관직을 설치한 원리를
제시하였다.

---

30) 『栢潭集』 卷9, 「周禮設女巫論」, "周公天下之大聖也 立經陳紀 制禮作樂 爲
一時致太平 爲萬世開太平者 無所不用其至 其精神運用之地 專在此書 六官
之設 三百六十屬之設 柝其名物 盡其制度 無名不著 無微不錄 可謂極其至
大而無外 極其至小而無內……不然則程子何以曰有關雎麟趾之意 然後可以
行周官之法度 朱子何以曰周禮周公天理爛熟之書也".
31) 『西厓集』 卷17, 「周禮設女巫論」, "周禮一書 聖人範世致治之盛典 規模節目
宜無一之不出於正也".

144

　　천지의 운화는 낳고 기르고 거두고 갈무리하는 것일 뿐이며, 왕자가 교화를 베푸는 것은 治·敎·禮·刑·政·事일 뿐이다.……治·敎·禮·刑·政·事는 스스로 행할 수 없기 때문에 이에 육경의 직이 있게 되었다.32)

　　여기에 언급된 治·敎·禮·刑·政·事는 刑과 政의 순서만 바뀌었을 뿐 『주례』의 治典·敎典·禮典·刑典·政典·事典 등 六典을 지칭한 것이다.33) 『서경』「주관」에서는 육경의 직무가 治·敎·禮·政·禁·土로 서술되고 있는데,34) 『주례』의 六典에 해당하는 것이다. 비록 김효원이 治·敎·禮·政·禁·土로 서술하지 않고 治·敎·禮·刑·政·事로 서술하고 있지만, 그 아래에 곧바로 "率其屬"과 "以倡九牧" 등 『서경』「주관」의 구절을 가지고 문장을 만들고 있는 것으로 보아 『주례』를 인용하였다고 보기 어렵다. 또한 김효원은 『서경』「순전」과 「주관」을 중심으로 육경의 기원을 서술하고 있다.35) 이어서 漢唐의 六部가 육전을 모방한 것이나 실상은 볼 것이 없음을 말하고,36) 조선의 제도가 주나라를 본받은 것임을 설명하였다.37) 김효원의

32) 『省菴遺稿』卷2, 「六卿盡職」, "蓋天地之運化 生長收藏而已 王者之施化 治敎禮刑政事而已……治敎禮刑政事 不能自行 於是乎有六卿之職焉".
33) 『周禮』「天官·大宰」, "大宰之職 掌建邦之六典 以佐王治邦國 一曰治典 以經邦國 以治官府 以紀萬民 二曰敎典 以安邦國 以敎官府 以擾萬民 三曰禮典 以和邦國 以統百官 以諧萬民 四曰政典 以平邦國 以正百官 以均萬民 五曰刑典 以詰邦國 以刑百官 以糾萬民 六曰事典 以富邦國 以任百官 以生萬民".
34) 『書經』「周官」, "冢宰掌邦治 統百官 均四海 司徒掌邦敎 敷五典 擾兆民 宗伯掌邦禮 治神人 和上下 司馬掌邦政 統六師 平邦國 司寇掌邦禁 詰姦慝 刑暴亂 司空掌邦土 居四民 時地利".
35) 『省菴遺稿』卷2, 「六卿盡職」, "請先以六卿之昉言之 明揚者四岳……大禹之所以爲司空 則載於舜典者可見 而詰奸慝 時地利 又不在於周官乎".
36) 『省菴遺稿』卷2, 「六卿盡職」, "世逖商周 治陋漢唐 雖有區區之制 顧無濟濟之美 彼吏部所掌 選人之途也……其名則嘉矣 而其實不能無議焉 則愚何敢爲執事瀆陳乎".

글에서 육경은 『서경』 「주관」을 중심으로 논의되고 있으며, 『주례』는 명시적으로 인용되지도 않고 또 논의되지도 않기 때문에, 이를 근거로 김효원의 『주례』 이해를 파악하기는 어렵다. 그렇지만 그 역시 『서경』 「주관」과 『주례』의 관계에 관한 전통적인 인식에 따랐을 것이라고 추론할 수 있겠다.

2) 『周禮』의 활용

16세기에 『주례』가 활용된 것은 중종대 11건, 명종대 3건, 선조대 6건 등 약 20여 건에 지나지 않는다.

중종대에는 『주례』 「夏官·虎賁氏」에 의거하여 遣車의 의미를 논한 것(중종 10/4/24), 『주례』 「秋官·大司寇」에 따라 鈞金과 束矢를 바치게 하여 송사를 줄일 것을 논한 것(중종 11/1/3), 『주례』 「地官·大司徒」의 六德·六行·六藝에 따라 천거법을 시행할 것을 청한 것(중종 13/5/26), 『주례』 「天官·大宰」의 九式을 인용하여 절약을 강조한 것(중종 18/4/18), 『주례』 「夏官·方相氏」에서 여역을 구제할 방도를 상고한 것(중종 20/1/21), 『주례』 「地官·大司徒」의 12가지 흉년 구제 정책에 근거하여 재변 대책을 건의한 것(중종 20/7/27), 『주례』 「天官·膳夫」를 인용하여 흉년에 왕이 취할 衣食을 논한 것(중종 24/11/24), 『주례』 「春官·司巫」 및 「春官·女巫」에서 舞雩祭를 고증한 것(중종 35/5/10), 『주례』 「地官·大司徒」의 황정 12목으로 상소하자 임금이 조목조목 답변한 것(중종 36/5/8), 『주례』 「地官·大司徒」의 荒政 12조를 인용하여 관리에게 휴가를 주어 자녀 혼인을 시키도록 청한 것(중종 36/9/25), 『주례』 「地官·大司徒」의 荒政에 의거하여 예를 줄여서 혼인을 장려할 것을 청한 것(중종 36/9/26) 등이다.

---

37) 『省菴遺稿』 卷2, 「六卿盡職」, "恭惟我國家 聖聖承承 堯欽舜哲 明明繼繼 文謨武烈 分命九人而明哲齊虞舜 董正治官而制作軼周家".

146

명종대에는 『주례』「地官·大司徒」의 荒政 12조목을 근거로 營繕 사업을 멈출 것을 청한 것(명종 2/5/8), 『주례』의 造言에 대한 형벌을 근거로 流言의 폐단을 막도록 한 것(명종 5/7/25), 『주례』에 따라 祭器 를 만들도록 한 것(명종 6/6/23) 등이다.

선조대에는 『주례』「地官·小司徒」의 過所法에 따라 요역을 회피 한 자를 엄벌하도록 한 것(선조 31/1/14), 『주례』의 造言에 대한 형벌 에 따라 조작·선동자를 엄벌하도록 한 것(선조 36/1/23), 『주례』를 근 거로 학교를 府中으로 옮기도록 청한 것(선조 36/2/27), 『주례』에 의거 하여 종묘제도를 만들 것을 청한 것(선조 40/3/17), 『주례』「天官·大 宰」를 근거로 "內帑의 재물은 마땅히 유사에게 그 출납을 맡게" 할 것 을 청한 것(선수 6/6/1) 등이 있다.

16세기에 많이 언급된 것은 『주례』「地官·大司徒」의 황정이다. 먼 저 중종대의 대사헌 손중돈이 재변 대책에 관하여 상소하면서 『주례』 를 인용하였다. "「大司徒」에 '12가지 흉년 구제 정책으로 만백성을 모 은다'[38]했으니, 이는 오늘날 마땅히 해야 할 일이고, '散財하고 薄征한 다' 하였으니, 이는 흉년을 구제하는 큰 강령"이라고 하였다(중종 20/7/27). 또 중종 36년에 의정부 대신들이 賓廳에 나아가 『주례』의 황 정 12目을 가지고 재변 대책을 아뢰자, 중종은 "몸을 가다듬고 행실을 닦을 따름이요 다른 계책이 없었"는데, "荒政 12조목을 보니 다 매우 마땅한 말"이라고 하면서 황정 열두 조목에 대해 일일이 답하였다(중 종 36/5/8).

첫째, 散利이다. 散利는 곡식의 종자와 식량을 빌려주는 것이다. 의 정부는 곡식과 씨앗을 나누어주는 것이 재변 대책의 하나이지만, "지 금은 각 고을에 저장한 곡식이 적으므로 아마도 나누어 주지 못할 것"

---

38) 『周禮』「地官·大司徒」, "以荒政十有二聚萬民 一曰散利 二曰薄征 三曰緩 刑 四曰弛力 五曰舍禁 六曰去幾 七曰眚禮 八曰殺哀 九曰蕃樂 十曰多昏 十 有一曰索鬼神 十有二曰除盜賊".

이라고 하였다. 이에 대해 중종은 "각도에 官穀이 없다고는 하나, 실로 아주 없는 것이 아니다"고 하면서 수령들이 "관곡이 없다고 핑계"를 대고 있다고 한다. 즉 "수령이 '還子를 주더라도 이러한 흉년에는 마침내 거둬들이기 어려워서 解由에 방해된다'고 생각하여 창고를 열지 않는 것"이라는 것이다. 중종은 의정부 대신들보다 한 걸음 더 나아가서 수령들의 보신주의를 비판하고 적극적으로 백성들을 구제하여야 함을 역설한 것이다.

둘째, 薄征이다. 薄征은 賦稅를 줄이는 것이다. 의정부는 薄征에 대해 "지금은 세를 거둘 때가 아니므로 아직은 곧 거행하지 못할" 것이라고 하였다. 이에 대해 중종도 薄征이 "지금 해야 할 것은 아니"라는 점에 동의하지만, "세금을 거둘 때 혹 줄이거나 공평하게 등급을 매긴다면 혜택이 백성에게 미칠 것이다"라고 하여 薄征의 중요성을 강조하였다.

셋째, 緩刑이다. 緩刑은 형벌을 너그러이 늦춘다는 것이다. 緩刑과 관련하여 의정부는 "요즈음 듣건대 刑曹는 죄가 가둘 만한 것이 못 되는 자를 옥사장이에게 保授하기 때문에 그 侵虐당하는 것이 간히는 것보다 더 심하다 하니, 앞으로는 보수하지 말게 할" 것을 청하였다. 이에 대해 중종은 "有司가 죄의 경중을 헤아리되 너그럽게 하는 것이 옳은데, 옥에 가둔 자는 적더라도 옥사장이에게 保授한 자가 많으면 그 侵虐의 가혹함이 과연 가둔 자보다 심할 것"이라고 하면서 "保授시키지 말고 법을 범한 자가 있으면 형조가 써서 아뢰"도록 명하였다.

넷째, 弛力이다. 弛力은 백성을 쉬게 한다는 것이다. 의정부는 "부역에 징발하는 것을 줄일 것"을 청하였다. 이에 대해 중종 역시 弛力이 "재변을 만나 토목 일을 멈추는 것"이라고 적극적으로 응대하였다.

다섯째, 舍禁이다. 舍禁은 법으로 금하는 것을 늦추는 것이다. 의정부에서 "法司는 법으로 금하는 일을 힘써 다스려서 服飾 중 잔단 물건까지도 일체 죄를 다스리나, 이처럼 가물어 흉년이 들 때에는 推考하지 않는 것이 온당"하다고 하였다. 이에 대해 중종은 "잗단 禁物 때문에 잡혀서 죄를 받는 것은 어찌 그 폐단이 없겠는가. 어린아이가 가진 물건이 禁令을 범하여도 家長이 죄를 받게 되는 것은 그 폐단의 하나이니, 늦추어서 멈추는 것이 옳다"라고 하였다.

여섯째, 去幾이다. 去幾는 의복과 말씨가 다른 타향 사람을 살피는 것이다. 의정부는 "그 금하는 것을 그만 두어서 뜻대로 통행시켜 있는 자와 없는 자가 서로 도울 수 있게 하는 것"이라고 하였다. 이에 대해 중종은 "去幾는 중국에서 시행하는 것이요, 우리나라에서 할 것이 아니다"라고 하였다.

일곱째, 眚禮이다. 眚禮는 禮貌를 줄이는 것이다. 의정부에서는 眚禮의 말 뜻만 설명하였다. 그러나 중종은 眚禮에 대해 "이를테면 儀物 따위를 줄이는 것이니, 예조가 알아야 할 일"이라고 대답하였다.

여덟째, 蕃樂이다. 蕃樂은 樂器를 거두어 넣고 쓰지 않는다는 것이다. 의정부에서는 역시 蕃樂의 뜻만을 말하였다. 이에 대해 중종은 "蕃樂은 풍악을 쓰지 않는 것인데, 외국 使者의 연향 외에는 이미 다 멈추었으니, 士大夫의 집에서도 따라 행해야 한다"고 구체적으로 지시하였다.

아홉째, 殺哀이다. 殺哀는 喪禮의 節文을 줄이는 것이다. 의정부에서는 역시 殺哀의 뜻만을 말하였다. 이에 대해 중종은 "殺哀는 정성만을 다할 뿐이고 節文은 줄인다는 뜻"이라고 하면서 "대체로 喪葬의 일은 사치하는 버릇에 얽매여 사대부일지라도 시기를 넘기고 장사하지 않으므로 그 폐단을 經筵에서 이미 말하였"다고 하였다.

열째, 多昏이다. 多昏은 예물을 갖추지 않더라도 혼인을 많이 시키는 것이다. 역시 의정부에서는 多昏의 뜻만을 말하였다. 이에 대해 중종은 "혼인도 사치 때문에 때를 놓친 나이 든 처녀가 많은데 이와 같이 가뭄의 재변을 당하였을 때에는 먼저 해야 할 일이므로 법사에 이미 말하였다"고 답하였다.

열한째, 索鬼神이다. 索鬼神은 이미 폐지한 제사를 다시 찾아내어 제사하는 것이다. 의정부에서는 역시 索鬼神의 뜻만을 풀이하였다. 이에 대해 중종은 "索鬼神은 귀신이면 거행하지 않는 것이 없다는 뜻이다. 요즈음 비를 비는 제사를 보면, 으레 하루 사이에 혹 대여섯 곳이나 일여덟 곳을 한꺼번에 아울러 제사하므로, 誠敬이 專一하지 않아서 한갓 번거로울 뿐이다. 내 생각으로는, 이것이 古例이기는 하나 하루에 한 곳에 제사하고 하루 이틀 띄어서 살펴보고 또 다른 곳에 제사하면, 성경이 전일하여 그 응험을 볼 수 있을 듯하다"고 대답하였다.

열두째, 除盜는 도둑을 제거하는 것이다. 의정부에서는 "흉년에는 도둑이 많으므로 이를 제거하여 백성의 폐해를 없앤다는 것"이라고 말하였다. 이에 대해 중종은 특별한 대답이 없으나 아마 이는 너무도 당연한 일이어서 언급하지 않은 것으로 보인다.

의정부에서 이 열두 조목 "가운데에는 時宜에 맞지 않아서 거행할 수 없는 것도 있습니다마는, 옛일을 아뢰는 터이므로 생략하지 않고 모두 아뢰는 것"이라고 하였다. 중종은 이에 대해 열두 조목의 원래 뜻을 다시 풀이하여 반복하면서 의정부에서 요청한 것 외에도 열두 조목에 관련된 일을 구체적으로 적시하여 시행하도록 하고 있음을 볼 수 있다. 『주례』의 여러 정책을 논의하여 시행하는 사례 중에 가장 모범적인 사례라고 할 수 있겠다.

이 무렵 이황도 『주례』 「地官·大司徒」의 荒政 12조를 인용하여 '관리에게 휴가를 주어 자녀들을 혼인킬 수 있도록 할 것'을 청하였다. 당시 "기근 때문에 휴가를 못 받아 지방에 있는 자녀들을 혼인시키는 일도 모두 못하게 되었는데", 휴가를 주지 않은 것은 "흉년이 들었는데 역말을 타고 가게 되면 폐단이 있겠기에" 그런 것이었다. 그러나 『주례』의 荒政 12조의 "혼례에 예절을 갖추지 않는 경우도 많은" 것은 "남녀가 시기를 잃으면 和氣를 상하기 때문에 그 시기를 잃지 않게 하려는 것"이라고 하면서, "지금 휴가를 주어 돌아가게 하"는 것이 황정

150

의 본래의 뜻이라고 주장하였다(중종 36/9/25). 김안국 역시 『주례』
「地官・大司徒」에서 '禮를 줄이며, 혼인을 많이 한다'를 인용하여, 재
변을 맞아 "사대부는 마땅히 예를 줄여야 하고, 왕자・부마의 혼례 때
에도 간략히 하여야만 아랫사람이 본받을 것"이라고 하였다(중종
36/9/26). 명종대에도 『주례』의 荒政 12조목을 근거로 南世健은 營繕
사업을 멈출 것을 청하였다(명종 2/5/8). 그러나 『주례』의 특정 사항에
대해서는 강한 거부감을 나타내기도 하였다. 선조는 許曄(1517~1580)
이 『주례』「天官・大宰」에 따라 왕실의 재정을 호조에서 주관하게 하
자고 청하자 불쾌한 감정을 강하게 드러내기도 하였다.

　　부제학 許曄이 나아가 아뢰기를, "內帑의 재물은 마땅히 유사에게
　　그 출납을 맡게 해야 합니다. 『주례』가 그러합니다" 하니, 상이 이르
　　기를, "오늘의 조정에서 『주례』를 행하자는 것인가?"하자, 허엽이 감
　　히 말하지 못하였다(선수 6/6/1).

　한편, 중종대에 들어 다시 사림들이 신진관료로 진출하면서 동시에
향촌에서는 재지적 기반을 강화해 나갔다. 특히 그들은 향촌질서를 재
편하면서 재지적 기반을 구축하기 위하여 향약보급 운동과 서원건립
운동을 전개하였다. 그들은 이러한 운동을 전개하면서 『주례』에 가탁
하였다. 대사헌 趙光祖(1482~1519)와 대사성 金湜(1482~1520) 등은
"백성을 교화하고 풍속을 변화시키는 것에 향약만큼 좋은 것이 없다"
고 하면서 "『주례』에 黨正과 族師를 세워 서로 권면하고 인도하게 하
는 것을 볼 수 있는데, 그것이 실로 향약의 법"이라고 하였다.39) 이황
역시 "옛날 향대부의 직임은 덕행과 道藝로 인도하고 거스르는 자에게
주는 형벌로서 규찰하였다"고 하면서, 향약을 『주례』「地官・鄕大夫」

---

39) 『靜菴集』 續集 附錄 卷3, "中廟十四年己卯 大司憲趙光祖大司成金湜等 言
　　化民成俗 莫善於鄕約 呂氏以匹夫不得推行天下 而但施之一鄕 觀周禮立黨
　　正族師 以相勸導者 實鄕約之法 今宜倣周禮 大立規模從之".

에 연결시켜 "지금의 留鄕 즉 향약은 옛날 향대부의 남긴 뜻"이라고
하였다.[40] 서원건립 운동에 대해서도 李珥(1536~1584)는 『주례』 「地
官·鄕大夫」의 유풍으로 설명하였다.[41]

4. 맺음말

조선의 건국자들은 조선을 창건하기 전부터 국가의 공적 질서를 확
립하기 위하여 『주례』에 주목하였으며, 새로운 왕조를 개창한 후에는
여러 가지 제도를 만들어 가는 과정에서 『주례』를 활용하였다. 그러나
15세기의 유학자들에 의한 전문적인 『주례』 연구는 찾아보기 어렵다.
그것은 아마도 현실적인 필요에 의해 그때그때 관련된 『주례』의 내용
을 끌어와 활용하기에 급했기 때문일 것이다.[42] 그럼에도 불구하고 몇
가지 단편적인 언급들에서 15세기에 『주례』가 어떻게 이해되었는지
살필 수 있었다.

첫째, 『주례』라는 텍스트의 신빙성에 관한 것으로 『주례』가 주공의
저술인가에 대하여 15세기 학자들은 대부분 주자의 견해를 따라 『주
례』를 주공의 저작으로 이해하였다. 그러나 『주례』에는 왕권을 제약하

---

40) 『退溪集』 卷42, 「鄕立約條序」, "古者鄕大夫之職 導之以德行道藝 而糾之以
不率之刑 爲士者 亦必修於家著於鄕而後 得以賓興於國……今之留鄕 即古
鄕大夫之遺意也".
41) 『栗谷全書』 卷6, 「應旨論事疏」, "若於海州書院 主山長之職 敎誨童蒙 正其
句讀 而勿煩下召 使安其分 則聖朝無棄物 愚臣不徒食矣 此乃周官鄕大夫敎
民之遺法也 殿下誠以此咨詢大臣 創制行之 則亦風化之一助也". 한편, 이황
은 명종 15년에 쓴 「迎鳳書院記」에 서원이 삼대의 "家塾·黨庠과 제도는 비
록 다르지만 의미는 같은 것"이라고 하였다.
42) 정경희는 예학적인 면에 대한 관심과 제도적인 면에 대한 관심을 기준으로
세종대부터 문종대까지는 예학적인 측면에 중점을 두어 『의례』와 『의례경전
통해』가 중시되었고, 단종대부터 세조대까지는 제도적인 측면에 중점을 두어
『주례』와 『예기』가 중시되었다고 한다. 정경희, 앞의 논문, 119~120쪽 참고.

는 요소가 포함되어 있는데, 이 때문에 세조와 같은 왕은『주례』가 주공의 저작이라는 것에 의심을 나타내기도 하였다. 또 선조는 신하들이『주례』에 근거하여 왕실의 재정을 조정에서 관할하자는 요구에 대해 불쾌감을 감추지 않았다.

둘째, 앞의 첫째와 관련된 것으로서『서경』「주관」편과『주례』의 관계에 대해 어떠한 모순점도 느끼지 않고 그 둘을 표리관계로 파악하고 있는 점이다. 이와 같은 관점은『경제속육전』의 箋과『경국대전』의 序 등에 「주관」과『주례』를 나란히 언급하는 것에서도 일관되게 드러난다.

15세기에 비록『주례』에 관한 전문적인 연구는 찾아보기 어려움에도 불구하고, 다양한 방면에서『주례』를 국가경영에 직접 활용하는 모습을 볼 수 있다. 특히 세종대에는 많은 문물제도를 만들면서『주례』의 활용이 급증하고 있으며, 세조대와 성종대에도『주례』활용의 빈도가 높은 것을 알 수 있다. 그러나 이 시기에『주례』만 활용된 것이 아니라 다양한 類書들이 아울러 활용되었다. 그것은 조선의 현실에 맞는 제도를 만들기 위해서는『주례』의 제도가 역대에 어떻게 변천되며 활용되었지 그 연혁을 파악하여야 했기 때문이라고 생각된다.

16세기에는『가례』에 대한 관심이 늘어나고, 반면『주례』에 대한 관심은 15세기에 비해 줄어든다고 할 수 있다. 16세기의 경우 전문적인『주례』연구는 물론이고『주례』를 어떻게 이해하고 있는지 확인할 수 있는 자료도 매우 제한적인데, 그 만큼『주례』가 관심에서 멀어진 것이다. 그 이유는 첫째 전 세기에 이미『경국대전』이 반포되어 제도 수립이 일단락되었기 때문이다. 둘째, 16세기에는 사림들이 활발하게 중앙 정계에 진출하는데, 이들은 제도보다는 성리학의 내면적 수양에 보다 많은 관심을 가졌던 것이다. 셋째, 사림들은 재지적 기반을 구축하기 위하여 노력하였던 것이다.

이 시기에『주례』는 이황과 김인후에게서 볼 수 있듯이 '허다한 법제'로 또는 '지리멸렬한 것'으로 이해되었으며, 따라서 『주례』가 널리 읽히지도 연구되지도 않았다. 김효원의 책문에서 볼 수 있듯이 육경의 관제도 『서경』「주관」을 중심으로 논의되었으며 『주례』는 언급되지 않았다. 그러나 그들이 『주례』 자체를 의심하지는 않았다. 15세기와 마찬가지로 『주례』가 과연 주공의 저작인지의 문제가 여전히 논란의 대상이었으나, 구봉령이나 유성룡의 글에서 알 수 있듯이 『주례』를 주공의 저술로 여기는 점에는 변함이 없었다. 또 『주례』를 활용한 것들도 15세기에 비해 현격하게 줄어들었다. 다만 『주례』에 가탁하여 향약보급 운동이나 서원건립 운동을 전개한 점은 15세기와 다른 16세기적인 특징이라고 하겠다.

17세기 體制 改革論의 전개와 『周禮』

정 호 훈[*]

1. 머리말

17세기는 개혁의 시기였다. 조선이 세워진 지 200여 년의 시간이 흘려, 사회 내적으로 많은 문제가 오랫동안 누적되어 있었고, 여기에 두 차례의 전란을 겪으면서 그러한 모순들이 증폭되고 있었던 까닭에, 이 때에 이르러 전국가적인 차원의 혁신 노력이 줄기차게 경주되었던 것이다. 그 노력은 어느 때보다 활발하였으며 또 다양한 차원에서 이루어졌다. 黨爭의 격한 진행과 독특한 학문 전통을 갖는 學派의 성장은 이러한 노력의 한 배경이면서 동시에 그 외적인 발현이기도 했다.

이 시기 개혁의 내용과 방향을 규정했던 조건은 內修와 外攘, 곧 내정개혁과 外敵으로부터의 國家의 保衛, 이 두 차원으로 압축하여 정리할 수 있다. 임진왜란, 병자호란에서 확인된 바, 조선은 일본을 비롯한 외적의 침략을 이겨내고 민족의 생존을 지킬 능력을 제대로 갖추고 있지 못했다. 부국강병을 위한 특별한 조치가 요구되는 시점이었다. 조선 사회의 개혁을 위한 노력은 거의 새로운 왕조의 개창, 새로운 국가의 건설에 맞먹을 정도로 깊이 있게 그리고 다양하게 전개되었다.

17세기 개혁의 논리와 방향은 여러 형태로 나타나고 있었다. 대체로 국가체제의 전면적인 혁신을 구상하는 태도에서부터, 道德과 精神의

* 연세대학교 국학연구원 연구교수, 국사학

재무장과 같은 이데올로기적 통제력의 강화를 강조하는 견해 등이 그 주요한 흐름이었다. 尹鑴나 柳馨遠과 같은 남인계 학자들에게서 전자의 모습을 확인할 수 있고, 宋時烈 등 畿湖學派의 朱子學 絶對主義者들에게서 후자의 경향을 살필 수 있다. 이러한 방략은 어느 경우나 조선국가의 변화를 전망하고 있었지만, 남인계 학자들의 경우 전면적 사회개혁 · 국가개조를 구상하고 있는 점에서 대단히 혁신적이었다. 17세기 국가개혁론, 사회개혁론의 한 전형을 우리는 이들의 經世論에서 읽을 수 있을 것이다.[1]

17세기 개혁사상이 전개되는 과정에서 그 정치이념의 근원으로서 또 개혁정책의 근거로서 주요한 역할을 한 경전으로 『周禮』를 들 수 있다. 17세기 조선의 일부 개혁사상가들은 『周禮』에 대한 검토, 『周禮』에 대한 연구를 통하여 사유의 지평을 넓혔으며 개혁에 필요한 제반 이념을 마련하고, 또 制度 · 法制 改革에 필요한 자료와 정보를 획득했다. 17세기 사상사의 내면을 들여다볼 때 우리가 놓칠 수 없는 대목이 바로 『周禮』에 대한 관심과 『周禮』에 대한 이해이다.

그간 학계에서도 17세기 개혁을 주장한 관인 유자들이 큰 영향을 받은 것이 『周禮』였으며 개혁사상의 근저에 『周禮』가 있었음을 주목하였다. 유형원이 지은 『磻溪隨錄』의 경우, 『周禮』의 영향을 크게 받은 점이 검토되기도 했다.[2] 그러나, 이 시기 개혁사상과 『周禮』와의 상관성을 두고 사상계의 동향과 연관하여 보다 깊은 천착이 필요한 것으로 여겨진다. 『周禮』는 유교의 주요 경서였지만 모든 시기에 모든 유자들

1) 17세기 국가개혁을 둘러싼 각 정파와 학파의 諸 論議에 대해서는 다음 여러 연구를 참조할 수 있다. 金容燮, 「朱子의 土地論과 朝鮮後期 儒者」, 『延世論叢』21, 1985(『增補版 朝鮮後期農業史研究』Ⅱ, 1990에 재수록) ; 金駿錫, 『朝鮮後期 政治思想史 研究-國家再造論의 擡頭와 展開-』, 지식산업사, 2003 ; 白承哲, 『朝鮮後期 商業史研究』, 혜안, 2000 ; 吳永敎, 『朝鮮後期 鄕村支配政策 研究』, 혜안, 2002 : 정호훈, 『朝鮮後期 政治思想 研究』, 혜안, 2004.
2) 千寬宇, 「磻溪柳馨遠研究」, 『近世朝鮮史研究』, 일조각, 1979.

이 다 볼 수 있었던 것도, 또 관심을 기울여 그 내용을 천착한 것도 아니었다. 17세기의 학문 풍토, 정치적 과제 속에서『周禮』의 의미는 부각되고 활용되었던 것이다.

이 글에서는 먼저 17세기 학계의『周禮』에 대한 연구 경향을 살피고자 한다. 나아가 그것이 구체적인 국가개혁론으로 수렴되는 양상을 정리하고자 한다. 이 시기 국가의 전면적인 개혁 방안을 모색했던 儒者 官人들은 대체로 北人, 南人의 政治 學問圈에서 성장했다고 할 수 있다. 이들은 다양한 사상의 영향을 받고 있었지만, 禮法의 역할을 중시하는 사유를 발전시키고 있었으며, 특히『周禮』의 원리와 방법을 적극 활용하여 새로운 국가체제를 구상하였다. 유형원의『磻溪隨錄』은 그러한 노력의 구체적인 귀결이었다.

그러므로 이 글은, 16세기 후반에서 17세기 후반에 걸쳐 조선의 官人・儒者들이『周禮』를 연구 이해하는 양상을 정리하고, 그러한 노력이『磻溪隨錄』의 변법적 개혁구상으로 집약되는 측면을 해명하는 방식으로 구성될 것이다.

2. 政治理念의 확대와 古學 研究

1) 箕田制 研究와 政治的 思惟의 확대

17세기 사회에서 官人・儒者들이 인간과 세계의 존재원리와 관계맺음의 방식을 익히고 삶의 의미와 가치를 추구하던 방식은 다양하였다. 그 중에서도 중심을 이룬 것은 주자학의 학습이었다. 주자학에 대한 관심과 천착은 이미 15, 16세기부터 전개되었지만, 이 시기 들며 그 사상에 접하고 그로부터 새로운 지식을 획득하던 방식은 이전 시기에 비해 훨씬 더 치열하게 그리고 강도 높게 행해지고 있었다. 주자학에 대한 專一的 依存, 주자학의 절대화가 본격적으로 나타난 것은 그 대표

적인 예이다. 李珥의 학맥을 잇는 기호지방의 사대부들은 주자의 道統
이 李珥를 거쳐 자신들에게 전수되고 있다는 자부심 아래 조선사회에
서의 학문 사상상의 헤게모니를 장악하고자 하였다. 정치적 주도권의
확보는 여기에 부수되는 일이었다. 宋時烈, 宋準吉 등 그 중심에 서
있었던 인물들은, 그리하여 주자학에 대한 이해의 定論을 스스로 마련
하겠다는 노력을 펼치는 한편으로, 주자학에 비판적인 학문활동, 정치
활동에 대해서는 날카롭게 배척하였다. 이들에 의해 이루어지는 『朱子
大全箚議』, 『朱子言論同異考』 등의 편찬 작업3)과 尹鑴, 朴世堂 등 주
자학 비판자에 대한 斯文亂賊 規定과 변척4) 등은 그러한 모습을 구체
적으로 드러낸다 할 것이다.

　학계 한편에서는 주자학과는 다른 사유, 다른 세계에 대한 깊은 관
심을 기울이고, 그에 대한 지식을 체계적으로 쌓아나가고 있었다. 그
중에 두드러지는 것은, 陽明學에 대한 이해를 깊이하며 그로부터 새로
운 세계관과 인식론을 마련하던 일, 西學을 접하고 그로부터 전혀 새
로운 세계에 대한 지식과 정보를 확장하던 일, 중국의 古典・古代에
대한 관심을 깊게 가지고 이를 통하여 새로운 사회・국가의 건설을 전
망하던 일 등을 들 수 있다. 이 시기 새롭게 접하고 의미부여 했던 사
상들은 어느 것이나, 주자학과는 다른 성격의 논리틀을 갖추고 있었으
며 그 점에서 접하는 사람들에게 새로운 지적 충격을 가하고 있었다.
조선사회의 변화가 이 같은 새로운 정보와 지식의 습득과 무관한 것은
아니었다. 주자학과는 성격을 달리하는 社會思想, 政治思想이 적극적
으로 모색되고 체계화되는 일도 이 과정에서 이루어지고 있었다.5)

---

　3) 金駿錫, 「朝鮮後期 畿湖士林의 朱子認識－朱子文集・語錄 연구의 전개과
　　정－」, 『百濟硏究』 18, 1987.
　4) 정호훈, 「朝鮮後期 '異端' 論爭과 그 政治思想的 意味－17세기 尹鑴의 經書
　　解釋과 宋時烈의 批判－」, 『韓國史學報』 10, 2000.
　5) 이 같은 점을 집중적으로 천착하고 있는 연구로는 金駿錫, 앞의 책, 2003 참
　　조.

이 시기 官人·儒者들의 학문활동과 관련하여 우리가 특히 주목하게 되는 것은 중국 古典·古代에 대한 학문적 관심을 크게 기울이고 이를 통하여 政治에 대한 展望을 새롭게 하려는 일련의 노력이다. 이러한 움직임은 당시로서는 몇몇 학자들만이 주도했지만, 이 시기 무수하게 일어나고 있던 개혁의 논리와 이념 가운데서도 가장 강력하게, 그리고 근본적으로 조선사회를 혁신하고자 했던 논리가 이를 통하여 만들어지고 있었다.

17세기 조선사회에서 고전·고대 사회를 발견하고자 하는 모습은 여러 모습으로 나타난다. 그 가운데서 첫머리에 꼽을 수 있는 것이, 箕子井田에 대한 재발견과 의미 부여이다.[6] 기자정전은 기자가 조선 땅에서 실현했던 토지제도로, 평양에 그 遺制가 남아 있다고 전해져 왔었다. 그런데 17세기 초반, 南人學者 한백겸이 이를 답사 실측한 후, 실제 이것이 殷나라의 토지제도이며 『孟子』에서 설명한 바 殷의 助法이 여기에 해당한다고 해석했다.[7] 『孟子』에서는, 고대 仁政의 제도적 근거로 土地 分給制가 시행되었으며 夏殷周 三代에 시행된 貢·助·徹法이 그것이라고 설명하였지만,[8] 그 토지제의 구체적인 형상, 운영법 등에 대해서는 거론하지 않고 있었다.[9] 그런 점에서 한백겸의 논문

---

6) 韓百謙의 箕田制 연구가 갖는 의미에 대해서는 金容燮, 앞의 글, 1985 참조.

7) 『久菴遺稿』上, 「箕田遺制說」, 1나, "此皆殷制也 孟子曰 殷人七十而助 七十畝本殷人分田之制也".

8) 『孟子』「滕文公」上, "夏后五十而貢 殷人七十而助 周人百畝而徹".

9) 殷의 助法에 대한 후대의 해석도 이 때문에 일치되지 않아 다양하게 이루어지는 실정이었다. 朱熹의 경우에는, 殷이나 周 모두 井田制로 운영되며, 다만 兩代에는 私田·公田의 크기에서 70畝·100畝로의 변화가 있다고 해석했다. 이 같은 해석에 따르면, 殷과 周代에는 8家에서 私田을 각각 70畝·100畝씩 分給받아 경작하며, 같은 크기의 公田을 8家가 공동 경작하여 세금으로 납부하였다. 한편, 주희는 이러한 해석과는 별도로 『孟子』에서 설명하는 바 殷·周의 정전제는 토지의 경계(溝洫)를 고치는 과정에서 그 人力·物力 소비가 너무 크므로 쉽게 실행될 수 없었던 제도라고 그 실행 자체를 의심하였다(『孟子』「滕文公」上, 정전제에 대한 朱子 註, "先王彊理天下之初 做許多畎

은 매우 새로운 내용을 담고 있었다.

한백겸은 箕田에 대한 지식을 근거로 殷·周의 토지제도를 새롭게 해석했다. 그는 殷과 周의 토지 분급형태가 각기 달랐으며, 그 운영방식에서도 차이가 있었던 것으로 이해했다. 은나라는 田子型으로 토지를 묶어 私田을 운영하였으며, 公田이나 경작자의 임시 처소인 廬舍는 私田과는 별도의 장소에 마련되며 반드시 私田 중에 이것들이 자리 잡지는 않았다는 것이었다.10) 반면, 周代로 오며 생활비가 증가하고 人文이 확장되면서 私田의 면적이 100畝로 늘어나고 또 井田型을 비로소 취하게 되었다고 보았다.11) 公田과 私田이 한 구역 안에 자리 잡는 정전제는 周代에 始作된 제도였던 셈이다.

한백겸의 이러한 해석은 종래 三代의 토지제도의 성격에 대한 새로운 이해를 가능하게 하였다. 한백겸은 箕田의 연구를 통해서 다음 여러 사항을 확인할 수 있었다.12) 첫째, 箕田은 殷나라의 토지제도를 원용하였으며, 周代의 井田制에 앞서 시행된 제도라는 점이었다. 그것은 달리는『孟子』에서 助法으로 설명한 토지제도의 실체가 箕田에 반영되어 있다는 것이었다. 한백겸은 殷·周의 이러한 토지제 변화를 본다면 시간이 변함에 따라 그 법제·형식은 변화하지만 그 실제 내용·정신은 변화하지 않는다고 하였다. 質이 유지되는 가운데, 그 文이 '因革損益'함은 형세상 필연의 사실이라 함이었다.13)

둘째, 한백겸은 殷代의 토지제도에 대한 주희의 해석14)이 잘못되었

濬溝洫之類 大段是費人力了 若是……則田間許多疆理 都合更改……恐是無理";『朱子語類』卷55, 孟子 5,「滕文公篇」).

10)『久菴遺稿』上,「箕田遺制說」, 3가, "意者 殷之時 受田於野 而其廬舍未必在田傍 或皆聚居村落城邑之中 其公田 亦都在一隅之地 未必皆在私田之中".

11)『久菴遺稿』上,「箕田遺制說」, 3가, "此人文漸備吉凶禮縟 七十畝有不足於養生送死之資 故姬周之有天下也 順天因人 增爲百畝 且制井田之法 八家同井 中置公田".

12) 정호훈, 앞의 책, 2004, 144~145쪽 참조.

13)『久菴遺稿』上,「箕田遺制說」, 3가, "自質而文 其因革損益 勢有不容已也".

으며, 이를 바탕으로 한 孟子의 井田制說에 대한 그의 의심 또한 근거
가 약하다는 점을 밝혔다. 이를테면, 溝洫을 새로 만들 때 인력이 많이
소요된다는 주희의 말을 근거로 간혹 孟子의 내용을 의심하는 사람들
에 대해, 한백겸은 주희의 해석은 억측의 소산이며 사실은 그렇지 않
다고 해명하였다.[15] 한백겸은 주희의 해석을 부정함과 동시에 맹자의
견해를 긍정할 수 있는 근거를 나름대로 마련한 셈이었다.[16]

  셋째, 箕田을 통하여 고대 조선에서 三代의 土地分給制가 시행되었
던 사실을 확인할 수 있다는 점이었다. 성인의 법제인 토지분급제가
역사상 실제 시행되었으며, 그 장소도 古代 朝鮮이었다는 인식은 土地
分給制의 현재적 가능성을 주장할 수 있는 절대적 근거로 될 수 있었
다.

  요컨대, 韓百謙의 箕田 硏究는 뚜렷한 방향성을 지니고 있었다. 한
백겸은 箕田의 해명을 통해서 삼대에 시행되었던 "制民常産 發政施
仁"의 대체를 확인하였으며 나아가 이를 근거로 그 실행방도를 모색하
려고 하였다. 시행과정에서 소요되는 작은 비용 때문에, 因循·姑息하
며 변화를 두려워해서는 안 된다는 것이 그의 생각이었다.[17]

  한백겸은 箕田의 실체를 해명하는 데서 더 나아가지 않았다. 이 硏
究에서 조선에서의 토지제도 개혁이 갖는 의미를 확인했지만, 새로운

---

14) 앞의 주) 9 참조.
15) 『久菴遺稿』上, 「箕田遺制說」, 3나, "間或以朱子改治溝洫 多費人力之說 有
    疑於孟子之言 此則恐未然……吾知朱子此說 或出於一時門人問答 而非平生
    之定論也 語類中此等說話甚多 恐不可執此而疑彼也".
16) 한백겸은 그러면서도 주희에 대해서는 조심스런 태도를 취하여, 주희가 토지
    제 개혁에 찬성하였음을 옹호하였다. 정전제에 대한 주희의 견해가 일률적이
    지 않지만, 그의 평생의 定論은 정전제를 시행하고자 하는 것이었다는 것이
    한백겸의 확신이었다. 주희를 井田制 개혁론자로, 나아가 토지개혁에 찬성하
    는 의식을 지니고 있다고 한백겸은 믿었던 것이다. 그는 "평생의 소원이 朱
    子를 배우는 것"(『久菴遺稿』上, 「啓蒙揲蓍辨」)이라는 자세를 견지하였다.
17) 『久菴遺稿』上, 「箕田遺制說」, 3나, "況此制民常産 實發政施仁之大者 豈可
    計其少費 踵樊膠柱 不與俱變乎".

토지제도를 어떻게 마련할 것인가에 대해서 구체적으로 구상하지는 않았다. 그러나 그의 연구와 새로운 사실의 구명은 16세기 이래 조선 학계 일각에서 모색되던 토지제 개혁과 井田制 실행의 문제에 대한 하나의 답안이었다.[18]

한백겸의 기전제 연구에서 확인할 수 있는 바, 이 시기의 고대의 이상사회에 대한 관심과 새로운 해석은, 토지제도와 관련해서이지만 주자학에 대한 문제제기 속에서 이루어진 것이었고, 또 새로운 土地改革論의 근거에 대한 법제적 摸索이기도 했다. 말하자면, 기전제 연구는 주류 주자학 사상을 넘어, 토지개혁과 관련된 조선사회의 대변혁을 이룰 수 있는 방략을 모색하고자 하는 조선학계 일각의 의도가 전제되어 있는 것이라 하겠다. 더구나 그것은 고대 성인의 혼적을 조선의 역사 속에서 확인하는 것이었기에 그 가진 힘은 더 강했다고 할 수 있을 것이다.

한백겸의 箕田制 연구는 고전·고대의 법제가 가진 힘을 그 실제 실행한 사실을 통하여 확인하는 작업이었는데, 이것은 고대적 이상 사회로의 回歸에는 聖人의 法制를 시행하는 것이 필수적이라는 사실을

---

18) 16세기 중·후반, 收租地 分給制가 사실상 그 기능을 상실하고 지주전호제가 확산되는 변화가 일어나는 가운데 농민층의 몰락과 궁핍화가 급속도로 일어나던 상황에서, 일부 士林들은 그 대책으로 토지 상한을 규정한 限田制나 소농민에게 토지를 지급하는 井田制를 시행할 것을 구상하였다. 그것은 中宗代 己卯士林들에게서도 나타나고 있었거니와, 宣祖代 들어와서도 특히 盧愼, 鄭惟吉과 같은 東人系 인물들은 均田·井田制의 시행을 적극 구상하고 있었다(李景植, 「朝鮮前期의 土地改革論議」, 『韓國史研究』61·62, 1990 참고). 그러한 제도의 시행은 농민의 생계를 보장하고 농촌 사회를 안정시킴에 반드시 고려해야 할 사항이었다. 그러나 그것은 논의에 그치고 말았는데, 주자학의 사유 속에서도 더 이상 거론될 사항이 아니었다. 임진왜란을 전후한 시기에 이에 관한 논의는 다시 제기되는데, 鄭仁弘과 같은 이는 전쟁 중에 大亂을 거친 현 시점이 井田制와 같은 대변통을 이루기에 절호의 시점이 된다고 제언하기까지 하였다. 말하자면 한백겸은, 箕田制를 통하여 그러한 문제의식을 수렴하고 동시에 그 해결의 가능성을 적극 제시했던 것이다.

朝鮮學界에 천명하는 일이기도 했다. 한백겸의 학문 방법과 지향은 당시로서는 매우 새로웠고, 그만큼 파급력을 지니고 있었다. 많은 학자들이 그의 생각에 동조하거나 혹은 관심을 표명하였다.

金時讓[19]이나 南九萬[20]과 같이 箕田의 존재 자체를 긍정하지 않는 경우도 있었지만, 이 시기 많은 수의 유력한 학자들은 그 견해를 적극 수용하였다. 특히 東人系의 南人과 北人들 가운데 찬성하는 자가 많이 나타났다. 許筬·柳根은 箕田說에 관한 논설을 지어 그것에 공감을 표하거나 혹은 한백겸의 설명을 더 부연하고자 했으며,[21] 洪汝河는 『東國通鑑提綱』에서 箕田의 실재를 인정하여 箕子條에 수록하기도 하였다.[22] 尹鑴 역시 箕田의 존재를 긍정하고[23] 이 제도를 근거로 弊政을 벗어나는 법제를 마련할 수 있다고 보았다.[24]

柳馨遠의 箕田制 인정과 그에 바탕한 公田制 구상은 그가 미친 영

---

19) 『立齋遺稿』 卷13, 「題箕田圖後」, 22나.
20) 『藥泉集』 卷29, 「東史辨證」 箕子條. 남구만은 韓百謙의 箕田圖說에 대해, 2000년이나 많은 세월이 지났는데 전형이 어찌 그대로 남아 있겠는가 하고 크게 의문을 표하였다.
21) 韓百謙이 箕田說을 지은 직후, 柳根은 「箕田圖說拔」을, 許筬은 「箕田圖說後語」를 작성하여 그의 견해에 적극 찬동했다. 위의 두 글은 『久菴遺稿』에 「箕田遺制說」과 함께 실려 있다.
22) 『東國通鑑提綱』 箕子條.
23) 윤휴는 韓百謙이 평양에서 확인한 箕子 井田의 遺趾를 적극 수용하고[(『白湖全書(中)』 卷27, 「漫筆」 下, 1171쪽, "我國平壤城含毬正陽門外 有田經劃方正 相傳是箕子井田 歷歲千百 形上宛然 然其形非井也 乃田字形……其制在此 與周家徹法 異制而同法 太師東來用夏變夷 其不改先王之舊 以其教民如此 許公筬又推其制 以爲一田十九畝 廬舍各三畝 爲二十一畝 乃十一之制也 孟子所謂其實皆十一是也云云"], "此其實迹昭布 證据明白 禮失而求諸野 不可以出於遐遠 而忽之也 況有箕聖之遺武哉"라 하여 이를 三代禮의 증거로 인정하고 있었다.
24) 윤휴는 均田制의 붕괴에 의한 兵農分離를 科擧制 革破·文武一致·諫官 革破 등과 함께 '通廢政'의 대상으로 설정하고 있었다(『白湖全書(中)』 卷30, 「公孤職掌圖說」 下, 1261~1266쪽 ; 『白湖全書(下)』 卷37, 「大學後說」, 1533쪽).

164

향이 어떠했던가를 극명하게 보여준다.25) 유형원은 三代의 井田制가
가진 원리를 원용하여 조선에서의 토지개혁과 小農經濟體制의 수립이
이루어져야 한다고 생각하였다. 그러면서도 그는 그 개혁이 반드시 옛
형태 그대로만 행할 필요는 없다고 보았다.26) 대신 그는 현실화가 가
능한 구체적인 모델을 箕田制로부터 찾고 있었다. 기전제는 정전제와
달리, 조선의 자연조건과 인구에 맞게 적절하게 응용할 수 있는 이점
을 많이 가지고 있다는 것이 그의 생각이었다. 그리하여 그는 殷田 즉
箕田을 염두에 두고 기전이 田字刑임에 착안한 公田制를 제안했다.
"四頃爲一佃……每一夫受一頃"27)은 그 受田의 기본 원칙이었다. 箕
田의 발견은 이 시기 토지개혁을 주장하는 논자들에게는 절대의 힘이
었다. 그것은 말하자면 새로운 정치적 사유를 싹틔우고 키워 나가는
思惟의 源泉이었다.

2) 古代에 대한 관심의 提高와 『周禮』 研究

이와 같이 한백겸의 箕田制 연구가 미친 영향은 지대한 것이었는데,
학계 한 켠에서는 이러한 기전을 중심으로 하는 고대의 토지제도에 대
한 관심을 넘어, 古代의 법제와 그 법제를 근거 지우는 理念을 구체적
으로 연구하는 모습이 나타나기도 하였다. 여러 노력이 경주되었지만
무엇보다 중요한 의미를 갖는 작업은 古代 法制의 經傳的인 根據에
대한 탐색이었다. 『周禮』 연구는 이러한 경향을 대표했다. 『周禮』는
周代의 法制를 담고 있는 경전이었기에, 삼대사회가 가진 理想性을

---

25) 『磻溪隨錄』 卷5, 「田制攷說」 上, 37나~38가, "箕子田 至今經界宛然 而與孟
子所論殷人七十畝者 若合符節 殷之田制 據此可斷".
26) 『磻溪隨錄』, 「田制」 上, 1나~2가, "古井田法 至矣……苟能因今之宜 而行之
有法 地形不必寬 而制無不可 公田不必置 而可謂什一 采地不必設 而各有
其養……雖不劃爲井田 而井田之實 俱在其中".
27) 『磻溪隨錄』 卷1, 「田制」 上.

이 책은 가지고 있었다고 할 수 있는 셈인데, 조선의 유자들은 이 책에 대한 본격적인 탐구를 통하여 고대의 사회, 고대의 법제를 연구하고 이를 조선사회에 실현할 수 있는 방도가 무엇인가를 본격 모색하였다. 새로운 제도의 근거를 근본적인 측면에서 확인하고자 하는 작업이었다.

『周禮』에 대한 관심과 학문적 천착은 16세기 말에 이르러 조금씩 이루어짐을 볼 수 있다. 먼저, 李睟光의 『주례』에 대한 관심을 들 수 있다. 이수광은 『書經』을 비롯한 여러 경전에 대해서와 마찬가지로, 『周禮』조를 두고 이와 관련한 몇 사항을 정리하였다.[28] 그러나, 그는 그 이상 깊이 천착하지는 않았다. 崔永慶의 경우, 鄭逑 등과 함께 『주례』 등 여러 책을 강독하는 모습을 확인할 수 있다.[29] 여기서는 『주례』에 대한 관심이 본격적인 천착으로 나타난 것은 아니었지만, 경상도 지역에서 曺植의 영향을 받은 사대부들에게서 『주례』에 대한 이해가 이루어지는 것이 주목된다. 그러나, 16세기 말에서 17세기 초반에 이르는 시기에, 『주례』가 양반 사대부들의 정신세계에 그렇게 큰 영향을 미친 것은 아니었다.

인조대 들어 정부에서 『주례』를 간행, 여러 관서에 비치하고 또 신하들에게 나누어주는 일을 벌이기도 했다.[30] 이것은 임진왜란을 거치며 파괴, 散佚된 문적을 재정비하는 작업의 일환으로 이루어졌는데, 간행한 책은 玉堂, 春坊, 禮部, 校書館 등에 수장하였다. 이때 간행을 맡았던 주무자가 趙絅[31]이었다. 그는 『周禮』를 두고, "天理를 운용하는 책"으로 이해하고 있었다.[32]

---

28) 『芝峯類說』 卷五, 「周禮」.

29) 『守愚堂實記』 卷2, 6나, "萬曆十五年(我宣祖大王二十年 : 1587) 丁亥 寒岡 鄭文穆公 以咸安守來 訪先生於道洞 講討周禮諸書 一時賢士同氣相求者非 一 而摳衣門下者亦多 河松亭受一 李雪壑大期 皆高士也".

30) 『仁祖實錄』 卷49, 仁祖 26년 7월 己丑(35-329).

31) 趙絅은 南人으로 활동했다.

『周禮』에 대한 본격적인 이해와 관심은 17세기 중엽에 들어서며 나타났다. 확인되는 바로는, 서인계 학자들은 『周禮』에 대해 별다른 관심을 기울이지 않고 있었다. 李端相의 『周禮』와 관련한 詩篇 몇이 있는 정도이다.[33] 『주례』에 관심을 기울이고 이 책에서 사유의 단서를 마련한 것은 남인계 학자들이었다. 윤휴, 유형원 등에게서 그 모습을 살필 수 있는데, 두 사람의 주례 이해와 활용은 각자의 개성과 特長을 잘 반영하고 있었다. 윤휴가 경학적 탐구의 방식을 보였다면, 유형원은 이를 제도개혁의 근거로서 활용하고자 하였다.

尹鑴의 『周禮』 연구와 이해는 이 시기 유자들 가운데서 독보적이었다. 윤휴는 『周禮』와 관련하여, 20세 후반에 이미 「周禮說」이란 소논문을 지을 정도로,[34] 나름대로의 소양을 지니었다. 윤휴의 『周禮』에 대한 관심은 고대 사상에 대한 천착과 몰입의 연장선에서 나온 것이었으며, 『大學』이나 『中庸』과 같은 여타 경전에 대한 새로운 해석과 궤를 같이 하는 것이었다.[35]

17세기 중엽, 『周禮』에 대한 관심과 그로부터 새로운 사유를 개척하는 모습은 유형원의 『磻溪隨錄』에서 또 다른 형태로 찾을 수 있다. 유형원은 고대의 법제와 조선의 현실을 고려하는 방법론 곧 "取古酌今"의 전제 위에서[36] 『반계수록』의 새로운 법제를 구상하였다. 그것은 고대 법제를 원용하여 조선의 현실을 변혁할 수 있는 방도를 마련하고자 하는 모습이었다. 이때 유형원은 『周禮』『儀禮』『禮記』『書經』『春秋』 등을 비롯한 儒家 諸 經傳, 『通典』『文獻通考』『大學演義補』 등

---

32) 『龍洲遺稿』 卷12, 「周禮重刊跋」.
33) 『靜觀齋集』에 「周禮之說」과 「周禮」란 제목의 시 두 편이 실려 있다.
34) 『年譜』에 의하면 27세 때 이 글을 썼다. 현재 『白湖全書』에 실려 있는 『周禮』讀書記(『白湖全書(下)』 卷42, 「讀周禮」, 1683~1687쪽)가 이것인지는 분명하지 않다.
35) 尹鑴의 經學에 대해서는 정호훈, 앞의 책, 2004, 제5장 참조.
36) 『磻溪隨錄』 卷25, 「續篇」 上, 15가~나, "後之人君如欲定制 則宜取古禮 究得其意 而酌以今日之宜 定爲一代之制 可也".

의 중국의 政法書, 張載・胡宏・朱熹・李珥・趙憲・韓百謙 등 中國・朝鮮의 여러 儒者들의 정치론 등을 검토하여, 개혁안의 이론적, 역사적 근거를 찾으려 하였다.[37]

17세기 조선사회에서 이루어진 『周禮』에 대한 관심과 연구는 그것이 풍부한 양상을 보이지는 않았지만, 고대 법제의 경전적 근거에 대한 탐색이었다. 그것은 17세기 조선사회가 처한 위기를 극복할 수 있는 방안을 찾기 위한 노력의 일환이었는데, 15・16세기 조선사회에서는 쉽게 찾아볼 수 없는 모습이었다.

조선 건국기, 국가 건설에 필요한 제반 이념과 제도를 제공하는 경전적 근거로서 『周禮』가 주목되고 또 많은 영향을 미치기도 했지만,[38] 『周禮』가 15, 16세기의 유학자들에게 미친 영향은 그다지 크지 않았다. 이 시기 『周禮』 연구, 『周禮』 이해의 역사와 연관하여 일어난 주된 사건으로 들 수 있는 것은, 金宗直과 尹孝孫에 의한 경상도 지역에서의 『周禮』 간행 정도이다.[39] 김종직은 『주례』를 두고, "百王經世之典"이며, 여기에 실린 제도를 차례차례 거행한다면 三代의 盛世를 천년이 지난 뒤 이곳에서 볼 수 있을 것이라 하였다.[40] 그러나 이 같은 수사적 표현을 넘어, 유가의 이상사회를 실현하고자 하는 노력은 그 법제와 연관하여 구체적으로 모색되는 것은 아니었다. 『周禮』는 이 시기 사대

---

37) 정호훈, 앞의 책, 2004, 201쪽.
38) 국가의 제반 제도 법제를 마련하는 과정에서 조선의 건국 주체들은 『周禮』를 적극 활용하여 그 기반을 잡아 나갔다. 물론, 高麗를 비롯하여 중국의 여러 역사적 경험들이 활용되었지만, 『周禮』에서 제시하는 바의 국가제도, 특히 六典體制는 커다란 영향을 미쳤다. 정도전에게서 그 대표적인 모습을 찾을 수 있다. 『朝鮮經國典』을 비롯한 개국 프로젝트를 통하여, 정도전은 『周禮』의 정치이념, 『周禮』의 정치제도를 적극 활용하고자 하였다. 정도전의 사상에 대해서는 한영우, 『鄭道傳 思想의 研究』, 서울대학교출판부, 1989 ; 도현철, 『高麗末 士大夫의 政治思想 研究』, 一潮閣, 2000 참조.
39) 『佔畢齋集』 卷2, 「新刊周禮拔」, 3가~4가.
40) 『佔畢齋集』 卷2, 「新刊周禮拔」, 3나~4가.

부들에게 그다지 큰 영향을 미치지 못하고 있었다.

　성리학 혹은 주자학이 가진 정치적 사회적 가치를 크게 발견하고 이를 통하여 조선사회를 운영하는 데 필요한 문화를 만들고자 했던 16세기 양반들은, 이 학문에서 제시하는 바, 三代의 이상사회 실현을 그들의 주요한 아젠다로 내세우고 이를 실현하려고 하였다. 하지만 이들은 『周禮』 자체에 대해서는 그다지 중시하지 않았다. 그러니까, 이 시기 양반들은 주나라를 비롯한 삼대의 문화를 극구 긍정하고 이를 사회적으로 실현하는 것이 주요한 과제라고 설정했던 것인데, 그 방식이란 철저히 주자학적이었다. 그것은 요컨대, 국가 경영을 위해서는 군주를 비롯한 治者 일반이 도덕성을 갖추는 것이 선결조건이며, 그에 기반하여 人治 德治의 정치를 구현해야 한다는 것으로 요약할 수 있을 것이다. 심성론과 관련한 학문이 발달하는 것은 자연스러운 일이었다.[41] 이들에게서 典章 法制, 이른바 名物・度數로 이루어진 『周禮』가 그다지 중요한 의미를 갖지 못하는 것도 당연했다.[42]

　이상 살핀 대로, 17세기 조선을 살았던 官人・儒者들은 고대의 사상, 특히 고대 법제에 대해서 깊은 관심을 기울이고 학문적인 천착을 가하였다. 주자학에 대한 학계의 관심과 이해가 한층 심화되는 흐름 한켠에서였다. 箕田制 연구, 『周禮』 연구와 활용은 그 중심을 이루는 작업이었다. 이 작업은 남인계 학자들에게 의해 주도되었는데, 이들은

---

41) 이 시기 조선학계의 움직임을 두고 '心學化가 진전 된다'고 파악하는 경우가 있는데, 정확하게는 심성론에 대한 관심이 확산되고 그에 대한 추구가 주요한 학문 방법으로서 자리 잡아 가는 것이라고 해야 할 것이다. 심성론에 대한 관심이 확산된다는 것은 결국, 주자학에서 제시하는 바, 人治・德治論에 대한 관심이 확장된다는 의미였다.

42) 이들의 학문 성향이 『周禮』를 그다지 크게 높여 보지 않는 것은 다른 면에서 보면, 『주례』의 정치 이념적 성격을 인정하지 않는다는 의미이기도 했을 것이다. 이 점은 3장에서 살필 내용과 통하는 것인데, 『周禮』의 정치사상은 국가에 속한 人民과 土地를 국가가 장악하고 통제하는 국가중심적인 성격을 지니고 있었다.

이러한 새로운 작업을 통하여 당대 세계의 제반 문제를 해결할 수 있는 이념적 기초를 적극적으로 끌어내고자 하였다. 17세기 조선사회에서 정치이념의 확대는 이러한 작업을 매개로 보다 다양하게 그리고 심층적으로 이루어지고 있었다.

3. 『周禮』 研究의 深化와 體制改革 구상

1) 尹鑴의 『周禮』 연구와 三代法制 인식

윤휴의 『周禮』 이해는 그의 독자적인 경학 이해와 같은 맥락에서 이루어졌다. 그는 『孝經』을 비롯, 『大學』『中庸』에 대한 새로운 해석을 통하여 주자와는 다른 해석체계를 세우려 했고, 이를 바탕으로 주자학의 정치론을 넘어서는 새로운 정치론을 체계화하였다. 송시열과 같은 사람으로부터 斯文亂賊으로 비판받는 바의, 체계적이고 독자적인 경서해석이었다. 이와 더불어 윤휴는 『禮記』, 『尙書』, 『詩經』, 『春秋』, 『周禮』 등 여러 經書에 대한 해석, 讀書記를 남겼다.[43] 그의 학문적 특장이 경학에 대한 관심에서 성장하였음을 알 수 있는데, 이들 경전에 대한 해석·주해의 방식은 앞의 세 책이 전 체제와 내용에 대해 집중적인 천착을 가했던 것에 비해 특정 章節만을 주해하는 등 완결성이 조금 떨어진다.

『周禮』에 대해서도 그것은 마찬가지였다. 윤휴는 『周禮』의 전 체계를 들어 새로운 구성을 도모하거나, 내용을 두고 세세히 고증하지는 않았다. 반면에 전체 내용을 몇 가지 핵심 되는 요소로 요약하여 정리

---

43) 『白湖全書(下)』 卷41, 「古詩經攷」, 1619~1642쪽 ; 『白湖全書(下)』 卷41, 「讀尙書」, 1641~1661쪽 ; 『白湖全書(下)』 卷42, 「讀周禮」, 1683~1687쪽 ; 『白湖全書(下)』 卷42, 「讀禮記」, 1687~1705쪽 ; 『白湖全書(下)』 卷42, 「讀春秋」, 1705~1724쪽.

하는 모습을 보여준다.44) 그러니까, 章節 혹은 字句에 대한 훈고학적 해석이나 고증, 경전의 체제에 대한 새로운 이해 등과 같은 방식을 피하여 그 핵심 성격과 내용을 간추리며 전체의 성격을 조망하려는 모습을 보이고 있는 것이다. 윤휴의 『周禮』 이해 특징은 다음과 같다.

우선, 윤휴의 『周禮』 이해는 전통적인 방식을 벗어나 있었다. 윤휴는 『周禮』를 周公이 완성하지 못했다거나, 혹은 「冬官」 한 편이 망실되었다는 종래의 여러 견해를 인정하지 않았다. 형식상, 「동관」이 완전하지 않은 것처럼 보이지만 부분적으로 망실되고 착란이 일어났기 때문에 그런 것이며, 처음부터 미완성은 아니었다는 것이다.45) 윤휴는 그 근거를 「地官篇」에서 찾았다. 윤휴에 의하면, 「지관편」에는 敎導 곧 司徒의 일과 土地 곧 司空의 일이 혼재되어 있었다. 그러니까, 「地官篇」에 冬官의 내용이 같이 들어가 있음을 확연히 볼 수 있다는 것이었다. 윤휴는 이러한 일이 일어난 것은 주나라 말기에 제후들이 文籍을 없애고 또 진나라 때 경서를 불사르는 일을 겪었기 때문이라고 보았다. 성인이 경전을 만듦에 불완전한 것을 만들 리가 없다는 이유였다. 말하자면, 5편으로 이루어진 『周禮』에는 성인에 의해 天下의 理致와 王政의 大體가 정리되어 있다는 것이었다. 윤휴는 五敎의 세목과 정전법(井地), 宮室制度, 溝洫의 법 등은 『孟子』 『考工記』 등에 자세히 소개되어 있으므로 이를 활용하면 그 결여된 내용을 보완할 수 있다고 생각하였다.46)

윤휴는 『周禮』를 두고, 성인이 제작한 經書임을 추호의 의심 없이 확신하고 있었던 것이다. 이러한 이해 위에서 윤휴는 『周禮』의 전 내용을 압축하여 그 핵심을 일목요연하게 드러내고자 했다. 복잡하기 그지없는 『周禮』의 체제를 단순 명료하게 압축하고 있기에, 이를 통해서

---

44) 윤휴의 『주례』에 관한 생각을 집약하여 보여주는 글은 『白湖全書(下)』 卷42의 「讀周禮」로, 『주례』에 관한 간단한 讀書記이다.
45) 『白湖全書(下)』 卷42, 「讀周禮」.
46) 『白湖全書(下)』 卷42, 「讀周禮」, 1686쪽.

윤휴의 周禮觀 혹은 『周禮』를 통하여 세우는 정치이념의 세세한 내용을 찾아내기는 쉽지 않지만, 그러나 그 압축과 정리에는 윤휴 자신의 독특한 이해가 놓여 있었다. 그러므로, 그것이 비록 짧고 단순한 분량이지만 윤휴의 周禮觀을 살필 수 있는 여지가 풍부하다고 할 수 있다.

윤휴는 우선, 百姓의 職事가 天으로부터 모두 아홉 가지, 곧 九職으로 부여된 것을 거론했다. 王公, 卿大夫, 學士, 農夫, 百工, 商賈, 府史之吏, 皂隷, 兵役之民 등이 그것이다.[47] 위에서 道를 논하여 經綸하는 일, 朝廷에서 議制하여 정치를 하는 일, 庠序에서 歌誦하여 至德‧孝德‧道藝의 三德을 완성하는 일, 들판에서 경작하여 九穀을 생산하는 일, 점포에서 飭化하여 八材를 가공하는 일, 시장에서 교역하며 五貨를 遷化하는 일, 官府에서 분주히 일하며 4가지 일에 종사하는 일, 家에서 복역하며 臣妾의 일을 하는 일, 사방에서 적을 막으며 征伐을 벌이는 일 등이 그 구체적인 職事였다.

또한 윤휴는 이 같은 職으로 구성된 인간사회를 규율하는 규범‧도로서 十倫을 들었다. 父子, 君臣, 夫婦, 兄弟, 朋友, 親疎, 貴賤 男女, 長幼, 賓主의 열 가지 관계를 통하여 규범이 형성되며, 이것이 곧 천하의 達道를 이룬다는 것이었다.[48] 父子有親, 君臣有義, 夫婦有別, 兄弟有倫, 朋友有信, 親疎有體, 貴賤有等, 男女有禮, 長幼有序, 賓主有敬은 그러한 관계를 규율하는 구체적인 덕목이었다.

윤휴는 이어, 이러한 十倫을 실현하는 데 필요한 직책으로 六卿과 三公 三孤를 들었다. 六卿은 天官冢宰, 地官司徒, 春官宗伯, 夏官司馬, 秋官司寇, 冬官司空을, 三公 三孤는 太師 太傅 太保, 少師 少傅 少保를 말하는데, 윤휴가 보기에, 王制는 이로 말미암아 구비되며 또 군왕은 이들의 보필을 받아 修道하고 제도를 실행할 수 있었다.[49] 윤

47) 『白湖全書(下)』 卷42, 「讀周禮」, 1683쪽.
48) 『白湖全書(下)』 卷42, 「讀周禮」, 1683~4쪽, "其所以爲道者 有十倫焉 父子也君臣也夫婦也兄弟也朋友也親疎也貴賤也男女也長幼也賓主也……此所謂天下之達道".

172

휴가 정리한 바, 六卿 각 직책의 임무는 다음과 같이 정리된다.

<표 1> 六卿의 임무

冢宰	掌邦治 建六典 總九經 以統百官之職
司徒	掌邦敎 敷五典 施九訓 以成九德之化
宗伯	掌邦禮 明五秩 序九儀 以序三才之位
司馬	掌邦政 董六師 正九法 以張九戎之威
司寇	掌邦刑 用三典 糾九禁 以致六極之討
司空	掌邦土 執二制 齊九事 以就九功之叙

윤휴는 또 道를 실행하는 데는 15가지 禮가 근거가 된다고 정리했다. 事天의 도를 밝히는 郊社禮, 父子之親을 밝히는 宗廟禮, 君臣之義를 밝히는 朝廷禮, 제후의 정치를 베푸는 方岳禮, 사방의 난리를 평정하는 使役禮, 천하의 근심에 대비하는 田狩禮, 근본에 힘쓰고 효를 두텁게 하는 耕籍禮, 崇德化俗하기 위한 學敎禮, 尙賢·勵衆하기 위한 賓興禮, 남녀를 혼인시키고 부부관계를 바르게 하는 冠婚禮, 종족의 친목을 두터이 하고 형제간을 화합시키는 飮食禮, 붕우에게 은혜를 베풀고 빈객을 친애하는 射饗禮, 죽음을 애도하는 喪荒禮, 災禍의 고통을 나누는 與恤禮, 기쁨과 복락을 같이하는 嘉慶禮가 그것이다.[50]

윤휴는 이러한 예를 시행하고 담당하는 관제로서 또 36관이 설치되었다고 정리했다. 治官, 敎官, 禮官, 政官, 刑官, 事官의 6영역에 걸쳐 모두 36관이 설치되는데, 윤휴는 이로써 비로소 王制의 완성이 이루어졌다고 보았다. 36관의 직무와 구체적인 관서는 다음과 같다.

---

49) 『白湖全書(下)』 卷42, 「讀周禮」, 1684쪽, "此之謂王制 惟聖盡道 惟王盡制 盡制之謂聖 盡道之謂王 王左輔而右弼 前拂而後承 克正闕德 以帥天職 懋修大道 以立民極 愼五命 以陟有德 欽六典 以正天討 此則所以修道而行制者也".

50) 『白湖全書(下)』 卷42, 「讀周禮」, 1685쪽.

<표 2> 6官과 36官의 職務

治官	治：所以宰道化而節財用者	王宮之官 內治之官 典法之官 府藏之官 膳服之官 會計之官
教官	教：所以寧萬民而賓賢能者	鄕黨之官 國子之官 典樂之官 司市之官 倉積之官 畜牧之官
禮官	禮：所以治神人而和上下者	享祀之官 喪葬之官 賓旅之官 典祀之官 卜筮之官 觀象之官
政官	政：所以正百官而平禍亂者	僕馭之官 侍衛之官 守禁之官 巡警之官 繕甲之官 牧馬之官
刑官	刑：所以糾萬民而除盜賊者	聽訟之官 禁暴之官 幾奸之官 行人之官 刑戮之官 物害之官
事官	事：所以養百物而生萬民者	縣遂之官 賦貢之官 山澤之官 園囿之官 徵斂之官 工事之官

윤휴는 이와 같은 내용을 갖춘 『周禮』에 천하를 제대로 다스리고 왕도를 제대로 실행하는 원칙과 방법이 내재되어 있다고 파악하였다. 그가 보기에 『周禮』의 구조에는 두 가지 측면이 압축되어 있었다. 하나는 선왕의 정치가 이루어지는 과정으로, 여기서는 군주가 덕을 갖춘 뒤 제도를 완비하는 것으로 파악한다. 곧 다음의 언급 그대로이다.

德이 닦이면 도가 이루어지고 道가 이루어지면 制度가 밝아지고 제도가 밝아지면 禮에 常經이 있게 되고 禮에 상경이 있게 되면 도에 倫常이 있게 되며 도에 윤상이 있게 되면 官에 秩序가 생기고 관에 질서가 있게 되면 制度가 完備된다.[51]

『周禮』는 덕을 갖추는 것에서 출발하여 제도가 완비되는 과정을 일관되게 보여준다는 것이다. 군주가 德을 갖추는 것이 예제 법제를 만드는 과정에서 근본이 된다는 이해였다. 그러나 윤휴는 동시에, 이러한

---

51) 『白湖全書(下)』 卷42, 「讀周禮」, 1686쪽, "德修而道成 道成則制明 制明則禮有經 禮有經則道有倫 道有倫則官有序 官有序則制有備"(번역은 민족문화추진회, 『국역 백호전서』 Ⅸ, 99쪽 참조).

174

과정은 다시 군주의 덕성을 풍부하게 하고 왕도를 가능하게 하는 조건
이 된다고 한다. 곧,

> 制度를 완비한 것을 德이 성대하다고 한다. 덕이 성대하면 教가 높
> 아지고 교가 높아지면 백성의 職分이 닦이고 백성의 직분이 닦이면
> 천하가 다스려지고 천하가 다스려지면 王道가 얻어진다.[52]

라 함이다. 제도를 완비하는 것을 일러 盛德이라 하는데, 덕을 풍부하
게 하면 교화가 높아지고 교화가 높아지면 민의 직분이 이루어지며,
민의 직분이 이루어지면 천하가 다스려지며 천하가 다스려지면 왕도
를 얻게 된다는 것이다.

결국, 윤휴는 선왕이 제도를 갖춘 것은 선왕이 德性을 닦고 修道한
조건 위에서 가능했으며, 역으로 제도를 완비하고 실행하면 군주의 덕
성이 풍부해지고 교화가 존엄해지며 왕도를 얻게 된다는 의미로 『周
禮』의 전 내용을 이해한 것이다. 윤휴는 『周禮』로부터, 정치의 주체로
서의 군주가 도·덕을 쌓는 것과 제도를 갖추어 정치를 실행하는 것
양자의 상관관계를 정리했으며, 군주의 道·德은 制度·禮法과 연관
된다고 파악하였다. 윤휴에게서 『周禮』란 천하를 다스리고 王政을 실
현하는데 필요한 제반의 원리와 방법을 수록한, 성인의 완전한 경전이
었던 것이다.

윤휴의 이러한 『周禮』 정리와 이해는, 『周禮』의 본래 체제와 구성에
따른 것이 아니었다. 『周禮』는 天官, 地官, 春官, 夏官, 秋官, 冬官의 6
편 체제로 구성되어 있으며, 여기에 대단히 복잡하게 그 법제, 윤리규
범 등이 정리되어 있다. 그러나 윤휴는 이를 九職, 十倫, 王制, 十五禮,
六官 등의 순으로 압축해서 정리했다. 자신의 관점에 서서, 『周禮』를

---

52) 『白湖全書(下)』 卷42, 「讀周禮」, 1686쪽, "備制之謂盛德 盛德而教尊 教尊而
民職修 民職修而天下治 天下治而王道得"(번역은 주 51과 동일한 번역본을
활용했음).

일관하는 핵심을 잡아내고자 했음을 볼 수 있다. 이와 더불어 윤휴는 『周禮』로부터, 왕도정치를 이루는 방식을 구체화시키고 있다. 왕제를 갖추고 실행함에 군주가 덕성을 기르고 도를 갖추는 것이 필요한 전제였지만, 다시 역으로 제도를 완비하는 것이 군주의 덕성을 풍부하게 하고 民職을 닦게 하며 천하를 다스리게 하는 일이 된다는 것이었다.

윤휴가 이와 같이 『周禮』를 정리하고 『周禮』의 의미를 압축하여, 『주례』의 이념을 포착하고 있었던 모습은, 그의 학문적 관심이 멀리 삼대의 禮制, 삼대의 思想에 구체적으로 미치고 있었음을 보여준다. 이 시기의 주류학계에서 삼대 사회를 이상사회로 설정하면서도 거기에 접근하는 방법을 두고, 心性論에 근거하려고 했던 것과는 대비되는 모습이라 하겠다. 주자학에서 강조하는 바, 유학의 주된 과제와 목표는 堯·舜 聖人의 경지를 획득하는 것, 요·순 성인의 마음, 요·순 성인의 덕성을 구비한 뒤에야 비로소 제대로 된 정치를 할 수 있다는 것이었다. 요순 성인의 마음과 덕성을 구비하는 방법을 모색하여 체계화된 것이 바로 심성론을 중심으로 정리된 학문방법론이었다.53) 그럼으로, 이 같은 학문론에서는 삼대의 제도, 삼대의 예법에 대해서는 그다지 주목하지 않고 있었다. 예법의 성격 자체가 隨時損益하는 성격을 지니고 있으므로 과거의 예법을 회복한다는 것은 이미 시세상 맞지 않는 일이었거니와, 주자학에서는 治者의 聖人化, 治者의 道德的 完成에서 三代的 理想을 실현하는 전제를 구하고 있었던 것이다.54)

---

53) 李滉의 『聖學十圖』나 李珥의 『聖學輯要』는 16, 17세기 조선학계의 지향이 성인화에 있음을 잘 보여준다. 그리고 이이의 『擊蒙要訣』이나 『學校模範』은 이러한 성인화를 위한 교육방법론을 정리한 책인데, 고대의 이상사회를 현실 속에서 어떻게 구현할 것인가 하는 이 시기 지식인들의 열망을 잘 담고 있다고 할 수 있다. 여기에 대해서는 정호훈, 「16세기 말 栗谷 李珥의 敎育論－『擊蒙要訣』『學校模範』을 중심으로－」, 『韓國思想史學』 25, 2005 참조.

54) 이 점은 이를테면 『書經』「洪範」의 '皇極'에 대한 주희의 이해에서 잘 드러난다. 주희는 "皇是指人君 極是使身爲天下做個樣子 使天下是身以爲標準"이라 하여 황극을 군주가 이루는 천하의 표준으로 이해했다. 이때 표준의 형

여기에 비하면 『周禮』의 가치에 주목하는 윤휴의 태도는 일단은 비현실적이고 이상적인 성향이 강했다고 할 수 있겠다. 이러한 윤휴의 생각은 변함없이 견지되었다. 이후에도 윤휴는 삼대 사회의 法制, 삼대 사회의 禮制가 비록 오랜 세월이 흘러 그 전모를 파악하는 것이 쉽지는 않지만, 삼대사회의 이상을 실현하기 위해서는 반드시 그 예제 그 예법을 회복, 실현해야 한다는 생각을 버리지 않고 있었다.55) 윤휴는 삼대의 법이 크게 建邦·設官·分民·經野·明刑·制軍의 6분야로 이루어져 있다고 파악하고,56) 이러한 성인의 법은 '規矩準繩'과 같은 도구의 의미를 지닌다고 보았다.57) 삼대법제는 '因時異尙 以趨世變'58)하는 可變의 융통성 속에서 시행되어야 함을 윤휴 또한 유의하고 있었지만, 그러나 이 법제를 버리고 옛 성인의 세계로 다가간다는 것은 불가능하다는 것이었다. 윤휴는 古制를 法받지 않고 古聖人의 사회를 회복할 수 있다는 논자들의 논리는 실천을 포기하고 前代의 聖人이 되겠다는 것에 다름 아니므로,59) 학자 관료들은 무엇보다 三代 法制를 '講明傳習'하고 그 실행에 노력해야 한다고 강조하였다.60)

성이 "正身而作民之準則"(『朱子語類』 卷79, 「洪範篇」)이라는 데서 볼 수 있듯, 주희는 군주의 위상을 도덕적 표상에 기준하여 구하였다.

55) 윤휴는 心性論에 기초한 정치론을 벗어나, 禮法·制度의 객관적 제도와 규범의 실행을 중시하는 정치론을 세웠는데, 여기에는 이러한 사고가 충분히 전제되어 있었기 때문으로 보인다. 윤휴는 『大學』과 『中庸』, 『孝經』 등의 경서 해석에서 이러한 정치론을 일관 되이 적용하려고 했다. 여기에 대해서는 정호훈, 앞의 책, 2004 참조.

56) 『白湖全書(中)』 卷27, 「漫筆」 中, 1115쪽, "古先王經理天下之大者 日建邦 日設官 日分民 日經野 日明刑 日制軍 此六者其大綱大紀也".

57) 『白湖全書(中)』 卷27, 「漫筆」 中, 1133쪽, "聖人之法 猶規矩準繩也 事不師古 而求多乎聖人 猶舍規矩 而求方圓".

58) 『白湖全書(中)』 卷36, 「中庸朱子章句補錄」, 1493쪽.

59) 『白湖全書(中)』 卷27, 「漫筆」 中, 1115쪽, "又有謂法不必古 以致可復者······ 是猶却行 而求及前人也".

60) 『白湖全書(中)』 卷27, 「漫筆」 中, 1115쪽, "古先王經理天下之大者 日建邦 日設官 日分民 日經也 日明刑 日制軍 此六者其大綱大紀也 自秦滅學之後

윤휴의 이러한 생각은 한편에서 본다면 시세에 맞지 않는 것이었지만, 달리는 현실의 제도를 개변하여 대경장 대개혁을 이루고자 하는 열망의 원동력이었다. 윤휴는 兵農一致의 토지제도, 병역제도 등을 실현할 수 있는 구체적인 법제를 마련하지는 않았지만, 紙牌法과 戶布法을 비롯, 富國强兵 國家를 이루는 데 필요한 제반 법제를 시행하고자 하였다.61) 숙종 초반, 서인과 남인 사이에 펼쳐졌던 격렬한 정쟁에는 윤휴의 이러한 생각이 크게 작용하고 있었다.

2) 『磻溪隨錄』의 개혁구상과 『周禮』 理念

이 시기, 『周禮』를 비롯한 삼대의 고제도에 대한 관심은 한편으로 구체적인 국가개혁 구상으로 귀결하기도 했다. 유형원의 『磻溪隨錄』이 그것이다. 北人系 家門에서 성장했던 까닭으로 관직에 진출하기 어려웠던62) 유형원은 오랜 세월에 걸쳐 고대의 경전과 제도를 연구하고 이를 근거로 조선사회의 구조를 전면 혁신할 새로운 국가체제를 구상했다.63)

『磻溪隨錄』은 「田制」(4권), 「敎選之制」(2권), 「任官之制」(1권), 「職官之制」(2권), 「祿制」(1권), 「兵制」(2권)와 「續篇」, 미완성의 「郡縣制」로 구성되어 있다. 토지·조세재정을 중심으로 하는 경제제도, 정치제도, 과거·교육제도, 국방제도, 지방제도 등을 두루 다룬 책임을 알 수 있다.64)

六者皆壞 陵夷以至于今日 世主旣因仍設置 以趨一時苟簡之治 學士大夫亦無講明傳習 以遺來世者".
61) 北伐論, 北伐策은 그러한 富國强兵의 체제를 갖추는 문제와 직접 연관되어 있었다. 윤휴의 북벌론은, 요동을 비롯한 북방지역으로 진출하고자 여러 차례 시도했던 한민족의 움직임과 역사적인 맥락을 같이하고 있다.
62) 정호훈, 앞의 책, 2004 참조.
63) 金駿錫, 앞의 책, 2003.
64) 구체적인 내용에 대해서는 다음의 글 참고. 구체적인 내용에 대해서는 다음

178

『磻溪隨錄』에서 제시된 유형원의 새로운 국가상은, 『周禮』의 정치이념을 적극 긍정하고 충실히 활용한 결과였다. 유형원은 『磻溪隨錄』을 저술하며 다양한 자료를 참고하였다. 『周禮』『儀禮』『禮記』『書經』『春秋』 등을 비롯한 儒家 諸 經傳, 『通典』『文獻通考』『大學演義補』 등의 중국의 政法書, 張載 胡宏 朱熹 李珥 趙憲 韓百謙 등 中國·朝鮮의 여러 儒者들의 정치론 등이 검토되었다. 말하자면 『磻溪隨錄』을 받치는 역사적·정치사상적 典據는 하나 둘이 아니었던 셈이다. 그런 점에서 『磻溪隨錄』이 만들어지는 과정에서 어느 특정한 사상만의 영향을 받았다고 정리하는 것은 유형원의 경험과 『磻溪隨錄』의 배경을 축소할 가능성이 농후하다 할 것이다. 그러나, 실제 여러 다양한 영향 속에서도 그 중심을 이루는 것은 『周禮』와 『周禮』의 정치이념이었다. 유형원은 구체적으로 『周禮』라는 성인의 경서에 기대며 자신의 혁명적 개혁구상을 세우고 이를 현실 속에서 밀고 가고자 했던 것으로 보인다. 우리는 이점을 『磻溪隨錄』의 중심 이념과 『周禮』의 중심 이념을 비교하면서 확인할 수 있다.

유형원의 『磻溪隨錄』에 구상된 국가질서는 『經國大典』 체제를 부정하고 있다. 이 점은 그의 토지와 사회신분제 개혁론에 잘 드러난다. 유형원은 그 어떤 점보다 토지제가 가진 의미를 중시하는 가운데, 地主佃戶制를 해체하여 公田制를 시행해야 한다고 하였다. 개개인이 사적으로 소유하고 있는 토지를 국가가 몰수하고 이를 다시 身分 職役에 따라 일정 규모로 再分配해야 한다는 구상이었다.[65] 이것은 大土

의 글 참고. 金駿錫, 앞의 책, 2003 ; 金駿錫, 「柳馨遠의 變法論과 實理論」, 『東方學志』75, 1992 ; 金駿錫, 「柳馨遠의 政治·國防體制 改革論」, 『東方學志』77·78·79합집호, 1993 ; 白承哲, 「磻溪 柳馨遠의 商業觀과 商業政策論」, 『韓國文化』22, 1998.
65) 大夫·士로부터 농민 상인에 이르기까지 모든 직역에 종사하는 사람들은 그 위치에 맞게 토지를 재분배 받도록 구상되었다(『磻溪隨錄』卷1, 「田制」上). 신분 직역별 지급토지의 면적과 軍役 여부는 다음과 같다.
가. 四頃爲一佃 (民)每一夫 占受一頃 依法收稅 每四頃出兵一人.

地 所有者 혹은 富民의 저항을 염두에 두게 되는, 당대 조선의 경제
질서를 크게 변화시키는 방안이었다.66)『磻溪隨錄』에서는 이와 함께
公田制와 연계하여 병역을 운용할 것을 구상했다.67) 그러니까, 토지를
중심으로 한 사회조직을 군사조직으로 직접 전환하여, 平時나 有事時
의 軍役으로 활용한다는 생각이었다.68)『반계수록』이 지향하는 새로
운 체제의 핵심이 농업과 군역을 일치시키는, 兵農一致의 제도에 있음
을 여기서 보게 된다.

한편,『磻溪隨錄』에서는 상업과 수공업의 운영이 公田制와 연관하
여 이루어져야 한다고 생각했다.69) 상인과 장인이 안정적인 생산활동
을 하려면 그 恒産이 보장되어야 하며, 이를 가능하게 하는 것이 토지
경영이라는 것이었다.70) 동시에,『磻溪隨錄』에서는 국가가 적극 간여
하여 이들 산업을 진흥하고 관리하는 체제를 구상했다. 전국적으로 常

나. 士之初入學者二頃 入內舍者四頃 免其出兵 職官 九品以上至七品六頃
　　遞加至正二品 則十二頃 幷免出兵.
　　吏胥奴隸 役於官者 ……外則祿田參定 而二人一頃 亦免出兵.
다. 工商 受田五十畝 半其保布 開立鋪子者 亦受田一頃 免其保布.
라. 籍田 定以十頃 其一頃爲親耕田 其九頃 則領民受之 使九頃夫治穫親耕
　　田 而免其九頃之稅.
마. 凡民年二十以上守田……凡受田者身歿 則還之 大夫士三年後遞田 軍民
　　百日後遞田 凡軍士六十免役還田.
66)『磻溪隨錄』卷2,「田制」下, 17나~18가, "大凡天下萬事 只是兩端 天理人欲
而已 近自一心之微 遠至於天下之事 皆一規也 人苟存天理 則人欲自退聽
而吉無不利 何嘗見存天理而病身者乎 聖人所主一於天理而已 天理所在 雖
有誅殛討伐之勞 亦所不辭 舜之誅四兇 文王之滅國五十 宣王之薄伐犬戎 皆
爲此也……其事雖殊 其理一也 況此吾民 令之斯行 導之斯從 大小貴賤無不
各得其分……只患人君不能去一己之事 明一心之德 富民作亂 非所慮也".
67)『磻溪隨錄』卷1,「田制」上, 22가, "出兵旣以田則其編定隊伍 必以里次".
68) 위의 자료 참조.
69) 앞의 주) 65 참조.
70)『磻溪隨錄』卷1,「田制」上, 33나, "或曰 工商旣事其利 不當受田 是不然 工
商若京都人衆之處 則可以其業爲生 外方居者全不受田 無以資生 不置工商
之田 則工商之道幾於絶矣 是以古制 亦有工商之田".

設鋪子를 설치, 이를 상인들이 전업적으로 운영하는 가운데 국가는 籌
貨權을 장악, 貨權 利權을 국가가 확보할 수 있어야 한다고 생각했다.
이러한 구상은, 상품의 생산과 유통에서 주체가 되는 것은 국가이며,
생산과 유통의 경제활동에서 일어나는 제반의 이익은 국가에서 수렴
하고 또 국가가 관장해야 한다는 생각에 바탕한 것이었는데, 그것은
요컨대 '利權在上'의 이념과 연관되어 있었다.

유형원은 상공업활동에서 國家, 官의 역할을 강조하면서도, 동시에
민간의 자율적인 경제활동을 부정하지는 않았다. 상인의 수가 늘면 세
금을 중하게 하여 이를 조절하며,[71] 상설포자를 국가에서 운영하는 한
편으로 민간에서도 설치할 수 있게 한 것[72]은 그의 商業觀이 국가의
역할을 중시하면서도 자율적인 경제활동 또한 강조한 것을 보여 준다.

신분제와 관련하여 유형원은 종래의 차등적 인간관계의 큰 틀을 부
정하지는 않았다. 유형원은 名分 等位 分數 貴賤 등에 따른 신분 차등
의 정당성을 인정하였다. 그는 궁극적으로 治者와 被治者, 君子와 小
人, 上典과 奴僕, 嫡과 庶의 차별관계가 불가피하다는 사회신분제 긍
정의 논리를 의심하지 않았다.[73] 이를테면, 그는 士 혹은 兩班이 가진
정치사회적 역할을 긍정하여 이를 국가적으로 보장해 주어야 한다고
보아[74] 토지분배에서 士族을 우대하였다. 士 중심의 신분제 관념을 그
가 지니고 있었던 까닭이다.

유형원은 또한 신분제의 여러 폐단을 해결하기 위한 방안을 적극적

---

71) 『磻溪隨錄』卷1, 「田制」上, 59나, "又按工商之不可無 與士農無異 但業之者
　　過多則害於農 多則重其稅以抑之 少則輕之 以開通貨之路 卽今本國制造未
　　精 物貨不通 在所當輕".
72) 『磻溪隨錄』卷4, 「田制後錄」下.
73) 金駿錫, 앞의 책, 2003, 192쪽.
74) 다음과 같은 언급에서 정신 노동 혹은 치자계층으로 살아가는 일을 특별히
　　우대하는 의식을 확인할 수 있다. 『磻溪隨錄』卷1, 「分田定稅節目」, 7나, "大
　　槪 治田而出稅供上者 野人之事也 學道而修職食稅者 士君子之事也 此乃通
　　義 亦是古意".

으로 모색하였다. 노비제는 반드시 철폐해야 할 제도였다. "奴婢以世之法 本王政之所當改者"[75]라 함이었다. 노비제도가 당대 조선사회에서 차지하는 비중으로 볼 때, 노비제를 없앤다는 발상은 혁명적일 수밖에 없었는데,『반계수록』에서는 노비제 철폐를 궁극의 과제로 여기면서도 점진적이며 현실적인 해결 방안을 제시하였다. 奴婢從母法을 실시하여 노비의 수를 자연스럽게 줄여가고[76) 또 傭役制(雇工制)를 시행, 노비를 대체한 노동력을 확보할 수 있는 제도를 마련하자는 것이었다.[77)

이와 같이 유형원은 신분제적인 사회 질서를 긍정하고 있었지만, 그러나 신분의 운영과 관련하여, 신분적 특권 혹은 신분적 차별이 영속적으로 고정되어서는 안된다고 보았다. 士農工商의 신분은 사회 운영에 필요한 職役으로서 반드시 필요하지만, 그것이 특권과 차별의 세습 신분으로서 운영되어서는 안된다는 것이었다. 신분의 귀속성보다는 획득적 성격을 보다 주목하고 강조하는 그러한 신분관이었다.[78)

한편 유형원은 새롭게 만들어지는 국가의 지방제도에 대해서는 郡縣制와 封建制의 장점을 최대한 활용하여 재편하되, 鄕里制를 기본 조직으로 할 것을 구상하였다.[79) 향리의 행정조직은 5家=1統, 10統=1里, 10里=1鄕(서울은 坊) 단위로 편성하고 이를 향약과 坊契(서울)을 활용하며 자치 운영하도록 하였다. 이것은『주례』에 예시된 바, 鄕遂制를 재현하는 것이었는데,『반계수록』에서는 향촌의 치안유지, 인구 이동의 통제가 이를 통하여 효율적으로 이루어진다고 설명되었다. 지방제도란, 국가를 운영함에 근간이 되는 공권력이 실현되는 공간이었다. 그런 점에서 지방제도는 그 어느 제도보다 중요한 의미를 가지고

---

75)『磻溪隨錄』卷1, 田制,「分田定稅節目」, 23나.
76)『磻溪隨錄』卷26, 續篇 下,「奴隸」, 1가·나.
77)『磻溪隨錄』卷26, 續篇 下,「奴隸」, 7나.
78) 鄭求福,「磻溪 柳馨遠의 社會改革思想」,『歷史學報』45, 1970.
79)『磻溪隨錄』卷3,「田制後錄」上, 鄕里, 1가·나.

182

있었다. 유형원은 토지제 개혁을 근간으로 한 사회의 재편성안을 세우면서, 토지와 인구의 규모에 따라 지방조직을 새로이 개편하며 지방의 토지와 인민을 통제할 수 있는 방안을 적극 모색하였다.

『磻溪隨錄』의 구상은 체계적이었으며 또 매우 정밀하였다. 유형원은 각 분야별 법제를 제시하고, 그러한 법제를 구상함에 참고했던 역사적, 이념적 근거를 세세히 정리하고 제시하였다. 田制, 兵制 등의 법제 등에 관한 「攷說」이 그것이었다.[80] 그의 구상이 한때의 생각이나 여러 자료를 편집한 가운데서 나온 것이 아니며, 오래 고민하고 정력을 집중하여 완성한 역사성을 갖는 작업임을 내외로 천명하는 그러한 구성이었다.

『磻溪隨錄』에 제시된 국가체제는 당대 조선의 社會構成을 새롭게 再構하는 성격을 지니고 있었다. 그것은 兵農一致가 실현되며 전 산업과 인민의 생활에 대한 국가의 계획과 통제가 이루어지는 사회였다. 사회구성원은 身分과 職役을 엄격히 유지하는 가운데, 국가가 규정한 公的인 秩序, 公的인 規範 속에서 자신의 역할을 다 해야 했다. 국가공동체의 한 성원으로서의 주어진 권리를 향유하며 그 의무를 다하는 것, 그것이 이들이 존재하는 방식이었다. 말하자면 유형원이 『磻溪隨錄』을 통하여 구상한 국가는 사적인 소유, 사적인 경제활동에 대해서는 제한을 가하고 國有·共有의 경제활동을 중심에 두는 새로운 사회였다. 유형원이 모든 법제와 사회조직의 근간이 田制이므로, 토지제도를 개혁하고 이에 맞추어 제반의 제도를 만든다는 인식 아래 『반계수록』을 편제한 것은 국유제에 근간한 국가경영의 문제를 중핵으로 생각했음을 단적으로 보이는 일이라 하겠다.[81]

---

80) 예컨대 『磻溪隨錄』의 1권에서 4권까지는 「田制」를 다루고 있는데, 5권에서 8권까지는 「田制攷說」을 싣고 있다. 다른 제도에서도 마찬가지 방식을 취하고 있다.
81) 『磻溪隨錄』 卷2, 「田制」 下, 10나, "此法之行 萬民皆得其所"; 『磻溪隨錄』 卷2, 「田制」 下, 12가, "公田則公而均 私田則私而偏 公則民産有恒 人心有定

『반계수록』에서와 같은 방식으로 움직이는 국가상을 체계적으로 정리하고 있는 경전은 『周禮』가 대표적이었다. 『周禮』적 國家體制·國家經營方式은 土地·人民·自然에 대한 국가적 관리를 중앙집권적인 제도 속에서 실현해 가는 특성을 지니고 있었다.[82] 이를테면, 토지의 국유와 국가적 관리는 그 전형적인 경우로, 殷·周代의 '井田制'는 그를 구현하는 핵심 제도였다. 『맹자』에서도 仁政의 핵심으로 井田論을 거론하고 있었지만, 그것은 국가적 차원에서 中央集權的인 방식으로 전 경제와 인민의 생활을 장악하고 계획적으로 운영하자는 정치적 구상 위에서 나오는 것은 아니었다. 다만, 仁政 왕도정치의 한 표상으로서만 이야기될 뿐이었다.[83] 『詩經』에서도 公田論이 제기되었지만 이역시 『孟子』적인 사유의 범위를 벗어나는 것은 아니었다.

『주례』적인 체제는 전 인민의 재생산을 보장할 정도의 사회적 생산력을 확보하는 가운데 전 구성원들이 자신의 職役과 身分에 주어진 일을 온전히 실현하게 하는 구조를 갖춘 것으로 전망되었다. 나아가 외적의 침입에도 굴복하지 않고 抗戰, 이를 격퇴할 수 있는 힘을 체제상 구축할 수 있는 것으로 이해되었다. 말하자면, 『주례』의 국가상은 국가가 중심에 서서 사회를 공동체적인 질서 속에서 운영하는 가운데 富國强兵의 능력을 충분히 확보하는 강고한 체제였다.

教化可成 風俗可厚 萬事無不各得其分 私則一切反是耳".

82) 『周禮』의 주 이념은 絶對君主를 정점으로 한 大統一의 질서를 조직화하고자 하는 데 있었으며, 이를 기반하는 사회경제구조는 국가가 그 운영 전반을 통제하는 성격을 가지고 있었다(『周禮』 연구서로는 侯家駒, 『周禮硏究』, 臺北 : 聯經出版事業公司, 1989 ; 李普國, 『周禮的經濟制度與經濟思想』, 開封 : 中州古籍出版社, 1987 ; 彭林, 『周禮主體思想與成書年代硏究』, 北京 : 中國社會科學出版社, 1990 참고).

83) 맹자가 살던 시기는, 商鞅과 申不害 등 법가 사상가들이 尊君思想을 고취하면서 法治를 통한 富國强兵을 꾀하고 있었다. 맹자는 이러한 시대적 배경 속에서 貴民輕君 사상을 역설하고 나섰다(신동준, 『덕치 인치 법치』, 예문서원, 2003, 100쪽).

이 같은 국가구상은 그러나 현실의 사적인 경제활동을 부정하며, 人治보다는 法治의 면모를 강하게 지니고 있는 점에서, 현실적으로 실현하기도 어려울뿐더러 儒者들의 지지를 받기도 어려웠다. 周公의 작품으로 평가되어 성인의 마음, 성인의 경륜을 담고 있다고 평가할지라도 그 이념, 그 법제가 현실적으로 실현되기에는 많은 어려움이 있었던 것이다.

유학사상,『周禮』의 이념과 제도가 제대로 구현될 수 없었던 것도 모두 이러한 점과 연관이 있을 것이다. 성격이 그러했기에 주자 같은 경우도『周禮』에 대해서는 그다지 높은 평가를 내리지 않고 있었다.[84] 특히,『周禮』의 국가적 토지 관리방식은 그 실현과 관련해서는 크게 신뢰받지 못하였다. 三代 이후, 井田制를 구체적으로 시행하고자 한 인물은 王莽이었는데, 그는 이 일로 역사상 늘 僭濫한 인물로 비판받았다. 朱子學에서도 井田制적인 土地制度에 대해서는 긍정하지 않았다. 朱熹는『孟子』등에 제시된 周代의 井田制의 시행 자체를 의심하였으며, 그 현실적 실현이 대단히 어려울 것으로 판단하고 있었다. 井田制 難行說이었다.[85]

『磻溪隨錄』은『周禮』의 정치이념,『周禮』의 정치운영 구상을 전반적으로 수용하고 있었다. 물론, 세부적인 내용으로 들어가면,『磻溪隨錄』은 조선의 역사전통과 현실에 맞추어 실현 가능한 법제를 구상하고 있었기 때문에『周禮』에서 제시된 제도 법제를 맹목적으로 따르려고 하지는 않았다. 이를테면 공전제의 경우, 토지를 田字形으로 구획하고, 이를 기준으로 토지를 지급하고자 했던 방식은 韓百謙의 '箕田論'에서 정리된 바, 箕子의 井田을 참고한 것이었다.[86] 그러나 그 대체에서 살핀다면『磻溪隨錄』은『周禮』에서 제시된 국가경영의 대원칙, 곧 국가

---

84) 狩野直喜, 吳二煥 譯,『中國哲學史』, 乙酉文化社, 1986, 409~410쪽.

85) 朱熹의 土地論에 대해서는 金容燮, 앞의 글, 1985 참조.

86) 주) 27 참조.

공동체적 사회운영을 전적으로 수용하는 가운데 성립하였다.

4. 맺음말

조선사회에서 17세기는 두 차례의 전란을 전후하여 초래된 폐허 위에서, 그 궁핍과 곤고함을 넘어 새로운 질서와 문화를 만들고 발전시킨, 역동의 시기였다. 조선사회에 내외로 닥쳐온 정치적 과제를 해결하기 위해, 군주를 비롯한 전 신분계층은 자신이 처한 위치에서 자신이 할 수 있는 최대한의 노력을 기울였다. 그 처한 신분과 지위가 다르고, 살았던 지역이 달랐으며, 익힌 문화전통에서 비록 많은 차이를 보였지만, 이들의 삶은 참혹하도록 궁핍한 사회를 어떻게 발전시키며 그 고통의 고개를 어떻게 넘어갈 것인가 하는 노력으로 일관하고 있었다. 이 시기 조선을 살았던 사람들의 삶은 비극이었다.

조선사회의 전면적 개혁과 변화를 생각하는 사람들은 『周禮』로부터 새로운 이념과 제도의 원형을 찾고자 하였다. 앞선 시기에는 그다지 주목받지 못했던 경전, 『周禮』를 주목했던 것이다. 거기에는 조선사회를 변화시키는 데 필요한 힘과 방법이 숨겨져 있었다. 이 책을 중시한 학자 政論家들은 이를 독자적으로 소화, 독자적인 이념과 개혁책을 마련해 내었다.

이와 연관하여 우리는 두 인물을 주목하게 된다. 尹鑴와 柳馨遠이다. 윤휴는 이 시기 인물들 가운데 누구보다도 먼저 『周禮』의 가치를 주목하고, 여기로부터 자신의 정치이념, 자신의 개혁구상의 근거를 구하였다. 주자학과는 다른 방식으로, 인간사회의 운영원리를 찾아내려고 노력했던 활력 넘치는 학자의 한 면모였다.

『周禮』를 周公의 완성품으로 이해, 이 경전이 성인이 經綸하기 위해 만든 완전한 작품이며 그러므로 그 내용도 완전하다고 인식하였던 윤휴는『周禮』의 전 내용을 九職, 十倫, 六卿과 三公三孤, 十五禮와 三十六官 등의 주제로 압축하여 정리하는 가운데,『周禮』에서 제시하는바 군주정치의 핵심은 다음의 두 측면을 가지고 있다고 파악했다. 즉 옛 군왕은 '修德'과 '修道'를 근본으로 하여 제도를 완비했으며, 역으로 그러한 제도의 완비는 德性을 풍성하게 하고 王政을 이루게 하는 근거가 된다는 것이었다. 그러니까 그에게서『周禮』란, 군주가 덕성을 갖추는 일과 제도를 갖추는 일이 동시에 같은 차원에서 이루어져야 함을 제시하는 경전이었다.

　윤휴의 富國强兵의 國家體制 구상은 그의『周禮』파악과 밀접한 관계를 가지고 있었다. 그러나 윤휴의『周禮』연구와 관심은 여기서 더 나아가지 않았다. 윤휴는『周禮』의 정치이념을 중시하고 정치개혁론의 근거로 활용하고는 있었지만『周禮』의 가치를 전면화하지는 않았다.『周禮』가 가진 의미를, 새로운 국가론의 근거로까지 끌어올린 이는 유형원이었다.

　유형원의 국가개혁론은 公田制를 축으로 구상되었다. 모든 토지를 國有化하고 이를 身分 職役에 따라 재분배함으로써 사회적 생산성을 높이고 全 사회구성원의 안정적인 재생산이 가능해지도록 한다는 것이었다. 이러한 구상은 지주전호제를 혁파하여 소농경제를 안정시키는, 말하자면 생산관계의 변화, 사회구성의 변화를 상정하는 것이었는데, 그것은 달리 국가가 그 가진 힘을 최대로 활용, 사적인 경제활동, 사적인 형태의 권력행사를 억제하고, 국가공동체적인 구조를 만들어 운영하는 것을 긍정하는 생각이었다. 이 같은 구상은 土地・人民・自然에 대한 국가적 관리를 중앙집권적인 제도 속에서 실현해 가는 특성인 가진『周禮』적 國家體制・國家經營方式을 온전히 수용한 귀결이었다.

　요컨대, 17세기 조선사회는 국가 재건의 시대적 과제를 해결하는 과정에서 주자학과는 성격을 달리하는 정치론을 개발하고 새로운 국가

론을 구체화하였다. 朱子學者들이 그 이념이 가진 정치력을 최대한 확
장하고자 하는 노력과 대등한 차원에서의 작업이었다. 이들은 그러한
국가론을 만들어내는 과정에서『周禮』의 이념을 최대한 활용하였다.
그것은, 국가공동체적인 사회를 전망하는 정치론이었다. 그러한 이념
은 儒家의 王道政治論・仁政論의 성격을 지니면서도 동시에 法家적
면모를 지니고 있기도 하였다. 윤휴를 비롯한 유형원 등은『周禮』의
이 같은 점에 높은 가치를 부여하고 조선사회를 변화시킬 가능성을 발
견하고자 했다.

　　17세기『周禮』연구와 그것의 정치적 활용은 대체로 南人學者들에
의해 이루어졌다. 老論이나 少論 학파에서는『周禮』에 대해 별다른 관
심을 기울이지도 깊은 천착을 가하지도 않고 있었다. 이들 남인들의
『周禮』연구와 이에 기초한 새로운 정치론의 모색 작업은 뒷 시기 남
인계 실학자들의 국가론 연구를 비롯, 조선사회를 변화시킬 수 있는
이념을 적극적으로 모색하던 인사들에게 한 초석이 되었다. 18세기에
이르면『周禮』를 연구하고『周禮』를 통하여 사회개혁론을 마련하고자
하는 노력이 보다 확산되고 있었다. 17세기의『周禮』연구와 그 활용
은 그러한 풍조를 선도하는 학문적 전통으로 작용했다.

18세기 『周禮』 연구와 政治思想의 확대

원 재 린[*]

1. 머리말

17세기이래 조선 학계에서는 兩亂 이후 초래된 집권적 봉건체제의 구조적 모순을 타개하기 위한 방안들이 각기 상이한 사상적 토대 위에서 마련되었다. 이처럼 당색과 학연을 달리하면서 모색되어진 再造方略들은 현실 적용과정에서 불가피하게 政派간 치열한 갈등을 초래하였다. 실제로 肅宗·景宗代에 걸쳐 수 차례 換局이 일어났으며, 그 결과는 南人의 몰락과 西人의 분화, 그리고 老論의 정치적 우위로 귀결되었다. 그러나 노론의 후원으로 즉위한 英祖代 초반에 발생한 戊申亂(1728)은 국왕을 위시한 집권세력은 물론 양반 지식인층 일반에게까지 공멸의 위기감을 불러일으켰다. 변란을 통해 확인된 체제 모순을 大同·均平의 차원에서 타개하기 위한 蕩平論과 탕평책이 적극 모색되었다.[1] 이 과정에서 자연스럽게 앞선 시기 체제의 유지·보수 혹은 변화·개혁을 지향하면서 검토되었던 유교 경전들이 주목되었다.

* 연세대학교 국학연구원 연구교수, 국사학
1) 국가재조론과 탕평론에 대해서는 金容燮, 『(增補版) 朝鮮後期 農業史研究 Ⅱ』, 一朝閣, 1990 ; 金駿錫, 『(김준석유고집1) 朝鮮後期 政治思想史 研究－國家再造論의 擡頭와 展開』, 지식산업사, 2003 ; 金駿錫, 「18세기 蕩平論의 전개와 王權」, 『東洋 三國의 王權과 官僚制』, 국학자료원, 2002 ; 정호훈, 「18세기 전반 蕩平政治의 추진과 『續大典』의 편찬」, 『韓國史研究』 127, 2004 참조.

　　당시 官人儒者들이 경전을 통해 본받고자 했던 이상사회는 三代였다. 그 중 周나라는 구체적인 전범으로서 군자의 면모를 갖춘 聖王이 寶位에 있으면서 德治를 통해 王道政治 이념을 구현했던 국가였다. 그래서 주나라의 통치체제를 정리한『周禮』속에는 保民・爲民정치 실현에 필요한 다양한 법제가 정치・경제・법률・예 등 여러 분야에 걸쳐 담겨져 있었다.2) 특히 관직을 六官으로 분류한 방식은 중국을 비롯한 유교문화권 왕조들의 정부 조직체계의 전범이 되었다.3) 조선 역시 건국과정에서『주례』를 참조하여 통치체계의 기반을 확립하였으며, 국가가 안정적으로 운영될 때는 물론 사회 제 모순이 발생하여 난관에 봉착할 때에도 위기를 타개할 목적에서 열람되었다.

　　그런데 주대 정치이상을 실현하는 구체적인 방안을 논의하는 과정에서 적지 않은 이견이 발생하였다. 대체로 그것은 왕도정치의 이상을 이념적 차원에서 계승하고자 도덕성 회복에 주력하려는 입장과 典章・문물제도를 時宜에 맞게 改變하여 실현하려는 입장으로 구분해 볼 수 있다. 특히 후자의 입장을 견지했던 학자들 사이에서 周公이 찬술한『주례』의 중요성이 부각되면서 道器一致의 관점에서 이를 실현하기 위한 학문 노력이 경주되었다. 그 결과 구체적인 체제개혁 방안이 제출되었으며, 일부는 政論書로 정리되어 당대는 물론 후대 학자들에게 지대한 영향을 주면서 개혁을 위한 典據로 활용되었다.

　　본고에서는『주례』에 근거하여 체제개혁을 도모했던 논자들의 정치개혁 방안과 그 經世지향의 특징을 英・正祖代 蕩平政局과 학계 동향을 고려하는 가운데 구명해 보겠다. 즉 朱子의 朋黨論에 대응하는 새

---

2) 周世輔・周文湘,『周禮的政治思想』, 臺北 : 東大圖書公司印行, 1981 ; 侯家駒,『周禮硏究』, 臺北 : 聯經出版事業公司, 1987 ; 郝鐵川,『經國治民之典－『周禮』與中國文化』, 河南省 : 河南大學出版社, 1995 참조.

3)『주례』는 정부 조직체계를 六官으로 나눈 후 육관에 소속되어 있는 360여 개에 달하는 관직을 하나하나 열거하면서 그 관직의 직무와 거기에 배정되어야 할 인원을 지정하여 주고 있다(『周禮』,「天官・冢宰」, ‘大宰’ 참조).

로운 정치론으로서 탕평론이 제기되는 정치 상황과 實學을 표방하는 학문집단이 본격적으로 등장하는 당시 학계 상황을 고려하는 가운데 『주례』에 대한 인식과 이해가 갖는 정치사상적 의미를 관인유자들의 학문관과 경세론을 통해서 살펴보고자 한다.

이 같은 견지에서 볼 때 주목되는 분석대상으로 少論을 들 수 있다. 宋寅明(1689~1746)과 趙顯命(1690~1752) 등으로 대변되는 소론 탕평파는 영조에게 『주례』를 經筵 과목으로 적극 추천하였다.4) 이들은 『주례』를 君主聖學에 필수적인 텍스트로 권장하였는데, 여기에는 자파의 탕평이념을 실현시켜주는 데 꼭 필요한 경전이라는 인식이 깔려 있었다. 영조 역시 君師로서 학문 위상을 강화하는 과정에서 『주례』의 필요성을 인정하였다. 『주례』를 매개로 소론 탕평파와 영조의 현실적 이해관계가 부합되는 모습이 나타나고 있다. 이에 대한 해명은 소론의 『주례』인식 뿐만 아니라 『주례』를 활용하여 달성하고자 했던 탕평의 목표를 살펴보는 작업이 될 것이다.

탕평론자들의 『주례』인식을 본격적으로 구명하기에 앞서 먼저 尹宣擧(1610~1669)・尹拯(1629~1714)・朴世采(1631~1695)・崔錫鼎(1646~1715)・丁濟斗(1649~1736) 등 소론 탕평파의 사상기반을 제공했던 학자들의 학문관과 구체적인 정치개혁 방안을 정리해 보겠다. 또한 영조대 활동했던 조현명 등 소론계 탕평파의 정국운영 방식을 군주성학과의 관련성 속에서 살펴봄으로써 『주례』를 경연과목으로 추천하게 된 정치사상적 배경을 검토해 보기로 한다.

다음으로 柳壽垣(1694~1755)이 제도적 차원에서 탕평 실현을 위해 제시했던 관직체계 개편안의 성격을 당시 정치상황과 관련하여 분석하겠다. 이를 통해 『주례』를 활용하면서 제시되었던 관제개혁론의 현

---

4) 池斗煥, 「朝鮮後期 英祖代 經筵科目의 變遷」, 『震檀學報』 81, 1996 ; 鄭景姬, 「英祖後半期(1749~1776) 經筵과 英祖의 義理論 强化」, 『歷史學報』 162, 1999 ; 金伯哲, 「朝鮮後期 英祖代 蕩平政治의 이념과 ≪周禮≫」, 서울대 석사학위논문, 2004 참조.

192

실 지향을 밝혀보겠다. 소론계 인사들의 『주례』인식과 그 성격을 보다 분명히 하기 위해 老論系 反蕩平論者들의 학문관을 검토하겠다. 상호 비교를 통해 탕평정국 속에서 『주례』를 전범으로 한 정치운영 방식이 어떤 의미를 지니고 있었는지 구명하기로 한다.

한편 소론 탕평파와 함께 『주례』에 주목했던 학문집단으로 星湖學派와 北學派가 있었다. 먼저 李瀷(1681~1763)을 宗師로 하여 성립된 성호학파에는   吳光運(1689~1745)·蔡濟恭(1720~1799)·李獻慶(1719~1791)·丁範祖(1723~1801)·李家煥(1742~1801) 등 淸南계 인사들이 포괄되어 있었다. 이들은 이익 혹은 성호문인들과 교유하면서 그 학풍을 전수 받았다.[5] 또한 정조대 들어 국왕의 후원 속에서 적극적으로 정국운영과정에 참여하였다. 그런 이들에게서 『주례』를 중시하고 이를 활용하여 체제개혁 방안을 제시했던 사례가 나타나고 있었다. 이 것은 『주례』에 대한 정조의 높은 관심과 깊은 관련을 맺고 있었다. 앞서 영조와 소론의 관계에서처럼 『주례』를 매개로 성호학파의 정치사상과 정조의 정국주도 노력은 깊은 상관성을 갖고 있었다.

다음으로 서인·노론출신 북학론자들의 『주례』 이해가 주목된다. 洪大容(1731~1783)을 중심으로 노론출신 소장학자들로 구성된 북학파 역시 『주례』에 관심을 보이면서 각자의 정치관련 논설을 제출하였으며, 이를 시의에 맞게 적용하려는 모습이 발견되었다. 성호학파와 북학파에게서 보이는 『주례』에 대한 이해와 정치개혁 사상의 특징을 파악하는 작업은 실학의 역사적 성격을 18세기 정국상황과 관련하여 구체적으로 살펴보는 계기가 될 것이다.

이상에서처럼 조선후기 관인유자층의 『주례』에 대한 관심과 정치개혁 사상의 면모를 탕평론과 실학의 학풍과 관련하여 살펴봄으로써 『주례』가 중세정치사에 미친 사상사적 의미를 확인하는 기회를 가져보기

---

5) 성호학파와 청남의 관계에 대해서는 元在麟,「英·正祖代 星湖學派의 學風과 政治 志向」,『東方學志』111, 2001 참조.

로 한다.

2. 蕩平論者들의 『주례』 인식과 官制改編論

1) 時務중심의 학문관과 군주권 강화론

영조대 초반 노론과 함께 정국운영을 주도했던 소론 탕평론자들은 영조에게 경연과목으로 『주례』를 강력히 추천하였다. 당시 緩少의 일원이었던 송인명은 『주례』를 進講하여 성인이 제작한 오묘한 이치를 상고할 것을 주청하였다.6) 동석했던 조현명 역시 『주례』가 진강되지 않는 것을 안타깝게 여기면서 주나라가 천하를 다스린 大經大法을 본받아 행하면 정치를 마련하는 도리에 있어서 큰 도움이 될 것이라고 확신하였다.7) 소론이 『주례』를 군주성학을 위한 텍스트로 추천한 이유는 金在魯(1682~1759)의 반론을 통해 확인할 수 있다.

당시 김재로는 『주례』가 비록 성인의 글이긴 하지만 名物度數가 많아 聖學에는 부적절하다고 했다. 대신 四書의 진강을 주장하였다.8) 이로써 보건대 소론 탕평파가 주목했던 『주례』의 내용은 명물도수로 상징되는 주대의 典章과 문물제도였으며, 이것이 군주가 성학을 통해 연마해야할 주요 덕목이라고 생각했던 것이다. 이와 아울러 완소계는 성학을 통해 建極의 확립을 주장하였다. 趙文命(1680~1732)은 건극을

---

6) 『英祖實錄』 卷53, 17년 2월 甲寅, 43책 5쪽 ; 『英祖實錄』 卷60, 20년 11월 丁丑, 43책 162쪽.

7) 『英祖實錄』 卷60, 20년 11월 辛巳, 43책 163쪽.

8) 『英祖實錄』 卷56, 18년 10월 丁酉, 43책 72쪽. 이는 주자의 『주례』 인식과 동일하다. 四書 중심의 경학체계를 확립했던 주자는 『주례』에 대해 배움의 차례가 있음을 강조하면서 심신수양을 강조하고 『주례』를 후순위로 미루었다. 이것은 아마도 정책 입안 및 행정제도 등 『주례』에서 배워야 할 것을 문제로 하기 전에 먼저 수신제가를 출발점으로 할 것을 말한 것이다(戸川芳郎 외, 조성을 역, 『儒敎史』, 이론과 실천, 1990, 249쪽).

194

이루기 위한 방안으로 친근한 儒臣들과 經史를 토론할 것을 권장하였다.9) 군주성학을 통해 건극이 확립되면 기강이 바로 서게 되어 마침내 인주가 衆心을 統攝하여 세상을 하나로 통일시킬 수 있다는 전망을 내놓았다.10)

한편 소론 내부에서는『주례』강독을 위한 교본으로 윤선거의 懸吐本이 적극 추천되었다.11) 잘 알려져 있듯이 윤선거는 소론의 영수 윤증의 부친으로 宋時烈(1607~1689) 등과 교유하면서도 노론계 일반과 다른 학문관을 견지하였다. 이 점은 송시열에게 보낸 편지에서 확인할 수 있다. 윤선거는 송시열에게 당대 급선무로 실질적인 조치가 필요함을 역설하였다. 지금 근심해야 할 바는 뜻이 없는 것이 아니라 실상이 없는 것이라고 전제하면서 '급선무는 언어에 있지 않다'는 말을 통해 時務의 중요성을 강조하였다.12) 이것을 주자가 확정한 '幾年之規者'에 비유하면서 措畫의 필요성을 파악하는 것이 나라를 다스리는 방도라고 하였다.13) 그는 평소 제도개혁의 효용성에 주목하면서 이를 결코 과소평가해서는 안된다는 지론을 갖고 있었다.14) 이와 같이 제도와 문

9)『鶴巖集』卷3,「疏」'論朋黨疏 辛丑'(『韓國文集叢刊』192권[이하 총간], 479쪽), "……然其所謂建極者 無他道 惟在於懋聖學 聖學則又在於勤斷經筵 親近儒臣 討論經史……".
10) 위의 책, '論朋黨疏 辛丑', 476쪽, "……我殿下誠欲祛此之弊 蓋亦達其極焉 奚謂紀綱之不立也 臣聞國之有紀綱 猶絲之有紀有綱之有綱 人主所以攝衆心統一世者也 故紀綱立則不言不睹之中 國勢自有維持之力 紀綱不立 則不知不覺之間 國勢自底委靡之域……".
11) 앞의 책, 영조 18년 10월 丁酉, 43책 72쪽.
12)『魯西遺稿』卷5,「書」'答宋英甫'(총간 120권, 102쪽), "……今日所患 不患無其志而只患無其實矣 徒善不足以爲政 徒法不能以自行 徒志不可以有爲 則今日之急務 果在於言語而已乎 愚意以爲不若於施設上着實措畫".
13) 위의 책, '答宋英甫', 102쪽, "……如朱子所謂定爲幾年之規者 使卜下曉然知如此 然後兵可强國可富 讎可復恥可雪 則不待懷慶之黜而人心有所信向矣 知行兼進 不唯學問如此 訥言敏行 不唯學問如此 愚以爲爲國之道 亦當如此也".
14)『魯西遺稿』卷5,「書」'與李泰之惟泰'(총간 120권, 101쪽).

물을 중시하는 학문경향이 『주례』에 주목하여 현토를 달게 한 요인으로 작용했음을 추론해 볼 수 있다.

시무중심의 학문관은 단지 유자 개인의 학문소양으로만 국한시켜 이해하지 않았다. 윤선거는 이를 군주성학의 차원으로 확대시켜 적용하였다. 그는 주자의 「戊申封事」를 읽은 소감을 피력하면서 천하의 대본이 人主의 마음에 있음을 분명히 하였다.[15] 그리고 인주의 마음을 바로잡기 위한 방법으로 사사로운 뜻을 제거하고 言路를 여는 방법을 제시하였다.[16] 그런데 그의 군주성학론에서 주목을 끄는 내용은 군주의 사의를 없애기 위해서 賓師의 직책을 맡은 자가 먼저 자신의 사의를 제거해야 한다는 것이었다.[17] 그것은 성학을 매개로 군주를 啓導하고, 군주 일방에게 도덕적 견책을 요구하는 방식이 아니었다. 즉 빈사의 임무를 맡은 신료에게 동일한 수준의 수양을 요구함으로써 신료 일방에 의해 군주를 견제하기보다 성학을 매개로 군신이 일치되어 국정을 원활히 이끌어가는 방식을 기대하였다.

이러한 윤선거의 가르침은 아들인 윤증에게 전수되었다. 그 역시 학자로서 '留心事務'할 것을 강조하였다.[18] 사무(=시무)를 중시하면서 그가 주목했던 저서가 바로 柳馨遠(1622~1673)의 『磻溪隨錄』이었다. 『반계수록』은 『주례』에 내재된 각종 개혁 입법의 방략을 조선후기 현실에 적용시켜 완성한 정론서였다. 윤증은 『반계수록』의 규모와 才識을 높이 평가하였다.[19] 이런 『반계수록』은 영조대 『朱子語類』를 대신

15) 『魯西遺稿』 別集, '擬答宋英甫 己酉'(총간 120권, 482~483쪽).
16) 위의 책, '擬答宋英甫 己酉', 486~485쪽, "……由是而言之 去私意開言路者 格君心之本也 破朋黨者 正朝廷之本也 弛收布者 保民生之本也 行之以誠 持之以久 所謂眞實功效 可以馴致 而成敗利鈍 眞可以責命於天矣 未知以爲 如何 抑念壬午封事 以定計爲要道 此誠不可緩者也".
17) 위의 책, '擬答宋英甫 己酉', 482~483쪽, "……任賓師之職者 尤不可以不加 意也 欲吾君之無私意 則當先去吾之私意 欲吾君之開言路 則當先開吾之言 路 請試就此兩端而畢其說焉……".
18) 『明齋遺稿』 卷22, 「書」 '與李燔希敬甲戌至月二十四日'(총간 135권, 492쪽).

할 경연의 텍스트로 적극 추천되었다.

윤증의 제자인 梁得中(1665~1742)은 경연 석상에서 영조에게 『주자어류』를 강학하는 것은 실질적인 일에 보탬이 없기 때문에 오늘날의 급선무가 아니라고 진언하였다. 주자 문인들이 사사로이 기록한 『주자어류』에는 필자 개인의 학문수준에 따라 본뜻을 잃은 내용이 많다고 판단하였다. 이러한 오류를 감안할 때 『주자어류』는 제왕으로서 강독할 만한 책이 아니었다. 양득중은 이를 대신할 텍스트로 윤증의 집에서 처음 접했던 『반계수록』을 소개하면서 그 본지를 영조에게 설명하였다. 그는 '仁政은 반드시 經界로부터 시작된다'는 孟子의 말을 인용하면서 田制개혁의 필요성을 역설하였다. 그리고 이와 관련된 제도와 절목에 대해 상세히 기록한 학자가 유형원이며, 『반계수록』에는 전제로부터 兵祿에 이르기까지 제도의 세세한 부분이 모두 거론되어 있음을 거듭 강조하였다. 그는 여기서 한발 더나아가 『반계수록』을 중외에 반포할 것을 국왕에게 적극 권면하였다.[20]

이처럼 영조가 『주례』와 함께 『반계수록』에 관심을 갖게된 데에는 소론의 줄기찬 요청도 있었지만, 군주를 중심으로 정국을 주도해 나아가려는 의도 또한 간과할 수 없다. 『주례』를 활용한 군주권 강화 시도는 당시 영조의 정치위상과 깊은 관련을 맺고 있었다. 영조가 즉위한 이후로도 景宗代 世弟冊封과 代理聽政 결정과정에서 촉발된 노・소론간 대립은 쉽게 진정될 기미를 보이지 않았다. 더욱이 辛壬義理를 관철시키기 위한 노론의 공세가 강화되면서 국왕의 거취가 신료들에 의해 정쟁의 수단으로 악용되는 상황이 반복적으로 전개되었다. 여기에 더해 소론 일부와 남인계가 주도하여 일어난 무신란이 군주의 정통성을 부정하는 방향으로 전개되면서 그 위기감은 더욱 고조되었다. 이

---

19) 『明齋遺稿』 卷32, 「跋」 '跋隨錄 辛卯'(총간 136권, 177쪽).
20) 『英祖實錄』 卷53, 17년 2월 戊午, 43책 6쪽. 1768년(영조 44) 왕명에 의해 『반계수록』이 간행되기에 이르렀다(『英祖實錄』 卷113, 45년 11월 己丑, 44책 337쪽).

에 영조는 탕평을 통해 신료간 대립과 갈등을 지양하고 군주의 정국운
영 능력을 회복하기 위한 노력을 강구하였다.[21] 그중 하나가 바로 造
命論을 활용하여 君師로서의 지위를 확정짓는 일이었다.

영조는 스스로를 造命者로 자처하였다.[22] 正君心의 중요성을 언급
한 董仲舒(B.C. 170~120)의 주장을 인용하면서 '萬民之本'과 '百官之
本', '朝廷之本'을 바로잡는 주체가 다른 사람이 아닌 바로 자신임을
강조하였다. 문무백관과 조정을 바로잡고, 마음을 바르게 하는 군주성
학의 주체로 국왕의 역할과 위상을 자각하고, 이 문제에 대해 적극 대
처해 나아갈 의지를 내비쳤다.[23] 이때 조명자란 循環運氣의 학설에 좌

---

21) 영조대 정치상황과 탕평론의 전개과정은 다음 논문 참조. 鄭萬祚, 「英祖代
初半의 蕩平策과 蕩平派의 活動」, 『震檀學報』 56, 1983 ; 鄭萬祚, 「英祖代
中半의 政局과 蕩平策의 再定立」, 『歷史學報』 111, 1986 ; 朴光用, 『朝鮮後
期〈蕩平〉研究』, 서울대 박사학위논문, 1994 ; 鄭景熙, 「英祖前半期 중앙학
계와 英祖의 性理學 강화」, 『韓國史研究』 103, 1998 ; 李根浩, 『英祖代 蕩平
派의 國政運營論 研究』, 2001, 국민대 박사학위논문 ; 이경구, 「1740년이후
영조의 정치운영」, 『역사와 현실』 53, 2004 ; 최성환, 「영조대 후반의 탕평정
국과 노론 청론의 분화」, 위의 책 ; 원재린, 「영조대 후반 소론 남인계 동향과
탕평론의 추이」, 위의 책 참조.
22) 조명론은 조선후기 사상사를 이해하는 데 있어서 검토해야할 주제이다. 영조
가 활용한 조명론은 윤증에 의해서도 주목되었다. 그는 人主만이 유일하게
造命의 능력을 보유하고 있음을 강조하였다. 그렇기 때문에 인주는 實心으로
實功을 이루어 나아가야만 했던 것이다(『明齋遺稿』卷5, 「疏狀書啓」'辭別
諭求言疏 五月'(총간 135권, 128쪽)). 한편 이익은 조명론을 통해 人事에 대
한 인간의 主宰力을 강조하였으며, 신분제를 비판하는 근거로 활용하였다(元
在麟, 「星湖 李瀷의 人間觀과 政治改革論-朝鮮後期 荀子學說 受用의 一
端」, 『學林』 18, 1997 참조). 조선후기 조명론이 갖는 사상사적 의미에 대해서
는 추후 논고를 통해 구명해보도록 하겠다.
23) 『御製詩文』下, 「文」'又 策題親臨甲申人日製'(『韓國學資料叢書』 26, 韓國
精神文化研究院, 315쪽), "……三代以後 未聞三代 可勝歎哉 噫天地若何 而
古今同焉 惟人若何 而古今異焉 漢董子 以正百官 爲正萬民之本 以正朝廷
爲正百官之本 以正心 爲正朝廷之本 此誠鄒聖所云定乎一者也 以此觀之 不
在於他 在於我……".

198

우되지 않고 자신의 운명을 스스로 개척해 나가는 존재였다. 영조는 史書를 열람해 보고 역대제왕의 흥망성쇠가 순환의 이치와 운기의 소치에 따른다는 논설이 틀린 사실을 알게 되었다. 운기보다는 自修와 '任用其人'과 같은 人力의 효과가 국가통치의 성패를 결정하는 요소라고 확신하였다. 따라서 조명자로서 人君은 운기에 좌우되는 존재가 아니라 자신의 운명을 개척해 나아갈 수 있는 존재였다.24) 이 같은 논리에 고무된 영조는 자신의 정치지향이 반영된 법제를 마련하는 과정에서 조명자로서 역할을 충실히 수행하였으며, 이를 통해 탕평정국을 주도해 나가고자 했다. 영조는 인사제도 개선과 관련하여 제기된 翰林回薦法 문제를 처리하는 과정에서 조명자로서 군주의 위상을 강조하면서 國治의 주체가 '上'으로 표현되는 군주에게 있음을 강조하였다.25) 결국 조명자로서 국왕은 국가를 경영해 나갈 때 制禮로 표현되는 법제의 제정과 운영의 실질적인 주체였다.

한편 영조는 조명자로서의 위상과 권한을 강조하는 동시에 君師로서의 면모를 부각시키고 있었다. 군사로서 가장 먼저 해결해야할 학문폐단으로 '記誦詞章'을 들었다. 군사의 입장에서 볼 때 당시 학계의 문제점은 장구에 매달려 옛 사람의 글귀를 따서 시문만을 짓고, 정좌하여 독서하는 것을 功業으로 삼는 태도였다. 이렇게 해서는 사물의 이치를 窮格하고, 수신제가의 공효를 이루기 어렵다고 판단하였다. 바로 이 점이 군사로서 부끄럽게 여기는 바이며, 이 모든 잘못이 자신에게 있다고 자책하였다.26) 기송만을 중시하는 학풍에 대한 반성을 촉구함

---

24) 『英祖大王御製續編』卷9,「文」'百世君監'(총서 26권, 161~162쪽), "……以此觀之 循環運氣之說 豈不爲啓昏君之荒淫歟 況人君 造命者也 亦豈可付諸氣數乎".

25) 『英祖大王御製續編』卷1,「文」'說書定制綸音'(총서 26권, 19쪽), "……凡制禮 在於上治其國治 在於下則其國不治 噫 造命者 君也 其所設官 卽國之定制 隨時釐正 亦時王立制 昔貴今賤 昔賤今貴 惟在在上之造命 焉敢下手其間乎".

26) 『英祖大王御製續編』卷2,「文」'勸學文'(총서 26권, 30쪽), "……三代以後…

으로써 신료들로 하여금 군사의 위상과 역할을 새롭게 인식하게 만드는 계기를 제공하였다. 영조는 기송의 폐해를 극복하고 공효를 거둘 수 있는 학문대상으로 '灑掃應對'로 대변되는 下學을 제시하였다. 이것이야말로 군사로서의 도리를 다하는 일이라고 했다.[27] 하학은 장구에 얽매이지 않고 體行에 힘쓰는 군사로서의 면모를 보여줄 수 있는 학문 실천방법임과 동시에 조명자로서의 능력을 유감 없이 발휘할 수 있는 학문대상이었다. 그래서 영조는 군사로서 갖추어야 할 올바른 학문태도로 경전을 覽說하면서도 체행에 힘쓰는 태도를 강조하였다. 그렇게 할 때 기수에 가탁하지 않는 조명자로의 면모를 갖출 수 있었다.[28]

영조가 『주례』를 군주성학을 위한 텍스트로 인정하고 받아들였던 것은 조명자이자 군사로서의 군주의 역할을 충실히 수행하기 위한 노력의 일환이었음을 알 수 있다. 즉 군주권 강화를 바탕으로 시무에 힘써 나갈 때 『주례』는 성학공부에 적합한 교재이자, 실질적인 체제 개혁을 모색하는 데 더 할 나위 없이 훌륭한 전거가 되는 경전이었다.

2) 規模의 확립과 官職體系의 개편

영조대 국왕의 신임을 받으면서 활동했던 소론계 인사로서 『주례』 인식을 살펴볼 수 있는 정론가로 유수원을 들 수 있다. 그는 『주례』에 근거한 관제 개편안을 제시하고, 탕평 실현을 위해 힘썼다.

유수원은 먼저 국정운영의 난맥상을 초래하는 주역으로 조정의 논의를 주장하던 主論者를 지목하였다. 주론자는 己卯年 이후 淸議를

…父兄之教者弟子 不過記誦詞章而已 至於近世 愈以尋章摘句爲務 靜坐讀
書爲苦 山堂攻業 幾乎熄焉 窮格修齊其何望哉 位在君師 其所自恧 尤當如
何 噫 是誰之過 寔予之過".
27) 『英祖大王御製續編』卷5,「文」'更勸小學綸音'(총서 26권, 80쪽).
28) 『英祖大王御製續編』卷4,「文」'涵仁召對日綸音'(총서 26권, 56쪽).

가지고 영수가 된 자들로써 지금까지도 그 지위를 대대로 계승·유지하고 있는 사람들이었다. 유수원은 주론자들에 의해 초래된 국정혼란의 양상을 다음과 같이 구체적으로 기술하였다.[29] 주론자들은 군주나 나이 많은 卿宰들에 의해 국정이 처리되어야 함에도 불구하고 新進後生들이 간여하는 것을 수수방관하였다. 그 결과 국정운영권이 군주와 재상에게 있지 않고 그때그때 조정의 논의를 주장하던 사람들의 손에 흩어지게 되었다. 더 큰 문제는 주론자들이 군주를 대신하여 淸路陞黜의 권한을 휘둘러 관로를 결정한 일이었다. 이로 인해 젊은이들이 모두 주론자를 따르는 폐단이 발생하게 되었던 것이다. 유수원은 주론자에 의해 정국이 농단되는 근본적인 이유를 官制의 미확립에서 찾았다. 관제가 분명하지 않게 되면서 通塞·昇沈하는 권한이 주론자에 의해 장악되었고, 이 때문에 三司는 이들의 비위를 맞추는 데 급급하게 되었다. 世道와 士風이 날이 갈수록 쇠퇴해 가는 상황에서 주론자들로부터 정국주도권을 되찾는 방법은 제도개혁의 관점에서 관제를 개편하는 일뿐이었다.[30]

17세기 이래로 소론의 관제개편 전거는 『주례』였다. 일찍이 朴世采(1631~1695)는 '立規模'를 논의하면서 『주례』의 '난국을 바로잡는 데 중한 법을 쓴다'는[31] 원칙을 천명하였다.[32] 새삼 『주례』가 제도개혁의 차원에서 국정운영의 난맥상을 바로잡는 전거였음을 확인할 수 있다. 그가 당시 통치체제와 관련하여 문제로 상정한 기관은 備邊司였다.[33]

---

29) 『迂書』 卷3, 「官制總論」(서울대 古典刊行會 영인본, 1971, 49~53쪽).
30) 위의 책.
31) 『周禮』 「秋官·司寇」, 大司寇條.
32) 『南溪集』Ⅰ, 卷12, 「疏」 '陳時務萬言疏'(총간 138권, 234쪽). 박세채는 '法先王'의 관점에서 주대의 사회구조에 주목하였다. 그리고 이와 같은 사회구조를 재정립하기 위해서는 이용후생을 바탕으로 周代 井田法의 회복을 주장하였다(위의 책, '陳時務萬言疏', 242~243쪽).
33) 비변사와 관련하여서는 李在喆, 『朝鮮後期 備邊司 研究』, 집문당, 2001 ; 潘允洪, 『朝鮮時代 備邊司 研究』, 景仁文化社, 2003 참조.

그는 '制治法' 문제에서 비변사의 名實을 문제삼았다. 明宗代 乙卯倭亂(1555)을 계기로 비변사가 설치된 이래 근 백년간 유지되면서 체통과 타당성을 잃게 되었다고 진단하였다. 이에 대한 대책으로 古制(『주례』)에 따라서 6조가 각종 업무를 분장하여 庶務를 담당하며 의정부에서 이를 총괄하고, 王命도 의정부를 거쳐 각 해당관서로 이관되어 사무를 처리하는 원칙을 제시하였다. 이를 위해 비변사를 中書堂으로 고칠 것을 주장하였다. 중서당은 의정부와 유사한 기관으로 대신들이 모든 사무를 처결하되 三公이 6부를 분장하고, 大事는 通議하여 품처하는 기능을 수행했던 기관이었다.[34]

이후 비변사 문제는 『주례』에 입각한 통치체제 개편을 주장하는 소론계 정론가들에 의해 재차 제기되었다. 최석정 역시 명실의 불합리성을 제거하고 의정부의 체통을 살리기 위한 방안으로 署事制와 비변사 기능의 일부를 채택할 것을 주장하였다. 그는 비변사의 전횡을 견제하기 위한 관제변통 방안으로 비변사를 門下司로 개칭하고, 삼공으로서 門下平章司를 兼領케 하는 방안을 제시하였다.[35] 즉 의정부의 서사 政令權을 회복함으로써 정부의 실무적 권한을 강화시키는 것이 무엇보다 중요하였다. 그래서 唐宋의 門下省 제도를 모방하여 '문하사'라는 기구를 창설하여 이에 걸맞은 기구를 운영하고자 했다.[36] 이 같은 관제개편의 의지는 『주례』를 이해하는 데에도 일정한 영향을 미쳤다. 최석정은 『周禮補編』을 남겼는데,[37] 이를 통해 「地官」의 諸職과 「天官」·「夏官」의 諸官을 「冬官」으로 옮겨 보완하고, 다른 편도 바로 잡

---

34) 앞의 책, '陳時務萬言疏', 238~241쪽.
35) 『明谷集』 卷16, 「疏箚」 '四條政弊箚子 一'(총간 154권, 175~177쪽).
36) 최명길의 비변사 개폐론은 원칙적으로 비국의 혁파를 기도한 것이지만 이에 이르는 방법으로 정부서사제와 비국기능의 합리적 내용을 취택하여 권중험 의를 없애고 정부의 체통도 살리려는 절충안의 형태라고 할 수 있다(潘允洪, 앞의 책, 51쪽).
37) 『明谷集』 卷7, 「序引」 '九經摠序'(총간 153권, 566~567쪽).

아 주공의 진의를 회복하고자 하였다.[38] 『주례』를 보편 함으로써 관제 개혁의 전거로서 그 완결성을 한층 강화시켜 나갔다.

『주례』에 대한 소론의 인식은 정제두에 이르러 통치체제 전반으로 확대·적용되었다.[39] 정제두는 『주례』의 관제를 활용하여 보다 전면적인 중앙 및 지방의 통치체제 개혁을 도모하였다.[40] 우선 중앙 통치체제와 관련하여 大師·小師를 三公 위에 놓고 인물·시의·덕치 위주로 관제를 대폭적으로 개편하려 했다. 그리고 王府大相公 밑에는 補君德·待君令·掌君士·奉君用 制禮作樂을, 臺公-小左·樞公-少右 밑에는 해당 관서를 배치하였다. 또한 별도의 戒府上將軍을 두어 그 밑에도 都摠府 이하의 관서를 軍器를 배치하되 軍士 밑에는 역시 體在 三經이라 하여 정치의 기본을 經에 두었고, 관서의 기반이 되는 곳을 따로 구분하여 표시하고 있다. 이 밖에도 天官·地官·人官의 세 上相公을 두어 그 밑에 管掌司를 배속시켰다.[41] 그의 주장에서 주목되는 점은 군주의 정국주도 능력을 강조한 사실이다. 정제두는 군주가 친히 정치를 주관할 것을 촉구하는 한편 이를 통해 公道를 넓혀 붕당을 제거해야 한다고 했다.[42] 관직체계의 개편과 이를 총괄하는 군주의 위상 강화는 붕당을 제거하고 탕평을 실현하는 데 그 목적이 있었던 것이다.[43] 이 같은 소론의 『주례』인식과 관제 개편의 전통은 유수원에

---

38) 姜信燁, 『朝鮮後期 少論 研究』, 鳳鳴, 2001, 40쪽.

39) 『주례』에 대한 최석정의 관심은 정제두와의 교류에서도 확인된다. 최석정은 紫霞洞에 살 때 四書와 『주례』등에 대한 자신의 견해를 정제두에게 보이고 質正을 구했다. 이에 정제두는 대목에 따라 하나하나 附箋을 붙여서 그 득실을 상고하고 바로잡아 주었다고 한다(『霞谷集』卷11, 「遺事」(총간 160권, 291쪽)).

40) 丁斗榮, 「18세기 君民一體思想의 構造와 性格」, 연세대 석사학위논문, 1996, 53쪽 참조.

41) 鄭在薰, 「霞谷 鄭齊斗의 陽明學 受容과 經世思想」, 『韓國史論』29, 1993, 184쪽.

42) 『霞谷集』卷22, 「箚錄」‘削朋黨’(총간 160권, 564쪽), "君親政 去政目 狹仕路 無遷移 官久任 責成效 恢公道 嚴明爲政 棄軋言 鎭孚議 優士夫 平怨爭".

게 계승되었으며, 그가 제시한 '官制序陞圖說'을 통해 실현가능성을 높여 갔다.

유수원은 관제서승도설을 통해 국정 쇄신의 의지를 표명하였다. 서승법은 관직별로 승진연한을 두어 승진시키는 제도였다. 영조에게 관제서승도설의 취지와 내용을 설명하는 자리에서 명나라의 관제는 『周官』의 정밀한 의의를 가장 잘 터득한 것으로 오늘날 시행하면 틀림없이 성과가 있을 것으로 확신하였다. 관제서승제가 『주례』에 근거한 관제였음을 강조하였다. 또한 이를 통해 偏黨으로 인한 당쟁의 폐해를 제거할 수 있을 것으로 전망하였다. 이는 관제서승제가 영조가 추구하던 정치지향을 충족시켜줄 제도적 대안이라는 확신을 바탕으로 주론자들에 의해 장악되었던 정국운영의 주도권을 군주에게 옮겨올 수 있다는 자신감을 표현한 발언으로 볼 수 있다.[44] 즉 『주례』를 활용한 관제개혁 방안의 최종목표는 현실 정치의 난맥상을 타개하고 탕평을 실현하는 데 있었다. 따라서 관제서승도설은 제도적 차원에서 탕평을 지속적으로 견지해 나갈 수 있는 객관적인 토대를 마련하기 위한 탕평책의 하나였던 셈이다.

유수원은 『주례』를 근거로 하되 조선의 정치현실, 즉 탕평의 시대적 과제를 해결해 나가는 정치를 '實政'으로 규정하였다. 실정은 중국의 풍속만을 존숭하는 것이 아니라 당대 조선의 현실에 적합한 제도를 마련함으로써 세도를 바로잡는 정치를 의미하였다.[45] 다시 말해 『주례』 이념을 따르되 단순한 복고가 아니라 시무를 중시하는 차원에서 시의

---

43) 정제두는 國禮・國法이야말로 堯舜을 본받는 수단이며 祖宗의 至治를 복원할 수 있는 근거가 된다고 보았다. 이것을 준거로 全民을 一元的 齊一的으로 파악하며, 大一統의 국가를 만들고자 의도했다(鄭豪薰, 「18세기 政治變亂과 蕩平政治」, 『韓國古代・中世의 支配體制와 農民(金容燮敎授停年紀念韓國史學論叢 2)』, 지식산업사, 1997, 568~569쪽 참조).

44) 『英祖實錄』 卷53, 17년 2월 癸卯, 43책 5쪽.

45) 『迂書』 卷10, 「論變通規制利害」, 181~182쪽.

변통을 통해 그 이념을 실현할 수 있는 정책을 펼친다는 것이다. 그런데 이러한 '實事'에 근거한 실정의 추구는 주자의 의리명분론에 입각하여 탕평정국을 주도했던 노론 인사들과 갈등을 빚는 원인으로 작용하였다.[46]

영조대 군자소인론에 의거하여 반탕평을 주창한 노론인사들은 공자의 春秋大義를 표방한 尊周義理를 부각시켰다. 이들에게 주나라는 중화문화 담지자로서 상징되며, 문왕과 무왕, 주공에게로 계승되는 유교도통이 古法・法制에 입각한 국가운영체계 보다 앞서는 정치이념이었다. 韓元震(1682~1751)은 삼대 법제를 회복하는 일에 소극적이었다. 그는 삼대의 다스림을 구현하려는 의지를 표명하면서도 한갓 법제로써 왕도를 논하는 태도에 대해서는 반대하였다. 또한 삼대 다스림의 근본이 법제의 밖에 있다는 것을 알지 못하는 자를 迂儒로 규정하였다.[47] 삼대를 법 받기 위해서는 무엇보다 천리인욕에 기준한 공사 구분이 선행되어야 했다. 이로부터 왕도와 패도의 구분이 생기기 때문이었다.[48] 천리인욕에 입각하여 도덕성을 회복하는 일이야말로 삼대를 법 받는 일로서 법제보다 우선해야 할 과제였다.[49] 이 문제를 당대 정치현실에 적용시켜 보면 군자소인의 구분을 통해 어진 이를 등용하고 사특한 자를 물리쳐야 했다.[50] 즉 노론의 自作義理에 입각하여 시시비비를 가린 뒤에야 비로소 진정한 의미의 탕평이 실현될 수 있었다.

이와 같은 현실인식과 대처방식은 소론 탕평파와의 갈등을 초래하였다. 노소론간 정쟁의 중심에 서 있었던 학자로 李縡(1680~1746)를

---

46) 유수원은 乙亥獄事(1755) 당시 柳鳳輝의 宗姪로서 그의 지휘를 받았다는 혐의로 죽임을 당하였다.
47) 『南唐集』 卷3, 「疏」 '陳戒疏 九月'(총간 201권, 70쪽).
48) 『南唐集』 卷5, 「筵說」 '經筵說 上'(총간 201권, 111쪽).
49) 위의 책, '經筵說 上', 121쪽.
50) 위의 책, '經筵說 上', 114~115쪽, "……所謂削朋黨 以正朝廷 亦只在於辨別賢邪 進賢退邪 使君子得輿 小人革心而已也".

들 수 있다. 그는 소론을 당파의 이익을 위하여 군신과 부자의 기강을
무너뜨린 國賊으로 간주하였다. 인륜은 '天之經'·'地之義'·'民之彝'
인데 이것이 무너지게 되면서 인간과 국가가 제 모습을 갖출 수 없다.
기강과 의리를 확립하는 일은 세도의 실현을 위해 무엇보다 중요한 사
업이었다. 따라서 군주에게 씌워진 誣陷을 씻고 국적을 토벌하는 일이
야말로 천리와 인륜을 위해 가장 중요한 국사였다.[51] 그는 의리와 명
분의 통일을 통해 갈등과 분열을 해소하는 의리 탕평의 입장을 고수하
였다.

이에 동조했던 인물로 이재의 문인이었던 吳瑗(1700~1740)이 있다.
그는 군주성학의 중요성을 강조하는 가운데 천리를 밝히고 인심을 바
르게 하는 주체로 군주와 그 책무를 중시하였다. 인심을 바르게 하기
위해서는 무엇보다 군주의 마음을 바르게 해야 한다고 보았다.[52] 성학
공부는 천리와 인욕을 변별하여 수신에 힘쓰는 것으로, 이를 위해서
경전의 깊은 뜻을 침잠하여 硏窮해야 했던 것이다.[53] 이때 필요한 독
서법은 경전의 내용을 記誦하고 반드시 익숙히 하여 반복하는 것이었
다.[54] 군사의 책무를 다하기 위해서 기송의 폐단에서 벗어나 시무에
전념해야 한다는 영조의 주장과는 정면으로 배치되었다.

노론 내에서 군주성학을 위한 교재로 권장되었던 경전 중에는 『心
經』이 있었다. 일찍이 송시열은 제왕과 布衣의 학문의 차이를 인정하
면서도 그 방식에는 차이가 없음을 언급하였다. 심신수양의 원리에서
볼 때 간략함으로 번잡한 것을 다스리고 精으로 動을 제재하는 방법에
서 차이가 없기 때문이었다. 그러면서 권했던 경전이 바로 『심경』이었
다. 자신이 언급했던 원리가 『심경』의 내용과 크게 어긋나지 않는다고

51) 『陶庵集』 卷6, 「疏 二」 '入城後陳所懷疏'(총간 194권, 138쪽), "今之雪君誣討
    國賊 爲擧國大論……此係天理民彝之大者".
52) 『月谷集』 卷6, 「疏箚」 '辭正言附陳所懷疏 己酉'(총간 218권, 412쪽).
53) 『月谷集』 卷7, 「疏箚」 '玉堂進六蔽箴箚'(총간 218권, 429쪽).
54) 위의 책, '玉堂應旨陳戒箚', 437쪽.

206

보았다. 그는 孝宗과 顯宗의 사례를 들어 그 효용성을 강조하면서 숙종에게도 『심경』의 강설을 권하였다.[55]

송시열은 大法을 통한 통치를 언급하면서 大倫인 부자·군신·부부 사이에 행해야할 親·義·別을 강조하였다. 인륜도덕으로 상징되는 대법의 설행 여부가 중국과 오랑캐, 인간과 금수를 구분하는 절대 기준이라고 생각하였다. 그는 성인도 대륜에 전념하였다는 말을 통해 군주에게 성실한 이행을 촉구하였다.[56] 이와 같은 군주성학 방식은 자연 신료의 개입을 초래하였다. 송시열은 다스리는 방법을 다른 곳이 아닌 바로 자신의 마음에서 찾아야 한다고 역설하면서 마음을 쇄신하여 지난 일을 뉘우친 다음 이를 조정신하들에게 명백히 알려 三公과 元勳들로 하여금 評議토록 할 것을 권하였다.[57]

이 같은 군주성학론에 입각할 때 탕평실현을 위한 관제개혁 논의는 심성수양의 문제에 밀려 부차적인 것으로 인식될 수 밖에 없었다. 자연히 군주성학을 위한 텍스트로서 『주례』는 그 존립근거를 잃게 되었다.

3. 實學者들의 『주례』이해와 정치개혁 사상

1) 개혁전범의 확립과 '立法' 탕평

소론과 함께 사회 제 모순을 타개할 개혁의 전범으로 『주례』에 주목

---

55) 『宋子大全』卷17, 「疏箚」 '進心經釋疑箚'(총간 108권, 408쪽), "……因竊伏念 帝王之學 雖與韋布不同 而其治心修己 以簡御煩 以靜制動 則無以異也 心經所載 究其始末 不出於此……".
56) 『宋子大全』卷13, 「疏箚」 '請神德王后祔廟箚'(총간 108권, 344쪽).
57) 『宋子大全』卷16, 「疏箚」 '請去私意恢公道 仍論追錄諸勳箚'(총간 108권, 395쪽), "……殿下若能酒濯心神 追咎旣往 明告廷臣 使三公與元勳 更加平議 其可改者改之 可仍者仍之……".

한 정파로 北人系 南人이 있었다. 17세기 이래로 尹鑴(1617~1680)와
유형원은 주자학의 학문체계, 정치사회 운영론에 대한 비판 및 극복의
학문과정에서 『주례』를 통해 발현되는 古禮·古法論에 주목하였다.[58]
이러한 사상전통을 잘 계승한 인물로 이익을 들 수 있다.

이익은 앞선 선유들과 마찬가지로 『주례』의 신뢰성에 대한 검증을
시도하였다. 우선 육관체계의 방대함에 놀라움을 표시하면서 이러한
규모는 先聖(=周公)이 아니고서는 정비할 수 없었을 것이라고 보았다.
그렇다고 해서 주나라 전례가 모두 주공에 의해 정리되었다고도 보지
않았다. 그 이유로 다음과 같은 점을 지적하였다. 우선 官司에서 시행
하는 여러 법령이 국초에 모두 정해졌을 리 만무했다. 또한 아무리 憲
章이 완벽하게 갖추어졌다 하더라도 시간이 지나면 자연스럽게 법이
추가되고 더욱 세밀해질 수밖에 없었다. 더욱이 나라가 차츰 쇠퇴하게
되면 법의 강령과 조목이 더해지고 감소되는 것은 자연스러운 현상이
었다. 이 때문에 『주례』에는 본래 주나라 관직과 다른 내용이 실리게
되었다. 그리고 후대로 내려올수록 세세한 冗官과 散職이 더 늘어날
수 밖에 없었다.[59] 따라서 『주례』가 주공의 저작임에 틀림없지만 그렇
다고 해서 기재된 모든 내용이 주공에 의해 정리된 것은 아니었다.

이익은 더 이상의 『주례』를 둘러싼 논쟁은 불필요하다고 보았다. 주
공의 저작 여부를 둘러싸고 논란을 벌이기보다는 시의를 고려하여 『주
례』를 이해하고, 이를 적극 활용하여 각종 개혁방안을 마련하는 것이
시급한 과제라고 여겼다. 이 같은 『주례』 이해를 바탕으로 이익은 윤
휴와 유형원이 제시했던 방안들의 정당성을 다시 한번 『주례』에 근거
하여 재확인하였다.[60] 특별히 이익은 당쟁을 제거하고 탕평을 실현하

---

58) 정호훈, 「17세기 體制改革論의 전개와 『周禮』」(본서 수록) 참조.
59) 『星湖僿說』 下, 卷20, 「經史門」 '周禮'(慶熙出版社, 1967, 119쪽).
60) 대표적인 사례로 의정부의 복구와 百官의 간관화를 들 수 있다(『星湖僿說』
    上, 卷16, 「人事門」 '賾室', 584~585쪽 ; 『星湖僿說』 上, 卷11, 「人事門」 '諫
    官兼帶', 387쪽 ; 『星湖僿說』 上, 卷8, 「人事門」 '六曹郎兼任', 279~280쪽).

208

기 위한 방안을 강구하는 과정에서『주례』를 적극 활용하였다.

이익은『주례』의 天官과 治官에 소속된 上士와 中士가 각각 8명과 16명이었음에 주목하였다. 또한 下士는 32명, 府는 6명, 史는 12명, 胥는 12명, 徒는 120명이었다. 부·사 이하는 그 수가 오히려 적은 것으로 파악하였다. 이상『주례』의 규정에 비춰볼 때 후대 관료의 숫자는 지나치게 많았다. 더 큰 문제는 각 司 下吏의 수가 정해져 있음에도 불구하고 부족할 것을 염려하여 오히려 額外로 보충함으로써 관직의 지나친 濫設을 초래한 일이었다. 그렇다고 해서 늘어난 관료수 만큼 행정 효율성이 제고된 것도 아니었다.[61] 관직의 남설 문제를 거론한 이유는 합리적인 직제 개편을 통해 당쟁의 폐해를 제거하기 위해서였다. 그는 당쟁이 발생하는 주요 원인으로 재물과 벼슬을 들었다. 利는 하나인데 사람이 둘이면 문득 두 당으로 되고, 이는 변동이 없는데 사람이 많아지게 되면서 10붕 8당으로 갈라지게 되었다. 편당 행위를 금하기 위해서는 제도적 차원에서 재물과 벼슬을 제한해야 했다.[62]『주례』는 당쟁의 원인이었던 관직 남설을 막을 수 있는 구체적인 전거였던 셈이다.

이익은 탕평의 목표로 建極之道의 확립과 함께 '普遍於富貴貧賤'의 민생 안정을 들었다. 한편은 즐겁고 다른 한편은 괴로움을 주어 부귀와 빈천을 고르게 못하면 탕평은 이룰 수 없다고 내다보았다.[63] 이로운 것을 따르고 해로운 것을 피하는 인간의 常情에 비춰 볼 때 불균등한 이해관계, 특히 부귀와 빈천으로 대변되는 경제적 불균등은 탕평

61)『星湖僿說』下, 卷19,「經史門」'周禮府史', 47쪽.
62)『星湖僿說』上, 卷7,「人事門」'黨論'. 그 구체적인 방편이 다음의 글에서 모색되었다.『星湖全集』II, 卷45,「雜著」'論朋黨'(총간 199권, 328~330쪽) ;『星湖全書』卷7,「藿憂錄」'朋黨論'(驪江出版社 영인본, 1984, 408~413쪽) ;『星湖僿說』上, 卷9,「人事門」'朋黨', 308~309쪽 ;『星湖僿說』上, 卷11,「人事門」'蕩平', 395쪽.
63) 위의 책,「人事門」'蕩平'.

실현을 가로막는 장애였다. 더욱이 이로 인해 곤궁자들의 思亂의식이 갈수록 높아가는 상황을 고려할 때,[64] 민산의 균등을 통한 民人의 재생산 기반 확보는 탕평의 목표이자 필수조건이었다. 이를 실현하기 위한 구체적인 방안으로 '균전' 이념에 입각한 토지개혁론이 제시되었다. 이때 주요한 전거로 『주례』가 활용되었다.[65] 즉 토지의 국유와 국가적 관리의 전형적 사례로 은·주대의 정전제가 제시되었다. 이익은 『반계수록』의 정전에 기반한 均田制에 공감하면서 유형원의 주장을 "그 근원을 궁구하고 일체를 새롭게 하여 왕정의 시초를 삼으려 했으므로, 그 뜻이 진실로 큰 주장이었다"고 평가하였다. 그리고 이러한 유형원의 개혁방략이 실현되지 못함을 아쉬워 했다.[66] 이는 『반계수록』이 지향했던 道器一致의 원리를 현실에 맞게 재현하겠다는 의지의 표현이었다.[67]

오광운 역시 『반계수록』에 실린 전제개혁을 통해 분리하여 인식되었던 도기를 일치시켜 보려 노력하였다. 그는 『반계수록』 서문에서 유형원이 정전제도를 구상함으로써 비로소 기가 제도로서 형태를 갖추어 도기일치를 재현하게 되었다고 평가하였다.[68] 토지제도는 도와 기를 하나로 통일시켜 줌으로써 왕도정치를 실현할 수 있는 법제였다.

---

64) 『星湖僿說』上, 卷7, 「人事門」 '衰季思亂', 244쪽.
65) 『順菴集』 卷19, 「說」 '井田說 庚申'(총간 230권, 194쪽), "以周禮爲宗 兼取孟子公羊傳何休註班志及朱子說以成之".
66) 『星湖僿說』上, 卷11, 「人事門」 '變法', 399쪽.
67) 이익은 자신의 토지제도 개혁론과 관련하여 보다 현실감을 갖는 量田制 개혁안을 주장하였다(『星湖僿說』上, 卷10, 「人事門」 '田制', 337~338쪽). 그리고 이러한 양전방식의 원형은 이미 『주례』의 小司徒에 나타나 있다고 파악하였다. 그는 『주례』와 명초 魚鱗圖冊의 실시까지를 포괄·인식하면서 전국의 지적도 작성을 주장하였다(『星湖僿說』上, 卷10, 「人事門」 '田結'). 이익의 양전제 개혁안은 『주례』로부터 그 원형을 찾아내면서도 역대 제도에 대한 지식을 바탕으로 전개되고 있었다는 데 그 특징이 있다(李哲成, 「17·18세기 田政運營 改革案의 理想的 原型」, 『民族文化研究』26, 1993, 356~357쪽).
68) 金駿錫, 앞의 책, 2003, 103~106쪽.

그는 정자와 주자 같은 대현들도 도를 바로 세우는 일에 우선했던 나머지 기를 회복할 겨를이 없었던 점을 지적하였다.[69] 토지문제에 대한 분명한 언급 없이 그저 도를 밝히면 기는 자연스럽게 회복될 수 있다는 도기관을 비판하였다. 도기일치는 정전제 실시를 통해 토지소유의 균등화와 공유화를 이룰 때 가능했다.

이처럼 『주례』는 성호학파에 의해 정치·경제 분야에서 탕평을 실현시킬 수 있는 대안을 모색하는 데 없어서는 안될 전거였다. 활용빈도는 정조대 중앙정계에서 활동했던 청남출신 성호문인들에 의해 더욱 증가되었다.[70] 대표적인 인물로 정범조와 이가환을 들 수 있다.

정범조는 국정쇄신 방안으로 황극의 확립과 당습의 제거를 거론하였으며, 조정의 기강을 진작시키고 세속을 독려하는 방안으로 『주례』의 정치운영 원리를 제시하였다. 그것은 德敎와 형법을 함께 사용하는 것이었다. 그는 당대 기강이 확립되지 못하고 교화가 제대로 펴지 못하는 이유를 형법이 제대로 시행되지 못한 데에서 찾았다. 형법을 기강을 진작시키는 도구로 보고, 선왕조차 덕교를 위해서 형법을 폐지하지 않은 사실을 강조하면서 형법의 안에서 덕교가 행해져야 한다는 주장을 펼쳤다. 그리고 이것은 『주례』의 일부로 모두 八刑八法의 뜻을 논한 것이라고 하여 그 타당성을 부연하였다.[71]

정범조는 군주권 강화의 논리도 『주례』에서 찾았다. 人主가 천지를 나누어 사시에 따라 천관과 지관 등을 설치한 이유를 『주례』를 통해서

---

69) 『藥山漫稿』卷15, 「序」 '磻溪隨錄序'(총간 211권, 49쪽).
70) 蔡濟恭(1720~1799)은 성인의 治國 규모를 『주관』으로부터 깊이 얻어듣고 이를 오늘날 적극 활용해야 한다는 의사를 밝히고 있다(『樊巖集』I, 卷20, 「疏箚」 '辭籌司堂上疏 乙酉(총간 235권, 395쪽)).
71) 『海左集』卷17, 「疏」 '辭大司諫兼陳所懷疏 辛丑'(총간 239권, 354쪽). 청남출신으로서 함께 활동하였던 李獻慶(1719~1791) 역시 주공의 예, 즉 『주례』를 통해 주대의 평화를 구현하기 위해서는 禮樂과 敎化, 刑政을 구분하지 말고 적절히 활용할 것을 촉구하였다(『艮翁集』卷22, 「論」 '禮樂論'(총간 234권, 455쪽)).

알게 되었다고 전제하면서 이 모든 것들이 한 사람의 다스림에 관계된다고 보았다. 이러한 『주례』에 담겨진 의미를 제대로 파악하지 못했기 때문에 주나라 이후 육관의 법이 있었음에도 불구하고 다스림과 교화는 점점 쇠퇴하고 말았다.[72] 그는 『주례』에 근거하여 성학 수업을 마친 군주야말로 실질적인 국가운영의 전권을 행사하는 주체라고 했다.[73] 요순은 皐陶·益·稷 등과 함께 천하를 다스렸지만 '黜陟幽明 放竄殛'의 권한은 신료들과 함께 하지 않았다. 만약 권력을 나누었다면 요순은 존재하지 못했을 것이라고 단언하였다. 실패한 사례로 노나라의 계씨, 진나라의 삼대부, 한·당의 환관과 번진의 발호를 들었다.[74]

『주례』에 입각한 군주권 강화 양상은 이가환에게서도 나타나고 있었다. 그는 『주례』 「천관」 '冢宰'篇에 실린 "방위를 辨定하며, 國都를 건설하고 鄕邑을 구획하며, 관직을 만들어 분급하는 것으로서 인민의 준칙으로 삼는다"는[75] 것을 통치의 급선무로 간주하였다. 그는 군왕이 제정하는 통치준칙인 民極을 가옥의 屋極과 천체의 북극에 비유하면서 절대적 권위를 가지는 개념으로 이해하였으며, 효율적인 통치를 위하여 設官分織이 필요하다고 보았다.[76] 『주례』의 이념을 활용하여 국왕을 정점으로 한 통치체제를 수립하고, 관직 분설을 통해 신료들의 보필을 받으면 원활한 국정운영이 이루어질 것이라는 믿음의 표현이었다.

이처럼 청남출신 인사들이 등용되어 『주례』에 근거하여 자신들의

---

72) 『海左集』 卷37, 「題跋」 '周禮說'(총간 240권, 167~168쪽).
73) 소론 탕평파에 이어서 청남계에게서도 군주성학의 텍스트로 『주례』가 적극 권장되었다.
74) 『海左集』 卷38, 「雜著」 '原權'(총간 240권, 185쪽).
75) 『近畿實學淵源諸賢集』 2, 「錦帶殿策」(大同文化研究院 영인본, 2002, 548쪽).
76) 崔相天, 「貞軒 李家煥 研究-≪錦帶殿策≫의 분석을 중심으로」, 고려대 석사학위논문, 1981, 24~27쪽 참조.

정론을 제기할 수 있었던 데에는 정조의 『주례』에 대한 관심과 여기에서 비롯된 후원이 큰 도움이 됐던 것으로 보인다. 그는 『주례』를 존중하고 이를 현실에 적용해 보려는 강한 의지를 갖고 있었다.[77] 정조의 『주례』 이해는 한림 권점을 받은 사람의 再試를 위해 내린 책문에 잘 나타나고 있다.

우선 『주례』를 주공이 洛邑을 건설한 후 '나라를 다스린 제도의 남은 혼적'으로 규정하였다. 그리고 『주례』에서 소개한 제도는 '天理의 난숙한 妙用과 광대하고 정밀한 규모를 갖고 있다'고 평가하였다.[78] 『주례』가 주공의 저작임을 확신하였던 정조는 그 진위를 둘러싼 논란에 대해서 사소한 것에조차 관심을 갖고 면밀히 검토할 것을 지시하였다. 특히 『주례』를 주공의 저작이 아닌 '不經之書', 六國의 '陰謀之書', 柳歆의 위작, 불타고 남은 단편으로 간주한 疑論에 대해서 답변을 촉구하였다. 이는 통치의 교범으로 『주례』의 정당성을 확보하려는 심사를 반영한 것이었다. 이와 같은 사실은 『주례』에 담긴 제도의 設行 가능성에 의문을 표시한 주자의 견해에 동의하지 않았던 태도에서도 확인할 수 있다.

주자는 반드시 문왕과 무왕 같은 군주를 만나야 『주례』의 제도를 거행할 수 있다고 하였다.[79] 반면 정조는 당나라의 均田制와 府兵制, 송나라의 靑苗法과 均輸法을 사례로 들면서 이들 제도의 실패를 주공 이외에는 거행할 사람이 없다는 주장과 결부시켜 보아서는 안 된다는 의견을 내놓았다. 『주례』 이념을 존중하는 입장에서 볼 때 드러난 성패만으로 그 경세지향이 무시되어서는 안 된다는 판단에 기초한 발언

---

77) 薛錫圭, 「正祖의 政治運營論」, 『朝鮮史硏究』 1, 1992, 176쪽 참조.

78) 『弘齋全書』 卷48, 「策文 一」 '周禮'(총간 263권, 231쪽), "王若曰 周禮一書 元聖營洛以後 制治之遺蹟也……其天理爛熟之妙用 廣大精密之規模 可歷言歟".

79) 위의 책, 231쪽, "必得文王武王之君而後可行 朱子之訓也 然則三代以後 終無可行之日歟".

이었다. 오히려 정조는 한나라 이래로 『주례』의 내용을 문제삼거나, 주
공의 저작임에도 불구하고 名物과 제도에 대해 시비를 거는 태도를 문
제로 보았다. 그런데 건국 이래로 『주례』를 治法과 政謨의 전범으로
삼았던 조선에서도 이를 둘러싼 논란이 재현되었다. 조정에서는 『주
례』를 둘러싼 시비가 끊이지 않았으며, 이를 정치에 활용하려는 시도
조차 용납되지 않았다. 이와 관련된 사례를 정조가 직접 언급하였다.
즉 구체적으로 『주례』를 인용하기라도 하면 迂闊하다고 몰아붙이고
섬세한 전모를 모방이라도 하면 번거롭게 자질구레하다고 힐난하였던
것이다. 更張을 꺼리는 자들은 『주례』의 내용이 현실적이지 못한다는
이유를 들어 반대하였다. 정조는 『주례』에 입각하여 경장을 도모하고,
이를 통해 도를 달성하는 일이 얼마나 힘든지 그 고충을 토로하였다.

이 같은 악조건 속에서도 『주례』에 근거하여 경장을 도모하려는 열
정을 막을 수 없었다. 정조는 특별히 『주례』를 좋아하여 3일 동안 강론
과 탐구에 힘을 써서 '萬機資柯則之方'의 도움을 받았다고 했다. 또한
경험 속에서 터득한 『주례』로부터 도움을 받을 수 있는 독서법을 소개
하였다. 만세를 위하여 태평을 열어주는 옛 성인의 뜻이 담긴 책을 이
해할 때에는 언어와 문자의 말단에만 얽매이지 않는 것이었다. 그리고
책문의 말미에서 『주례』에 입각한 경장의 의지를 피력하였다. 이어서
『주례』를 제작한 주공의 심법을 따르기 위해서 訓詁와 箋解에 얽매이
지 않고 實事와 實政을 체험할 것을 거듭 강조하였다.[80)

영조가 남긴 탕평의 遺業을 계승하여 실천하고자 고심했던 정조의
입장에서 볼 때 『주례』는 선왕대에 이어서 실정을 구현할 수 있는 전
장과 법제가 실린 경전이었다. 이러한 『주례』 이해가 이익의 경세지향
을 전수받아 정계에 진출하였던 청남의 그것과 상통하여 상호간 긴밀
한 협조관계를 이루면서 정치 행보를 함께 할 수 있었던 것으로 보인
다.

---

80) 『弘齋全書』 卷48, 「策文 一」, 231~232쪽.

2) 時宜변통과 '一民'的 지배체제의 확립

성호학파와 함께 실학을 지향했던 학자들로 서인·노론계 북학론자들이 주목된다. 그들 역시『주례』에 지대한 관심을 갖고 이를 통한 개혁방안을 모색하는 데 주력하였다. 이때『주례』를 이해하는 기본입장은 시의변통이었다.

홍대용은『주례』속에 내재된 통치이념을 추구하면서도 현실을 고려하여 고법·고제를 활용하고자 했다. 이는 日用을 중시하는 그의 학문관에서 기인한 것이었다. 그는 장구에만 매달려 일용을 소홀히 하는 학풍에 대해서 분명한 어조로 반대하였다. 庶務에 전념하는 것을 비속하게 여기고, 일용을 소홀히 한 채 장구를 誦說하는 데 힘쓰는 학문태도를 큰 문제로 보았다.[81] 특히 주자를 宗主로 받드는 학자들이 도문학에 편중하여 훈고의 末學에 빠진 사실을 지적하였다.[82] 이 같은 잘못된 학문풍토에서 벗어나기 위한 방안으로 다음과 같은 독서법을 제시하였다. 성현의 언어로 표현된 자취를 상고할 때 변통의 관점에서 내 몸에 돌이켜 어떻게 적응해 나갈 것인가를 고민하는 것이었다. 이것이 그가 생각하는 고인들이 견지했던 독서의 본령이었다. 만일 이와 같지 않으면 모두 거짓 학문이라고 단언하였다.[83]

이 같은 학문관에 입각하여 六經을 二帝三王의 大經大法으로 규정하고 공자 이래로 주자에 이르도록 필요한 심법이 모두 갖추어진 경전으로 인식하였다.[84] 특히『周官』을 經世濟民을 위해 필요한 경전으로

---

81) 『湛軒書』內集, 卷1,「小學問疑」(총간 248권, 6쪽).
82) 『湛軒書』外集, 卷3,「杭傳尺牘」'乾淨衕筆談續'(총간 248권, 161쪽).
83) 『湛軒書』外集, 卷1,「杭傳尺牘」'與梅軒書'(총간 248권, 119쪽).
84) 『湛軒書』內集, 卷3,「書」'與人書二首'(총간 248권, 70~71쪽), "二帝三王之大經大法 孔孟程朱之切要心法 具在六經". 이익 역시 經術과 時務를 일치시키기에 적합한 경전으로 육경을 꼽았다. 육경 속에는 선왕들이 안민·보민을 이루기 위해 입안하고 실행했던 구체적인 법제·문물과 사회운영 원리 및 이념들이 담겨져 있기 때문이었다. 따라서 이를 현실에 잘 구현하게 되면 사공을 이룰 것으로 기대했다(원재린,『조선후기 星湖學派의 학풍 연구』, 혜안,

상정하였다.[85] 서인 내부에서 『주례』를 중시하는 학문전통은 趙聖期 (1634~1685)에게서 이미 나타나고 있었다. 조성기는 경세학의 연원을 묻는 金昌協(1651~1708)의 질문에 趙昌期와 함께 經濟之學에 관심을 갖고 『주관』의 법제를 연구한 경험을 들어 답변을 대신하였다.[86] 그는 선비들이 『주관』과 儀禮 古經을 버려 두고 강학하지 않는 상황을 안타깝게 여겼다. 이들 경전 속에는 흥망의 萬變과 理事와 體用을 하나로 모아 통하게 만드는 방안이 기술되었다고 믿었다. 따라서 예악으로 동화시키는 권능과 형정으로 바로잡는 방법을 체득하여 활용하면 삼대의 홍성함을 이룩할 수 있다는 전망을 내놓았다. 이러한 통치원리가 세상에 적용될 때 나타나는 구체적인 성과로 정치분야에서는 尊主庇民의 공이 이룩되고, 경제분야에서는 濟人利物의 뜻이 밝혀질 것으로 기대했다.[87] 이 같은 목표를 달성하기 위해서 개혁은 필수적이었다. 이 점은 『주관』에 입각하여 묵은 폐단을 제거하고 법도를 경장함으로써 민생의 안정을 도모할 수 있다고 한 발언에서 확인할 수 있다.[88]

『주관』을 활용한 개혁전통은 홍대용에게 계승되었다.[89] 그는 『주례』를 적극 활용하는 원칙으로 '周公之制 因周之宜也'를 제시하였다. 일단 『주례』가 주공이 주나라의 상황에 맞게 개변하면서 만들어진 경전임을 인정하였다.[90] 아울러 시의에 따른 변통을 부각시킴으로써 조

2003 참조).

85) 『湛軒書』 內集, 卷4, 「補遺」 '毉山問答'(총간 248권, 90쪽), "經濟本於周官 出處擬於伊呂 傍及藝術 星曆兵器 邊豆數律 博學無方 其歸則會通於六經 折衷於程朱 此虛子之學也".

86) 趙成山, 『朝鮮後期 洛論系 學風의 形成과 經世論 硏究』, 고려대 박사학위논문, 2003, 271쪽.

87) 『拙修齋集』 卷11, 「雜著」 '祭舍弟文卿文'(총간 147권, 354~357쪽).

88) 『拙修齋集』 卷4, 「書」 '答林德涵書 癸亥'(총간 147권, 219~224쪽).

89) 홍대용의 學的 淵源은 유봉학, 「北學思想의 形成과 그 性格-湛軒 洪大容과 燕巖 朴趾源을 중심으로」, 『韓國史論』 8, 1982, 187~192쪽 참조.

90) 『湛軒書』 內集, 卷3, 「書」 '與人書二首'(총간 248권, 69쪽), "……周公之制 因周之宜也 朱子之禮 因宋之俗也 因宜因俗 損益無定法 是以行之無甚是 不

216

선의 현실에 맞게『주례』를 활용하겠다는 의사를 간접적으로 표시하였다. 즉『주례』에 담긴 법제의 경세지향을 추구하면서도 시의에 맞게 필요한 요소를 개정하여 현실에 적용해 보겠다는 의도가 엿보인다.

이러한 관점은 정전제를 이해하는 데 잘 나타나고 있었다. 홍대용은 정전제 시행과 관련하여 다음과 같은 의견을 제시하였다. 그는 田地를 나누어 산업기반을 마련해주는 토지제도야말로 국가통치의 기본이 되는 법제임을 강조하면서 정전제의 기능과 역할에 주목하였다. 비록 옛 도를 모두 회복시킬 수 없지만 나라 일을 잘 계획하는 자는 반드시 변통의 제도를 마련해야만 했다. 따라서 정전제 반대론자들이 내세웠던 지형적인 조건은 더 이상 장애요소가 될 수 없었다.91) 오히려 시의 변통의 관점에서 정전제에 내재되었던 경세지향을 어떻게 조선의 현실에서 구현할 것인지가 우선 과제였던 것이다.

홍대용이『주례』의 제도를 원용하면서도 조선의 현실에 맞게 적용하고자 했던 내용 가운데에는 지방제도가 있었다.『주례』의 궁극적인 이념은 황제를 정점으로 하는 齊民支配의 확립이었다.『주례』에 내재된 一君萬民 사상은 모든 계층의 민을 황제권 아래에서 일률적으로 파악하는 것이다.92) 절대군주를 정점으로 한 大一統의 질서를 조직화하려는 입장은 홍대용의 지방제도 개혁안에 잘 담겨져 있었으며, 이는『주례』이해를 바탕으로 한 것이었다. 그가 구상한 지방통치체제는 다음과 같다. 먼저 국토를 9道로 나누고, 각 도에 正二品에 해당하는 伯한 명씩 두었다. 도는 다시 9郡으로, 각각의 군에는 守 1명(從三品)이 배치되었다. 군은 9縣으로, 현에는 監 1명(從五品)이, 현은 9司로, 司

行無甚非者……".
91)『湛軒書』內集, 卷4,「補遺」'林下經綸'(총간 248권, 87쪽), "……孫子之說 未必出於周制 管仲孔明則亦臨時權宜 爲一時制勝之方而已 豈盡合於先王之制哉 井田之難行 先輩固已言之 雖然無分田制産之法而能治其國者 皆苟而已 居今之世 雖不能盡反古道 而善謀國者 必有變通之制矣……".
92) 戶川芳郎 외, 앞의 책, 1990, 245~246쪽.

에는 長 1명(從七品)을 임명하였다. 1사를 구성하는 9개의 面에는 任
1명(從九品)이 최하위의 행정직책을 담당하는 행정체계였다. 이렇게
조직된 지방제도를 총괄하는 주체는 군주였다. 군주의 명령은 伯→守
→監→長→任의 명령단계를 거쳐 통치조직의 말단에까지 전파되었다.
각각의 지방 관리는 직속 상관의 지휘를 받게 되었으며, 최종적으로
이들을 총괄하는 자가 바로 군주였다.[93]
　군주의 통치력은 黜陟權을 활용하여 지방 관리의 힘을 견제하면서
그 실질적인 힘을 발휘할 수 있었다. 출척의 권한은 군주만이 행사할
수 있으며, 군주를 정점으로 일원적 통치체계를 확립하기 위해서는 반
드시 구비되어야 할 조건이었다. 홍대용이 구상한 지방통치체제 속에
서 군주는 상징적인 존재가 아니라 실질적인 통치권자로 군림할 수 있
었다. 이렇게 되면 내외관은 모두 그 僚屬을 스스로 택하게 되는데 군
주는 三公을, 公은 卿을, 경은 郎을, 郎은 吏를, 리는 隸를 선택할 수
있었다.[94] 결국 군주는 국가의 피라미드적 통치구조에 있어서 최고의
위치를 차지하는 존재로 그 위상을 굳힐 수 있었다.[95] 『주례』의 대통
일 질서를 활용하여 王者(人君)－牧民官(人牧)－人民으로 이어지는
지배체제를 확립하고자 했던 목표는 민생안정이었다. 강화된 집권력을
활용하여 중앙의 귀족적 관료와 지방토호 및 아전세력 등 私的인 중간
지배층에 의한 민의 수탈을 배제해 나가고자 했다.[96]
　북학론자들은 『주례』에 입각한 체제개혁에 지속적으로 관심을 보였
다. 이덕무는 柳得恭(1749~?)과 朴齊家(1750~1805) 등과 더불어 역

93) 『湛軒書』 內集, 卷4, 「補遺」, '林下經綸', 84~85쪽.
94) 위의 책, '林下經綸', 85쪽.
95) 趙珖, 「洪大容의 政治思想 硏究」, 『民族文化硏究』 14, 1979, 69쪽 참조.
96) 통치체계 개편과 관련해서 『주례』의 활용 사례는 이익에게서도 확인된다. 이
　익은 王安石(1021~1086)의 保甲制의 원형이 '地官'에 있음을 밝히면서 지방
　통치방식으로서의 유용성을 인정하였다(『星湖僿說』 上, 卷11, 「人事門」 '保
　甲').

218

대 병제를 찬집하기 위해 중국의 사례를 참조하였고, 그 일환으로 주
나라의 제도도 정리하였다. 우선 주공이 성인의 덕으로 문왕·무왕의
뜻과 사업을 繼述하여 주나라의 典章과 문물을 빛낸 사실을 거론하면
서 주공이 『주례』의 저자임을 믿어 의심치 않았다.97) 『주례』의 저자로
주공을 확신한 사실은 時弊를 바로 잡을 전거로 『주례』를 적극 활용하
겠다는 의지의 표현이기도 했다. 이 점은 주나라 군제를 파악하고 자
신의 견해를 피력한 부분에서 잘 나타나 있다.

　이덕무는 병농일치제로 운영되었던 주나라 군제의 기본은 전제의
확립이며, 그 토대 위에 군역이 운영되었다는 사실에 주목하였다. 전제
문제를 경세론 확립의 기본으로 이해하는 경향을 다시 한 번 확인할
수 있다. 전제에 대한 관심은 자연스럽게 이를 토대로 확립될 국가운
영체제의 문제로 이어졌다. 그 중에서도 군제개편 문제와 관련하여 의
견을 내놓았다. 그는 전제가 확립되고 이를 토대로 안정적으로 군제가
운영되는 모습을 다음과 같이 묘사했다. 평상시 백성들은 比·閭·
族·黨·州·都에 소속되어 농사일에 전념하다가 전쟁이 발발하면 병
졸이 되어 각각 伍·兩·卒·旅·師·軍에 편제되었다.98) 이렇게 원
활하게 군제가 운영이 되면 부자간에 군역이 계승되어 액수가 감소되
지 않으며, 추가로 徵募하는 폐단을 미연에 방지할 수 있게 된다. 자연
히 백성들은 국가로부터 별도의 지원을 받지 않더라도 농사에 전념하

97) 『靑莊館全書』 卷6, 「嬰處雜稿」 2, ‘觀讀日記 癸卯’(총간 257권, 121쪽).
98) 이 같은 군제개편안은 『주례』의 六鄕六遂制에 입각한 일민적 지배체제 확립
을 전제로 입안될 수 있었다. 『주례』 「地官」에 따르면 중앙에는 5백리의 王
城(國中)이 있고, 그 주위 100리의 지역에 郊가 설치되고, 이곳에 6鄕이 위치
한다. 그 밖의 주위 100리의 지역에 旬이, 여기에 6遂가 위치한다. 1鄕은
12,500家로 이루어져 있으며 家數를 기본으로 比(5家), 閭(5鄙), 族(4閭), 黨
(5族), 州(5黨), 鄕(5州)의 지역단위로 구분된다. 이러한 지역단위는 오·양·
졸·여·사·군이라고 하는 각급 군대를 구성하는 단위와 서로 대응하고 있
으며 군의 지휘관도 각 지역단위의 지방행정관이 겸하였다(『周禮』, 「地官·
小司徒」 참조).

여 자급자족하게 되어 민부를 증대시킬 수 있을 것이다.[99]

이덕무의 『주례』 이해는 단순히 그 운영구조만을 파악하는 데 그치지 않았다. 이를 통해 제도를 확립하고, 그렇게 함으로써 달성할 수 있는 경세목표가 내재되어 있었다. 무엇보다도 그는 군제개혁을 통해 군주권을 강화시켜 나갈 수 있다고 보았다. 주나라 군제에 따라 군사를 조련하게 되면 6軍의 명령이 천자에게서 제정됨에 따라 후세에서처럼 광포한 신하가 오랫동안 兵權을 쥐고 멋대로 휘두르는 폐단은 자연스럽게 없어질 것으로 전망하였다.[100] 『주례』에 따라 토지의 불평등한 소유문제가 해소되고 군제가 정립되면 신료들에 의한 권력 남용의 폐단이 저절로 사라지고 상대적으로 군주의 위상은 강화될 수 있었다.

이처럼 『주례』에 근거하여 시폐를 개혁하려는 의지와 노력은 서인·노론출신 진보적 실학자들에게서도 나타나고 있었다. 토지개혁과 이에 기초한 군주 중심의 일원적인 통치체계 확립은 성호학파에 이어 북학파의 『주례』 이해에서도 확인되는 특징이었다.

4. 맺음말

중세사회 해체기에 직면하여 『주례』는 진보적인 관인유자층에 의해 새로운 국가운영체제를 모색하는 데 반드시 참고해야 할 경전으로 인식되었다. 그것은 단순히 복고주의적 관점에서 유교의 이상정치를 실현하기 위함이 아니었다. 이미 양란을 통해 확인된 봉건국가의 모순을 극복하고 이를 대신할 국가체제를 확립하는 데 필요한 법제와 개혁이념을 제공받기 위해서였다. 이 점은 18세기 탕평정치와 『주례』가 밀접한 관련성을 맺고 있었다는 사실에서 확인할 수 있다.

---

99) 『靑莊館全書』 卷24, 「編書雜稿」 4, '兵志周軍制論'(총간 257권, 363~364쪽).
100) 위의 책.

영조대 소론출신 탕평론자들은 『주례』의 진강을 통해 신권의 제약에서 벗어나 대동·균평을 실현해 나갈 주체였던 군주의 권한을 강화시키려는 의지를 피력하였다. 이는 조명론을 통해 군사로서의 지위를 제고하려 했던 영조의 정치입장과 일치하였다. 양측간의 교감은 비록 노론에 의해 좌절되었지만 유수원의 관제개편안에서 보이듯 그 실효성이 인정받는 단계에까지 이르고 있었다. 즉 박세채 이래로 정제두에 이르기까지 견지되었던 『주례』에 근거한 규모의 확립과 법제를 통한 탕평 실현의 노력은 정파간 대립과 갈등으로 초래되었던 정치적 난맥상을 타개할 수 있는 대안으로 인식되었다.

『주례』에 근거한 탕평실현의 노력은 정파와 학연을 달리하는 진보적인 지식인들에 의해서도 견지되었다. 이익은 정치분야의 조제뿐만 아니라 사회·경제적 불균등을 해소하기 위한 방안을 모색하는 과정에서 『주례』를 적극 활용하였다. 이러한 학풍은 정조대 성호학파의 일원으로 중앙정계에서 활동했던 청남출신 문인들에게 계승되었다. 정범조와 이가환은 자신들의 정치적 역할을 분명히 인식하면서 시대적 과제를 해결하기 위해 『주례』에 근거한 탕평책을 제출하였다. 이 같은 노력은 『주례』에 담긴 경세지향의 실현에 관심을 갖고 있었던 정조의 경학관과 일치하였다. 정조는 선왕의 유지를 받들어 탕평을 실현하기 위해 다양한 학문 노력을 기울였다. 그런 가운데 『주례』의 이념과 이를 달성해 줄 수 있는 구체적인 법제에 지대한 관심을 갖게 되었다. 정조는 이것의 실현가능성을 높이 평가하면서 그 이념을 훼손하거나 이를 방해하는 어떠한 시도도 허용하지 않겠다는 의지를 표명하였다. 이처럼 『주례』를 매개로 한 양측의 공감대는 정조대 탕평정국에서 일정한 연계를 이룰 수 있는 바탕이 되었던 것으로 판단된다.

한편 서인·노론계 북학론자들 역시 『주례』에 담겨진 대일통의 이념을 실현하기 위해 단편적이지만 일관된 체제개혁 방안을 제시하였다. 홍대용의 지방제도 개혁안에서 볼 수 있듯이 『주례』는 군주를 정점으로 하는 일민적 지배체제를 확립하여 민인에 대한 사적인 침탈을 억제하고, 이전과 다른 국가운영 방안을 모색하기 위한 목적에서 적극 활용되었다. 이것은 노론 내 진보적 인사들의 학문과 사상의 일면을 보여주는 사례이자, 성호학파와 함께 북학파를 실학을 대표하는 학파로 규정할 수 있는 구체적인 근거이다.

　이처럼 18세기에 들어서『주례』는 국왕과 탕평관료, 그리고 실학자들에 의해 주목받았던 경전이었다. 비록 각자 처한 정치상황과 위상은 달랐지만『주례』를 이해하고 인식하는 방식과 내용은 시대변화에 조응하여 새로운 국가운영체제를 모색하기 위한 목표로 귀결되고 있었다.

丁若鏞의 『周禮』 研究와 改革思想

趙 誠 乙*

1. 머리말

조선후기 실학자들의 개혁사상은 많은 경우 『周禮』를 기초로 하고
있다. 즉 이들은 『周禮』에 대하여 깊이 연구하였고 그 연구 결과와 관
련하여 개혁사상을 전개하였다. 따라서 실학을 이해하기 위해서는 그
들의 『周禮』 연구 및 이것과 그들의 개혁사상과의 양상을 구명하는 일
이 필수적이다. 더욱이 정약용의 경우 그의 개혁사상을 종합적으로 제
시한 『經世遺表』는 원제목이 "邦禮艸本"이다. 이것은 『周禮』에 기초
하였다는 의미를 갖는 한편, 『周禮』를 우리나라 실정에 맞게 하였다는
뜻을 아울러 갖고 있다. 정약용의 개혁사상과 『周禮』의 관련 양상에
대하여는 이미 기존 연구가 있다.[1]

그러나 종래 연구에는 정약용의 개혁사상과 『周禮』의 관계를 지나
치게 강조하여 봄으로써, 『周禮』가 정약용의 경학체계에서 중심적 위
치에 있는 것으로 생각하는 경향이 있었다. 하지만 『周禮』는 정약용의
경학체계에서 중심적 위치에 있는 것이 아니다. 그의 경학체계의 중심
은 『尚書』와 『易』이다. 이것은 정약용 개혁사상의 단계적 성격, 그의

---

* 아주대학교 교수, 국사학

1) 文喆永, 「茶山 丁若鏞의 『周禮』 수용과 그 性格」, 『史學志』 19, 1985 ; 강석
   화, 「정약용의 관제 개혁안 연구」, 『한국사론』 21, 1989 ; 김문식, 「정약용과
   신작의 육향제 이해」, 『한국학보』 61, 1990.

정치사상의 궁극적 지향이 무엇인지를 이해하는 문제와 관련된다.

또 기존 연구에서는『周禮』의 저자, 저작 시기, 사료적 가치 및 중국에서의『周禮』에 입각한 개혁을 정약용이 어떻게 평가하였는지 등에 대하여 다루지 않았는데 이런 점들에 대하여도 살펴보기로 한다. 이런 문제들에 대한 이해는 그의『周禮』觀을 이해하는 데 필수적이기 때문이다.

한편 기존의 연구에는 정약용의 개혁사상과『周禮』와의 관련 양상을, 그의 개혁사상의 王權中心的 성격 혹은 王權强化論으로 연결시켜 보려는 경향이 있었다. 그러나 필자의 생각으로는『周禮』의 입장에서 개혁론을 제기한다면 그것은 왕권강화론이 아니라 宰相中心論이 될 수밖에 없다고 여겨진다. 사실 정약용의 개혁사상은 왕권강화론이 아니라 오히려 왕권을 명목화하려는 것이다. 다만 재상중심론이라도 합의체적 성격을 띤다. 이런 점을 염두에 두면서 정약용의 개혁사상과『周禮』와의 관련 양상에 대하여 생각해 보기로 한다.

정약용은 다른 유교 경전에 대하여서와는 달리,『周禮』에 대하여는 별도로 주석서를 저술하지 않았다.『周禮』에 대한 그의 견해 또는 연구는 그의 저작 여기저기에 흩어져 있다. 일단 이들 전체를 조사할 필요가 있으며 산재한 자료들의 저작 시기를 고찰하는 일도 필요하다. 이상의 점들을 염두에 두고 본고에서는 정약용의『周禮』연구와 개혁사상과의 관련성에 대하여 첫째 關聯資料, 둘째 丁若鏞의 經學體系에서의『周禮』의 位置와『周禮』研究, 셋째 丁若鏞의『周禮』研究와 改革思想의 關係로 나누어 검토한 뒤에, 마지막으로 丁若鏞『周禮』研究의 歷史的 位置와 現在的 意義 등에 대하여 생각해 보기로 한다.

2. 關聯資料의 檢討

정약용의 『周禮』 연구와 관련된 자료는 『經世遺表』·『尙書古訓』 (합편)·「自撰墓地銘(집중본)」·「上仲氏」·「答仲氏」·「與申在中(제1 서)」·「答申在中(제3서)」·「樂書考存序」·「春秋考徵序」 등이다. 이 가운데 관련 자료가 가장 많이 수록되어 있는 것이 『經世遺表』이다. 『經世遺表』는 『俟菴先生年譜』에 따르면 1817년 강진 다산에서 저술 에 착수하였으나 끝내 완수하지 못한 未完成作으로서 문헌학적 검토 가 필요하다. 1822년 회갑을 맞으면서 지은 「自撰墓誌銘」을 보아도 "經世遺表 四十八卷 未卒業"이라고 되어 있다. 혹시 「자찬묘지명」 저 술 이후 증보가 있는지 현존 필사본들 및 간행본들을 대조해 보았으나 극히 일부를 제외하면 수정·증보 부분이 없는 것으로 판단된다. 따라 서 『경세유표』에 수록된 자료들은, 극히 일부를 일단 제외하면 1817~ 1822년 사이에 저술된 것으로 생각할 수 있겠다(말미의 대조표 참조 요).[2]

---

2) 「邦禮草本序」는 1819년 겨울 사이에서 1821년 봄 사이 지은 것으로 여겨진 다. 邦禮草本序를 지으면서 『經世遺表』 저술을 일단락지은 것이라고 할 수 있다면, 『경세유표』의 저술 시기는, 극히 일부를 제외하면 1817년에서 1821년 봄 이전일 것이라고도 할 수 있겠다. 정약용이 『경세유표』 저술을 완성하지 않은 이유를 생각해 보기로 한다. 첫째 그의 건강 상태 때문이었을 것으로 생 각된다. 그는 강진 시절이래 건강 상태가 매우 나빴으며 중풍 등의 질병에 시 달렸던 것으로 보인다. 둘째로는 당장 절실하지는 않다고 생각하였기 때문일 수 있다. 미완성 부분은 하관(병조), 추관(형조), 동관(공조)이다. 병조 부분의 경우 정전제 토지개혁론을 바탕으로 이루어질 수 있는 것인데 『경세유표』 井 田議 개혁이 매우 점진적으로 실시되어 새로운 군제를 전면적으로 실시하기 어렵다고 판단하였기 때문으로 생각된다. 대신 정약용은 郊外(遂 지역)에 軍 田을 설치하여 이 군전 경작자로 하여금 군역을 지도록 하는 매우 온건, 타협 적인 방안을 제시하였다(조성을, 「정약용의 군사제도 개혁론」, 『京畿史學』 2, 1998). 셋째 형조 부분에 대하여는 무엇인가 근본적인 변화가 있어야 된다고 생각하였고, 이것은 『경세유표』 단계의 개혁론을 뛰어넘는 성격의 것이었기 때문에 구체적으로 구상하기가 어렵지 않았나 생각된다. 다만 정약용은 『경

다음으로『상서고훈』(합편)의 저술 시기는 1834년이며3) 「자찬묘지
명」은 1822년 회갑을 맞이하면서 지은 것이다. 「上仲氏」·「答仲氏」는
강진 유배 시절 형님 정약전에게 보낸 편지이다. 「與申在中(제1서)」·
「答申在中(제3서)」의 저술 시기는 전자의 경우 1819년 겨울『雅言覺
非』완성 이후 1822년 6월 10일 작이며 후자의 저술 시기는 1822년 6
월 10일 이후이다. 「答洪聲伯籤示」는 1827년 12월 8일 洪奭周에게 보
낸 편지이다.4)「春秋考徵序」는 1816년 작으로 생각된다.5)

3. 丁若鏞의 經學體系에서의『周禮』의 位置와『周禮』硏究

본장에서는 丁若鏞의 經學體系 및 그의 경학체계에서의『周禮』의
位置를 살피고『經世遺表』및 기타 자료에 나타난 정약용의『周禮』
硏究를 주제별로 체계적으로 정리하기로 한다. 먼저 정약용의 經學체
계와 그 속에서의『周禮』의 위치를 살펴보기로 한다. 그의 경학은 六
經(『易』·『書』·『詩』·『樂』·『禮』·『春秋』)과 四書의 체계로 되어

세유표』단계에서도 부분적으로 형정제도 개혁론을 구상하였다(조성을, 「정
약용의 형정관」, 『學林』23, 2002). 사실『흠흠신서』는 형정에 대하여 운영 개
선을 말하는 정도의 책이지 제도 개혁을 말하는 단계의 것은 아니다. 넷째 공
조 부분에 대하여 저술을 하지 않은 것은 고공기에서 말하는 기술의 단계가
이제는 낙후한 것이라고 판단하였고, 새로운 기술은 그가 주장한 이용감에서
추후 개발될 수 있을 것이라고 생각하였기 때문이 아닌가 여겨진다. 끝으로
『경세유표』의 경우 일단, 자찬묘지명에서 말한 48권 이후 더 증보는 없는 것
으로 판단된다. 다만 장인영국도 부분은 신작과 토론 후에 수정·보완된 것
일 가능성이 있다(김문식,『朝鮮後期 經學思想硏究』, 일조각, 1996, 234쪽).
3) 조성을, 「정약용의 상서연구문헌의 검토」, 『東方學志』54·55·56합, 1987.
4) 이 편지의 말미에 '丁亥(1827) 十二月 八日'이라고 날짜가 적혀 있어 1827년
   12월 8일 洪聲伯(洪奭周)에게 보낸 편지임을 알 수 있다(『與猶堂全書補遺』
   2, 208~209쪽).
5) 제자 李睛 등도 참여하였으며 1811년 겨울에서 시작하여 1816년 봄 완성하였
   다(김문식, 앞의 책, 1996, 189쪽).

있다. 六經 가운데 중심이 되는 것이 『尙書』와 『易』이다. 인간사의 문제를 다룬 것이 『尙書』이며 人間事와 自然의 문제를 上帝 아래 통합시키고 있는 것이 易이다.

먼저 인간사의 문제와 관련하여, 정약용은 堯舜과 夏・殷・周 三代의 제도와 이념을 잘 수록한 것이 『書』(『尙書』)라고 생각하였다.6) 정약용은 『詩』가 이 『尙書』 속에 포섭되는 것이라고 보았다. 그는 『詩』와 『尙書』와의 관련성에 대하여 다음과 같이 말하였다.

　　이 經은 세 가지 대의를 포함한다. 첫째는 태학에서 胄子를 가르치는 법이고 둘째는 中和・育德의 이치이고 셋째는 詩歌와 習樂의 규범이다. 삼대 교화의 근원이 원래 여기에 있다. 삼가 이 3가지 대의를 취하여 다음과 같이 정리한다.……王制란 漢나라 문제 때 박사가 논한 것이다. 한나라 이후에는 官爵이 세습되지 않으므로 인재는 族選하지 않았다. 따라서 그 학교의 정사는 한번 古制를 변화시킨 것이다.7)

위의 인용문에서 此經이란 『尙書』 가운데 堯典을 말하는 것으로서, 이 堯典에 '詩歌習樂之規'가 포함되고 있다고 한 것이다. 따라서 『尙書』 속에 『詩』가 포섭되는 것이 된다.

다음으로 정약용은 『樂(經)』도 『尙書』의 틀 속에서 이해하였다. 그는 「樂書孤存序」에서 樂의 효용에 대하여 아래와 같이 말하였다.

---

6) 「上仲氏」에 다음과 같은 언급이 있다. "年來覺得 唐虞做治之法 比之後世 嚴酷綜密 盛水不漏 今人認爲淳厖閑談 而天下自然太和 必無之理……由是溯觀 二典二謨 凡所謂詢事考言 三載考績……夫典者 爲國之法也 謨者治國之謨也"(『與猶堂全書』 1, 424쪽. 아래에서는 모두 『全書』로 표기함).

7) 『全書』 2, 「尙書古訓」 堯典, 537~538쪽, "鏞案 此經 含三大義 一太學敎胄之法 二中和育德之理 三詩歌習樂之規 三古敎化之源 本在此 謹取三大義疏理如左……王制者 漢文帝時博士所論也 自漢而降 爵不世襲 才不族選 故其學校之政 一變古制".

禮로써 밖을 절제하며 樂으로써 안을 조화시키니 절제는 곧 행실을 통제하며 조화는 덕을 기르는 것이다. 이 두 가지 가운데 어느 하나도 폐할 수 없으나 덕은 안이고 근본이다. 안에 존재하는 것이 中庸이다.……樂은 사람을 가르침에 먼저 힘써야 할 바이다.[8]

이것은 樂이 인간 내면의 中庸의 덕을 양성하는 기능을 갖는다는 뜻이다. 정약용은 音樂이 이런 효용을 갖기 때문에, "虞의 典樂을 周나라에서는 大司樂이라고 하였다. 樂이 없어진 뒤에 학교의 제도가 마침내 어둡게 되었다"라고 하여 堯舜시대에 樂을 관장하는 典樂이 있었으며, 周나라에도 大司樂이 있었고 이것이 학교제도 속에 포함되는 것으로 이해하였다.[9] 이렇게 樂의 교육이 요순·삼대의 교육제도 속에 포함되는 것이므로 『樂(經)』 역시 『尙書』의 틀 속에 포함되는 것이라고 하겠다.[10]

다음으로 堯舜·三代의 제도 속에서 『周禮』가 어떠한 위치를 차지하고 있는지에 대하여 『經世遺表』 引에서는 다음과 같이 언급하였다.

夏后氏의 禮는 하후씨 혼자서 만든 것이 아니다. 바로 요·순·우·직·설·익·고요 등이 정신을 모으고 성의·지혜를 다하여 만세대를 위하여 입법한 규정이다. 그 하나하나의 조례를 어찌 사람이

---

8) 『全書』1, 시문집, 258쪽, "禮以節外 樂用和衷 節乃制行 和則養德 二者不可偏廢也 抑德內也本也 存乎內者 中和祗庸……則樂之於敎人 所先務也".

9) 『全書』5, 「經世遺表」, 춘관예조, 장악원 항목, 18쪽, "虞之典樂 周曰大司樂……樂旣亡 學校之制 遂亦不明".

10) 정약용은 망실된 『樂經』의 기능을 『周禮』가 대신할 수 있는 것이라고도 생각하였다. 그는 『經世遺表』에서 "周禮者 周公致太平之書也 以其不用於科場 故今亦爲廢書 不讀周禮 則先王致治之規模節目 無所考驗 今樂全亡 周禮六篇之中 其用樂之法 猶多可考 以周禮 而代樂經 以備六經 抑所宜也"라고 하였다(『全書』5, 춘관수제 1, 285쪽). 『周禮』가 『尙書』의 틀 속에 포섭되므로, 이렇게 하더라도 『樂經』이 『尙書』의 틀 속에 포함되는 것에는 변함이 없다.

바꿀 수 있겠는가. 그러나 은나라가 하나라를 대신하자 가감하지 않
을 수 없었으며 주나라가 은나라를 대신하자 가감하지 않을 수 없었
다. 왜냐하면 세상의 도는 강물이 흘러가는 것과 같아서 한번 정하여
만 세대토록 같을 수는 없기 때문이다. 이치 상 그럴 수 없다.11)

　여기에서 보면 夏나라의 禮(制度)는 夏候氏(禹)가 혼자 만든 것이
아니라 堯·舜·禹·稷挈·益·皐陶 등이 힘을 모아 만든 것이라고
하였다. 즉 夏나라는 堯舜 이래의 제도를 계승한 것이다. 다음 殷나라
의 제도는 시대의 변화와 맞게 夏나라의 제도를 가감한 것이며, 周나
라의 제도 역시 시대에 맞게 殷나라의 제도를 가감한 것이라는 것이
다.12) 하지만 "爲萬世立法之程者也"라고 하였듯이 기본적으로는 堯
舜·夏나라 이래의 틀을 유지하고 있었다고 생각한 것이라고 하겠다.
따라서 周나라의 제도만을 기록한 책『周禮』는 정약용의 경학체계에
서는, 요순·삼대의 제도가 모두 수록되어 있는 『尙書』의 큰 틀 속에
포섭되는 것이라고 할 수 있다.13)
　다음으로 이『尙書』의 틀 속에서는 『春秋』도 포함되는 것으로 이해
하였다. 그는 자신의 『春秋』 주석서『春秋考徵』에서 다음과 같이 말하

11)『全書』5, 1쪽, "夏后氏之禮 非夏后氏獨制也 卽堯舜禹稷挈益皐陶之等 所聚
　精會神竭誠單智 爲萬世立法之程者也 其一條一例 豈人之所能易哉 然 殷人
　代夏 不能不有所損益 周人代殷 不能不有所損益 何則 世道如江河之推移
　一定而萬世不同 非理之所能然也".
12)『상서고훈』요전에서는 "唐虞三代 禮相變也"(『全書』2, 511쪽)라고 하였다.
13)『경세유표』의 지관수제,「정전의」1에서도 "古法之存乎今者 唯有堯典·皐
　陶謨·禹功三篇 及周禮六篇而已 臣於九篇 精硏覃思蓋有年 所其考績奏績
　之法·正土平賦之制 種種條例 嚴酷栗烈 綜核緻密 一滴不漏 一髮不差 不
　似後世之法 攲傾散漫 贅疣潰裂 其精義妙旨 不可勝言 特以戰國之末 王風
　而消 而秦燔項燎 至百年而始除挾書之律 於是 宇宙折爲兩段 三古之事 杳
　若天上 鄭衆鄭玄之等 艱難摸索 僅通訓詁 而制作之實 極多疏謬 後世之人
　以註解經 不復研究 遂謂先古之法 不可以措今 然聖人者 其智慧最深 宜於
　一時 而不宜御萬世 有是理乎"(『全書』5, 135쪽)라고 하여 요순 이래의 제도
　와『周禮』와의 상관성, 일관성에 대하여 언급하였다.

였다.

    주나라가 東遷한 이후에도 문왕과 무왕의 도가 列國에서 여전히 존재한 것이 240년간이다. 그 길흉과 여러 禮 가운데 기록에 남아 있는 것은 周禮의 자취이다. 청동기 銘文같은 것은 실로 귀중한 것이다. 세상에서 春秋를 익히는 자는 항상 포폄의 의리에만 힘을 쏟아서 선왕의 전례 가운데 후세에 징험할 수 있는 것에 대하여는 거의 관심을 기울이지 않는다.……주례에 방불한 것을 알고자 하는 사람이 이 춘추를 버리고서 무엇으로써 하겠는가.……모두 10권이다. 책의 편집을 마치고 春秋考徵이라고 이름을 붙였다. 고징이란 禮(주나라의 제도)에 뜻이 있는 것이지 춘추의 의리에 뜻이 있는 것이 아님을 명확히 하는 것이다.14)

    여기서 보면 정약용에게서 『春秋』란 襃貶이나 義理를 추구하기 위한 것이라기보다는 春秋時代까지 列國에 흩어져 남아 있던 周나라의 제도를 알 수 있게 해 주는 것이다. 따라서 『春秋』는 『周禮』 속에 포섭된다. 『周禮』가 『尙書』의 틀 속에 포섭되므로, 크게 보아 『春秋』 역시 『尙書』의 틀 속에 포섭되게 된다.
    한편 정약용은 『尙書』의 틀 속에 『論語』·『孟子』·『大學』·『中庸』도 포섭되는 것으로 생각하였다. 먼저 『尙書』와 『論語』와의 관련성에 대하여 살펴보기로 한다. 『論語』는 주지하듯이 孔子의 言行을 그 제자들이 기록한 것들을 모아 편집한 것이다. 『論語』와 『尙書』의 상호 관계에 대하여 정약용이 어떻게 생각하였는지를 알 수 있게 하는 구절을

---

14) 『全書』 1, 시문집, 「春秋考徵序」, 258쪽, "周室東遷 而文武之道 布在列國 猶有存者 二百四十年之間 其吉凶諸禮之著于策書者 猶是 『周禮』之餘 如鼎彝古器 彭文隱見 洵可貴也 世之習春秋之學者 恒于襃貶袞鉞之義 鑽硏致力 而其先王典禮之可徵於後世者 率皆略之……欲知 『周禮』之髣髴者 舍是書何以哉……共十卷而已 編旣成 名之曰 春秋考徵 考徵也者 明其在乎禮 不在乎春秋也".

『상서고훈』(합편)에서 찾아볼 수 있다.

　　도의 큰 근원은 요·순에게서 시작되어 하나라와 은나라를 지나서
　周禮로 흘러들어 갔으며 孔門에서 끝나 中庸과 大學의 두 가지 도가
　되었다.[15]

　道의 근원이 堯舜에게서 시작되어 夏·殷·周 삼대를 거쳐 孔門에
서 끝났으며 그 마지막이『中庸』·『大學』이라는 것이다. 따라서 孔門
의 창시자 孔子의 언행을 기록한『논어』는 堯舜과 三代를 계승한 것
이므로『尙書』의 틀 속에 포함되는 것이라고 할 수 있겠다.
　다음으로『尙書』와『孟子』와의 관련성에 대하여 살펴보기로 한다.
정약용은『孟子』를 六經·四書의 틀 속에 포함시키고 있으므로 일단
孟子(인간)도 堯舜 이래의 道統을 계승하는 것으로 간주하였다고 볼
수 있다. 그러면서도 정약용은『孟子』라는 책에 대하여 매우 비판적이
며 孟子가 삼대의 井田制, 賦稅制度, 關市制度 등을 제대로 알지 못한
것으로 보았다. 또 人性論의 측면에서, 정약용은 荀子의 영향도 적지
않게 받았다.[16]
　다음으로『尙書』와『大學』과의 관련성에 대하여 살펴보기로 한다.
『尙書』堯典의 "좋은 德을 잘 밝혀서 九族을 친하게 하며 구족이 화
목하자 백성을 平章하고 백성이 밝게 되자 萬邦을 화합시키니, 인민들
이 좋게 변화되었다"(克明俊德 以親九族 九族旣睦 平章百姓 百姓昭
明 協和萬邦 黎民於變是雍)라는 구절에 대하여 다음과 같이 말하였
다.

---

15)『全書』2,「상서고훈」, 고요모, 538쪽, "道之大源 起於堯舜 歷夏與殷 流于周
　　禮 終于孔門 爲中庸大學二書而至".
16) 조성을,『정약용의 정치·경제 개혁사상 연구』, 연세대학교 사학과 박사학위
　　논문, 1991, 54 및 82쪽.

232

　　이 經은 대학의 道의 연원이다. 좋은 덕이란 孝·悌·滋라는 큰 덕
이다. 좋은 덕을 밝힌다는 것이 바로 (대학의) 明明德이다. 구족이 화
목하였다는 것은 이 덕으로써 齊家한 것이다. 백성이 밝게 되었다는
것은 이 덕으로써 治國한 것이니 나라가 이미 다스려진 것이다. 만방
이 좋게 변화하였다는 것은 이 덕으로써 平天下하여 천하가 태평하
게 된 것이다. 대학은 권두에서 이 經을 인용하여 그 근원이 구원함
을 밝힌 것이다.17)

　　즉 앞에서 말한,『尙書』堯典의 "좋은 덕을 잘 밝혀 이로써 구족을
친하게 하며……"의 구절이 바로『大學』의 修身·齊家·治國·平天
下의 연원이 되며『大學』에서 이 구절을 서두에 인용하여 그 연원이
오래되었음을 밝혔다는 것이다.
　　『尙書』와『中庸』의 관계에 대하여는『尙書』堯典의 "夔, 너에게 典
樂을 명하노니 冑子를 교육하라. 곧되 온화하며 관대하되 엄격하고 강
하되 잔학하지 않으며 간소하되 오만하지 말라"(夔 命汝典樂敎冑子
直而溫 寬而栗 剛而無虐 簡而無傲)라는 구절을 부연하여 아래와 같
이 말하였다.

　　이것은 中庸의 근원이다. 주례의 대사악은 육덕으로써 國子를 가르
쳤다. 中和祗庸孝友라는 육덕을 중용과 대학이 조술하였다. 중화지
용의 의리가 펼쳐져 중용이 되고 효우와 滋順의 의리가 펼쳐져 대학
이 되었다. 그 근원이 본래 여기에 있다.……道의 큰 근원이 요·순에
게서 일어나서 하나라와 은나라를 거쳐 周禮로 흘러들어 갔으며 孔
門에서 끝나 大學과 中庸 두 책이 되고 그쳤다. 堯典을 읽다가 이 큰
근원을 만나서 크게 탄식하고 한숨을 쉬었다.18)

17)『全書』2,「상서고훈」, 요전, 507쪽, "但此經是大學之道 淵源所發 俊德者 孝
　　悌慈之大德 明俊德者 明明德也 九族旣睦者 以此德而齊家 家旣齊也 百姓
　　昭明者 以此德而治國 國旣治也 萬邦於變者 以此德而平天下 天下平也 大
　　學首引此經 明其源遠也".

즉 위에서 말한 『尙書』堯典의 "곧되 온화하며 관대하되 엄격하고 강하되 잔학하지 않으며 간소하되 오만하지 말라"라는 구절이 바로 『中庸』의 연원이 된다는 것이다. 따라서 정약용의 경학체계에서는 『大學』과 『中庸』은 『尙書』의 틀 속에 포섭됨을 알 수 있다.19) 이상에서 보면 정약용의 경학체계에서 『詩』·『樂』·『禮』·『春秋』 및 四書는 모두 『尙書』의 틀 속에 포섭된다. 따라서 인간사의 모든 것은 『尙書』의 틀 속에 포섭된다고 할 수 있다.20)

---

18) 『全書』 2, 「상서고훈」, 요전, 537~538쪽, "此中庸之源也 周禮大司樂 以六德 敎國子 曰中和祇庸孝友六德者 中庸大學之書 所祖述也 中和祇庸之義 演之 爲中庸 孝友慈順之義 演之爲大學 其源本在是也……道之大源 起於堯舜 歷 夏與殷 流于周禮 終于孔門 爲大學中庸二書而止 讀堯典而逢此大源 爲之太 息而歆歟也".

19) 정약용은 「상서고훈」(합편)에서 "論曰 皐陶謨一篇 大學中庸之本源"라고도 하였다(『全書』 2, 541쪽). 『尙書』堯典만이 아니라 『尙書』 皐陶謨편도 『中庸』·『大學』의 원류가 된다. 또 「상서고훈」(합편) 고요모편에서는 『大學』·『中庸』과 『상서』 고요모편과의 관계에 대하여 각기 다음과 같이 말하였다. 고요모편의 『大學』과의 관련에 대하여는, "陶謨曰 都在知人 在安民" 구절에 관하여 "論曰 知人安民者 大學一篇之宗旨 亦大學一篇之結局 其淵源在此 經……胄子者……將躬應大位 或佐天子出治 或分封爲列候 無一非身任治平 之責者也 故誠意精心 以先修身 而畢竟結局 在於治平"(『全書』 2, 「상서고 훈」, 고요모, 541쪽)라고 하였으며 고요모편과 『中庸』의 관계에 대하여는 "皐 陶中庸之學 傳至周公 其作立政之戒……中庸之學 傳至孔子 乃溯其本而述 之曰 堯曰咨爾舜 允執其中 曰舜亦以命禹 中庸之學 傳至子思 乃作中庸之 書 源遠矣哉"(『全書』 2, 「상서고훈」, 고요모, 542쪽)라고 하였다.

20) 다만 정약용의 六經·四書의 경학체계에서 가장 위에 위치하고 있는 것이 易이다. 그는 자신의 『易』 주석서인 『周易四箋』에서 인간과 자연, 즉 존재와 당위를 분리하여 이해하였으며 이렇게 분리된 자연과 인간은 다시 上帝(天)에 의하여 통합되는 것으로 보았다. 즉 인간사와 자연의 모든 변화를 上帝가 주관하여 인간의 도덕적 실천 역시 上帝와 관련되며 인간의 도덕적 능력이 上帝로부터 주어지는 것으로 보았다. 따라서 『尙書』는 『易』의 틀 속에 포함 되게 된다. 또 정약용의 易學체계에서는 上帝가 頂上에서 인간사와 자연사 를 모두 총괄한다. 그러나 정약용은 『周易』에 대하여도, 다음과 같이 西周의 제도가 실려 있는 점에 대하여 주목해야 한다고 하였다(『全書』 1, 시문집,

이『尙書』와『周禮』와의 관계를 다시 말하자면『尙書』는 堯舜・三代의 이상적 제도를 수록한 것이며,『周禮』는 그 가운데 하나인 周나라의 제도이다. 이 周나라의 제도는 기본적으로 堯舜 이래의 정신을 계승하면서 시대적 상황에 맞추어 가감한 것이다. 이 점에서 보면 정약용의 경학체계에서『周禮』는 상대적 위치를 갖는 것이지, 절대적 위치를 점하는 것이 아니며 어디까지나 현실 여건에 따라 가감할 수 있는 것이 된다. 이것은『經世遺表』에서 제기된 그의 개혁론으로 하여금, 기본적으로『周禮』에 입각하면서도 그대로 墨守하지 않을 수 있게 하는 자세를 갖게 하였다.

한편『周禮』에는 堯舜 이래의 제도 속에 들어 있는『大學』과『中庸』의 이념이 그대로 관철되어 있다고 정약용은 생각하였다. 이에 대하여 그는『大學公義』에서 다음과 같이 말하였다.

(대학의) 在明明德에서 明이란 밝게 드러낸다는 뜻이며 明德이란 孝悌慈를 말한다. ○ 周禮의 大司樂은 육덕으로 國子를 가르친다. (육덕이란) 中和祗庸과 孝友를 말한다. 중화지용은 중용의 가르침이다. 효우란 대학의 가르침이다. 대학(태학)은 胄子를 가르치는 宮이다. 그 세목은 효우를 덕으로 삼는다. 經에 明德이라고 한 것에 어찌 다른 것이 있겠는가. 맹자가 학교는 삼대가 마찬가지이니 모두 인륜을 밝히는 수단이라고 하였다. 안륜을 밝히는 것이 효제자를 밝히는 것이 아니겠는가.[21]

―――――――――――――――――――

「答仲氏」, 425쪽, "詳覽易箋 則西周禮法之昭然可見者 不知其數 今以卜筮之故 並欲不考其禮法 可乎 孔子於卜筮之外 別作象傳 大象傳 周易豈但卜筮而止哉 古封建今不封建 古井田今不井田……卜筮之不可不行於今世 有甚於此數事 故我自甲子年 專心學易 而未嘗一日攙著作卦以筮某事 我若得志 則告于朝廷 將嚴禁卜筮之不暇 此非謂今之筮非古之筮也 雖使文王周公 生於今世 決不以卜筮稽疑……不事天者 不敢卜筮……而'周易者 周人禮法之所在 儒者 不可以不明其微言妙義 在所發揮也").

21)『全書』2,「大學公義」, 在明明德, 3~4쪽, "在明明德 明者 昭顯之也 明德也 孝悌慈 ○議曰 周禮大司樂 以六德敎國子 曰中和祗庸孝友 中和祗庸者 中

이에 따르면『周禮』의 大司樂이 바로『中庸』·『大學』의 이념을 가
르쳤다는 것이므로,『大學』·『中庸』이『周禮』의 틀 속에 포함되는 것
이 된다. 이『周禮』가, 앞서 언급하였듯이 바로『尙書』의 큰 틀 속에
포섭된다.『尙書』에 일관되게 흐르는 정신이『大學』·『中庸』의 이념
이고『周禮』가『尙書』의 틀 속에 포섭되므로『周禮』에『大學』·『中
庸』의 이념이 들어가 있는 것은 당연하다.

　다음으로『周禮』研究에서 제기되는 중요한 문제점들에 대하여 정
약용이 어떻게 생각하였는지 살펴보기로 한다.『周禮』研究에서 제기
될 수 있는 중요한 문제로는 대체로, 첫째『周禮』의 著者와 成立 時
期, 둘째 이와 관련되는 것으로서『周禮』의 자료적 가치, 셋째『周禮』
의 傳授와 歷代 해석의 妥當性 문제, 넷째 고공기의 문제, 다섯째『周
禮』에 입각한, 중국에서의 개혁 정치에 대한 평가 문제 등을 들 수 있
다.22)

庸之教也 孝友者 大學之教也 大學者 大司樂 教胄子之宮 而其目以孝友爲
德 經云明德 豈有他哉 孟子曰 學則三代共之 皆所以明人倫也 明人倫 非明
孝悌乎".
22) 이런 문제들에 대한 현대의 연구로는 다음과 같은 논저가 있다.
　(1) 著書
皮錫瑞,『經學通論』;范文瀾,『羣經槪論』, 樸社, 1933;顧頡剛,『中國古代
의 學術과 政治』(일역본), 大修館書店, 1978;이종호 편,『유교 경전의 이
해』, 中和堂, 1994;本田成之,『中國經學史』, 廣文書局, 1979(元著 1927);
津田左右吉,『周官의 研究』(津田全集 17), 1937;本田二郎,『周禮通釋』(上
·下), 秀英出版, 1979;侯家駒,『周禮研究』, 聯經出版事業公司, 1987;顧頡
剛,『古史論文集』(1·2), 中華書局, 1988;李耀仙 主編,『廖平學術論著選
集』(1), 巴蜀書社, 成都, 1989.
　(2) 論文
楊向奎,「從周禮推論中國古代社會發展的不平衡性」,『經史齋學術文集』, 上
海人民出版社, 1980;楊向奎,「『周禮』的 內容分析及其成書時代」,『經史齋
學術文集』, 上海人民出版社, 1980;田中利明,「『周禮』의 成立에 대한 一考
察」,『東方學』42, 1974;佐伯富,「王安石」,『中國史研究』3, 同朋舍, 1977.
위의 논저 가운데『周禮』研究와 관련된 제 문제를 가장 포괄적으로 다룬 것

첫째 『周禮』의 著者와 成立 시기에 대하여는 漢代 이래로 많은 의문이 제기되어 왔다. 그러나 정약용은 대체로 『周禮』를 긍정하는 입장이다. 그는 1790년(29세) 겨울에 지은 「十三經策文」에서 『周禮』의 저자에 대하여, 朱子를 인용하면서 다음과 같이 말하였다.

주자는 일찍이 "周나라의 법도는 여기에 있다"고 말한 적이 있으며 또 "周禮의 규모는 모두 周公이 만든 것인즉, 여섯 편의 글은 모두 망녕되게 논할 수 없다"라고도 하였다.[23]

곧 정약용이 29세 시절, 『周禮』가 周公의 저작이라고 믿고 있었음을 알 수 있다.

한편 이와 관련하여 정약용은 강진 유배 시절 정약전에게 보낸 편지에서도 다음과 같이 말하였다.

주례에 대하여는 옛 사람 가운데에도 믿지 않은 사람이 많지만 모두 淺學입니다. 왕안석은 비록 믿었으나 깊이 그 이면까지 알고서 믿은 자가 아니며 오직 주자만이 (제대로) 알고 믿었습니다. 그러나 정현의 주석은 열 가운데 여섯, 일곱이 잘못인데 선유가 정현까지 겸하여 믿었으니 이것이 한스럽습니다. 제가 만일 병 없이 오래살 수 있다면 주례 전체에 대하여 주석을 하고 싶지만 아침 이슬 같은 목숨이 언제 죽을지 몰라 감히 엄두를 내지 못하고 있습니다. 그러나 마음속

이 侯家駒의 저술이다. 다만 이 책은 매우 보수적인 입장에서, 『周禮』가 현대 중국의 공산주의의 원류가 되어 자유민주주의, 시장경제를 위협한다는 취지로 씌어졌다. 또 皮錫瑞의 『經學通論』은 今文經學에 경도된 연구이므로 조심할 필요가 있다.

23) 『全書』1, 158쪽, "朱子亦嘗曰 周家法度在裏許 又曰周禮規模 皆是周公之做 則六篇之文 皆不當妄議也". 규장각 시절 지은 다른 策에 대하여는 나중에 수정을 하여 수정본이 있지만 이 十三經策은 후에 수정되지 않은 것으로 판단된다(조성을, 「여유당집 잡문후편 수록 작품의 연대고증」, 『문헌과 해석』 23, 2003 여름호).

으로는 삼대의 정치를 정말로 회복하고자 한다면 이 책이 아니면 착
수할 수 없다고 생각합니다. 이것은 으뜸 聖人의 글로서, 비록 충분히
따져서 말할 수는 없지만 東遷 이후에 나오지 않은 것은 분명합니다.
따라서 저는 주례에 대하여 감히 경솔하게 그 뜻을 어기지 않습니
다.24)

위에서 보면『周禮』를 不信하는 것은 淺學이라고 하였으며『周禮』
가 없으면 삼대의 정치를 회복할 수 없다고 하였다. 다만 이 편지에서
는 "其爲元聖之手筆 雖未可十分質言 其出於東遷以後之證 斷無可
執"이라고 하여『周禮』의 직접적인 저자가 周公인지에 대하여는 다소
유보적인 태도를 취하였다.
둘째『周禮』의 자료적 가치에 대하여 정약용이 어떻게 생각하였는
지 살펴보기로 한다. 이와 관련하여 정약용은 1827년 洪奭周에게 보낸
편지에서 다음과 같이 말하였다.

(홍석주가 묻기를) '詩와 禮에 대한 發冢의 재앙은 유흠에 이르러
서 극에 달하였습니다. 호오봉은 주관 육전을 유흠의 위작이라고 생
각하였습니다. 근자 방포의 망계집을 보니 주례를 논하여 왕망이 찬
입한 것이 많다고 하였는데 그 의론이 아주 정밀합니다. 그러나 호오
봉은 단지 육전 모두를 위작이라고 하였으니 연찬한 적이 없는 까닭
입니다'라고 하였다. (답하기를) '저는 일찍이 요순 삼대의 遺文 가운
데 본보기가 될 것은 오직 요전(지금 순전 포함), 고요모(지금 익직
포함), 우공, 홍범, 주례 六典 뿐이라고 생각하였습니다. 유흠이 찬입

24)『全書』1, 시문집,「答仲氏」, 425쪽, "周禮古人亦多不信者 皆淺學也 王安石
雖信之 而非深知其裏面者 惟朱子知而信之 然鄭玄之注 十誤六七 而先儒兼
信鄭玄 是可恨也 我若無病久生 則欲全注周禮 而朝露之命 不知何時歸化
不敢生意 然心以爲 三代之治 苟欲復之 非此書 無可著手 其爲元聖之手筆
雖未可十分質言 其出於東遷以後之證 斷無可執 以故我於周禮 不敢輕違其
義".

238

한 것도 혹 있겠지만 대체로는 聖人이 아니면 지을 수 없는 것입니다. 좌전 같은 것에는 분명히 찬입이 있지만 그 대체는 춘추시대의 策書이니 후인이 지을 수 있는 것이 아닙니다. 주례와 의례는 본래 서로 상관이 없지만 때때로 서로 밝히는 데에 도움을 주어 사람으로 하여금 춤추게 합니다. 僞書가 능히 그럴 수 있을까요. 저는 주례에 대하여 전체 주석을 하지는 못하였으나 다른 경전을 통해 연구한 것이 상당히 됩니다. 그러므로 주례는 경솔히 의논할 수 없음을 마음으로 알고 있습니다. 다만 가공언의 소는 공안국의 소보다 정밀하지 못하여 묘의를 선양하지 못한 것이 많습니다.'25)

위에서 보면 홍석주는『周禮』가 모두 劉歆의 僞作이라는 胡五峯의 설과『周禮』에 王莽이 擪入한 것이 많다는 方苞의 설에 기초하여,『周禮』의 자료적 가치를 의심하고 있었음을 알 수 있다. 이에 대하여 정약용은 위에서 보듯이『周禮』에 부분적으로 劉歆이 찬입한 것이 있을지는 모르나 대체로는 聖人(周公)이 아니면 지을 수 없는 것이라고 하여 자료적 가치를 인정하였다.26) 셋째『周禮』의 傳授와 역대 해석의 妥當性 문제에 대하여 살펴보기로 한다.『周禮』의 전수 문제와 관련하

---

25)『與猶堂全書補遺』2,「答洪聲伯籤示」, 208~209쪽, "籤云 '詩禮發冢之禍 至于劉歆而極矣 胡五峯 以周官六典 爲歆所僞 近見方苞望溪集 其論周禮 謂多王莽時擪入者 其論頗精 然胡五峯 直謂六典都僞 斯則於周禮一部 未嘗鑽研故也' 鄙人嘗以爲 堯舜三代之遺文 其可以準繩絜矩立經陳紀者 唯有堯典(合今之舜典)・皐陶謨(合今之益稷)・禹貢・洪範・周禮六典而已 歆所擪入者 容亦有之 而大體 則非聖人不能作 如左傳分明有擪入 而其大體則春秋之策書 非後人所能作也 周禮儀禮 本不相涉 而有時乎交相映發 使人舞蹈者 僞爲而能然乎 鄙人於周禮 雖無全釋 因他經而研究者 殆乎周徧乎百職 故心知周禮不可輕議 唯賈疏不如孔疏之精詳 妙義多不能宣揚也".

26) 1827년 金邁淳에게 보낸 편지에서도 다음과 같이 말하였다.『與猶堂全書補遺』2,「答金德叟」, 193~194쪽, "望溪集 病甚不能詳覽 而大抵是謹言飭行之士也……周禮 則執古今不同之俗 而億之爲王莽擪入". 원래 제목은 別紙德叟라고 되어 있으며 제목 아래에 '丁亥(1827) 正月十二日'이라고 주가 붙어 있으므로 1827년 1월 12일 金德叟(金邁淳)에게 보낸 편지임을 알 수 있다.

여, 앞서 살폈듯이 정약용은 『周禮』가 堯舜 이래의 제도와 이념을 기
본적으로 계승하면서 周나라의 실정에 따라 가감한 것이라고 보았다.
그러나 앞서 인용한 정약전에의 편지에서 "왕안석은 비록 믿었으나 깊
이 그 이면까지 알고서 믿은 자가 아니며 오직 주자만이 (제대로) 알고
믿었습니다. 그러나 정현의 주석은 열 가운데 여섯·일곱이 잘못인데
선유가 정현까지 겸하여 믿었으니 이것이 한스럽습니다."라고 하여 漢
代 이래 鄭玄의 주석을 불신하고 王安石이 『周禮』를 제대로 알지 못
하였다고 하였다.27) 한편 鄭玄의 注에 대한 注(疏)에 대하여는 "心知
周禮不可輕議 唯賈疏不如孔疏之精詳 妙義多不能宣揚也"라고 하여
가공언의 疏보다는 공영달의 疏를 더 정밀한 것으로 보았다.28)

넷째 『周禮』 가운데 冬官에 대신 들어 있는 「考工記」에 대한 정약
용의 견해를 살펴보기로 한다. 이에 대하여 그는 1790년(29세) 겨울에
지은 「十三經策問」에서 다음과 같이 말하였다.

(정조께서 묻기를) '고공기는 늦게 河間에서 구입한 것이니 과연 주
관의 유제와 어긋나지 않겠는가.……고공기는 혹 주관과 어긋날 것이
다'라고 하셨다. 신이 생각하기로는 '주관 5편은 비록 유흠의 위조는
아니나 동관 1편은 경제 때 천금을 주고 구입한 것으로서 부득이 고
공기로써 그 빠진 부분을 메꾸었습니다. 따라서 匠氏의 일에 대하여
는 상세하지만 다른 것은 모두 불비합니다. 그러나 그것이 선진 고문
임에는 의심할 바 없으니 반드시 송유처럼 배척할 필요는 없습니다.

27) 여기서 정약용이 『周禮』를 제대로 알고 믿은 것은 朱子뿐이라고 하여 자신
의 견해가 朱子를 계승한 것임을 은연중 비쳤다. 이런 태도는 당시 실정에서
일종의 사상적 안전판으로 이용된 측면도 있지만 문헌학자로서 주자가 매우
정밀한 견해를 갖고 있었음을 보여주는 것이기도 하다. 다만 주자는 『周禮』
를 토대로 개혁을 하는 것을 고려하지 않는 점에서, 정약용과는 다르다. 또
해배 이후 정약용은 정현의 주석을 신봉하는 申綽과 六鄕制 해석을 둘러싸
고 논쟁을 벌였다.
28) 『與猶堂全書補遺』 2, 「答洪聲伯籤示」, 208~209쪽.

주자도 일찍이 말하기를 주나라의 법도가 여기에 있다고 하였고 또 말하기를 주례의 규모는 모두 주공이 만든 것이니 6편의 글은 모두 망녕되게 논할 수 없다고 하였습니다.'29)

위에서 보면 정약용은 前漢 景帝 때에 『周禮』 冬官을 구하고자 하였으나 불가능하여 고공기로 대신하였다고 하였다. 즉 고공기가 원래 『周禮』에 속하는 것이 아님을 인정하는 것이라고 하겠다. 그러면서도 고공기가 先秦古文임을 인정하면서, 이를 배척하는 것은 옳지 않게 보았다.

다섯째 『周禮』에 입각한 역대 중국의 개혁에 대하여 정약용이 어떻게 생각하였는지 살펴보기로 한다. 『周禮』에 입각한 역대 중국의 개혁과 혁명운동 가운데 대표적인 것으로는 前漢과 後漢의 중간에 해당하는 王莽의 新 건설과 개혁정치, 北魏 宇文泰의 官制 改革, 北宋 王安石의 新法 改革政治, 19세기 중반 太平天國의 革命運動 등을 들 수 있다.30) 이 가운데 太平天國의 革命運動은 정약용 사후에 일어난 것이므로 물론 정약용은 이에 대하여 알 수 없었다. 王莽의 新 건설과 개혁정치, 北魏 宇文泰의 官制 改革, 北宋 王安石의 新法 改革政治 가운데 정약용이 언급하고 있는 것은 단지 王安石의 新法에 대하여서 뿐이다.31) 더구나 그에 대하여 정약용은 해배 이후 지은 「經世遺表引

---

29) 『全書』 1, 158쪽, "'考工之記 晩購於河間 則果不悖周官之遺制歟……考工之 或悖周官' 臣以爲 '周禮五篇 雖非劉歆僞造 冬官一篇 景帝時 以千金購之不 獲 不得已 以考工記補其闕遺 故特詳於匠氏之事 而他皆不備 然其爲先秦古 文 則無疑 不必如宋儒之詆斥也 朱子亦嘗曰 周家法度在裏許 又曰周禮規模 皆是周公之做 則六篇之文 皆不當妄議也'". 규장각 시절 지은 다른 策에 대하여는 나중에 수정을 하여 수정본이 있지만 이 십삼경책은 앞서 언급하였듯이 뒤에 수정되지 않은 것으로 판단된다.

30) 侯家駒, 앞의 책, 1987.

31) 王莽의 新 건설과 개혁정치, 北魏 宇文泰의 官制 改革 가운데 王莽에 대하여는 정약용이 매우 잘 알고 있었는데 이에 대하여 언급이 없는 것이 의아스럽다. 일체 언급이 없는 것은 긍정적으로 보았기 때문일 수도 있다. 부정적으

」에서 다음과 매우 부정적으로 언급하였다.

　　왕안석은 청묘법을 강행함에 경전을 원용하여 그 간사함을 치장하
였다. 사실 二帝와 三王의 도가 그의 흉중에 밝은 것은 아니었으며
한갓 일시의 천견으로써 천하를 이끌어 장사치의 이익으로 얽매려 하
였고 중망이 있는 원로대신과 싸우고자 하여 온 조정이 다 비어도 거
리낌이 없었다. 이것이 천하의 잘못이 된 소이이다. 주례가 언제 청
묘·보갑법을 말한 적이 있는가. 청묘·보갑법으로 주례를 무고하여
왕안석이 하나의 교훈이 됨으로써, 법에 대하여 조금이라도 변하게
하는 것이 옳다고 하는 자가 있으면 벌떼같이 일어나 힘써 배격하여
왕안석 같은 자라고 지목하고 스스로 한기나 사마광 같은 위치에 거
하고자 한다. 이것이 천하의 큰 병통이다.32)

　　위에서 보면 정약용이 보기에 왕안석의 淸苗·保甲法은 요순·삼대
의 제도와 전혀 관계 없는 것인데도 왜곡되게 경전을 인용하여 자신의
간사한 계책을 분식하고 商賈의 이익을 옹호하였다는 것이다.33) 더욱
이 위의 인용문에서는 "주례를 무고하여 왕안석이 하나의 교훈이 됨으
로써, 법에 대하여 조금이라도 변하게 하는 것이 옳다고 하는 자가 있
으면 벌떼 같이 일어나 힘써 배격하여 왕안석 같은 자라고 지목하고
스스로 한기나 사마광 같은 위치에 거하고자 한다. 이것이 천하의 큰

로 보았다면 비판적 관점에서 언급하였을 것으로 추정되기 때문이다. 北魏
宇文泰의 官制 改革에 대하여는 별로 주목하지 않았을 가능성이 없지 않다.
32) 『全書』 5, 「經世遺表引」, 1쪽, "王安石 飾淸苦(?苗)以屬其行 援經傳以文其
奸 其實 二帝三王之道 未嘗瞭然於胸中 徒一時之淺見 率天下而羈之以商賈
之利 欲與元老大臣爲萬夫之望者戰 雖空朝廷而莫之恤焉 此所以爲天下謬
也 周禮何嘗言靑苗保甲 以淸苗保甲 誣『周禮』 以王安石作殷鑑 凡言法可以
小變者 羣起而力擊之 目之爲王安石 而自居乎韓琦司馬光 斯則天下之巨病
也".
33) 왕안석에 대한 부정적 평가는 앞서 언급한 앞서 인용한, 정약전에의 편지에
서 "王安石 雖信之 而非深知其裏面者"라고 한 것에서도 확인할 수 있다.

병통이다"라고 하여 왕안석이 『周禮』에 빙자하여 잘못된 개혁을 시도함으로써 결국 조금도 改變을 할 수 없는 상황이 조성되었다고 한 점이 주목된다. 즉 왕안석의 改革性 자체는 인정하는 입장이다.

4. 丁若鏞의 『周禮』 硏究와 改革思想의 關係

정약용은 이상과 같은 『周禮』 硏究에 기초하여 『經世遺表』에서 당시 국가제도의 전면적 개혁안을 제시하였다. 그의 개혁안 제시는 漢代 이후 역대 중국 및 우리나라의 제도를 그가 어떻게 평가하였는지 하는 문제와 밀접히 관련된다. 이와 관련하여 그는 다음과 같이 말하였다.

　　가의는 말할 만한 때에 말하였다. 그러나 제왕의 성쇠의 운에 따라서 개혁하고자 함이 있었다면 말할 만한 때였지만, 將相의 賢愚에 따라서 개혁되기를 바랐다면 말할 만한 때가 아니었다. 따라서 소년이 일 만들기를 좋아한다는 지목을 받고서 분함을 안고서 죽었다.……秦나라의 법은 진나라의 법이지 여러 聖王이 전한 바가 아니다. 그러나 漢나라가 일어나자 모두 진나라의 법을 따랐다. 따라서 일찍이 감히 터럭 하나도 움직일 수 없었다.……백년이 지나 무제에 이르러서야 비로소 한두 가지를 조금 바꾸었다.[34]

이에 따르면 秦나라의 제도는 "여러 聖王이 전한 바"(堯舜·三代의 제도)가 아니며 漢나라가 건국하여도 모두 秦나라의 제도를 따랐으며 賈誼가 개혁을 주장하였으나 채택되지 않았고 漢武帝 때에 이르러 약

---

34) 『全書』 5, 「經世遺表引」, 1쪽, "賈誼言之於可言之時 然以帝王興衰之運 而欲有所制作 則可言之時 以將相賢愚之品 而欲望其寅協 則不可言之時也 故得少年喜事之目 含幽憤而死……秦人之法 是秦人之法 非千聖百王之所傳流也 然漢興悉因秦 故曾不敢動一毛……以至百年 得武帝而後 始微變其一二".

간의 변통이 있었을 따름이다.35)

  다음으로 정약용은 우리나라의 고려시대 및 조선시대 제도에 대하
여도 매우 부정적으로 평가하였다. 그는 이와 관련하여 다음과 같이
말하였다.

  우리 효종대왕께서 공법을 개정하여 대동법을 제정하였다. 또 오
  직 우리 영종대왕(영조)만이 노비법과 군포법을 개정하고 한림 천법
  을 개혁하셨다. 이것은 모두 천리에 합치되고 인정에 맞는 것이었
  다.……지금 일을 막는 자는 걸핏하면 '祖宗의 법이니 의논할 수 없
  다'고 한다. 그러나 조종의 법은 창업 초기에 만든 것이 많다. 이때 천
  명이 아직 명확하게 되지 못하여 인심이 크게 안정되지 못하였고, 원
  훈과 장상 가운데 거친 무부가 많았으며 백관과 사졸 가운데에도 반
  측한 奸人이 많아 각기 사사로이 자기 이익을 추구하였다. 조금이라
  도 불만이 있으면 반드시 벌떼같이 일어나 소란스럽게 하였다.……그
  러므로 창업 초에는 법을 고치지 못하고 말속을 그대로 따라 經法으
  로 삼았다. 이것이 천고의 통환이다. 따라서 우리나라의 법은 고려의
  옛것을 따른 것이 많다. 세종대왕 때에 이르러 조금 변화하였으나 임
  진왜란 이후 모든 법도가 무너져 모든 일이 잘못되었다.……한 터럭,
  한 머리카락이라도 잘못되지 않은 것이 없다. 지금 고치지 않는다면
  반드시 나라가 멸망할 것이다.36)

---

35) 漢나라 다음 중국 역대 왕조의 제도에 대하여 정약용이 구체적으로 언급하지
   는 않았다. 그러나 이들이 『周禮』의 제도를 따르지 않았으므로, 정약용은 부
   정적으로 평가하였을 것으로 생각된다.
36) 『全書』 5, 「經世遺表引」, 2쪽, "洪唯我孝宗大王 改貢法爲大同 亦唯我英宗
   大王 改奴婢法 改軍布法 改翰林薦法 斯皆合天理而協仁情……今之沮事者
   輒曰 祖宗之法 未可議 然 祖宗之法 多作於創業之初 當此之時 天命有未及
   灼知 人心有未及大定 元勳將相多麤豪武夫 百官士卒多反側奸人 各以私求
   其自利 小有不厭 必輩起而作亂……故創業之初 不能改法 因循末俗 以爲經
   法 此古今之通患也 故我邦之法 多因高麗之舊 至我世宗大王 小有損益 一
   自壬辰倭寇以後 百度隳壞 庶事搶攘……蓋一毛一髮 無非病耳 及今不改 其
   必亡國而後已".

위의 인용문에서 정약용은 "창업 초에는 법을 고치지 못하고 말속을 그대로 따라 經法으로 삼았다. 이것이 천고의 통환이다. 따라서 우리나라의 법은 고려의 옛것을 따른 것이 많다"라고 하여 조선의 제도는 고려의 제도를 그대로 답습하여 조금 바꾼 것에 지나지 않는다고 하였다. 그는 조선의 제도를 미비한 것으로 보므로 조선이 답습한 고려의 제도 역시 매우 미비하게 생각한 것으로 볼 수 있다. 위에서 보듯이 조선은 고려의 제도를 답습하면서 조금밖에 바꾸지 못했다고 하였다.[37)]

더욱이 임진왜란 이후에는 모든 것이 무너지고 잘못되었다고 보았다. 따라서 정약용은 국가제도의 전면적 개혁을 생각하였고 그 기준이 되는 것이 바로『周禮』였다.『經世遺表』에서의 개혁론은『周禮』의 모델을 제시하고 당시 제도와 비교한 뒤,『周禮』에 따라 개혁론을 제시하는 방식을 취하였다. 여기서 제시되는『周禮』의 제도는 정약용이 스스로 연구하여 이루어낸 성과에 따른 것, 즉 정약용 식의『周禮』해석에 따른 것이다. 앞서 언급한 바와 그는 鄭玄의 것을 비롯한 이전의 注疏에 대하여 상당히 비판적이었다.

정약용의『周禮』研究 가운데 주목되는 것은 六鄕制 해석, 冢宰 및 이와 관련되는 三公·三孤 해석, 그리고 井田에 대한 해석이다. 육향제 이해는 정약용의『周禮』해석 가운데 가장 독특한 신설로서 그가『경세유표』에서 이를 근거로 교육제도, 군사제도 등 여러 개혁론을 제시하는 중요한 근거가 되는 점에서 의미가 크다.[38)] 冢宰 및 이와 관련

---

37) 그러나 고려의 제도 가운데 조선보다 좋은 것이 있다고 생각한 경우도 있다. 정약용은 고려의 의창제도에 대하여 체계적으로 정리한 뒤에 결론적으로 다음과 같이 말하였다. "臣謹案 戶租者 以戶斂也 正租者 以丁斂也 然義倉之法 時斂時發 旋又廢之 故忠烈之時 又言刱置 恭愍之時 又言復設 辛禑之時 又言出穀 申昌之時 又言置倉 其恒久不變 網利增額 爲生民切骨之弊 不似今日之還上也"(『全書』5,「경세유표」, 지관수제 창름지저 1, 227~228쪽). 즉 고려의 義倉제도가 조선의 還上제도보다는 폐해가 적었다는 것이다.

38)「答申在中」(1822년 6월 13일)에서 "周公制禮 其敎萬民糾萬民 登賢黜惡 平賦斂·均征役·治軍旅·正禮器 凡其規模 大節目 都在六鄕之政"라고 하였

된 三公·三孤에 대한 해석은, 한편으로는 총재를 매우 강조하면서도,
『경세유표』의 개혁안이 冢宰 단독의 宰相제도를 따르지 않는 점에서
주목된다. 셋째로 井田에 대한 그의 이해 방식은 종전 田論(38세 時)
에서 주장하였던 井田制 難行論을 버리고 새로이 井田制 개혁론을 주
장할 수 있게 한 점에서 주목된다. 이들 세 문제에 대한 해석과 그의
개혁론과의 상관 관계에 대하여 살펴보기로 한다.

첫째, 六鄕制의 新 해석에 대하여 살펴보기로 한다. 그는 자신의
『周禮』 研究 중에서 가장 두드러진 것에 대하여 「자찬묘지명」에서 스
스로 다음과 같이 말하였다.

> 나는 주례에 대하여 새로운 뜻을 많이 세웠다. 이 가운데 6향제도에
> 대하여는 다음과 같이 말하였다. 육향은 왕성의 내에 있으며 匠人營
> 國은 체제가 9구역이 되고 왕궁이 가운데 있으며 面朝와 後市가 있
> 고 좌우에 6향이 있어 둘둘씩 상응된다. 夏官이 인원수를 헤아려 都
> 와 鄙를 만드는데 모두 9州로 한다. 기자가 평양성을 만들 때 성 안
> 이 井 모양이 된 것은 모두 이 법을 따른 것이다. 정현은 6향이 교외
> 에 있다고 하였는데 그렇다면 鄕三物로 만민을 교육하는 것이 모두
> 시행할 데가 없다. 신승지(신작)는 여전히 정현의 해석을 따르므로 내
> 가 서너 차례 서신을 왕복하여 그렇지 않음을 밝혔다.39)

위에서 보면 그는 자신의 신 해석 가운데 六鄕制에 관한 것을 우선
적으로 들었다. 위에서 말하는, 정약용과 논쟁을 벌인 申承旨는 申綽
을 가리킨다. 신작은 정현의 주에 따라 六鄕이 王城-100리 지역의 四

다(『全書』 1, 시문집, 422쪽).

39) 『全書』 1, 시문집 卷16, 「自撰墓誌銘」(집중본), 338쪽, "鏞習於周禮 多建新
義 其論六鄕之制曰 六鄕在王城之內 匠人營國 體爲九區 王宮居中 面朝後
市 左右六鄕 兩兩相嚮也 夏官量人 凡作都鄙 皆爲九州 箕子作平壤城 城中
畫爲井形 皆此法也 鄭玄以六鄕謂在郊外 則鄕三物敎萬民 皆無所施矣 申承
旨猶守鄭義 鏞往復三四 以明其不然".

246

郊에 있었던 것으로 보았으나 정약용은 六鄕이 바로 王城 안에 설치
되었던 것으로 이해하였다.[40] 이와 더불어 王城 안이 井田制와 마찬
가지로 井字形으로 9등분되었다고 보았다. 왕성의 한 가운데는 王宮
이 있고 바로 앞에는 免朝, 바로 뒤에는 後市가 설치되며 좌우의 6구
역이 바로 六鄕이 되며, 이 곳에 士와 商工人이 거주하게 된다.[41] 정
약용은 "주례 지관 대사도는 향삼물로 만민을 가르친다.……첫째는 육
덕이고……둘째는 육행이며……셋째는 육예이다"(周禮地官大司徒 以
鄕三物敎萬民……一曰六德……二曰六行……三曰六藝)라고   하여[42]
『周禮』의 地官 大司徒가 六德·六行·六禮의 鄕三物을 萬民에게 가
리키는 것이라고 하였다. 이것은 지배층인 國子에게 통치자로서의 자
질을 가리키는『大學』교육과 구별된다.[43] 정약용은 이 鄕三物은 鄕
에서 교육하는 것이므로 六鄕을 四郊에 비정한다면 왕성 내에서의 萬
民을 위한 교육이 없어지게 된다고 하였다.[44] 따라서 정약용은 교육을
萬民에게 확대시키기 위하여 六鄕을 왕성에 비정한 것이라고 하겠다.
이 점에서『周禮』六鄕의 해석이 그의 교육제도 개혁론과 직결된다.

또 정약용이 六鄕을 王城에 비정함으로써 바로 왕성의 바깥 지역을
遂 지역으로 비정할 수 있게 되었다. 이것은 그의 군제 개혁론과 직결
되는 문제이다. 정약용에 의하면 왕성 바깥 30리 지점까지가 六遂가

40) 이에 대하여는 김문식,「정약용과 신작의 육향제 이해」,『한국학보』61, 1990
참조.
41)『全書』5,「經世遺表」, 장인영국도, 54쪽 이하.
42)『全書』2,「大學公義」, 대학지도, 2쪽.
43) 이 점에서 정약용은 國子의 교육과 일반 교육을 혼동한 禮記의 王制 편이 堯
舜·三代의 제도와 배치된다고 다음과 같이 비판하였다.『全書』2,「大學公
義」, 大學之道, 3쪽, "鏞案 王制者 漢文帝時博士所錄也 漢儒酌古參今 以制
漢法 故其法 合夔契而爲一 合大司樂大司徒而爲一 與虞法周法 絶不相同
學者若以王制 認爲先王之法 則其失眞大矣……王制非古法 必取堯典周禮覈
其制 然後 太學之道 乃知爲何道也".
44)『상서고훈』감서에서는 "六鄕爲遠郊 則王城之內 遂無敎民之法 禮樂文物
無地可問"(『全書』3, 20쪽)이라고 하였다.

되며 여기에 軍田이 설치되고 농민이 거주하여 농사지으면서 동시에 軍人이 되도록 하였다.45) 그의 군제 개혁안에 따르면 遂 지역에 거주하면서 軍田을 경작하는 사람(농부)만이 군역을 부담하며 軍田은 왕성과 주요 도시의 주변 지역, 즉 遂 지역에 설치되어야 한다고 생각하였다. 왕성과 주요 도시에는 士와 工商이 살며, 그 외곽에 농민이 軍田을 경작하고 살면서 군역을 담당하는 것이다. 遂 지역을, 郊外에 설정함으로써 왕성과 주요 도시 바로 주변에 軍田을 설치하도록 하는 방안을 주장할 수 있게 되었다. 遂는『周禮』에 따르면 六鄕의 바로 바같이기 때문이다.

둘째 冢宰에 대한 해석 및『경세유표』에서의 관련 개혁안에 대하여 살펴보기로 한다.『周禮』天官 冢宰에는 "오직 王者만이 나라를 세워 민의 지극한 표준이 된다. 이에 천관 총재를 세워 그 소속자를 이끌고 나라의 정치를 관장함으로써 왕이 나라를 균등하게 하는 것을 돕는다"(惟王建國 以爲民極 乃立天官冢宰 使帥其屬而掌邦治 以佐王均邦國)라고 하였다.46)『周禮』에 따르면 宰相은 오로지 冢宰 1인으로서 위와 같이 그가 官屬을 거느리고 나라의 통치를 관장하면서 국왕을 돕는 것으로 되어 있다. 정약용도『상서고훈』(합편) 堯典에서 "백규는 주나라의 대총재이다. 여러 관료를 통솔하여 모든 일을 다스린다. 8법으로 관부를 다스리고 8병으로 여러 신하를 부리며 8통으로 만민을 다스린다. 현자를 높여 차례에 따라 나아가 관직을 받게 하는 것은 모두 태재의 직분이다"(百揆者 周之大冢宰也 統率百僚 揆度百事 而以八法治官府 以八柄馭群臣 以八統馭萬民 凡尊賢使能進秩授職 皆太宰之職)라고 하여 冢宰의 역할을 매우 강조하였다.47)

그러나 정약용은『경세유표』에서 이와 같이 1인 재상의 제도를 구

45) 조성을, 앞의 글, 1998 참조.
46) 孫詒讓,『周禮正義』(1), 中華書局, 9~15쪽.
47)『全書』2, 533쪽.

248

상하지 않고, 조선후기 당시의 備邊司 대신에, 議政府를 復設하여 이를 三公·三孤에 의해 구성하고자 하였다.[48] 이것의 근거에 대하여 『經世遺表』에서는 막연히 古制라고 하였으나,[49] 구체적으로 말하면 『尚書』 周官 편의 三公·三孤에 의거한 것이었다.[50] 이리하여 정약용은 『梅氏書平』에서 "주례 6관에는 3공과 3고의 직분이 없다. 그러나 춘관 전명에 말하기를 왕의 3공 8명이라 하였고 추관 卿士가 3공의 前驅가 된다고 하였으므로……주나라 제도에 3공과 3고가 있었던 것은 분명하다"(周禮六官 無三公三少(?孤)之職 然春官典命云 王之三公八命 秋官卿士爲三公前驅……則周制有三公三孤 明矣)라고 하여 周나라의 제도에 三公과 三孤이 존재하였다고 보았다.

『周禮』에는 삼공·사고의 구절이 없는데도 정약용이 이렇게 周나라 때 삼공과 삼고의 제도가 있었다고 하면서 삼공과 삼고에 의해 구성되는 議政府를 설치하려고 한 것은 冢宰 1인의 단독 宰相 제도로 할 경우 그에게 지나치게 권력이 집중될 것을 염려하였기 때문이 아닌가 생각된다. 이것은 세도정치의 폐단을 경험한 그로서는 당연한 우려였다고 생각된다. 위와 같은 점에서 『경세유표』의 의정부 복설론 역시 자신의 독창적인 『周禮』 해석에 기초한 것임을 알 수 있다.

셋째 井田制에 대한 해석과 『경세유표』에서 주장된, 그의 토지개혁론과의 상관 관계에 대하여 살펴보기로 한다. 정약용이 38세 때 저술한 田論에서는 "장차 정전을 할 것인가. 아니다. 정전은 시행할 수 없다"(將爲井田乎 曰否 井田不可行也)라고 하여[51] 井田制 실시를 반대하였다. 그러나 『經世遺表』에서는 井田制 실시가 가능한 것으로 보았다.[52] 강진 유배 시절 그가 『周禮』를 깊이 연구함으로써 周나라 때 井

48) 『全書』 5, 「經世遺表」, 천관 이조, 4쪽.
49) 위와 같음.
50) 『全書』 3, 「매씨서평」, 주관, 183쪽.
51) 『全書』 1, 시문집, 「전론」, 2, 223쪽.
52) 金容燮, 「18·9세기 농업실정과 새로운 농업경영론」, 『韓國近代農業史研

田制가 실시되었음을 확신하였고 조선과 같은 지형에서도 井田制를 실시할 수 있다는 생각을 갖게 되었기 때문이다. 정약용은 『周禮』 硏究를 통해 周나라의 토지제도에 두 가지 종류가 있는 것으로 이해하였다. 六遂 지역에는 遂人이 10夫를 1溝로 편성하였으며 遂의 바깥 지역은 井田制가 실시되었다는 것이다.[53] 이것은 『周禮』 地官 小司徒에 "토지를 구획하여 정전을 만드는데 9부가 1정이다"(乃經土地而井牧其田 九夫爲井)이라 한 구절과[54] 地官 遂人에 "10부에 1구가 있다"(十夫有溝)라고 한 구절[55]에 의거하였다. 두 구절은 상호 모순적으로 보이지만 위와 같이 해석함으로써 모순이 해결되고 周나라 때, 遂 외곽 지역에 井田制가 실시되었음을 주장할 수 있게 되었다. 그리고 정약용은 위와 같이 토지 편성하는 이유를 "주나라 법은 6향에만 별도로 10분의 1세를 하고 교외에는 9분의 1세를 쓴다"(周法 唯六遂別用什一之稅 遠郊以外 皆用九一之稅)라고 하여[56] 10분의 1과 9분의 1이라는 토지세의 각도에서 보았다. 즉 토지 편성에서의 이원적 구성을 조세와 관련하여 이해하려는 것이다.[57]

　한편 조선의 지형에서도 井田制를 실시할 수 있다고 정약용이 생각하게 된 것은 그가 정전 편성에 대하여 매우 탄력적인 해석을 하게 된데 기인한다. 즉 그는 정전 편성에 대하여 『경세유표』에서 다음과 같이 말하였다.

究』, 일조각, 1975 ; 박찬승, 「정약용의 정전제론 고찰」, 『歷史學報』 110, 1986 ; 이영훈, 「정약용의 정전제론의 구조와 역사적 의의」, 『제4회동양학국제학술회의논문집』, 성균관대학교 대동문화연구원, 1991.
53) 『全書』 5, 「경세유표」, 정전의 1, 84쪽.
54) 本田二郎, 『周禮通釋』, 315쪽.
55) 위의 책, 449쪽.
56) 『全書』 5, 「경세유표」, 정전의 2, 94쪽.
57) 遂 지역에 軍田을 실시하고 그 외부 지역을 점진적으로 井田으로 편성하여 가려는 그의 군사 및 토지제도 개혁론은 바로 위와 같은 이해 방식에 기초하는 것이다(조성을, 앞의 글, 1998 및 앞의 글, 1991 가운데 '토지제도 개혁론' 부분 참조).

　　정전이란 9분의 1 비율이 핵심이다.……평탄한 곳에서는 井 모양으
로 구획한다.……반드시 산을 무너뜨리고 구덩이를 메울 필요는 없
다.……천하 모두에 井 모양 구획을 하는 것은 마음에 통쾌할 것이다.
井으로 구획할 수 있는 곳은 井으로 구획하고 불가능한 곳은 한결같
이 정전의 비율을 적용한다.58)

　　즉 모든 토지를 井田으로 구획할 필요는 없고, 가능한 지역만 井田
으로 편성하되, 단지 일률적으로 9분의 1세만 받으면 된다는 것이다.
이와 같이 탄력적 해석을 할 수 있었던 것, 역시 『周禮』 연구를 통해
井田制에 대하여, 위와 같이 10분의 1稅와 구분되는, 9분의 1 稅라는
측면에 주목하게 되었기 때문에 가능할 것이다.

　　마지막 『경세유표』를 저술함에 있어서 그가 기본적으로 어떤 입장
에서 『周禮』를, 개혁론을 위한 토대로서 이용하려 하였는지 생각해 보
기로 한다.

　　첫 번째, 규모가 작은 나라로서의 조선의 실정을 고려하였다. 그는
『경세유표』 서두에서 다음과 같이 말하였다.

　　주례 6관은 소속이 각기 60이다.……주례는 천자의 예인데 우리나
라는 제후국이다. 제도는 의당 작아야 한다. 舊典(경국대전 또는 대전
통편)을 살펴보니 京官의 수가 110이다.……6조의 소속이 각기 20이
며 120이 된다. 또한 천지 度數의 象이다.59)

　　즉 중국의 6조에 각기 60개의 기구가 있으나 조선의 규모를 생각하

---

58) 『全書』 5, 「경세유표」, 정전론 2, 82~83쪽, “井田者 九一模楷也……平衍之
　　地 畫之爲井……何必虧山塡壑……盡天下爲之井 快於心哉 其可井者井之
　　不可井者……壹以冒之以井田之率”.
59) 『全書』 5, 「경세유표」, 천관이조(제1), 4쪽, “周禮六官 其屬各六十……周禮天
　　子之禮 我國家藩國也 制度宜小 且考舊典京官職司之數 百有一十……六曹
　　之屬 各爲二十 則其數一百二十 一百二十 亦天地度數之象也”.

여 각 조에 20개의 기구를 두는 것으로 하였다.

　두 번째, 당시 조선을 중국과 구분되는 하나의 독립적 정치 단위로 생각하였다. 그는 『경세유표』에서 다음과 같이 말하였다.

　　주례 춘관의 전명에 말하기를 상공은 9명, 후백은 7명, 자남은 5명이라고 하였다.……엎드려 생각건대 우리나라의 법도는 벗어남이 있다. 그러나 藩國의 제도는 內服과는 달라야 한다. 또 중국에서 命을 받은 적도 없다. 만약 본국 내에서 命의 수를 의논한다면 9命은 감히 할 수 없으나 8命 이하는 참람한 것이 아닐 것이다.[60]

　조선은 명목적으로는 중국의 藩國이 되지만 中國의 來服과는 달리, 명령을 받지 않으므로 조선의 관제가 중국 제후의 예를 따르지 않아도 僭越이 되지는 않는다는 것이다.

　세 번째, 『周禮』의 제도를 그대로 묵수하지 않고 미래 지향적, 신분제 철폐의 방향으로 『周禮』의 제도를 이용하고자 하였다. 鄕三物 교육은 六遂를 포함하여 그 바깥의 지역에서는 시행되지 않았던 것으로 정약용은 이해하였다.[61] 그러나 그는 육향·육수 모두에 교육기관으로서 六學을 설치하고 각기 鄕大夫와 遂大夫를 두어 관장하도록 하였으며, 鄕三物 교육에는 원래 농부는 제외되지만 농부도 포함되도록 하였다. 향삼물과 대척적 위치에 있는 『大學』 교육에도 하등 신분적 제한을 두지 않았다.[62]

---

60) 『全書』 5, 「경세유표」, 천관수제 동반관제, 43쪽, "周禮春官傳命云 上公九命 侯伯七命 子南五命……伏唯我國家恪修侯道 罔或踰越 然藩(?藩)國 儀文 宜 與內服不同 又未嘗受命於中國 若於本國之內 議其命數 則九命雖有所不敢 八命以下 恐不必嫌僭也".
61) 『상서고훈』 감서에서 "六遂以外 皆居食土之氓 六德六行六藝之敎 所不及焉 (遂大夫遂師 並無其文)"(『全書』 3, 20쪽)이라고 하였다.
62) 조성을, 앞의 글, 1991 가운데 교육제도 개혁론 및 과거제도 개혁론 부분 참조. 『경세유표』에서는 신분제 철폐론이 직접적으로 주장되지는 않는다. 그러

5. 맺음말 : 丁若鏞 『周禮』 硏究의 歷史的 位置와 現在的 意義

이상 정약용의 개혁사상과 『周禮』와의 관련 양상에 대하여 살펴보았다. 이를 통해 우리는 다음과 같은 사실을 알 수 있었다.

첫째, 『경세유표』에서의 개혁론은 기본적으로는 『周禮』에 의거하고자 하였다.

둘째, 그러나 『경세유표』에서 개혁론이 『周禮』의 그것을 기계적으로 따르는 것은 아니며 당시 조선의 현실에 맞게 하였다.

셋째, 이렇게 유연하게 개혁론을 구상할 수 있었던 것은 정약용의 경학체계에서 『周禮』는 『尙書』의 큰 틀 속에 있으며 『周禮』가 요순·삼대의 제도 가운데 하나로서 "周禮"(주나라의 제도) 역시 이전의 제도를 현실에 맞게 가감한 것이라고 보았기 때문에 가능하였다. 또 정약용 자신이 『周禮』를 새롭게 해석하였기 때문이기도 하다.

넷째, 정약용의 개혁론은 『周禮』에 입각한 『經世遺表』 단계에 그치는 것이 아니며, 더욱 높은 단계를 지향하고 있다. 이것은 신분제가 완전히 해체되고[63] 토지의 사회적 소유가 이루어지며 높은 기술이 보장되는 단계이다. 정치적으로는 주권의 궁극적 소재가 인민에게 있는 사회이다.[64]

이하에서는 결론에 대신하여 정약용의 『周禮』 硏究 및 그에 따른 개혁론의 역사적 위치와 의의, 이것과 관련된 문제로서 동아시아 經學

나 그의 교육 및 과거제도 개혁론은 신분적 제한을 두지 않음으로써 노비, 상민층이 관직으로 진출하는 길을 열었다고 생각된다. 정약용의 신분제 개혁론에 대하여는 조성을, 「정약용의 신분제 개혁론」, 『東方學志』 51, 1986 ; 조성을, 「실학의 사회경제사상-신분제도 개혁을 중심으로-」, 『大東文化硏究』 37, 2001 참조.

63) 조성을, 앞의 글, 1986 참조.
64) 조성을, 앞의 글, 1991의 '정치사상의 지향' 부분 참조.

史에 정약용이 갖는 위치, 이것이 實學 연구의 진전을 위하여 갖는 의미, 앞으로 『周禮』가 '東아시아 政治思想의 發展'에 대하여 기여할 수 있는 역할 등에 대하여 생각해 보기로 한다.

　첫째, 정약용 『周禮』 연구 및 그에 따른 개혁론의 역사적 위치와 의의에 대하여 살펴보기로 한다. 정약용의 『周禮』 연구는 단지 연구 자체에 그치는 것이 아니라 그의 개혁사상 전개를 위한 근거, 이론적 토대를 제시하기 위한 것이었다. 『周禮』를 근거로 하여 자신의 개혁을 실천하려 하는 것은 중국에서는 이미 前漢 말 王莽 때부터 시작되었으며, 우리나라에서는 정도전에서 시작되어 유형원, 이익과 같은 기호남인계 실학자는 물론 소론계의 유수원까지도 자신의 개혁론을, 『周禮』에 의거하여 주장하였다. 북학파 홍대용의 경우도 이런 측면이 있다. 조선후기 단계에서 서인·노론 집권층의 경우 대체로 『주자가례』에 따라, 상하관계적 도덕 질서에 의존하여 사회변동 상황에 보수적으로 대응하려 한 데 비하여 실학자들은 『周禮』에 근거하여 적극적으로 국가제도의 개혁을 주장하였다. 그러나 정약용의 『周禮』 연구의 구체적 내용을 오늘날 우리가 그대로 받아들일 수는 없다고 생각된다. 특히 『周禮』가 西周의 제도를 보여주는 것이라고 보는 점이 그러하다.

　둘째, 經學史的 관점에서 볼 때 정약용은 일단 古文經學에 속하는 것으로 판단된다. 古文經學 가운데에도 『周禮』를 신봉하는 부류와 그렇지 않은 부류가 있는데 정약용은 『周禮』를 강력하게 신봉하는 쪽에 속한다.[65] 이런 『周禮』 존중의 태도는 『朱子家禮』에 집착하여 사회를

---

65) 그의 경학체계를 살펴볼 수 있게 하는 자료 가운데 하나가 「自撰墓誌銘」(집중본)이다. 여기에서 그는 자신의 저작을 經集과 文集으로 나누었으며 經集에 속하는 저작들을 다음과 같은 순서로 정리하였다.

　經集
　(1) 毛詩講義　　　 12권
　(2) (毛詩)講義補　　3권
　(3) 梅氏尙書平　　　9권
　(4) 尙書古訓　　　　6권

규율하여 가려는 당시 지배층에 대하여 매우 비판적 자세를 갖게 한
다.66)

셋째, 정약용 자신의 경학체계 속에서의 『周禮』 위치 및 신 해석이
앞으로 실학연구의 진전을 위하여 갖는 의미에 대하여 생각해 보기로
한다. 앞서도 언급하였듯이 정약용의 경학체계에서 인간사를 총괄하는
것은 堯舜과 夏·殷·周(三代)의 제도가 다 들어 있는 『尙書』로서,

(5) 尙書知遠錄	7권
(6) 喪禮四箋	50권
(7) 喪禮外篇	12권
(8) 四禮家式	9권
(9) 樂書孤存	12권
(10) 周易心箋	24권
(11) 易學緒言	12권
(12) 春秋考徵	12권
(13) 論語古今注	40권
(14) 孟子要義	9권
(15) 中庸自箴	3권
(16) 中庸講義補	6권
(17) 大學公議	3권
(18) 熙政堂大學講錄	1권
(19) 小學補箋	1권
(20) 心經密驗	1권

이것은 단순히 저작의 완성 순서에 따라 배열된 것이 아니므로 정약용의 저
작체계와 관련하여 어떤 의미가 있을 것으로 생각된다. 하지만 그 자신은 이
런 배열 순서의 의미에 대하여 설명하지 않았다. 다만 필자의 생각으로는 이
것은 今文 經學의 순서와 유사한 것으로 여겨진다. 정약용은 『周禮』를 적극
적으로 신봉하므로, 그를 今文 經學家로 보기는 어렵다고 생각된다. 또 堯舜
以來로 道統을 생각하고 孔子를 단순한 祖述者로 보는 점에서도, 일단 정약
용을 古文 經學家로 보아야 할 것이다.

66) 『全書』1, 시문집, 「羅氏(炅)家禮輯語序」, 261쪽, "天下有道 非天子不議禮
    道旣衰 禮在一家 此朱子所以名其禮 曰家禮 家禮也者 明一家之禮 而非天
    下萬國之禮也 然今之言禮者 率以家禮爲禮家之祖宗 今雖謂之天下萬國之
    禮 靡不可也 大本旣立 枝葉以生"(이 글은 1808년 강진 다산으로 이거한 뒤
    작성했다).

『周禮』는 이 가운데 일부인 周나라의 제도이다. 정약용의 『周禮』 이해, 해석을 오늘의 입장에서 우리가 모두 받아들일 수는 없으나 경학 연구를 연구 자체에 그치지 않게 개혁사상 전개를 위해 적극적으로 해석해 나가려 하는 태도, 해석의 지평을 확대함으로써 기존의 틀을 깨려는 태도는 우리가 본받아야 할 것이다. 이런 개방적 태도는 實學 해석을 위한 우리의 지평도 아울러 넓혀줄 것이다. 또 정약용의 개혁론만이 아니라 실학이 전체적으로 『周禮』와 관계되므로 실학 일반과 『周禮』와의 관련 양상도 추구해야 할 것이다. 다만 실학에는 『周禮』를 넘어서는 요소도 있으며, 『周禮』 이외에 순자의 사상 같은 것도 실학에 영향을 주었음에 주목하여야 할 것이다.

끝으로 『周禮』가 동아시아 정치사상의 발전에 대하여 기여할 수 있는 역할 등에 대하여 생각해 보기로 한다. 19세기 후반 이후 동아시아 삼국은 서구의 침략에 대응하여 공동의 비전을 형성하여 연대·협력하는 일에 실패하였다. 21세기에 삼국의 실학이 공동의 비전을 제시할수 있다. 한국의 경우 실학 개혁론의 토대가 된 것이 바로 『周禮』다. 따라서 『周禮』는 21세기 삼국의 실학연구와 공동의 비전 형성에 중요한 시사를 줄 것이다. 다만 『周禮』에서 보이는 지나친 국가 중심적 태도는 우리 모두가 경계해야 할 점이다.

자료 1) 버클리 大學 소장본과 조선광문회 간본(조본)『경세유표』와의 비교

자료 2) 與猶堂全書本과 奎章閣本(규본)의 대조

天官修制 考績之法 (규본 권11)

260

개항 전후 儒者의 '三代' 인식과 近代改革論

金 度 亨[*]

1. 머리말

동아시아에서의 근대화는 서양 근대문명의 수용과 불가분의 관계 속에서 이루어졌다. 동아시아의 중세사회가 대체로 유교 이념에 입각하고 있었던 점에서, 근대화 과정에서 유교적 이념과 사회체제는 변하지 않을 수 없었다. 철저하게 서양을 禽獸의 문명으로 파악하고 배척한 斥邪論者를 제외한 대부분의 儒者들은 점차 문명화, 개화를 위해서 서구문명 수용을 인정하고 유교적 원리를 변용하면서 근대화를 모색하였다.[1]

사회 변화에 직면한 유자들은 언제나 유교적 이상사회, 특히 三代를 어떻게 현실 속에서 실현할 것인가를 두고 고민하였다. 그런 논의의 핵심은 이상적인 井田制를 어떻게 이해하고, 이를 현실에 적용할 것인가에 있었다. 중세체제의 파탄과 반봉건 농민항쟁에 직면해서도, 또 개항 전후 서구문명의 전래 속에서도 그러하였다. 하지만 논자에 따라 정전제와 均田, 均産의 의미를 달리 파악하였고, 따라서 현실인식과

---

* 연세대학교 교수, 국사학

1) 영남 유생층의 동향에 대해서는 영남대 민족문화연구소편, 『韓末 嶺南 儒學界의 動向』, 1998 참조. 중국의 경우에는 小野川秀美, 『淸末政治思想史硏究』, 1969 ; 高田 淳, 『中國の近代と儒敎』, 1970 ; 竹內弘行, 『中國の儒敎的近代化論』, 1995 등 참조.

262

개혁론의 구조도 달랐다. 이런 연관 속에서 反封建 농민항쟁을 수습하기 위한 대응책은 크게 두 입장이 있었다. 하나는 봉건적 토지제도가 가진 모순을 토지개혁으로 해결하고 균전, 균산의 이념을 달성하여 농민경제를 안정시키려는 방안이었고, 다른 하나는 구래의 봉건적 지주제를 그대로 두면서 三政이라는 조세제도를 개혁하여 농민항쟁을 수습하자는 방안이었다.2)

이런 논의는 개항을 전후한 시기에 제기된 서구문명 수용과 결합되면서 더욱 복잡하게 재편되었다. 조세제도의 개혁을 통해 농민층을 안정시키려던 지배층·지주층은 조선후기 이래의 北學論의 전통에서 근대개혁을 추진하였다. 그들은 유교적 입장에서 서양 기술문명의 원류가 중국에 있으므로 서양의 종교는 반대하지만 기술문명은 利用厚生의 차원에서 수용할 수 있다는 입장에서 開化, 富國强兵을 지향하는 洋務事業을 추진하였다. 이런 노선에 있던 일부의 계열은 일본의 근대화, 문명화에 자극되어 북학론의 전통과 양무론적 입장을 이탈하여 유교의 절대성을 부정하고 서구문명을 적극적으로 수용하여 문명화, 근대화를 이루어야 한다는 文明開化論을 제기하였다.3)

집권세력들의 개혁론이 '井田制 難行'에서 출발하였다면, 정전제 시행과 유교적 이상사회 실현을 통하여 당시의 농업문제, 체제문제를 해결하려던 논자들도 있었다. 이들 가운데는 전통적인 유학자도 있었고, 혹은 실학의 후예들도 있었다. 그런데 이 논의는 서구문명의 수용이라는 점과 결합되어 있었는데, 서양에 대한 인식 차이는 기존 중세체제의 개혁의 방향과도 관련이 있었다. 실학적인 전통에서 서구문명을 수용하였던 變法論도 이런 차원에서 제기되었다.

유교적 차원에서 서양의 정치론을 결합하여 당시의 민족문제와 민

2) 이런 동향에 대해서는 金容燮, 「近代化過程에서의 農業改革의 두 방향」, 『韓國資本主義性格論爭』, 대왕사, 1988 ; 金容燮, 『韓國近現代農業史研究』(증보판); 지식산업사, 2000.
3) 金度亨, 「개항 전후 실학의 변용과 근대개혁론」, 『東方學志』 124, 2004.

권문제를 해결하려던 논의는 청일전쟁 이후 등장하였다.『독립신문』을 중심으로 문명개화론이 확산되고, 또한 대한제국 정부의 개혁사업이 신구절충의 차원에서 추진된 것이 큰 계기가 되었다. 서구문명의 적극적 수용과 정치체제의 개혁을 지향하고 있었던 점에서 외형적으로 문명개화론처럼 보이지만, 그들은 유교에 대한 인식과 처리 방향, 전통문화에 대한 인식, 그리고 三代와 井田制의 실현 여부 등에서 차이를 보였다. 이들은 유교적 변통론에 따라 근대적 개혁을 추구한 變法的인 개혁을 구상하였던 것이다.4)

삼대와 정전제, 토지개혁을 주장한다고 모두 변법론적인 인식을 했던 것은 아니다. 삼대는 유자들 누구나 지적하는 이상사회였다. 조선후기 실학의 변법적인 개혁론을 계승했던 儒者들은 물론 그러하였지만, 보수적 척사론자들도 그러하였다.5) 서양문명의 인식 정도, 곧 중국 중심의 華夷論的 세계질서, 유교적 신분제를 어떻게 이해하고 처리할 것인가에 따라 차이가 있었던 것이다. 三代에 대한 인식과 서양에 대한 인식을 어떻게 결합하여 당시의 농업문제와 근대화를 처리하려고 했는가 하는 것이 중요한 관건이었던 것이다.

이런 편차는 실학사상을 계승하고 있는 논자들 사이에서도 그러하였다. 대체로 실학의 토지개혁론을 계승하고 농민적 입장에 있더라도 이를 서구문명을 수용하는 가운데 달성할 것인지, 아니면 보수적, 유교적 입장에서 이를 추구할 것인지에 따라 달랐던 것이다. 본고에서는 삼대와 서양의 근대사상을 어떻게 이해하고 결합하였는가를 性齋 許

---

4) 이들 문명개화론자들도 물론 서구 사회와 문명을 유교적 용어와 인식 틀 속에서 파악하였다. 그러나 그 용어는 유교에서 나온 것이었지만, 그 개념은 전혀 다른 새로운 서구적인 것이었다. 서양의 근대 학문, 이론을 수용, 번역하는 과정에서는 불가피한 것으로, 그 용어만으로 여전히 유교에 근거하고 있었던 것과는 다른 것이었다.

5) 이 시기의 토지개혁론에 대해서는 金容燮,「韓末 高宗朝의 土地改革論」,『東方學志』41, 1984(『韓國近代農業史研究(Ⅱ)』, 지식산업사, 2004 재수록).

傳(1797~1886)과 海鶴 李沂(1848~1909)를 중심으로 검토하고자 한
다.

2. 개항 전후 근대개혁론의 동향과 三代 인식

개항 전 한국사회는 계속되는 농민항쟁으로 체제 파탄에 직면하였
다. 집권층은 농민층의 반봉건운동을 해결하지 않으면 안 되었다. 1862
년 농민항쟁을 수습하기 위한 대응책은 사회경제적 이해관계나 학문
적 전통에 따라 다양하게 제기되었다. 특히 농민항쟁의 원인을 어떻게
파악하며, 농민층을 어떤 방법으로 안정시킬 것인가 등에 따라서 그러
하였다. 우리는 흔히 이를 크게 지배층·지주층의 입장과 피지배층·
농민층의 입장으로 구분하는데, 그 차이의 핵심은 중세적 토지소유의
개혁 여하에 있었다.6)

儒者들은 당연히 유교적 원리에서 현실을 인식하고 그 대응책을 모
색하였다. 그들은 上下 貴賤의 유교적 명분론, 유교 정치이념으로서의
'民本' 등의 원칙을 현실 속에서 어떻게 실천할 것인지를 고민하였다.
중세체제가 가진 기본적 모순을 토지문제라고 판단한 儒者들은 토지
개혁을 주장하였고, 모두 정전제를 근간으로 하였다. 곧 井田制에 대
한 이해와 현실적 실현 가능성 여부 등에서 당시의 집권층과 차이가
있었던 것이다.

정전제 시행의 가능 여부는 이미 조선후기의 國家再造 방안을 모색
하는 가운데 제기되었던 것이었다. 栗谷의 학통을 이은 宋時烈과 韓元
震은 '井田難行'을 주장하고, 다만 지주제 내에서 토지 겸병을 억제하
고, 賦稅不均의 문제를 고치면 될 것으로 보았으며, 이를 兩班·常漢

---

6) 金容燮, 「哲宗 壬戌改革에서의 應旨三政疏와 그 農業論」, 『韓國史研究』 10,
   1974 ; 金容燮, 「哲宗朝의 應旨三政疏와 三政釐整策」, 『(新訂 增補版)韓國
   近代農業史研究(Ⅰ)』, 지식산업사, 2004.(이하 '신정 증보판' 생략).

의 구분이라는 풍속, 곧 신분제의 명분을 유지하는 것에서 찾았다. 이런 견해는 주로 주자의 토지론을 철저하게 계승한 西人, 老論계열에서 주장되었다. 이에 비해 남인계열의 실학파인 유형원, 이익 등은 한백겸의 箕田說을 통하여 三代 田制의 일부(殷의 정전제)를 명백히 파악하고, 이에 근거하여 균전적 토지개혁을 주장하였다.7)

실학파는 개혁론의 근거를 경전 해석에서 찾아 그 이론적 정당성을 확보하고, 그 방향도 제시하였다. 이것은 『周禮』, 三代의 복구라는 차원에서 제기되었고, 이는 또한 주자학적 사유체계를 비판할 수 있는 논리적 근거가 될 수 있었다. 본래의 유학에서 출발하여 현실 문제를 분석하고, 이에 대한 해결책을 모색한 것으로, 상고적·복고적인 형태를 띠고 있었지만, 그 내용은 현실을 철저하게 개혁하려던 것이었다. 가령 정약용은 『周禮』에 의거하여 전반적인 국가개혁 구상을 제기하였다.8)

물론 정전제와 토지개혁을 주장한다고 모두 농민적 입장에 서 있었던 것은 아니었다. 척사론자였던 李恒老도 일찍부터 농민층의 몰락을 인식하고, 그 몰락이 三政紊亂과 지주·소작의 구조에서 비롯되었다고 파악하였다. 그리하여 그는 "다스리는 것이 三代에 근본하지 않으면 모두 구차해질 따름"이라고 하고, "겸병의 폐단을 更張하기 위해서는 반드시 公田法을 다시 써야 한다"고 하였으며, 이와 더불어 社倉, 백성의 正俗을 위한 향약, 兵農合一의 府兵制의 실시도 주장하여 "大民과 小民이 相愛" 할 수 있는 방안을 모색하였다.9) 이처럼 『周禮』에

---

7) 金容燮, 「朱子의 土地論과 朝鮮後期 儒者」, 『延世論叢』 21, 1985.
8) 조성을, 「정약용의 『주례』 연구와 개혁사상」(본서 수록) 참조.
9) 『華西集』 부록 卷3, 「語錄」(하, 870쪽). 이항로는 "조선은 산천이 매우 많아 井田으로 나눌 수 없지 않은가"라는 질의에 대해 "중국에는 산천이 없는가. 平原에는 劃井하고 山川이 많은 곳은 不可劃井하되, 마땅히 量田, 計戶하여 每井 900畝의 토지를 기본으로 이를 8家에 나누어 주면 이 또한 정전이다"라고 하면서, 토지의 면적이 문제가 아니라 고루 나누는 것이 중요하고, 이로서 가난한 것이 없다면 백성이 기뻐할 것이라고 지적하였다(부록 卷1, 「語錄」

의거하여 유교적 이상사회를 실현한다는 것은 유자들의 공통된 생각
이었고, 대개 당시의 농업문제를 중세적 小農 경영의 확립으로 해결하
고자 하였다. 개항 전후에 여러 계통의 유자들에 의해 토지개혁론이
제기된 것도10) 이런 차원이었다. 하지만 그들은 토지소유, 지주전호제
와 결합되어 있던 중세적 신분제를 극복하지 못하였으며, 개항 전후
세계관의 변화 속에서도 여전히 전통적인 華夷論에 머무르고 있었다.
유교 이념을 고수하고 유교적 이상사회와 정전제를 제기하였으며, 이
런 차원에서 內修外攘을 주장하였던 것이다.11)

　　문제는 토지개혁론이 중세적 신분제와 화이관을 극복하면서 근대
민족문제의 해결의 핵심이 되어야 하는 것이었다.12) 서양문명을 수용
해야 한다는 논의가 확산되고, 이에 따라 근대개혁론이 제기되었지만,
서양문명을 어느 정도, 어떤 논리에서 수용하느냐에 따라 개혁의 논리
가 다를 수밖에 없었다. 개항 전후 집권세력, 특히 서울에서 활동하던
유자들은 서양의 종교는 부정하였지만 서양의 기술은 중국에 그 원류
를 두고 있으므로 수용할 수 있다고 보았다.13) 이런 '東道西器論'적인

　　　[하, 837~838쪽]).
　10) 金容燮, 앞의 글, 1984(『韓國近代農業史硏究(Ⅱ)』, 2004). 당시 토지개혁론을
　　　주장하던 儒者들의 학문적 계통은 다양하였지만 그들은 대개 정권에 참여하
　　　지 못한 재야유생층이 많았고, 또 그 가운데서도 남인(기호 및 영남)이 많았
　　　던 것으로 보인다. 집권층과 정치, 사상적 차이 속에서 그들은 비교적 자유롭
　　　게 원칙적인 수준의 유교사회론을 제기할 수 있었던 것으로 보인다. 또한 減
　　　租論을 주장하더라도, 지주제 유지를 원칙으로 하면서 그 폐단을 부분적으로
　　　완화하는 차원에서 제기된 것과 지주제를 개혁해야 하지만 이는 오랜 시간이
　　　걸릴 수 있으므로 당장 시급하게 추진해야 할 과제로 제기한 것 사이에는 차
　　　이가 있을 수 있는데, 이 또한 학문적 계통에 따라 검토해야 할 것이다.
　11) 金度亨, 「한국근대 재야지배세력의 민족문제 인식과 대응」, 『역사와 현실』 1,
　　　1989, 67~71쪽.
　12) 土地改革論과 근대화 문제에 대해서는 金容燮, 앞의 글, 1984(『韓國近代農
　　　業史硏究(Ⅱ)』, 2004, 25~32쪽 재수록).
　13) 盧大煥, 『19세기 東道西器論 形成過程 硏究』, 서울대 박사학위논문, 1999.

인식은 北學論에 그 뿌리를 두고 있었고, 북학론은 박규수를 거치면서 洋務論으로 계승, 발전되었다.[14]

박규수는 西敎를 異端, 邪敎로 파악하고 正學인 유교를 밝히는 것이 가장 중요하다고 보았다. 그는 유교적 우월감 속에서 장차 '東道'가 서양에도 전파될 것으로 확신하였다. 그는 日月같이 빛나는 孔子, 周公의 사상은 六經에 담겨 있고, 그러한 성인의 가르침이 해외로 나가게 되면 서양 사람 가운데 깨달은 자가 나와 자기 인민을 선도하게 될 것이라고 하였으며, 또 중국에 도가 있으므로 사방의 오랑캐가 머리 숙이고 귀의하여 같은 문자를 쓰겠다고 오면 받아들여야 할 것이라고 하였다.[15] 그리고 박규수는 서양의 기술이 발달한 점도 인정하였다. 당시에는 서양의 세력을 막기 위한 海防論의 차원에서 『海國圖志』에 주목하고, 이에 의거하여 군사력 증강을 꾀하고 있었는데,[16] 박규수도 이 책에 의거하여 地勢儀라는 기구를 만들어 세계 지리, 거리 및 시각, 각국의 위치, 동서의 세력 판도 등을 파악하고자 하였다.[17] 그리하여

---

14) 김도형, 앞의 글, 2004, 397~407쪽.

15) 朴珪壽, 『瓛齋集』卷4,「地勢儀銘幷序」(『朴珪壽全集』上, 아세아문화사, 214~215쪽). 박규수의 제자였던 김윤식의 회고에 의하면 박규수는 병인양요 당시에도 다른 사람들과 달리 유교가 점차 서양으로 나아갈 것으로 보았고(『續陰晴史』, 고종 27년 7월 15일, 상, 125쪽), 또 "사람들은 서법이 東來하면 이적 금수가 되는 것을 면치 못한다고 하지만 나는 이를 東敎가 서쪽으로 전해지는 조짐으로 여기니, 이적·금수는 장차 모두 감화되어 사람으로 될 것이다"라고 하였다(『續陰晴史』, 고종 28년 2월 17일, 상, 157쪽).

16) 가령 김윤식도 禦洋之道를 강구하면서 "서양의 병력이 정예이고 무기가 날카롭다"고 파악하고, 서양을 방어하기 위해서는 정교한 대포를 要險地에 배치하여 한방에 적선을 명중시켜야 한다고 하면서, 이 책의「籌海編」에 있는 大砲, 滑車, 絞架, 扛銃, 擡砲, 水雷車 등을 제조하고, 또 孫艺項, 갑곶진, 통진, 양화진 등의 연해 要害處에 포대를 구축하자고 하였다[金允植, 『雲養集』卷11,「洋擾時答某人書」(『金允植全集』貳, 아세아문화사, 289쪽)]. 대원군도 富國强兵政策을 추진하면서 戰船이나 水雷砲, 磨盤礮車 등과 중화기를 운반하기 위한 擧重機, 화약 등을 제조하면서 이 책을 활용하였다(연갑수, 『대원군 집권기 부국강병정책 연구』, 서울대출판부, 2001, 186~205쪽 참조).

박규수는 서양이나 일본과의 通交도 별 문제가 없을 것으로 보았다. 두 번의 청국 使行의 경험에서 그는 통교 이후 서양의 기술을 배워 서양의 이익 탈취를 막을 수 있고, 또 통상무역으로 인한 이익도 보게 될 것으로 판단하였다. 그리고 일본과의 통교도 300년간 이어진 交隣을 복구한다는 명분하에, 그리고 현실적으로는 '保民'의 차원에서 일본에게 침략의 빌미를 제공하지 않기 위해서 부득이하다고 보았던 것이다.[18]

박규수의 논의는 그의 제자들에 의해 洋務論으로 발전되었다. 일본과의 통교 이후 그들은 부국강병의 필요성을 인식하고, 이를 위해 서양의 기술문명 수용 정책을 추진하였다. 북학론에서 제기되었던 夷務論이 洋務論으로 발전하였던 것이다. 임오군란 직후 고종은 金允植이 작성한 교지를 통해 "그 敎는 邪한 것으로 마땅히 淫聲 美色과 같이 멀리해야 하지만 그 器는 利로우므로 利用厚生할 수 있으니, 農桑·醫藥·甲兵·舟車의 제도는 어찌 꺼리어 하지 않으랴. 그 敎는 배척하지만 그 器는 본받아 가히 병행하는 것은 어긋난 것이 아니다"라고 단적으로 표현하였다.[19]

북학론의 후예들이 추구했던 부국강병 정책은 집권층이 농민항쟁을 수습하기 위해 마련한 대응책, 곧 지주제를 유지하되 부세제도를 개혁하는 노선을 기반으로 그 위에 서구문명을 수용하여 재조정한 것이었다.[20] '진주민란'의 안핵사로 파견된 박규수는 농민항쟁의 원인이 삼정문란에 있다고 보고, 이것이 봉건적 토지소유 구조에서 비롯되었다는 것을 파악하지 못했다. 따라서 그는 토지재분배론을 제기하지 않았다.

---

17) 孫炯富,『朴珪壽의 開化思想 硏究』, 일조각, 1997, 59~60쪽.
18)『瓛齋集』卷11,「答上大院君」乙亥 5月(상, 762쪽) ;「答上大院君」乙亥 正月(상, 754~756쪽).
19)『高宗實錄』19년 8월 5일(『雲養集』卷9,「曉諭國內大小民人」).
20) 金容燮,「甲申·甲午改革期 開化派의 農業論」,『東方學志』15, 1974(『韓國近代農業史硏究(Ⅱ)』재수록).

물론 박규수는 箕子 井田이 평양에서 시행되었다는 것을 인정하면서도 남인계 실학자들이 정전제가 전국적, 제도적으로 시행되었다고 한 것에 대해서는 비판적이었다.21) 김윤식도 명백하게 "三代의 井田制는 다시 시행할 수 없는 것으로 알고 있고, 漢唐의 限田制, 均田制도 또한 이룰 수 없는 것으로 알고 있다"고 하면서 삼정제도의 개혁을 통해 농민경제를 안정시킬 것을 주장하였다.22) 이런 점은 유길준이 유형원의 토지개혁론을 비판하는 글에서도 단적으로 표현되었다.

"또 (반계의) 官民이 토지를 받는다는 논의는 비록 옛것을 欽慕하는 뜻에서 나온 것이지만 후세의 다스림에는 합당하지 않다. (……三代 以上에서는……) 사람들은 자족하는 것에 편안하여 부자가 되려는 것을 알지 못했다. 고로 井田制를 실시하여 그 산물을 가지런히 하였다. 지금에는 그러하지 않아 백성들이 이익을 좋아하는 것이 善한 것을 좋아하는 것보다 심하여 부자들이 阡陌과 같이 연결되어 가난한 사람은 바늘 하나 꽂을 수 없으니, 진실로 국가의 정령으로 부자의 토지를 빼앗아 가난한 사람에게 나누어주는 것이 仁政의 한 단서와 같이 보이나, 그러나 불가하지 않는 바가 없다. 그러나 그 근원을 자세히 따져보면 장차 백성에게 병을 주는 길이 될 것이고 반대로 큰 害가 생길 것이다. 이것은 (토지관계를 그대로 두고) 백성을 이끌어 가는 것보다 못하니……"23)

---

21) 金容燮, 위의 글, 41쪽 및 107쪽 補註 참조. 박규수가 토지개혁론을 주장하였는지에 대해서는 그의 「答金德叟論箕田存疑」(『瓛齋集』 卷4)의 해석을 둘러싸고 여러 분석이 제기되어 있다. 原田環은 박규수가 기자 정전의 실체를 인정하고 있었던 점을 강조하였고(『朝鮮の開國と近代化』, 1997, 88쪽, 102쪽), 孫炯富는 박규수가 박지원과 서유구 농업론의 영향 하에서 箕子의 井田 시행을 인정하고 토지의 재분배론을 수용하였으나, 고관을 지낸 자신의 위치에서 이를 朝廷에 정면으로 제기하지 못하고, 그 차선책만 개진하였다고 하였다(앞의 책, 1997, 22~23쪽).

22) 『雲養集』 卷7, 「三政策」(『金允植全集』 壹, 440쪽) ; 金容燮, 위의 글, 45~46쪽.

23) 『兪吉濬全書』 VI, 「地制議」, 142쪽. 그는 구래의 지주제도는 그대로 두되 지

라고 하여, 삼대의 정전제는 백성들에게 이익을 주기 보다는 害를 주는 것이므로 시행할 수 없다고 하였다. 박규수와 그 후예들은 지주제를 유지하는 가운데 조세제도를 고쳐 농민층의 안정을 꾀하면서 동시에 상공업 발전을 도모하여 서양과 같은 사회경제 발전을 지향하였고, 아울러 봉건적인 신분제도도 부정하였다.24)

유교적 이상사회의 이념을 서구의 사상과 결합하여 새로운 차원의 近代改革論으로 정립한 사람은 變法論者들이었다. 그들은 토지개혁론에 담긴 유교적 민본의식을 근대적 民權意識, 民族意識으로 발전시켰던 것이다. 이러한 변법론은 청일전쟁 이후 일본이 서구문명을 수용하여 강국이 되고 청국과의 전쟁에서 승리하였다는 인식에서 형성되었다. 또 갑오개혁에서 서구문명을 적극적으로 수용하는 방향으로 개혁을 추진하고, 이것이 대한제국의 광무개혁으로 계속되면서 특히 유생층에게 큰 자극을 주게 되었다. 변법론에서는 문명개화론에서 추구하던 서구문명의 전면적인 수용에는 찬성하지 않았다. 대한제국의 개혁사업의 이념이 그러하였듯이, 피차의 장단점을 짐작하고 新舊學을 절충하는 입장에 서 있었다. 그들이 생각한 우리의 장점은 유교를 비롯한 전통문화와 역사였다. 그 외 우리에게 부족한 서양의 자연과학기술이나 민권 등을 지향하는 정치사상 등은 받아들여야 한다고 하였다. 이런 논의를 주도한 사람은 유교적 입장에 있다가 사상적 변화를 보인 이른바 '改新儒學者'들이었다.25)

주층의 지대 수입을 줄여 농민층의 경제적 안정을 기하려고 하였다. 즉 지주층은 賭租法으로 3할만 받게 하고, 나라에 내는 稅 1/10은 주객(전주와 작인) 각각 반을 부담하게 하였다. 유길준은 이런 방법이 비록 均田의 법을 행하지 않더라도 民力이 적으나 느긋해질 수 있는 것으로 보았던 것이다(178쪽).

24) 金容燮, 앞의 글, 1974.

25) 金度亨, 「張志淵의 變法論과 그 변화」, 『韓國史硏究』 109, 2000. 개신유학자의 사상 변화에 대해서는 金基承, 「白巖 朴殷植의 思想的 變遷過程」, 『歷史學報』 114, 1987 ; 梁潤模, 「白巖 朴殷植의 '思想變動'에 관한 一考察」, 『한국독립운동사연구』 14, 2000 등 참조.

그들은 "지금의 소위 開化를 말하는 자도 별 것이 아니라 酌古進今하여 務使開物化民하는 것"이고, 이 "開物成務 化民成俗"의 본 뜻은 바로 隨時應變에 있다고 하였다. 이 隨時變易에 따라 "법이 오래되면 폐단이 생기고 변화시키지 않으면 폐단이 쌓이기" 때문에 變法을 달성해야 안으로는 폐단을 제거하고, 밖으로는 다른 나라의 수모를 벗을 수 있다고 하였다. 이 隨時改變의 변법은 곧 유교에서 거론하던 更張, 維新의 과정이었다. 변법론에서는 단순한 법률의 개정에만 국한된 것이 아니라 天賦人權, 民權을 거론하고 근대적인 정치체제의 변혁까지 구상하였다.26)

변법론에서는 유교를 부정하지 않았다. 하지만 그들은 유교의 절대성을 고수하던 척사론을 비판하면서 유교가 時勢의 변화에 따르지 못하는 폐단을 지적하였다. 그들은 유교의 폐단을 개혁하여 근대적 종교로 만들어야 한다고 주장하였다. 그들은 당시의 급격한 사회적 변화를 儒敎的 變通論에 입각하여 인식하였다. 식자층 사이에 풍미하던 서양사상, 가령 萬國公法, 社會進化論 등의 논리도 유교 논리와 용어로 이해하고, 유교적 차원의 서양문명 수용과 근대화를 구상하였다.27)

신구학을 절충하자는 입장에서 그들은 조선후기의 사회개혁론으로 등장한 實學에 주목하고 이를 계승하고자 하였다. 그들은 여러 경로를 통해 실학자의 학문을 배웠다. 그 이후 『皇城新聞』을 통해 실학의 利用厚生, 格物致知, 實事求是 등을 강조하면서 실학파의 사회경제론을 당시 개혁을 위한 길잡이로 평가하였다.28) 실학자 가운데서도 "國朝中古 이래로 정치가로 말할 수 있는 사람은 潛谷 金堉, 磻溪 柳馨遠, 星湖 李瀷, 茶山 丁若鏞, 燕巖 朴趾源 등 4, 5 선배가 있어 經濟政治學으로 저술한 것이 뛰어나다"고 하였고,29) 또 "사상계의 위인으로 국

---

26) 金度亨, 앞의 글, 2000, 86~89쪽 참조.
27) 金度亨, 위의 글, 2000.
28) 이에 대해서는 李光麟, 「開化期 知識人의 實學觀」, 『東方學志』 54·55·56, 1987 참조.

272

민의 心胸을 開拓한 朴燕巖 선생, 經世家 大家로 近世學者의 山斗가
된 與猶堂(즉 丁茶山 선생)"을 열거하였으며, 이 가운데 특히 "我國
經濟學 大先生"이라고 표현한 정약용을 높게 평가하였고, 그의 학문
이 당시 현실에서 쓰이지 못하였던 점을 애석하게 생각하였다.30) 이런
인식에서 그들은 정약용의『牧民心書』,『欽欽新書』,『雅言覺非』, 박지
원의『燕巖集』, 안정복의『東史綱目』등을 간행하고, 유형원과 정약용
의 田制改革論, 이익의『藿憂錄』, 丁若鏞과 朴齊家의 농학론 등을
『皇城新聞』에 소개하였다.31)

하지만 그들은 당시의 급변하는 정세 속에서 실학의 토지개혁론과
신분제 개혁론을 결합하고, 그 위에 서양문명을 수용하여 근대사회를
건설하는 독자적인 개혁론을 구축하지는 못하였다. 제국주의의 경제침
탈과 군사적 압박 속에서 민족문제의 해결이 가장 긴급한 문제로 부각
되면서 그러하였다. 그들은 실학파의 학문을 신구학 절충을 위한 개혁
의 출발점으로 파악하면서도 실학의 사회개혁론 보다는 점차 역사연
구와 같은 정신적인 문제로 축소되어 갔다.32)

三代를 이상으로,『周禮』에 의거하여 토지개혁과 民本을 거론하던
실학파의 개혁론, 특히 농민적 입장의 토지개혁론은 서양문명을 어떻
게 인식하고 처리하느냐에 따라 근대개혁론의 성격이 매우 달라졌다.
서양학문을 부정하고 유교적 이상사회 만을 고수하면서 점점 보수화
할 수도 있었고, 이와는 달리 실학의 토지개혁론과 근대적인 민권론을
결합하여 근대개혁론을 주장하기도 하였다.

29)『皇城新聞』광무 6년 5월 19일 논설「廣文社新刊牧民心書」.
30)『皇城新聞』광무 3년 4월 17, 18일 논설.
31)『皇城新聞』광무 3년 4월 17, 18일, 광무 7년 6월 16~19일「田制結負考」; 광
　　무 6년 8월 26일「農器宜改良說」; 융희 원년 8월 22일「農學研究의 必要」.
32) 변법론자의 역사서술에 대해서는 金度亨,「大韓帝國期 變法論의 전개와 歷
　　史敍述」,『東方學志』110, 2000.

3. 許傳의 儒敎的 民本社會論

許傳은 黃德吉의 문하에서 星湖의 經世論을 배웠다.[33] 곧 李瀷-安鼎福-黃德吉로 이어지는 이른바 '星湖右派'의 학통을 계승하였다. 다소 늦은 39세(1835)에 관직에 나아간 허전은 이후 오랫동안 철종, 고종의 經筵에 종사하였다. 68세되던 해(1864)에 2년 6개월 간 金海府使를 역임하였는데, 그때 영남지역 南人들과 학문적으로 교류하고, 많은 제자를 두게 되었다. 그는 유교정치의 원칙을 강조하고, 이에 의거하여 민심수습책과 정치개혁을 주장하였으며, 퇴계 이후 남인의 학맥을 이황-정구-허목-이익으로 이어진다고 강조하였다.

1) 儒敎的 重民政治論의 제기

허전이 정치운영에서 가장 중시했던 것은 儒敎的 民本主義였다. 나라를 다스리는 근본정신은 '重民'에 있다고 보고, 重民을 통해서 古道, 곧 三代의 정신을 회복할 수 있다고 하였던 것이다. 그의 중민정치론은 유교 경전의 분석에서부터 제기된 것이었다. 유교 경전 가운데 특히 『書經』(『尙書』)과 『大學』을 '重民'의 이상정치가 잘 드러난 것으로 지적하였다.

> 六經의 治學은 모두 道로 귀결되고, 도의 온전한 근본과 큰 쓰임은 『書經』보다 더 구비된 것이 없다. 그 다음이 『大學』이다. 왜 그런가. 『書』는 성인이 修身, 齊家, 治國, 平天下의 방법을 기술한 것인데, 그 근본은 德에 있고, 요체는 敬에 있으며, 이치는 天에서 나오고, 功化는 民에게 극진히 하는 것이다.……民이란 사람의 무리로서 천지의

---

33) 생애 및 학문적 계승관계에 대해서는 강세구, 『성호학통 연구』, 혜안, 1999 ; 金喆凡, 「性齋 許傳의 生涯와 學問淵源」, 『文化傳統論集』 5, 경성대, 1997 참조.

핵심이며, 나의 동포이며, 나라의 근본이다. 그러므로『書』58편 가운데 天(帝, 上帝, 歲月, 日時, 星辰, 曆象, 干支 등)을 말한 것이 495조목이고, 民(人, 小人, 百姓, 萬姓, 衆庶, 黎獻, 蒼生, 赤子 등)을 말한 것이 366조목이며, 敬을 말한 것이 237조목이고, 德을 말한 것이 342조목이다. 그 나머지 수만 마디 말은 모두 이 네 가지를 주제로 推衍한 것이다.『大學』에서 明德, 新民, 天之明命, 緝熙敬止라고 하는 것은 4代의 書에서 오지 않은 것이 없으며,「堯典」이 그 宗이다.……대개 요의 시대에는 풍기가 순수하고 온전하여 德만 말하여도 性의 理는 절로 밝았기 때문에 다시금 인이니 義니 어수선하게 말하지 않았다. 虞와 夏의 시대에는 이미 낮아졌다.[34]

라고 하였다. 그는『書經』의 대의를 天, 民, 敬, 德의 4강령으로 요약하고, 의미상 출현 빈도에 따라 이를 증명하였으며,『대학』의 출발도『서경』의「堯傳」에서 비롯된 것으로 이해하였던 것이다.

이런 점을 체계적으로 정리한 것이「宗堯錄」이었다.「종요록」에서는『서경』에서 天·民·敬·德과 관련된 구절을 뽑고 여기에『대학』의 관련 조목을 첨가하고(1~4권), 다시『易經』,『詩經』,『周禮』,『論語』,『中庸』,『孟子』,『禮記』등에서 天·民·敬·德과 관련된 구절을 발췌 정리하였다(5, 6권).[35] 그가 가장 중시한 것은『서경』이었고, 이를 집약한 것이『대학』이라고 보았다. 즉 대학의 明德, 新民, 止於至善이나, 修齊治平의 조목들은 이미『서경』에 구비되어 있고, 특히「堯傳」에서 나왔다고 보았던 것이다.

허전의 天民敬德說의 핵심은 유교적 民本思想이었다.[36] 그는 이를

---

34)「宗堯錄」序(『全集』六, 3~5쪽).

35) 서술한 경전의 순서는 찬술된 연대를 기준으로 한 것인데, 특히『주례』를 시경 뒤, 논어 앞에 배치하고 있는 것은 성호 이래 그 학파 실학자들이 치국과 경세의 전형으로 관심을 기울여 왔던 책이었기 때문이라고 보았다(정경주,「宗堯錄에 나타난 性齋 許傳의 經學 관점」,『文化傳統論集』7, 慶星大, 1999, 26쪽).

다음과 같이 '天民敬德圖'로 정리하였다.

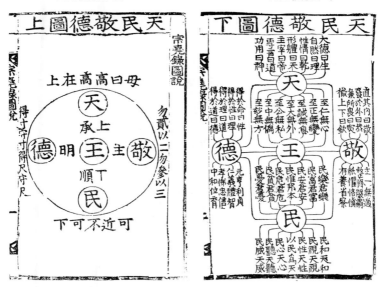

天民敬德圖 上　　　　　　　　　　　　　天民敬德圖 下

　　이 그림에서 王을 중심에 둔 것은 「종요록」이 임금에게 올리기 위해 저술된 것이기 때문이었다. 오랫동안 철종의 經筵官으로 참여하였던 그는 고종에게 이 책을 바쳐 군주 통치의 기본 원칙을 천명하였다. 그는 '天은 왕이 받들어야 할 대상이고, 民은 왕이 따라야 할 대상이며, 德과 敬은 왕이 지녀야 할 마음가짐과 이루어야 할 德性이라'고 하였다. 특히 왕은 아래로 백성을 따르고(順), 또 가까이 하고 낮추어서는 안 된다(可近 不可下)고 하였던 것이다. 이런 점에서 그는 「종요록」의 편목 구성에서도 民을 먼저 두었다. "성인이 경건하게 섬겨야 할 것으로 하늘 보다 존귀한 것은 없으므로 圖說에서는 하늘을 첫머리로 하

---

36) 정경주, 앞의 글, 1999.

276

고, 민을 그 다음으로" 하였지만, 왕의 입장에서는 "왕은 민을 하늘로 여기기 때문에 編次에서는 民을 우선으로 하고, 天을 다음"으로 하였 던 것이다.37)

허전의 중민정치론은 당시의 현실문제, 농업문제를 푸는 원칙이기도 하였다. 그의 『受廛錄』(1861)이나, 이를 토대로 작성한 「三政策」이 모 두 그러하였다. 『수전록』의 첫머리는 '重民'조였다. 그는 "重民은 王道 의 근본"이라고 하면서, "民이 아니면 군주 또한 혼자 서서 혼자 지키 고 혼자 양육할 수 없다"고 하였다.38)

이에 따라 농민항쟁을 수습하고 삼정문란을 해결하기 위해 작성한 「삼정책」에서도 그 핵심을 重民, 民本에 두었다. 즉

　　재물과 토지로 말하면 재물은 末이고, 토지는 本이며, 토지와 백성
으로 말하면 토지는 末이요 백성은 本이다. 그러므로 임금은 백성을
중시하였다. 민심이 곧 천명이다.39)

라고 하여, 백성이 근본이라는 차원에서 접근하였다. 그리하여 그는 "臣이 비록 소략하게 개진한 矯革의 說은 오히려 末이고 大本은 三政 외에 있다"고 하였다.40) 백성을 중시하고 근본으로 생각하는 기본 원 칙을 大本으로 확립하게 되면 삼정문제도 해결될 수 있다고 보았던 것 이다. 大本의 핵심은 유교적 이상사회인 三代의 실현, 곧 重民정치였 던 것이다.

허전은 이런 점을 「三政策」의 첫머리부터 강하게 지적하였다.

　　먼저 물으신 것 가운데 한 두 조목은 엎드려 반을 채 읽지 못하여

37) 『宗堯錄』 凡例(『全集』 六, 17쪽).
38) 『受廛錄』, 「重民」.
39) 『性齋集』 卷9, 「三政策」(『全集』 貳, 20쪽).
40) 『性齋集』 卷9, 「三政策」(『全集』 貳, 67쪽).

제 마음 속으로 타당하지 않다고 생각하였습니다. 전하께서는 어찌하여 唐虞 삼대의 정치를 스스로 기약하지 않고 도리어 '唐虞, 三代는 오래되어 논할 것이 없다'고 하시며, 또 어찌하여 '재물이 모이면 백성이 흩어진다'는 걱정을 하지 않으시고, 도리어 '재력을 어디서 많이 장만할 것인가'라고 하십니까? 이렇게 생각하면서 백성이 편안하고 나라가 다스려지기를 바란다는 것은 마치 엎드려 하늘을 핥는 것이오, 구해주려고 하면서 제 발을 움츠리는 것과 마찬가지입니다.[41]

라고 하였다. 삼정개혁도 삼대의 이상 정치를 실현하기 위한 원칙에서 접근해야 하며, 이를 국가재정의 차원에서만 접근해서는 안된다는 것이었다.

허전은 「三政策」을 정리한 말미에서도 이를 다시 강조하였다. 그는 삼정책 외에 ① 民牧, ② 用人, ③ 敎民, ④ 班祿, ⑤ 臟錢, ⑥ 禁盜, ⑦ 愼赦, ⑧ 來諫, ⑨ 典學 등의 조항을 거론하였다. 주로 유교 정치를 위한 수령의 자세, 인재 등용의 방안, 유교적 교화, 민생 보호, 정치적 기강 등을 강조한 것이었다.[42] 그 가운데 허전이 가장 중시했던 것은 '典學'이었다. 그런데 이 내용은 「종요록」의 서문을 그대로 옮긴 것이었다. 그는 여전히 『書傳』과 『大學』의 핵심은 人, 衆庶, 百姓, 萬姓 등 民에 관한 것이므로, 이 두 경전을 공부하게 되면 三政을 바르게 하지 않으려 해도 바르게 될 것이며, 치국·평천하의 근본이 되고, 종사와

---

41) 『性齋集』 卷9, 「三政策」(『全集』 貳, 20쪽).
42) ① 民牧 : 수령과 감사의 등용, 감독, 상벌을 엄격하게 할 것, ② 用人 : 인재 등용은 문벌이나 지역에 따라 선임하지 말고 才德의 유무로 할 것, ③ 敎民 : 학교와 과제시험을 고쳐 선비들의 독서교육을 바르게 할 것, ④ 班祿 : 관리에게 녹봉을 넉넉하게 지급하여 탐학하려는 마음을 없앨 것, ⑤ 臟錢 : 폐단이 많은 錢制를 없앨 것, ⑥ 禁盜 : 빈부차를 줄여 백성들의 살길을 마련하여 도적이 사라지게 할 것, ⑦ 愼赦 : 빈번한 사면령으로 姦臣들이 요행을 바라고 탐학하므로 사면을 신중하게 할 것, ⑧ 來諫 : 언로를 열어 간관과 유자들의 상소를 개방할 것 등이었다[『性齋集』 卷9, 「三政策」(『全集』 貳, 67~114쪽)].

생민의 만년 억년 무강한 아름다움이 될 것으로 보았던 것이다.[43]

2) 井田制 이념의 실현과 농민층의 안정 추구

허전의 重民, 民本的 정치이념은 정전제 실시에 모아졌다. 그는 '重民'에 따라『수전록』을 정리하면서 왕도를 크게 養民, 敎民, 官人, 禮樂 등 4개의 범주로 정리하였다.

> 선왕의 道는 均田하여 養民하는 것이 先務이며, 양민하면서 가르침이 없으면 禽獸이므로 敎民이 그 다음이다. 기르는 것과 가르치는 것은 賢者를 기다려 세울 수 있으므로 官人이 그 다음이다. 禮樂은 왕도가 이루어진 것이므로 그 마지막이다. 그 사이의 허다한 절목은 모두 이를 미루어 소상하게 할 수 있다. 이는 모두 周官 제도의 遺制이다.……옛날에 程씨 두 夫子와 張子厚가 井地를 논한 것도 또한 周官과 大學의 뜻이다.[44]

라고 하여, 모든 제도는 '周官의 遺制'라는 차원에서『周禮』를 근본으로 한 개혁론을 구상하였고, 이것 또한『大學』에서 근본적으로 거론한 것이라고 하였다.[45]

---

43)『性齋集』卷9,「三政策」(『全集』貳, 115~116쪽). 허전은 삼정책을 올리면서 덧붙여 "天民敬德之說"을 만들어 진상한다고 하였다.「삼정책」을 쓸 당시에 이미「종요록」에 대한 서술 구상이 되어 있었던 것이다.

44)『受廛錄』序.

45) 그런데 허전은 이런 周官제도를 실현하는 것은 어디까지나 왕도의 실현, 곧 그 주체는 군주였다는 점을 분명하게 하였다. 그는 이에 이어서 "주관의 제도는 주공이 성왕을 도와서 시행한 것이다. 주공의 지위가 없으면서 주관의 제도를 논하는 것은 간섭하는 것이고 넘치는 짓이다. 하지만 修身, 齊家, 治國, 平天下는 大學의 道이다. 사람이 15세가 되면 대학에 들어가는 것은, 지위에 있을 때가 아니지만 배우는 바가 이미 이와 같이 크기 때문이다. 그런 즉 후세 사람들이 처음에 배우지 않다가 오늘 지위를 얻고 다음날 정치를 행하여 전도되고 착란되지 않음이 드물고, 그 明德, 新民의 본 뜻을 알지 못하고 本

'重民'의 입장에서 볼 때 가장 중요한 문제는 '養民'이었고, 이것이
'왕정의 근본'이었다.[46] 따라서 개혁방안은 養民(田制)에서 시작하여
民賦(田賦), 民徭(雜賦), 敎民(학교), 治民(형벌), 民財, 民牧(牧守), 民
功(考績), 民數(戶籍), 民伍(군제) 등으로 제기되었다. 주로 백성과 관
련된 문제에서 정치운영, 관직제도, 신분제도 등에 관한 내용이었다.
그리고 그 어느 것이나『周禮』와 三代를 기준으로 하였다.

養民을 위한 제도 개혁의 핵심은 토지개혁에 있었다. 이것이 삼대의
정전제를 실현하는 방안이었고, 가장 시급한 과제로 보았다.[47]

> 백성이 먹지 않고 능히 살 수 있음은 아직 없다. 그런 까닭으로 民
> 은 먹는 것을 하늘로 여기고, 하늘은 살리는 것을 덕으로 삼는다고

末이 어떤 것인지 어두운 것과는 다르다"라고 하였다(『受廛錄』序).
46)『性齋集』卷2,「經筵講義」, 書舜典(『全集』壹, 243쪽). "養民이 왕정의 근본
   이고, 백성을 기르는 근본은 먹이는 것(食)에 있고, 먹이는 것의 근본은 농사
   에 있으며, 농사의 근본은 때(時)에 있으니, 때가 중요한 것이다"라고 하였다.
47)『性齋集』卷3,「經筵講義」, 詩假樂篇(『全集』壹, 333쪽).
   王 : 民人이 바라는 바는 무엇인가.
   臣 : 급하게 일일이 열거할 수 없으나, 가장 시급한 일은 이제 우리 백성들은
   恒産이 없고 豪富가 겸병하고 있는 것입니다. 그러므로 농사 짓는 사람은 모
   두 豪富의 佃客입니다. 한번 기근이 든 해를 당하면 죽음의 구렁에 줄줄이
   쓰러져 갑니다.
   王 : 井田은 삼대의 美法이지만 세상이 내려오면서 이 제도는 마침내 폐하여
   지지 않았는가.
   臣 : 戰國時代에 전쟁이 계속되어 선왕의 典章이 날로 땅에 떨어지고, 商鞅
   이 두렁을 부수어 버리는 것에 이르러 극에 달하였습니다. 영명한 군주와 선
   량한 신하가 서로 만난 연후에 古制를 회복할 수 있을 것인데, 혹 그런 임금
   은 있더라도 신하가 없고, 혹 그런 신하가 있으나 그런 군주가 없었으며, 혹
   은 시세가 미치지 못하였으니, 동중서 같은 현명한 신하나 제갈공명 같이 재
   주 있는 신하라도 그 뜻을 실행하지 못하였으니, 애석한 일입니다. 우리 태조
   께서 授田制를 시행하고자 하였으나 좋아하지 않는 사람이 많아 聖意를 추
   진하였으니, 마침내 그 논의가 잠잠하게 되었습니다. 이는 식자들이 한스럽게
   생각하는 바입니다.

한다.……이런 까닭으로 선왕의 제도는 井地로 그 생업과 일을 균등하게 하였다.……衛鞅이 결렬한 이후 千百人이 겸병으로 이익을 마음대로 하니, 사사로이 太半의 부세(幷作)로 거두었다. 부유한 사람은 간혹 수개 군을 넘는 전지를 소유하고, 가난한 사람은 立錐의 땅도 없으니, 백성이 어떻게 生息하며 나라가 어떻게 태평할 것이며, 교화가 어찌 넉넉하며, 예악이 어찌 흥할 것인가.……후대에 民國을 위하여 계책을 생각하는 사람은 이를 모두 切急한 것으로 생각하였으나 변통을 마침내 다하지 못하는 것은 豪强들이 자기가 점유한 이익을 變改하는 것을 좋아하지 않기 때문이다. 漢의 名田, 북위의 露田, 당의 영업전, 구분전 등과 같은 것이 모두 잠시 시행되었으나 모두 폐지되었다. 그 법이 됨됨을 돌아보면 비록 각각 所見이 있으나 오히려 합당하고 마땅함에 미진한 까닭으로 그 효과를 오랫동안 볼 수 없었다. 모두 정전제에서 평균으로 整齊하는 것보다는 못하였다.[48]

요컨대, 豪强들의 토지 겸병을 방지하기 위해 정전제가 가장 이상적이라는 것이었다. 하지만 이 제도를 시행하기 위해서는 많은 어려움이 있었다. 기존의 지주층의 토지를 몰수하는 문제, 구획을 획정하는 문제 등이었다. 이에 그는 먼저 量田을 행하여 경계를 분명하게 하고, 그 다음에 토지를 재분배를 해야 한다고 하면서, 특히 토지재분배를 위해서는 반드시 富人의 田地를 몰수하여 균등의 정신을 살려야 한다고 강조하였다. 이런 점에서 당시 정전제 시행과 관련되어 논란이 되던 평지에서의 劃井 문제는 그렇게 큰 문제로 보지 않았다. 그는 인력과 비용의 측면에서, 人情과 土俗에 합당하게 하는 것이 중요하므로, 토지의 모양을 地勢에 따라 헤아려 그 尺을 정하면 될 것으로 보았다. 그리하여 그는 民田(사유지)과 公田(공유지)의 재분배 방안을 각각 제시하였다.

먼저, 민전의 재분배에는 恒産田을 기준으로 한 限田法을 주장하였

---

48) 『受塵錄』, 「養民」.

다. 백성들이 적어도 자신의 목숨을 부지할 수 있는 최소한 토지[恒産
田]는 가져야 할 것으로 보고, 이를 기준으로 토지소유에 제한을 두는
限田法으로 개혁하자는 것이었다. 이미 일정 기준의 항산전을 가진 사
람에게는 그대로 문서를 작성하여 주고, 恒産田 만큼의 토지가 없는
사람에게는 그 기준치를 매입하면 문서를 작성하여 주도록 하였고, 문
서를 한번 작성하면 임의로 팔지 못하게 하였다. 또 한 사람이 최대로
소유할 수 있는 田地의 상한선도 정하여, 10家의 생산을 넘는 田地를
소유하지 못하게 하였다. 만약 그 이상을 소유한 경우에는 임의로 팔
도록 하고, 그렇지 않은 땅은 公家로 귀속시키도록 하였다. 과도한 토
지소유를 억제하는 동시에 최소한 토지를 소유하게 하자는 限田法으
로, 상한과 하한의 규모를 대략 10배 정도 인정한 것이었다.49)

한편, 그는 국가 소유의 공전에서는 井田法을 시행하자고 하였다.
劃井은 하지 않더라도 땅의 모양에 상관없이 100畝를 1區로 하고, 이
를 각각 8호의 농가에게 배당하되, 그 밖의 1區 80畝는 公田으로 하여
8호가 공동으로 경작하여 그 소출을 정부에 납부하도록 하자는 것이었
다. 이런 방안은 물론 정전제가 추구하는 균등의 정신을 지키는 것으
로 생각했다.50)

---

49) 『受廛錄』, 「養民」 ; 『性齋集』 卷9, 「三政策」(『全集』 貳, 34쪽), "마땅히 먼저
그 경무법을 정하고, 그 賦稅의 등급을 매기고 그 강역을 표시하고, 그 田里
에는 칭호를 정하고, 田籍에는 전답을 地形을 그리고 그 전주를 기록한다. 관
에서는 토지의 소유권증서인 地券을 발행해 준다. 토지소유에 대한 실상을
조사하고 위조를 위한 대비책을 마련한 후에 비로소 某年으로부터 기한을 삼
아 새로운 법령을 발하여 몇 결의 농지를 1夫의 소유지로 삼아 항산전이라
이름하고 世業하게 한다. 이 토지를 소유한 자에게는 지권을 발행하고 무전
자에게는 그것을 매수할 때를 기다려서 발행한다. 지권이 발행된 후에는 이
의 자유로운 매매를 금하며 만약 몰래 사고 파는 자는 모두 그 죄를 다스려
그 값을 받을 수 없게 한다. 만약 田主가 자수하면 그 죄를 면해주고 그것을
돌려준다. 多田者는 增買는 금하나 방매는 허락하며 비록 토지를 많이 소유
하더라도 10家之産을 넘지 않게 하고 비록 토지를 방매하더라도 항산의 범
위를 벗어날 수 없게 한다".

물론 농민층의 안정은 정전제 이념을 실현하면 달성될 수 있는 것이었지만, 현실적으로는 당면의 삼정문란도 해결해야 하였다. 전정 문란은 都結이 그 핵심이고, 또한 중간의 逋欠이 문제이므로『大典通編』규정에 의거하여 定數외 도결은 혁파하고, 엄격하고 공정한 관리 운영을 강조하였다.[51] 환곡 문제는 본래의 기능대로 상평창과 사창을 병행하여 운영하자고 하였다. 그리고 군정의 문란을 해결하기 위해서는 토

---

50)『受廛錄』,「養民」;『性齋集』卷9,「三政策」(『全集』貳, 34~35쪽). 허전은 이런 점을 고종과의 경연에서도 제기하였으며, 논란이 되는 箕田의 존재도 인정하였다(『性齋集』卷3,「經筵講義」, 詩假樂篇,『全集』壹, 334~335쪽). 이런 주장은 이미『수전록』,「養民」에서도 자세하게 기술하였다.

王 : 우리나라는 지형이 불편하여 정전제를 행할 수 없지 않은가.

臣 : 산천이 험하고 막혀있고 땅이 좁아 일일이 劃井하는 것은 불가능하지만, 땅의 모양대로 量田을 하여 많은 것을 잘라 적은 것을 보완하고, 古制에 준하여 百畝씩 농민에게 균등하게 나누어 주고 十一稅를 실시한다면 井田은 스스로 그 가운데 있을 것입니다.……

承旨 : 우리나라의 井田은 오직 평양에만 있으며, 이는 箕子의 遺制입니다.……

臣 : 箕田은 殷制 70畝이고, 周制의 100畝는 아닙니다. 그러나 十一稅은 한 가지입니다. (임금이 직접 가보았는가를 묻자) 아직 보지는 못했습니다만, 신의 9대조인 吏判 臣 筬이 箕田圖說을 지어 그 제도를 대체적으로 알고 있습니다. 4구역으로 나누어 양 쪽이 서로 비교되도록 한 것입니다.

51) 기존 법전의 원칙적인 시행은 여러 차례 강조되었다. 가령 "예악형정은 주나라 때보다 성한 적이 없었는데, 대대로 준수하였기 때문에 歷年이 장구하였으나 점차 허물어져서 말년에 와서는 이미 심하게 폐지되고 무너져서 마침내 미약하게 되었습니다. 진한 이래로 선조를 준수하면 흥하고, 舊章을 폐기하여 쇠하지 않는 자가 없었습니다"라고 하면서, 이어서 "우리나라의 열성조에서는 경국대전, 대전통편, 五禮儀, 책이 있었지만 지금은 폐기되어 시행하지 않는 것이 많습니다"라고 하였다[『性齋集』卷3,「經筵講義」, 詩假樂篇(『全集』壹, 332~333쪽)].「삼정책」에서도 "법이란 것은 조종의 법이다. 혹 백성과 나라에 이익이 있게 된다 하더라도 진실로 신하와 수령이 감히 마음대로 그 법을 고쳐서는 안된다. 지금 대전통편은 묶어서 높은 시렁에 올려놓고, 애초에 조정에 아뢰어 허락받음도 없이 가볍게 법을 고쳐 실시하게 되어 해독이 백성들에게 미쳐 원망이 위로 돌아가게 한다"고 하였다[『性齋集』卷9,「三政策」(『全集』貳, 29쪽)].

지제도를 고쳐 以田排丁의 원칙으로 兵을 農에 합쳐 兵農合一의 古制를 회복하고 養兵을 위한 軍布를 폐기하자고 하였다. 병사들이 토지 재분배로 이미 恒産을 가지고 있고, 또 恒心이 생겨 회피할 생각을 하지 않을 것으로 보았던 것이다.52) 그의 삼정문란에 대한 개혁안은 원칙적인 개혁과 현실적인 운영 개선을 두루 포괄하는 방안이었다.

3) 서양문명 반대와 보수화

허전은 유교적 民本政治와 小農社會를 지향하고 있었다. 파탄 상태에 이른 조선왕조를 농민적 토지소유을 달성하여 유지한다는 것이었다. 그런데 이런 논의가 새로운 근대개혁론으로 발전하기 위해서는 중세적 신분제를 극복하여야 하였고, 또한 중국 중심의 화이론적 세계관도 탈피하여야 하였다.

허전은 '星湖右派'의 학문 전통에서 서양의 종교, 문물에 대해서 매우 부정적이었다. 먼저 그는 中華와 夷狄의 차이를 분명하게 지적하였다. 천지가 至大하고 德으로 만물을 키웠기 때문에 사람이 비록 영험하지만, 처한 곳에 따라 차이가 있다고 보았다. 즉 華夏에 처하면 中和의 기운을 타고 나서, 五性의 바름을 지니고 五常의 이치를 구비하여 성인의 다스림이 있게 되지만, 地氣가 偏僻한 곳에 처하면 九夷, 八狄, 七戎, 六蠻의 모습이 되고, 三王 五帝의 지혜도 편벽된 곳에는 통하지 않는다고 하였다.53) 허전은 지리적 위치와 유교적 강상에 의거한 화이관을 가지고 있었던 것이다.

---

52) 군정의 개혁과 관련되어 관심을 끄는 것은 경병과 향병제도의 시행이었다. 특히 향병은 평소 농사짓던 농민으로 조직하여 외적의 침략에 대비하는 것인데, 특히 바닷가 고을의 백성을 水軍으로 삼아 바다를 통한 외침을 막자고 하였으며, 이때 전함을 만들어 평소에는 조운선으로 활용하자고 하였다. 軍制에 대한 개혁 논의는 1860년(64세)에 저술했던 「夏官志」에서 이미 정리했을 것으로 보인다.
53)『受廛錄』卷5,「外國記」.

284

　이런 점에서 그는 西敎를 철저하게 반대하였다. 성호우파를 대표하는 안정복의 「天學考」, 「天學問答」에서 확립된 西敎排斥論이 황덕길, 허전 등으로 이어졌던 것이다. 허전은 '서양의 邪術'은 妖誕・悖理한 것이고, 금수보다 못하다고 규정한 愼後聃을 강조하였다.54) 그리고 병인양요 당시에는 김해부사로 있으면서 직접 '邪學之徒'를 嚴治하면서 "邪惡하고 荒誕하며, 妖妄한 말로 倫常을 무너뜨리는 夷狄 禽獸의 행위"라고 하였다.55) 오직 "선비된 자는 正學을 밝혀 邪說을 물리칠 뿐"이라고 하면서 洋擾는 우려할 것이 못된다고 하였다.56) 허전의 서양에 대한 대응은 유학자의 斥邪衛正論과 다르지 않았다.

　허전은 당시 집권 지식인들이 서양 인식에 영향을 끼쳤던 『海國圖誌』도 다른 관점에서 보았다. 그는 이 책이 서양의 지리와 풍속, 기계의 발달을 이해하고, 서양을 침략을 막는데 도움이 될 것으로 판단하기도 하였지만, 특히 천주교를 명쾌하게 설명하고 이를 배척했던 점을 높이 평가하였다.57) 또한 그는 갑신정변 주도자를 賊臣으로 규정하였다. 곧 "우리나라는 일본과 수교한 이후 잃은 바가 있으니, 불행하게도 적신 김옥균, 박영효, 홍영식, 서광범, 서재필 등이 일본을 유람한 뒤 마음속으로 매우 흠모하여 나라를 팔아먹을 계책을 품은 지 오래되었다"라고 하였던 것이다.58)

─────────────

54) 『性齋集續集』 卷3, 「書愼河濱西學辨後」(『全集』 五, 234쪽).
55) 『性齋集』 부록 卷2, 「年譜」(『全集』 五, 433~434쪽). 허전은 1864년 김해부사가 되자마자 5綱 35조목의 鄕約을 실시하고자 하였는데, 그 가운데 '畏懼刑法' 조항 아래 "異術에 빠지고 妖怪한 말로 대중을 迷惑되게 하는 것"이라는 조목을 명시하여 이를 엄금하고 있다. 당시 일반적으로 규정되던 이술, 요언은 東學과 西敎였다.
56) 『性齋集』 卷5, 「答許杙」(『全集』 壹, 482쪽).
57) 『性齋集』 卷16, 「海國圖誌跋」(『全集』 參, 10쪽);『性齋集續集』 卷3, 「書愼河濱西學辨後」(『全集』 五, 234쪽). 그런데 허전은 우리나라가 3면이 바다로 통하지 않는 바가 없으므로 해외의 다른 나라에 대해서도 '禦洋'의 차원에서 관심은 가지고 있었다. 『受廛錄』에는 다른 서적을 참고하여 해외 여러 나라의 인물, 풍토를 대강 기술하였다.

　토지개혁을 주장하고 유교 이상사회의 실현을 주장하던 허전은 서양의 군사적 침략과 서양 종교, 문물의 유입 과정에서 유교를 옹호하는 쪽으로 선회하고 점차 보수화되었다. 이런 보수화는 토지개혁론이 중세적인 신분질서의 해체, 주자학의 한계 극복과 결합되어 전개되지 않으면 언제나 나타날 수 있었다. 이런 점에서 허전의 학문은 본래의 학문 터전이었던 近畿地域보다는[59] 오히려 영남의 南人들에게 파급되었다.[60]

　영남의 유자들이 허전의 문도가 되고자 하였던 것은 허전이 古道, 古文에 뛰어난 학자라는 점과, 허전의 학문이 퇴계에서 비롯되었다는 점에 있었다. 가령 허전의 제자였던 허훈은

　　옛날 퇴계 李선생께서 동방에서 학문을 창도하시어 실로 연원의 正脈을 열고, 寒岡 鄭선생은 그 종지를 얻어 眉叟께 전했으며, 다시 성호, 순암, 하려 세 군자가 그 뒤를 이었다. 이에 우리 선생께서 斯道를 扶翼하여 능히 遺緒를 이었으니, 그 공이 크다고 할 것이다.[61]

라고 하여, 허전을 퇴계 학맥을 이은 사람으로 평가하였다. 이런 점은 근기지역 남인들, 특히 성호우파 계열의 유자들이 퇴계를 통하여 자신들 학문에 긍지를 가지고, 또 정치적으로 보호받으려던 것으로도 볼 수 있지만,[62] 여전히 유교적 척사론과 유교적 정치론을 강조하던 영남

---

58)『性齋集』卷4,「變亂緣由北京禮部摠理衙門北洋衙門咨」(『全集』壹, 404쪽).
59) 기호지역의 제자 가운데는 修堂 李南珪가 대표적이었다. 이남규는 허전의 척사론적인 학문 태도를 계승하여 독립협회 운동, 관민공동회 활동을 야만의 풍속으로서 문명국의 풍속을 바꾸는 것"이라고 평가하였으며, 더불어 동학, 서학을 배척하였다(『나라사랑』 28-수당 이남규 특집호, 1977 참조).
60) 허전의 문도를 정리한『冷泉及門錄』495명 가운데 약 8할이 영남지역 인사였고, 허전의 사후 그의 문집은 산청에서 문도 朴致馥에 의해 간행되었으며 (1891), 그 속집과 부록은 盧相稷에 의해 밀양에서 간행되었다. 이런 점은 金喆凡, 1997, 앞의 글, 22~26쪽 참조.
61) 許薰,『舫山集』卷21,「性齋先生言行總錄」.

남인들의 학문적 경향과 유교적 원칙 속에서 보수적 경향을 띤 허전의 학문이 크게 다르지 않았던 점에서 그러했을 것이다. 지역적으로 분립되었던 남인들의 학문이 퇴계를 강조하던 허전을 통하여 다시 결합하고 있었다.

영남지역에 있던 허전의 제자 가운데는 일부 자신들의 학문이 정약용이나 유형원의 학문과 다르다는 점을 분명하게 지적하였다. 노상직은 "『隨錄』이 磻溪에서 나오고, 『心書』가 茶山으로부터 나왔는데, 이 책을 들어 근기의 학문[圻學]이 進就에 뜻을 두었다고 말한다면 그 주장은 천박한 것"이라고 하면서, 장현광[『易學圖說』], 정경세[『養正篇』], 허목[『心學圖』], 이현일[『洪範衍義』], 이익[『疾書』], 안정복[『語類節要』], 황덕길[『學則』], 유치명[『讀書瑣語』], 허전[『宗堯錄』] 등의 학문은 體用이 겸비하였지만, 유형원, 정약용 두 사람의 책은 전적으로 그 用만 말하였기 때문이라고 하였다.[63] 영남 유자의 입장에서는 근기지역 성호우파의 학문까지 퇴계의 학풍을 확산, 발전시킨 것으로 이해하였던 것이다.

4. 李沂의 近代的 變法改革論

海鶴 李沂는 특정한 학통 속에서 공부하지는 않았지만, 젊은 시절 『磻溪隨錄』과 『邦禮草本』(經世遺表)을 읽고는 과거시험을 포기하고 실학적 입장의 사회개혁을 모색하였다. 향촌에서 직접 농민 몰락과 항쟁을 경험하면서 농업개혁을 구상하였고, 이런 점이 인정되어 대한제국 정부의 量務委員으로 활동하기도 하였다. 이후 망국에 직면한 나라를 개혁하기 위한 활동에 참여하여, 일본의 황무지 개척 요구에 대한

---

62) 李佑成, 「許傳全集 解題」, 『許傳全集』 1, 1977.
63) 盧相稷, 『小訥集』 卷11, 「答鄭聖國觀秀」(김철범, 앞의 글, 1997, 26쪽 재인용).

반대 활동, 러일전쟁 후 일본을 상대로 東洋平和論에 입각한 외교 활동, 을사조약 관련자 처단 활동 등에 관여하였다. 을사조약으로 국권이 상실되자 湖南學會를 중심으로 新學問 수용과 新敎育을 강조하는 계몽운동에도 참여했다.[64]

1) 실학의 계승과 토지개혁론

이기는 반계와 다산의 실학사상을 계승하였다. 그는 이런 사정을 다음과 같이 말하였다.

> 20살 이후로 점차 그 잘못을 깨달았다. 그러나 그 시절에 온 나라 안에 理學, 化學, 政治學, 經濟學 등의 학문이 없었기 때문에 오직 柳磻溪의 隨錄과 丁茶山의 邦禮草本 등의 책을 구하여 읽었고, 28세에 이르러 과거 공부를 팽개치고 다시는 하지 않았다.[65]
> 나는 어린 시절부터 비록 학문을 하기는 하였으나 과거 공부나 하여 나 스스로 즐겁지 않았다. 간간이 옛 사람이 쓴 磻溪의 隨錄이나 茶山의 邦禮草本 등의 경제 관련 책과 國朝典故 등의 책을 취하여 더욱 연구하였다.[66]

라고 하였던 것이다.

그 후 이기는 전국을 유람하면서 농촌의 실상을 직접 체험하고, 이를 실학파의 개혁론과 결합하였다. 그는 1894년 농민전쟁이 일어나자

---

64) 朴鍾赫, 『海鶴 李沂의 思想과 文學』, 아세아문화사, 1995 ; 金庠基, 「李海鶴의 生涯와 思想에 대하여」, 『亞細亞研究』 1, 1965 ; 金容燮, 「光武年間의 量田·地契事業」, 1968(『韓國近代農業史研究(Ⅱ) 재수록』) ; 金度亨, 「海鶴 李沂의 政治思想 硏究」, 『東方學志』 31, 1982 ; 鄭景鉉, 「韓末 儒生의 知的 變身」, 『陸士論文集』 23, 1982.
65) 李沂, 「習慣生涯變愛變生頑固」, 『大韓自强會月報』 8, 10~11쪽.
66) 李沂, 『海鶴遺書』 卷6, 「答鄭君曦圭書」 癸卯, 국사편찬위원회, 117쪽.

전봉준을 찾아가 朝廷을 타도하고 國憲을 一新할 것을 제의하였다.[67] 김개남의 반감으로 체포위기에 몰렸다가 도망친 후에는 도리어 농민군을 토벌하는 입장에 서기도 하였다. 하지만 그는 농민층의 몰락을 막고 토지소유의 모순을 해결하기 위한 방안을 실학파의 개혁론을 계승하여 정리하였다. 1895년 탁지부대신 魚允中에게 건의한 「田制妄言」이 그것이다.

이기는 농민층의 몰락과 항쟁이 三政紊亂으로 인한 賦稅不均・增稅 현상에서 초래된다고 파악하고,[68] 그 원인은 土地所有를 둘러싼 모순에 있다고 보았다. 전국의 토지가 富家에 집중되고, 小作農은 지주에 의해 奪耕・移作은 물론 1/2~1/3이나 되는 地代 때문에 몰락하고, 따라서 필연적으로 농민항쟁이 격화되었다고 보았던 것이다.[69] 그러나 토지소유를 둘러싼 모순을 개혁하기는 쉽지 않았다. 이기는 "토지겸병의 폐해가 秦漢이래 天下의 권력이 富家에 옮겨지면서 발생하였지만, 士大夫가 그 矯抹를 생각하지 않는 것은 그들 역시 地主이기 때문"[70]이라 파악하였으며, 또한 開化派의 甲午改革에서 토지문제를 언급하지 않았음도 지적하였다.[71]

이에 그는 농업, 농민문제를 해결하기 위해 먼저 井田制의 원리에 따라 토지개혁을 제기하였다. 「田制妄言」의 '治標之術'로 정리하였다. 하지만 그는 일반적으로 土地再分配論으로 거론되던 井田制나 限田制가 원칙대로 실현할 수 없다고 판단하였다. 산천의 모양 때문에 田을 劃井할 수 없고, 劃井하게 되면 邊과 角의 遺利地가 생기므로 정전제를 실시하기 어렵고, 또 富家의 겸병이 심하여 토지・사람 어느 기준으로도 제한할 수 없기 때문에 限田制도 어렵다고 하였다. 그리하여

---

67) 鄭寅普, 「海鶴李公墓誌銘」, 『海鶴遺書』.
68) 『海鶴遺書』 卷2, 「急務八制議」 戶役制, 56쪽.
69) 『海鶴遺書』 卷1, 「田制妄言」, 4, 8쪽.
70) 『海鶴遺書』 卷2, 「急務八制議」 田制, 53쪽.
71) 『海鶴遺書』 卷1, 「田制妄言」, 2쪽.

그는 토지 조사와 國有化를 거친 후에 생긴 모양대로 토지를 재분배하자고 하였다.72)

토지의 국유화를 이루기 위한 방법은 다음의 두 가지였다. 먼저, 公買하는 방법이었다. 모든 州縣에서 공매를 위한 자금으로 稅錢의 10~20%를 비축하였다가 팔려고 하는 民田을 사들이자는 것이며, 혹 자금이 부족하면 度支部에서 보조를 받자고 하였다. 개인적인 私賣나 公買를 빙자한 지방관의 토지 매집은 大逆不道의 수준에서 처벌할 것도 아울러 첨언하였다. 다음은 賜田을 금하는 것이었다. 정부에서 시행한 賜田이 사유화되면서 賣買·兼倂되었으므로 이를 철저하게 금해야 한다는 것이었다. 혹 부득이 王子·公主·軍功者에게 封賞할 경우라도 토지의 소유권 자체를 주지 말고 宮房田처럼 收租權만 지급하자고 하였다. 이 방법을 불과 10~20년만 행한다면 전국의 토지가 公田化될 것이고, 그 뒤에 지방마다 戶口의 多少, 土壤의 廣狹을 조사하여 균등하게 徙民을 행하고 土地, 耕牛, 餉糧을 분배하자고 하였다. 그는 이 방법이 井田制를 시행하지 않고도 井田制의 효과를 얻을 수 있는 것으로 생각하였다.73)

그러나 원칙적이고 근원적인 토지재분배론은 시간이 걸릴 것이었다. 따라서 이기는 시급하게 요구되는 농민층 안정화 방안도 모색하였다. 그는 이를 「急務八制議」와 「田制妄言」의 '治標之術'로 정리하였다. 농업생산력의 증대, 농지의 확대, 새로운 농업기술 개발 등을 언급하면서 三政紊亂을 해결하기 위한 방안도 제시하였다. 즉 田政에서는 量

72) 『海鶴遺書』 卷1, 「田制妄言」 1, 6, 12~13쪽. 물론 이기가 磻溪나 茶山의 井田制를 정확하게 이해하지 못했음은 이미 金容燮, 앞의 글, 1968에 지적되어 있다.
73) 『海鶴遺書』 卷1, 「田制妄言」, 10~13쪽. 이때 정부는 역에서 단순히 1/9稅만 거두게 하였고, 常田을 받으면 1년 면세, 陳田을 받으면 3년 면세하도록 하였다. 하지만 토지분배의 구체적인 방법, 收田者의 기준, 田畓외의 농업, 정치체제와의 관련 등에 대해서는 언급이 없다.

田 실시, 量田法의 개선, 斗落制 실시, 세율의 조정 등의 방안을 거론하였고,[74] 軍政에서는 戶布制와 結布制를 결합하여 田土와 자금의 多少에 의해 차등적으로 부과하자는 안을 제기하였다. 이 가운데 특히 세율에 대해서 「急務八制議」에서는 소작농이 1/2을 모두 가지게 하고 나머지는 지주와 국가가 나누도록 하였던 것에 비해,[75] 「田制妄言」에서는 토지개혁론을 보완하는 차원에서 소작농이 8/9, 지주 1/18, 정부 1/18을 가지는 획기적인 방안을 마련하였다.[76] 후자의 방안만으로도 지주들의 수익이 줄어들게 될 것이고 따라서 지주제가 개혁될 수 있었다. 이렇게 되면 자연히 관리의 중간착취, 都結・加結의 폐단도 없어지고 농민경제가 안정될 것으로 보았다. 수익이 줄어든 지주들이 그 자본을 다시 토지에 투자하지 않을 것이고, 결국 상업, 산업 자본으로 전환될 것이라고 예상하기도 하였다.[77] 토지문제를 해결하면서 동시에 상공업 발전을 위한 재원의 확보 방안도 마련한 것이었다.

토지개혁과 더불어 戶役制의 개편을 통해서도 농민경제를 안정시킬 수 있었다. 물론 정전제의 이념이 실현되면 호역의 문제는 자연스럽게 해결될 수 있었지만 현실적으로 아직 토지개혁이 실시되지 않는 가운데 농민층의 과중한 부담을 해결해야 하였다. 이기는 그 원칙을 삼대

---

74) 특히 이기는 量田法에 대해서 깊은 식견을 가지고 있었다. 토지개혁을 위해서도, 또한 조세의 공정한 부과를 위해서도 양전법의 정비는 필수적이었다. 이런 점에서 그는 대한제국의 양전사업에 양무위원으로 발탁되어 활동하였다. 물론 대한제국의 양전사업이 토지개혁을 위한 것은 아니었다. 대한제국의 양전사업에서 실학자 등의 양전론에 관심을 가졌다고 그 사업이 실학의 계승에서 제기되었다고 볼 것은 아니다.
75) 『海鶴遺書』 卷2, 「急務八制議」. 소작농민은 소출의 반을 가지지만 그 외 지세, 종자 등의 부담이 있었다.
76) 이런 차이는 각 글이 쓰여진 시기와 목적이 달랐던 점에 연유하였다. 「田制妄言」은 농민전쟁 직후 어윤중에게 제시한 방안이라면, 「急務八制議」는 1902년 경 대한제국의 개혁이 한창 진행될 때, 그 개혁을 보완하는 차원에서 작성된 것이었다.
77) 『海鶴遺書』 卷1, 「田制妄言」.

의 兵賦制에서 찾았다. 즉 "戶를 이루면 모두 균등하게 役을 진다"는 원칙이었다. 그 당시에는 정전제가 실시되어 백성들의 재산이 서로 비등하므로 역을 균등하게 하더라도 원망이 없었으나 秦漢 이후 빈부 차이가 나타나게 되었고, 당송에 이르러서 사대부는 이를 면제받고, 면제받지 못한 가호는 반드시 陰戶나 逃戶가 되면서 폐단이 더욱 심해졌다고 보았다. 결국 "窮不能自存者"만 역을 지게 된 폐단이었다. 이를 해결한다고 추진한 갑오개혁의 一戶 銀六角의 규정은 '근본은 모르고 末만 정비한 조치'라고 평가하였다.[78]

당시 군정에 대한 개혁론은 흔히 洞布制, 戶布制, 結布制의 방법이 제시되고 있었는데, 이기는 호포제와 결포제를 절충하는 방안을 마련하였다. 田과 賦가 같지 않아 里斂으로 배분할 수 없다는 판단에서 모든 호가 재산 정도에 따라 役을 지는 방법이었다. 그는 이것을 差役이라 부르고, 井田制가 시행될 수 없을 때 행할 수 있는 방법이라 하였다. 사람에게 貴賤은 없으나 재산의 多寡가 있으므로, 위로는 宰相으로부터 아래는 屠沽에 이르기까지 士農은 田土의 多少로, 商工은 資金의 다소에 의하여 차등을 두도록 한다는 원칙으로 마련되고 있었다. 原九等·別六等의 15등급에 따라 出錢을 달리하여 양반지주층·대상공인의 특권을 막고 큰 부담을 지우며, 과다한 역에 의하여 몰락하는 영세농민을 보호할 수 있는 방법이라는 것이었다.[79]

2) 서양 학문 수용과 變法改革論

---

78) 『海鶴遺書』 卷2,「急務八制議」 戶役制, 55~56쪽.
79) 위의 글, 56~57쪽. 原9等 외에 別6等 모두 15등급으로 나눈 것은 토지만으로 그 賦役을 부과할 수 없다는 판단에서 그러하였다. 禹貢에서도 사람들의 거주에 稀稠의 차이가 있고, 물산에서 豊耗의 차이가 있기 때문에 田賦가 균등하지 않았다고 보는 것에 근거하였다. 이기는 별도로 원9등 위에 대지주, 자산가를 다시 3등급, 그리고 원9등의 아래에 극빈민 3등급을 두었다.

  1891년, 이기는 전국을 돌아다니다가 대구에 있었다. 이때 천주교의 교리서인 『聖敎理證』을 보았다. 그는 유교적 입장에서 천주교 교리를 비판하고, 천주교 신부 로베르와 논쟁을 전개하였다. 이기는 天主라는 명칭이 근거가 없는 것이라고 하고, 천주의 천지창조설, 降生論을 부정하였다. 특히 그는 천주를 조상 위에 올려놓은 것을 반인륜적인 '不敬父祖'라고 강하게 비판하였다. 그는 천주교를 교리의 외형으로는 불교의 아류이고, 祈福을 추구하는 惑世誣民의 종교이며, 죽음 후의 구원을 기도하는 비현실적인 종교라고 파악하였다.[80]

  이기는 천주교의 교리를 유교적 입장에서 반대하였지만, 電氣와 같은 서양의 과학기술이 精巧하여 천하의 모범이 되고, 또 우리가 필요한 衣食이나 사용하는 물건도 서양으로부터 온 것이 많다는 점은 인정하였다. 서양의 기술을 종교와 분리하여 인식하였던 것이다. 그리하여 그는 유교의 우월성을 확신하면서 천주교를 방치하여 자연스럽게 소멸시키자는 '不禁是禁'의 방법을 제시하였다. 천주교를 믿는 자를 엄벌하여도 아무 효과가 없었던 점을 지적하고, 천주교 선교사의 포교를 자유롭게 방임하되, 호적대장에 올려 조선의 稅法에 의해 세금을 부과하고, 조선의 형법에 따라 다스려 일체의 治外法權을 인정하지 않으면 몇 년 지나지 않아 천주교도들의 신앙심도 점차 소멸될 것이라 보았다.[81]

  그러다가 이기는 점차 종교를 제외한 모든 서양의 학문은 수용해야 한다는 방향으로 나아갔다. 당시 대부분의 儒者들이 서양의 기술문명만을 수용하고자 했던 것과 달랐다. 그는 이를 토지개혁론과 결합하여 근대개혁론으로 정립하였다. 즉 서양의 정치론도 적극적으로 수용하여 근대개혁론으로서의 變法論을 구상하였던 것이다. 서양의 근대 학문을 유교적 차원에서 재해석하여 수용한 것이었다.

---

80) 朴鍾赫, 앞의 책, 1995, 44~78쪽.
81) 李沂, 「天主六辨」, '天主可禁'(朴鍾赫, 위의 책, 부록, 259~262쪽).

유학을 바탕으로 그가 서양의 신학문을 수용할 수 있었던 것은 유교 경전에 대한 새로운 해석 위에서 가능하였다. 특히 그는 『大學』의 '新民'에 대해서 새롭게 이해하였다. 그는 "明德의 뜻은 다름이 아니고 장차 新民하려는 것이고, 新民하는 일은 다름이 아니라 장차 止於至善하려는 것이다.……명덕은 신민의 도구요, 지선은 신민의 한계이다"고 정의하여, 新民을 중시하였다. 곧 新民이라는 것이 육체의 개조를 뜻하는 것이 아니고, 안목을 넓히고 心志를 통하게 하여 오늘의 사람이 어제의 사람이 아니고, 내일의 사람이 오늘의 사람이 아니게 하는 것이라 하면서, 이 『대학』의 도가 중국에서는 없어지고 반대로 서양에서 얻어진다고 하였다.[82]

그렇다고 그가 갑오개혁 이후 전개된 신학문과 신교육을 전적으로 찬성한 것은 아니었다. 新法이 행해지면서 오히려 정치는 점차 부패하고, 풍속은 게을러지고, 국세는 타락되었다는 이유였다.[83] 신학문이 나라를 흥하게 할 수 있지만, 당시의 新學은 오히려 망국의 원인이 된다고 보았던 것이다. 신학문, 신교육으로 벼슬에 오른 자는 君父를 배반하고 나라를 팔아 버렸으며, 외국에 유학한 자는 이름과 세력만 믿고 관직만 엿본다고 하였다.[84] 그는 유교의 폐단과 동시에 개화파의 개혁이 비주체적으로 흐르고 있던 점도 지적하였다. 이런 태도 또한 변법론자들이 공통적으로 보였던 논리였다.

그리하여 그는 서양의 立憲政治를 유교적 관점에서 이해하고, 이를 중국의 옛 정치체제와 대비시키면서 그 근거를 찾았다. 당시의 정체를 共和·立憲·專制의 세 형태로 분류·파악하였던 그는 唐虞 이상을 共和, 三代를 立憲, 秦漢 이하를 專制의 정치로 상정하고 있었다. 즉

---

82) 『海鶴遺書』卷2, 「大學新民解」, 67~68쪽.
83) 위의 글, 68쪽.
84) 『海鶴遺書』卷3, 「一斧劈破論」, 72쪽.

294

　　지금 天下에서 국가라고 부르는 것은 또한 많다. 그러나 그 政體를 크게 요약하면 세 가지가 있으니, 共和, 立憲, 專制가 그것이다. 동양에서는 비록 이런 이름이 없었으나, 시험적으로 이것을 동양에서 생각해보면, 唐虞 이상은 共和의 정치이고, 三代는 立憲의 정치이며, 秦漢 이하는 專制의 정치이다. 이 세 가지 가운데 共和가 가장 좋고, 전제가 가장 좋지 않다. 성인이 다시 나온다고 해도 반드시 처할 것이 있을 것이다.85)

라고 하였다.

　　먼저, 唐虞時代를 共和의 정치로 파악한 것은 "天下는 天下 사람의 공유이지 군주 한 사람의 천하가 아니다"는 점이었다.86) 이것은 주권이 전 인민에게 있는 공화정치를 유교의 이상적인 민본정치로 인식한 것이었다. 그러므로 힘과 덕이 있어 군주가 되었더라도 자기보다 용기 있고 현명한 사람이 나오면 禪讓하고, 이런 堯舜의 禪讓이 바로 구미의 대통령제와 임기의 차이만 있을 뿐 꼭 같다고 보았다.

　　다음, 堯舜의 常經이 禹의 謀爲로 바뀐 후의 夏·殷·周 三代를 立憲정치와 대비하였다. 삼대에서 비록 임금의 자리는 사사로이 오르지만, 그 법을 마음대로 하지 않았고, 禮樂文物이 通義에서, 功罪刑賞이 衆論에서 나온 것은 취할 수 있다고 보았다. 여기에서 '選士於鄕'과 '寓兵於農'은 바로 서양의 上下議院과 常後備兵의 제도와 같다는 것이었다. 선거에 의한 議會의 구성이나 常備軍의 보유가 근대국가의 필수임을 알고 있었다.

　　그러나 점차 "君權漸重 民權漸輕"하게 되어 春秋·秦·漢에 이르러 專制의 정치가 행하여 졌다. 모든 것은 世主者(임금)의 사유가 되어 나라의 正供이 개인의 창고에 이관되고, 백성의 힘도 賦役으로 다 소모되었으며, 또 賢愚·爵刑도 親疎·愛惡에 의해 결정되는 정치였

85)『海鶴遺書』卷2,「急務八制議」國制, 20쪽.
86)『海鶴遺書』卷2,「急務八制議」國制, 20쪽.

다. 백성이 존재하지 않는 단계가 바로 專制政治라는 것이었다. 상하
관계의 신분질서에 의한 절대왕권의 중세봉건국가의 모습이 이렇게
규정되고 있었다.

이런 파악 위에서 이기는 '君民同治', 곧 立憲君制를 주장하였다. 그
는 "唐虞 이상의 共和는 높아서 바랄 수 없고, 秦漢 이하의 專制는 나
빠서 행할 수 없으므로 오직 三代의 立憲政治만이 가능하다"고 생각
하였다. 이상적인 唐虞의 건설을 위해서는 공화의 정치가 실시되어야
겠지만, 君主權이 유지되고 있던 현실에서는 바랄 수 없었을 것이었
다. 급진적인 혁명으로 군주제를 없애고 공화제를 시행하기 어려운 때,
「急務八制議」의 전 내용이 그러하듯이, 당장에는 立憲君主制가 추구
될 수 있을 것이었다.87) 이런 경향은 당시 서양 정치론을 수용하던 대
부분의 논자들도 마찬가지였다.88)

이기는 立憲君主制의 기반으로 民權을 세우고 君權을 제한하자는
점도 거론하였다. 이 또한 유교적 민본정치 이념에 입각한 것이었다.
그는 「書傳」에 나오는 '民可近不可遠'이라는 점과, '백성을 두려워하는
마음'을 거론하였다.89) 그리고 이를 위한 法治主義도 주장하였다. 당
시 점차 근대법이 마련되고 있었던 점과 무관하지 않았다.

삼대의 복구라는 차원에서 입헌군주제를 주장하면서 이기는 동시에
이를 보완하는 제도개혁도 제기하였다. 제도개혁의 원칙은 물론 변법
론, 즉 구래의 제도와 갑오개혁 이후 거론된 서양의 제도를 결합하는
것이었다. 그것은 구래의 관제를 근본적으로 바꾸려는 것이 아니라
"국가 六官의 제도는 이미 상세하고 또한 구비되어 있으며, 정치가 실
시되지 않는 것은 관제 문제가 아니다"라는 점에서 갑오개혁의 문제점
을 보완하는 차원이었다. 즉 갑오개혁에서 그전의 閒司, 雜織 등을 개

---

87) 위의 글, 20~21쪽.
88) 金度亨, 『大韓帝國期의 政治思想 硏究』, 1994, 103~107쪽.
89) 위의 글, 21쪽. 『書傳』虞書「五子之歌」, 「大禹謨」에 나오는 말이다.

혁하여 國人의 耳目을 一新시켰지만 條例不整, 名稱不雅 등의 문제
점이 여전하므로 다시 의논해야 한다는 것이었다. 이에 대한제국시기
의 의정부 관제를 골격으로 관료기구를 간소화하거나 명칭을 개칭하
는 등의 첨삭을 가하였다. 특히 명칭은 직무에 어긋나지 않는다면 동
양의 습속에 맞고, 또한 우아한 명칭으로 바꾸자고 하였다.[90]

이기는 銓選制도 개선하자고 하였다. 그 목표는 『周禮』에서 거론한
'學校選擧'를 달성하는 것이었다. 새로운 관리임용제도는 甲午改革에
서 이미 실시되고 있었다. 朝野・京鄕의 貴賤出身 여하를 불문하고
品行・才能 및 藝能이 있고 時勢를 잘 아는 자를 選取하여 銓考局에
서 보통・특별시험을 치르게 하는 근대적인 인사제도였다. 이기는 銓
選制에서 賢愚를 구별하고, 능력 있는 사람을 뽑아야 한다는 원칙이
중요하다고 강조하였다. 오직 公正하게 門地를 구분하지 않으면서, 다
만 納粟・術數・巫祝의 類와 같이 出身이 不正한 자, 作文(報告・訓
令・照會・通牒 등)과 독서(大明律・無冤錄・各國約章・公法・會通
등)의 시험에 통과하지 못한 자는 축출하자고 하였다. 비록 이것이 經
世의 常法이 아니라고 하더라도 십 수 년 후에는 '學校選擧'가 이루어
질 수 있을 것으로 보고 있었다.[91] 그는 학교교육과 결합된, 즉 『주례』
에서 거론한 貢擧制, 科薦合一을 지향하고 있었던 것이다.

이와 관련하여 이기는 학교제도도 개혁해야 한다고 하였다. 주나라
때에는 鄕-州-國의 순서로 천거를 하는 것이 選擧의 조례였으므로,
이는 교육에 대한 규정은 아니지만, 추측한다면 鄕은 小學, 州는 中學,
國은 大學이 될 것으로 보았다.[92] 또한 자제들을 모두 受學시키는 강

---

90) 『海鶴遺書』卷2,「急務八制議」官制, 22쪽. 명칭의 개정은 가령, 議政府를
　　國務府로, 議政・參政・贊政은 總理大臣・參理・贊理로 하며, 각 府・部의
　　大臣・協辦은 卿・少卿으로, 院의 卿은 監으로, 또 農商工部는 백성의 생활
　　에 직접 관계되므로 民部로 고치자는 것 등이었다.
91) 『海鶴遺書』卷2,「急務八制議」銓選制, 38쪽.
92) 옛날에는 소학과 대학만을 배웠는데, 중학 단계에서 공부한 것이 무엇이었는

제교육(의무교육)과 같은 형태로 운영되었을 것으로 보았다. 그리하여 그는 이를 바탕으로 교육과정을 小學·中學·大學으로 나누고, 소학교는 임시로 1군에 1교, 중학은 몇몇 군에 1교, 대학은 1주(道)에 1교씩 설치하며, 각 5년·4년·4년의 연한으로 교육시키자고 하였다. 이 중에서도 특히 小學敎育을 중시하여 의무교육으로 하자고 제안하였다.[93]

　이기는 地方制도 개혁하자고 하였다. 그는 지방제 개혁을 '平生精力 所在處'라 할 만큼 이에 가장 관심을 기울였다. 특히 갑오 이후의 지방제 개혁이 급히 행해지면서 夏書·禹貢·周禮의 職方에 보이는 規模·名義도 없으며, 또 星野·山川 등의 자연조건에도 합치되지 않는다고 파악하였다.[94] 지방제도 개혁에서 근간이 된 것은 물론 삼대의 제도였다. 그리하여 光武改革에서의 13道制를 골격으로 그 釐整을 제시하였다. 즉 서울 한 곳에 判尹署, 개항장에 監理署를 두며, 觀察府(궁내부, 의정부와 混幷될 수 있으므로 그는 督撫省으로 개칭하고 있음) 아래로 道·郡으로 통일시키고 있었다. 그리고 각 郡은 彊界가 不明하고 結戶가 不均한 점을 고려하고, 山川의 편의에 따라 "移遠取近 割大補小"하여 333郡으로 개편하자고 하였다. 그러나 이것은 임시조치로 수년 후에 田結·人戶를 기준으로 다시 조정되어야 할 것으로 생각하였다.[95]

　이와 같이 이기의 立憲君主論과 관료제도 개혁론은 근본적으로 유교사회의 논리, 곧 삼대를 근간으로 하면서 이를 서양의 제도와 결합

지 李沂도 의문을 표시하였다. 그래서 그는 그 책이 진나라 때 불타 없어진 것으로 간주하고, 이를 『周禮』의 大司徒에 의거하여 추측하였다. 즉 鄕三物로 만민을 가르쳤는데, 첫째는 六德(知仁聖義忠和), 둘째는 六行(孝友睦姻任恤), 셋째는 六禮(禮樂射御書數) 등으로, 이 3綱 18조가 『中學』의 편목이었을 것으로 보았다.

93) 『海鶴遺書』 卷2, 「急務八制議」 學制, 57~59쪽.
94) 『海鶴遺書』 卷2, 「急務八制議」 地方制, 39쪽.
95) 위의 글, 44쪽.

한 것이었다. 변법론적인 개혁에서 중세체제에 대한 현실비판의 대책
으로 儒教的 理想社會, 三代를 거론한 것이었다.

3) 서양 학문의 적극적 수용과 舊學問 비판

이기는 러일전쟁의 결과가 한반도에 중요한 영향이 있을 것으로 파
악하고 나인영, 오기호, 윤주찬 등과 일본으로 건너가서 일본의 한국
침략을 규탄하였다. 이후 그는 국권회복운동으로서의 계몽운동에 참여
하였다. 대한자강회, 호남학회 등에서 활동하였으며, 1907년에는 乙巳
五賊을 암살하기 위한 自新會에 가담하였다. 이때 이기는 이전보다 더
적극적으로 서구 학문 수용을 주장하고, 또한 민족종교 운동에 참여하
였다.

그는 신학을 '時務'라고 규정하였다. 물론 신학과 구학이 文辭가 다
르지만 의리는 같아 서로 나눌 수 없는 것으로,[96] 신학 가운데는 "經
綸籌策이 있어 신학으로 經世濟民할 수 있다"고 하였다.[97] 그가 관심
을 가졌던 신학문은 물리, 화학 등의 자연과학에서 정치학, 법률에 이
르는 모든 근대 학문이었다.[98]

계몽운동에 참여하면서 그는 서양의 정치제도도 점차 서양의 학문
체계 속에서 접근하였다. 삼대, 유교적 이상사회를 동원하는 이른바 附
會的인 논의는 점차 엷어졌다. 그는 "그 추세가 부득불 옛 것으로 복
귀하므로 영국, 독일의 立憲은 중국의 삼대이고, 프랑스, 미국의 공화
는 중국의 唐虞이다. 그 의미와 이치가 그대가 말하는 四書五經과 같
지 않은바 아니지만 新學이라는 것이 사람이 고쳐 볼 수 있도록 일으
키는 것이다"[99]고 하여, 四書五經=舊學에 의해서가 아니라 新學=西

---

96) 『湖南學報』 1, 「湖南學會月報發刊序」, 2쪽.
97) 『海鶴遺書』 卷6, 「答李君康濟書」, 115쪽.
98) 李沂, 「好古病」, 『大韓自強會月報』 9, 5쪽.
99) 『海鶴遺書』 卷6, 「答李君康濟書」, 114쪽.

洋近代學問에 의거하여 추구하고 있었쪽. 그는 政治·道德을 논하면
서 唐虞=古道를 거론하는 것을 '好古病'으로 비난하고,[100] 60세의 나
이에도 서양의 憲政史를 공부하였다.[101]

이런 인식에서 이기는 오히려 舊學의 폐단을 지적하였다. 중국에 대
한 事大主義, 국민을 외면하는 漢文 崇尙主義, 그리고 嫡庶와 班常의
門戶區別之弊를 지적하였다. 특히 그는 사람은 태어날 때 賢愚의 차
이는 있을지라도 貴賤의 차이는 없다고 하여, 班常·文武嫡庶·老少
南北 등의 신분제와 당색에 근거한 모든 차별을 반대하였다. 그리하여
그는 구학의 폐단을 '도끼로 찍듯이 혁파'하고, 개인이나 단체의 평등
을 수립해야 한다고 주장하였다.[102] 그는 甲午改革에서 내세운 身分
打破를 적극적으로 지지하고, 班常의 구별이 법적으로 없어진 것은 국
가의 萬年大計를 위한 예보라고 평가하였으며, 신분제 유지를 주장하
는 士類에게 이를 충고하였다.[103]

국권회복이라는 절박한 과제 속에서 그는 삼대를 근대적 차원으로
구현한다는 논의보다는 오히려 구학이 가지는 폐단, 곧 유교의 폐단을
지적하고 서양 학문을 적극적으로 수용하는 모습을 보였다. 변법론자
들이 유교 폐단을 지적하면서 그 대안으로 모색한 것은 대개 두 가지
였다. 첫째는 유교를 근대적 종교로 개편하는 일로, 박은식의「儒敎求
新論」과 大同敎의 창립으로 나타났다. 둘째는 檀君을 강조하면서 이
를 역사연구의 논리로 정립하고 민족종교로서의 大倧敎를 창설하였
다. 이기는 후자의 운동에 참여하였다.

---

100) 李沂,「好古病」,『大韓自强會月報』9, 3~4쪽.
101)『海鶴遺書』卷9,「自眞贊」, 163쪽. 이 시기 이기의 정치론은 대개 梁啓超의
    영향 하에서 형성되었던 것으로 보인다. 자신이 편집한『湖南學報』에 양계초
    의「立憲法議」,「立法權論」,「政治學學理摭言」이 '略加修整' 되어「政治學
    說」로 연재하였으며(2~9호)「新民說」의「論國家思想」도「國家學說」의「國
    家之思想」으로 소개되고 있었다(4호).
102)『海鶴遺書』卷3,「一斧劈破論」, 75~76쪽.
103) 위의 글, 77쪽.

계몽운동에 참여했던 변법론자들은 대부분 단군을 강조하였다. 그들은 國粹, 國魂의 보존을 주장하여 민족운동의 핵심 기반으로 정립하면서 단군을 중심으로 하는 국사 체계를 세웠다.104) 일부에서는 더 적극적으로 단군을 교조로 하는 종교를 만들었다. 이기는 1909년 1월 羅喆이 창시한 檀君教(후에 大倧教) 창립 발기인으로 참여하였다. 그는 「檀君教布明書」를 작성하였고, 또 단학강령 3장을 만들어 3월에 강화도 마니산에서 단학회를 발기하였으며, 「增註 眞教太白經」을 편찬하였다.105) 대종교에서 그의 역할은 정확하게 알 수 없으나, 대종교의 핵심 세력이 계몽운동 이전부터 이기의 동지였던 점에서 그도 대종교의 핵심적 인사였을 것이고, 주로 교리를 체계화하는 일을 하였던 것으로 보인다. 대종교와 이에 근거한 민족운동, 역사서술은 1910년대 만주지역에서 더욱 활성화되었고, 가령 박은식, 신채호의 역사 연구도 그러하였다.

5. 맺음말

이상으로 우리는 개항 전후 유자층의 개혁론을 『周禮』, 三代와 관련시켜 살펴보았다. 일반적으로 유자들은 『주례』와 삼대에 의거하여 현실 문제를 타개하는 이상적 대안을 마련하였다. 『주례』에서 정리된 六官制의 핵심은 토지제도인 井田制에서 출발하였고, 따라서 현실의 제반 모순들은 정전제를 실시하면 해결될 수 있을 것으로 보았다. 그러나 시대가 내려오면서 현실적 조건이 이미 삼대와는 다르다는 점에서 많은 유자들 사이에는 『주례』를 현실에서는 실현할 수 없는 것으로 인식하기도 하였다. 이런 차이는 결국 현실을 보는 유자의 사회경제적

---

104) 金度亨, 앞의 글, 2000.
105) 이 글에 대한 서지학적 검토는 박종혁, 앞의 책, 1995, 18~22쪽.

이해관계나 학문적 계통에 따라 나타났다.

조선후기 이래 중세체제가 변화하면서 19세기에는 격심한 반봉건 농민항쟁이 일어났다. 중세체제 파탄에 직면한 유자들은 농민항쟁을 수습하고 농민경제를 안정시키기 위한 방안을 모색하게 되었고, 결국 『주례』, 삼대, 그리고 정전제의 복구라는 문제를 우선적으로 처리하여야 하였다. 주로 정전제나 균전 이념을 실현해야 한다는 주장은 농민층의 입장에서 이 문제에 접근한 南人 實學者들에 의해 제기되었다. 이에 비해 집권 노론세력은 지주적 입장에서 정전제가 현실적으로 실현 불가능하므로, 조세제도의 개혁을 통해 농민층의 안정을 기하는 방안을 제시하였다. 이러한 학문적 접근 방법의 차이는 이후 개항 후의 근대화 개혁 과정에서도 그대로 계속되었다.

정전제 실현이 불가능하다고 생각했던 노론 집권층 가운데 일부에서는 서양의 학문을 부분적으로 수용하자는 논의가 제기되었다. 그들은 지주층을 중심으로 서양과 같은 근대적 사회체제를 달성하려고 하였다. 이에 비해 여전히 원칙적인 유교적 이상사회 구현을 지향하면서 토지개혁을 주장하던 논자들도 많았고, 대개 서양을 부정적으로 인식하고 이를 배척하였다. 이들의 논의가 근대개혁론으로 한 단계 변전하기 위해서는 새로운 인식이 필요하였다. 토지개혁론을 근간으로 하면서 동시에 身分制를 폐기하고 또한 중세적 국제질서를 극복하고 새로운 世界觀을 가져야 하였다. 이런 차원에서 제기된 것이 變法論이었다.

근대적 변법개혁론이 본격적으로 대두된 것은 청일전쟁 이후였다. 청일전쟁에서 일본이 승리하자 문명화, 근대화를 위해서는 서양문명의 수용이 필수적이라는 인식이 확산되었다. 그런 가운데 政敎, 곧 정치와 종교까지 수용해야 한다는 문명개화론이 강하게 제기되었지만, 또 다른 한편에서는 무분별한 서양문명 수용을 비판하고 서양과 우리의 장단점을 고려하여야 한다는 주장도 나왔다. 이들은 시세의 변화에 따라 變易하기 위해서 서양의 정치론까지 수용해야 하지만, 유교적 이념이나 고유 문화의 보존 위에서 수용해야 한다는 입장을 보였다. 이들 가운데 李沂는 삼대를 이상으로 하는 토지개혁론 위에서 서양의 정치론을 수용하여 독특한 變法改革論을 주장하였다. 그는 서양 학문을 유교적 논리에 근거하여 이해하고, 토지개혁, 입헌군주제, 관료제도 등의 개혁을 제기하였다. 변법론은 신구절충적인 개혁을 추진하던 대한제국의 개혁사업의 영향 하에서 형성되었는데, 이런 점에서 이기는 대한제국의 개혁사업의 구체적인 내용을 보완하는 차원의 개혁론을 개진하였고, 또한 자신은 정부의 量田 사업에 직접 참여하기도 하였다.

이렇게 형성된 근대적 변법개혁론은 1910년 이후에도 변용을 거듭하였다. 그들은 민족문화의 전통을 강조하였던 점에서 1910년대 민족운동론, 민족주의 역사학의 형성에 기여하였다. 그들의 國粹保全論은 민족주의의 이념이 되었던 것이다. 또한 그들은 유교적 전통에서 새로운 사회의 개혁을 위해, 그리고 민족진영의 단결을 위해 '大同'을 거론하고, 大同社會로의 개혁을 추구하기도 하였다. 이런 점에서 1920년대 새로운 사회주의 이념이 수용되면서 이와 결합할 가능성 또한 내포하고 있었던 것이다.

찾아보기

연세국학총서 68

한국 중세의 정치사상과 周禮

연세대학교 국학연구원 편

2005년 12월 26일 초판 1쇄 인쇄
2005년 12월 30일 초판 1쇄 발행

펴낸이 · 오일주
펴낸곳 · 도서출판 혜안
등록번호 · 제22-471호
등록일자 · 1993년 7월 30일

⑨ 121-836 서울시 마포구 서교동 326-26번지 102호
전화 · 3141-3711~2 / 팩시밀리 · 3141-3710
E-Mail hyeanpub@hanmail.net
ISBN 89 - 8494 - 263 - 4 93910
값 21,000원